中国社会科学院文库
**国际问题研究系列**
The Selected Works of CASS
**International Studies**

中国社会科学院创新工程学术出版资助项目

中国社会科学院文库·国际问题研究系列
The Selected Works of CASS · International Studies

# 稳妥推进"一带一路"：理论与实践

PURSUING THE BELT AND ROAD
CONSTRUCTION STEADILY: Theory and Practice

李向阳 等著

中国社会科学出版社

图书在版编目(CIP)数据

稳妥推进"一带一路":理论与实践/李向阳等著.—北京:中国社会科学出版社,2019.10
ISBN 978-7-5203-5736-4

Ⅰ.①稳… Ⅱ.①李… Ⅲ.①"一带一路"—国际合作—研究 Ⅳ.①F125

中国版本图书馆 CIP 数据核字(2019)第 255924 号

| | |
|---|---|
| 出 版 人 | 赵剑英 |
| 责任编辑 | 喻 苗 |
| 责任校对 | 王佳玉 |
| 责任印制 | 王 超 |

| | |
|---|---|
| 出　　版 | 中国社会科学出版社 |
| 社　　址 | 北京鼓楼西大街甲 158 号 |
| 邮　　编 | 100720 |
| 网　　址 | http://www.csspw.cn |
| 发 行 部 | 010-84083685 |
| 门 市 部 | 010-84029450 |
| 经　　销 | 新华书店及其他书店 |
| 印　　刷 | 北京君升印刷有限公司 |
| 装　　订 | 廊坊市广阳区广增装订厂 |
| 版　　次 | 2019 年 10 月第 1 版 |
| 印　　次 | 2019 年 10 月第 1 次印刷 |

| | |
|---|---|
| 开　　本 | 710×1000　1/16 |
| 印　　张 | 27 |
| 字　　数 | 402 千字 |
| 定　　价 | 128.00 元 |

凡购买中国社会科学出版社图书,如有质量问题请与本社营销中心联系调换
电话:010-84083683
**版权所有　侵权必究**

# 《中国社会科学院文库》出版说明

　　《中国社会科学院文库》(全称为《中国社会科学院重点研究课题成果文库》)是中国社会科学院组织出版的系列学术丛书。组织出版《中国社会科学院文库》,是我院进一步加强课题成果管理和学术成果出版的规范化、制度化建设的重要举措。

　　建院以来,我院广大科研人员坚持以马克思主义为指导,在中国特色社会主义理论和实践的双重探索中做出了重要贡献,在推进马克思主义理论创新、为建设中国特色社会主义提供智力支持和各学科基础建设方面,推出了大量的研究成果,其中每年完成的专著类成果就有三四百种之多。从现在起,我们经过一定的鉴定、结项、评审程序,逐年从中选出一批通过各类别课题研究工作而完成的具有较高学术水平和一定代表性的著作,编入《中国社会科学院文库》集中出版。我们希望这能够从一个侧面展示我院整体科研状况和学术成就,同时为优秀学术成果的面世创造更好的条件。

　　《中国社会科学院文库》分设马克思主义研究、文学语言研究、历史考古研究、哲学宗教研究、经济研究、法学社会学研究、国际问题研究七个系列,选收范围包括专著、研究报告集、学术资料、古籍整理、译著、工具书等。

中国社会科学院科研局<br>
2006 年 11 月

# 目 录

序言 "一带一路"的高质量发展与理论体系的构建 …………（1）

## 理论分析篇

第一章 "一带一路"的阶段属性和目标 …………………（3）
第二章 "一带一路"：区域主义还是多边主义 ……………（42）
第三章 "一带一路"建设中的义利观 ……………………（58）
第四章 "一带一路"建设与人类命运共同体 ……………（72）
第五章 "一带一路"、新型全球化与新一轮改革开放 ………（100）
第六章 "一带一路"与全球治理 …………………………（137）
第七章 "一带一路"与新型国际发展合作 ………………（169）
第八章 "一带一路"与构建亚洲区域经济增长机制 ………（198）
第九章 "一带一路"的融资问题研究 ……………………（229）
第十章 推进"一带一路"的认知风险及其防范 …………（256）

## 调研报告篇

第十一章 中巴经济走廊报告：进展与前景 ………………（283）
第十二章 中柬合作报告："一带一路"建设的减贫效应 ……（298）
第十三章 中东欧国家报告：中国与发达国家的经济合作 ……（329）
第十四章 中白工业园报告：成就与展望 …………………（352）

第十五章　俄白乌报告：探索"一带一路"在欧亚地区的
　　　　　合作模式 ………………………………………………（368）
第十六章　地中海东岸国家报告：地缘环境复杂地区如何
　　　　　推进"一带一路" ……………………………………（389）

后记 ……………………………………………………………………（409）

# 序言 "一带一路"的高质量发展与理论体系的构建

2018年,"一带一路"建设从第一阶段正式步入第二阶段。正如习近平主席在推进"一带一路"建设工作5周年座谈会上所强调的,经过夯基垒台、立柱架梁的5年,共建"一带一路"正在向落地生根、持久发展的阶段迈进。下一阶段的基本要求是推动共建"一带一路"向高质量发展转变。① 与此相适应,总结"一带一路"建设第一阶段的经验教训,为第二阶段的实践提供理论指南是中国学术界的使命所在。本项研究就是在这种背景下完成的。在这里,我们并不打算对"一带一路"的理论与实践做全面的总结,只期望为适应"一带一路"的高质量发展提供一些理论上的分析。

## 一 "一带一路"的实践向理论提出的挑战

在"一带一路"第一阶段,中国学术界围绕"一带一路"研究的投入之大、成果数量之多前所未有。② 但同时我们看到,"一带一路"的理论研究距离实践的要求还有很大的差距。这突出表现为,其一,针对国际社会关于"一带一路"的误解和质疑还缺少有说服力的解释与回应,诸如,"中国版的马歇尔计划""新时期的朝贡体系"

---

① 习近平:《推动共建"一带一路"走深走实造福人民》,新华社,2018年8月27日电。
② 按照中国知网的统计,2014—2018年间公开发表在中文学术期刊上的论文数量分别为:460篇、7698篇、9381篇、16429篇和15183篇。"一带一路"成为这期间社会科学领域最热门的研究对象。

"新殖民主义""新扩张主义""债权帝国主义"（或"债务外交"）等。这些误解和质疑一方面源于某些西方国家的恶意攻击和抹黑；另一方面则源于中方的宣传尚未深入人心。在其背后，中国学术界的研究滞后有不可推卸的责任。比如，围绕"一带一路"最基本的问题（是什么、做什么、如何做），中国学术界还远未达成共识；"一带一路"众多的研究成果还停留在有名无实的状态，"泛化"和"虚化"现象还相当普遍。①

其二，对第一阶段实践的经验教训还缺乏学理化的总结。作为一个新生事物，"一带一路"无论在理念上还是在实践中都不同于现有的国际经济合作机制（多边合作机制、区域合作机制），选择的评价标准或参照系不同，其评价结果也各不相同。比如，"一带一路"建设第一阶段的主体是以基础设施项目为核心的互联互通，其投资主体、融资方式、投资回收期都有别于其他类型的投资，因而一些西方学者运用出口创汇指标、财政负担指标进行衡量显然是不妥的。另一方面，多数研究倾向于总结"一带一路"所带来的总量指标变化，而忽略其背后存在的问题与可持续性。例如，在总结中欧班列数量以几何速度增长的同时，忽略了国内地方政府为争夺排位而竞相补贴的问题。② 对第一阶段经验教训的总结不到位，客观上也会助长对"一带一路"的误解和质疑。

其三，对"一带一路"建设未来的发展方向还不能发挥理论指导作用。高质量发展是"一带一路"未来的发展方向。但迄今为止，围绕高质量发展的目标、内涵与路径，学术界几乎还没有相应的成果。这就谈不上引领"一带一路"建设的实践。

## 二 "一带一路"理论体系构建需要遵循的基本原则

针对"一带一路"研究的发展现状，越来越多的学者倡导建立

---

① 李向阳：《"一带一路"面临的突出问题和出路》，《国际贸易》2017年第4期，第4—9页。
② 孙丽朝：《中欧班列"挤泡沫"》，中国经营网，2019年7月27日。

"一带一路学"或"一带一路"的理论体系。但对于如何构建，学术界尚未达成共识。在我们看来，"一带一路"理论体系的构建至少需要遵循以下几个原则。

第一，理论层面的自洽性。作为一个跨学科的研究领域，"一带一路"的理论自洽是基本要求。为此，首先要有共同认可的概念界定。与"一带一路"相关的基本概念必须有明确的界定，如"一带一路"、丝路精神、国际产能合作、设施联通、资金融通、政策沟通、贸易畅通、民心相通、义利观等。尤其是一些具有中国特色的理论概念，给予其学理化定义至关重要。其次，理论自洽需要有共同的方法论。"一带一路"需要从多学科角度开展研究，但这并不能成为否定运用共同方法论的理由。按照政治学的逻辑，"一带一路"参与者需要做到权利与义务相匹配，目标与手段相匹配；按照经济学的逻辑，"一带一路"建设的成本与收益、投入与产出、供给与需求必须实现均衡；按照国际关系的逻辑，中国的诉求与外部世界的诉求必须找到交集，"一带一路"的中国特色与现有全球治理体系要实现统一；按照经济外交的逻辑，经济目标与非经济目标要保持均衡；等等。这些来自不同学科的分析方法共同构成了"一带一路"的研究方法。再次，理论自洽需要有统一的前提假定。比如，所有的参与者有相似的目标函数、参与者对规则有基本的认同等。最后，理论自洽还要求理论判断在逻辑上是一致的。

第二，操作层面的可行性。"一带一路"不是理论的空谈，而是一项伟大的实践。理论服务于实践是最基本的要求，因此"一带一路"的理论体系建构既要关注必要性的研究，更要关注可行性的研究。作为一种全新的理念，在"一带一路"建设的初始阶段开展必要性研究无疑是正确的选择，这对于理念的宣传和普及至关重要。但学术研究不能等同于宣传，对"一带一路"开展可行性研究是中国学术界更重要的使命，尤其是在"一带一路"建设进入第二阶段之后，缺乏对可行性的研究将直接影响到"一带一路"的可持续发展。

"一带一路"可行性研究的基本要求是运用成本—收益分析。无论是对"一带一路"的参与主体（企业）来说，还是对"一带一路"

的倡导者（政府）来说，这都是一项最基本的要求。没有收益的投资对任何类型的企业（国有企业、民营企业、外资企业）来说都是不可持续的。对政府来说，这一原则同样适用，只是成本函数与收益函数的内涵有所不同。因此，无论是国家层面的战略决策还是企业层面的投资决策都必须满足成本—收益分析的要求。

第三，认知层面的国内外统一性。"一带一路"不是中国一家的"独奏"，而是国际社会的"合唱"。"一带一路"建设的基本原则是"共商、共建、共享"，为此国内外对"一带一路"的认知保持统一是前提条件。所谓认知的统一性不仅要求对"一带一路"理念的对内表述与对外表述一致，而且要求外部世界相信中国（作为倡导者）对"一带一路"理念的表述。只有保持内外认知的一致，"共商、共建、共享"原则才能得到真正贯彻。

"一带一路"进入第二阶段之后，除了中资国有企业外，越来越多的中资民营企业、东道国企业、第三方国家的企业将参与进来，国内外认知的统一已成为推进"一带一路"高质量建设的前提条件。因此，"一带一路"理论体系的构建必须满足"国内外认知统一"这一原则。正如习近平主席所强调的，"'一带一路'不像国际上有些人所称是中国的一个阴谋，它既不是第二次世界大战之后的马歇尔计划，也不是什么中国的图谋，要有也是'阳谋'"。① 这是对"一带一路"研究和宣传提出的要求。因此，中国学术界必须摆脱小国封闭的阴谋论思维方式，转向大国开放的阳谋论思维方式。

## 三 "一带一路"的目标与定位

在中国学术界，围绕"一带一路"的目标可以列出数十种表述，如转移过剩产能（或国际产能合作）、获取海外能源与资源、为中国企业拓展海外市场、实现人民币国际化、推动中国全方位对外开放、

---

① 参见《习近平会见博鳌亚洲论坛现任和候任理事时的讲话》，新华社，2018年4月11日电。

解决国内区域间发展的不平衡、推动中国企业"走出去"、应对美国的"亚太再平衡"、应对特朗普政府的反全球化浪潮、提供全球公共产品、推动经济外交建设、创造良好的周边环境、参与和主导全球治理、引领新型全球化、实现人类命运共同体等。从中国的角度来看，上述每个目标都有其自身的合理性。但问题在于，这些目标中的大多数并不是沿线国家参与"一带一路"所追求的。面对如此多的目标，沿线国家自然会提出质疑：既然"一带一路"都是为中国服务的，那么其他国家为什么要参与。比如，其他国家有何动力通过参与"一带一路"推进人民币国际化、解决中国国内区域发展不平衡目标？同时，这些目标相互之间缺乏自洽会引起其他国家的质疑。比如，如果把转移过剩产能、获取海外能源与资源、为中国企业拓展海外市场目标合并起来，那么"一带一路"与早期的欧洲殖民主义有什么区别？对此，一些中国学者或媒体做出的回应是，中国文化不具有殖民的基因。这等于说，中国与早期的殖民者做法相同，但动机不同。显然这种回应的说服力是苍白的。

面对国际社会的质疑，一些学者和媒体倒向另一个极端，即强调中国倡导和推动"一带一路"没有自身的利益诉求，只是因为中国发展起来了，希望通过"一带一路"带动其他国家共同致富。这同样会招致外部世界的质疑，因为没有人相信一个崛起的大国会拿出巨额的真金白银推进一项国际化倡议却不求任何回报，其背后必然会有不便于示人的战略动机。

事实上，"一带一路"的参与者都会有自己的利益诉求，并希望把自己的诉求赋予"一带一路"，这是一种自然现象。但问题在于，任何一方都不应该把自己的利益诉求完全赋予"一带一路"，因为这有悖于"共商、共建、共享"原则。"一带一路"的目标和定位只能是各方利益诉求的交集或最大公约数。①

过去五年间，习近平主席在一系列重要讲话中已经逐步明晰了

---

① 李向阳：《"一带一路"：定位、内涵及需要优先处理的关系》，社会科学文献出版社2015年版。

"一带一路"的目标或定位。① 具体包括三个方面：一是推动新时期中国全方位的对外开放；二是促进中国经济外交的构建；三是实现人类命运共同体。针对第一个目标，推动全方位对外开放是中国自身发展的必然要求；同时，中国的开放程度越高，给外部世界提供的机遇越大。这显然符合最大公约数的标准。针对第二个目标，构建中国特色的经济外交在理论和实践中都是一个新议题。经济外交是大国崛起的一个必要条件，问题的关键是中国经济外交的理念要有别于西方大国经济外交的"胡萝卜加大棒"理念，否则就无法得到其他国家（尤其是发展中国家）的认同。在这方面，义利观是一个理论上可行的选择。② 总体来看，围绕"一带一路"与中国特色经济外交的构建，中国学术界的研究存在明显的滞后。③ 其结果是，我们在对外宣传中不得不淡化"一带一路"的经济外交目标（或定位），甚至不敢承认"一带一路"有非经济方面的考量。至于第三个目标，人类命运共同体可以说是中国领导人向世界提供的一种新型国际合作理念，并且从伙伴关系、安全格局、经济发展、文明交流、生态建设等方面对其内涵做出了诠释。④ 由于这一理念的前瞻性，它很快获得了国际社会的广泛认同。在这种意义上，人类命运共同体可以说是中国向世界提供的一种理念公共产品。显然，把人类命运共同体作为"一带一路"的终极目标符合"利益交集"原则。与"一带一路"的前两个目标相比，人类命运共同体是一个更高层次的终极目标，理论研究需要的是，把实现人类命运共同体目标的过程分解为不同的阶段，体现

---

① 参见习近平《习近平谈"一带一路"》，中央文献出版社2018年版。
② 参见本书第三章。
③ 针对"一带一路"与经济外交的关系，现有的研究没有对中国特色经济外交的内涵做出系统的理论分析，因此无法为"一带一路"的这一目标（经济外交的顶层设计）提供理论支撑。相关的研究参见宋国友《"一带一路"战略构想与中国经济外交新发展》，《国际观察》2015年第4期；高程《从中国经济外交转型的视角看"一带一路"的战略性》，《国际观察》2015年第4期；李向阳《"一带一路"：定位、内涵及需要优先处理的关系》，社会科学文献出版社2015年版；孙灿、洪邮生《国际体系视野下的"一带一路"倡议：国家经济外交运行的"平衡术"视角》，《外交评论》2016年第6期；李向阳《"一带一路"建设中的义利观》，《世界经济与政治》2017年第9期。
④ 参见习近平《论坚持推动构建人类命运共同体》，中央文献出版社2018年版。

到不同领域，成为"一带一路"建设的指南。①

需要指出的是，把上述三项之外的目标排除在外并不意味着这些目标不重要（对中国而言），而是因为它们并不是其他国家参与"一带一路"所追求的目标。作为倡导者，中国对"一带一路"的可持续发展负有更大的责任，因此中国不能也不应该把自己的诉求强加给其他国家。在理论上，被排除在外的这些诉求应该是"一带一路"顺利实施的结果。以人民币国际化为例，"一带一路"的"五通"（贸易畅通、设施联通、资金融通、政策沟通、民心相通）如果能得以实现，人民币国际化就是一种自然的结果。反过来，如果把人民币国际化确定为"一带一路"的目标，其他国家将失去参与的动力。国际组织或国际合作机制的发展历史已经证明，获得国际道义制高点是成功的前提条件。例如，战后美国在构建布雷顿森林体系时并没有把树立美元的世界货币地位作为目标，而是把维护国际金融体系稳定、促进全球贸易自由化作为目标。为了实现这种目标，美国倡导建立了"双挂钩"机制（美元与黄金挂钩，其他国家货币与美元挂钩），其结果是美元自然成为世界货币。事实上，其他国家一开始就知道"双挂钩"机制的这种后果，但他们也认同"双挂钩"机制有助于维护国际金融体系稳定和促进全球贸易自由化，故乐于参与这一体制。这就是所谓的"阳谋"，而不是依靠欺骗或保密实施阴谋。要知道，在国际合作或竞争中，战术可以保密，战略是不能保密的。这一点对于大国尤为重要。

## 四 "一带一路"的治理结构

目前，对"一带一路"治理结构的研究总体上处于缺位状态，大多数研究并不关心"'一带一路'是什么"这个最基础的问题，而是简单地把它当成是一个"百宝箱"（赋予其无限的职能，涵盖所有领

---

① 参见本书的第四章。

域和所有国家)。① 由于"一带一路"缺少统一的学理化定义,学术界就无法对其治理结构开展研究,如边界或范围、组织架构、运行机制等。

"一带一路"的治理结构首先涉及治理导向。在这方面,一种代表性的观点是,"一带一路"的治理结构体现为"关系治理"与"规则治理"的结合。所谓"规则治理"是指以条约谈判为驱动,"关系治理"则是指不发起正式的条约谈判,而借助于彼此共识、情义等来推进。这种机制化与非机制化的并存将成为"一带一路"治理的基本特征。②

治理结构涉及的第二个问题是"一带一路"的边界在哪里,换言之,它属于区域主义合作机制还是多边主义合作机制,对此学术界没有统一的认识。多边主义论认为,"一带一路"没有边界,可以接纳全世界所有国家;而区域主义论则强调"一带一路"有边界,范围只涵盖一部分国家。这种分歧很大程度上源于对中国政府官方文件表述的不同解读。我们认为,作为一个大国提出的国际经济合作战略,"一带一路"应该以构建多边合作机制为最终目标。在经济学意义上,只有多边主义或多边合作机制才有助于实现全球贸易投资自由化,提高全球福利水平。但基于可行性的考虑,"一带一路"的最终目标应该分阶段实施,在起步阶段它应该是一种区域合作机制。这是由中国实现和平崛起和参与经济全球化的内外部环境所决定的,也是贯彻义利观的必然要求。承认"一带一路"的区域属性并不否认它最终具有多边属性。与现有规则导向型区域合作机制相比,"一带一路"呈现出发展导

---

① 迄今为止,中国学术界对"一带一路"并没有一个统一的学理化定义。相比之下,国际社会对此更感兴趣。在美国国会中国经济与安全审查委员会(US China Economic and Security Review Commission)的"一带一路"听证会上,美国国际战略研究中心(CSIS)的专家把"一带一路"缺乏统一的定义以及无法界定哪些项目属于"一带一路"看成是最主要的"挑战"。参见 Hillman, J. E., "China's Belt and Road Initiative: Five Years Later", January 25, 2018, https://www.csis.org/analysis/chinas-belt-and-road-initiative-five-years-later-0。最近,美国另一家智库彼特森国际经济研究所宣布将在2019年9月举行会议,"一带一路"是什么成为会议的主要议题之一。

② 陈伟光、王燕:《共建"一带一路":基于关系治理与规则治理的分析框架》,《世界经济与政治》2016年第6期。

向型特征。因此，作为一种新型的、发展导向型区域合作机制，"一带一路"能够发挥其全方位对外开放的职能和实现人类命运共同体的目标。① 鉴于"一带一路"既有区域主义又有多边主义的特征，其边界范围也应该是动态的。究竟应该如何确定其边界要优先考虑可行性，而非必要性。因此，目前在中美战略博弈的背景下，"一带一路"的重心应该放在中国的周边地区，以避免"战略透支"风险。②

研究治理结构涉及的第三个问题是如何解构"一带一路"的发展导向。与现有区域和多边经济合作机制的规则导向不同，"一带一路"的基本特征是发展导向。这种发展导向体现在五个方面。一是"一带一路"以古丝绸之路为纽带（进而提炼出新时期的丝路精神），但又不限于此。这种开放性特征为发展中国家，尤其是最不发达国家参与国际经济合作提供了机遇。二是"一带一路"以互联互通为基础，从而为沿线国家的经济发展和经济合作创造了前提条件。三是"一带一路"以多元化合作机制为特征，适应了沿线国家政治、经济、社会、文化的多样性。四是"一带一路"以义利观为指导原则，为中国与沿线国家之间的利益分配提供了新型合作模式。五是"一带一路"以实现人类命运共同体为目标，为全球提供了新型公共产品。综合发展导向的表现形式，我们可以对"一带一路"提供一个学理化的定义：以古丝绸之路为纽带、以互联互通为基础、以多元化合作机制为特征、以义利观为指导原则、以实现人类命运共同体为目标的新型区域经济合作机制。③

## 五 "一带一路"的机制化建设

与现有的以规则为导向的区域经济合作机制（自由贸易区、关税

---

① 参见本书第二章。
② 参见本书第一章。
③ 李向阳：《跨太平洋伙伴关系协定与"一带一路"之比较》，《世界经济与政治》2016年第9期；《亚洲区域经济一体化的"缺位"与"一带一路"的发展导向》，《中国社会科学》2018年第8期。

同盟、共同市场、经济共同体、政治经济一体化）不同，发展导向决定了"一带一路"是一种新型区域经济合作机制。由于"一带一路"的发展导向强调开放性，且第一阶段建设的重点是基础设施，其本身并不需要以机制化为前提。然而，这并不意味着"一带一路"的非机制化是一种常态。无论是从自身的发展来看还是从应对区域内大国的区域经济一体化倡议来看，"一带一路"的下一阶段都需要推动机制化建设。① 可以说，没有机制化建设，"一带一路"将谈不上与大国的区域经济一体化倡议进行平等对接，更谈不上通过对接避免被稀释或替代。在这种意义上，机制化是"一带一路"应对外部挑战的前提条件。鉴于"一带一路"对内负有推动新一轮全方位对外开放的职责，对外负有实现人类命运共同体的目标，其机制化建设必须坚持下述原则。

第一，坚持"共商、共建、共享"原则，体现平等与自愿的特征。由于发展中国家经济发展水平的差异，参与"一带一路"的程度和范围各不相同。有些只是希望通过参与"一带一路"弥补国内基础设施的短板；有些因完全不具备经济发展的基本条件，希望通过参与"一带一路"获得经济发展的机遇。因此，未来的机制化建设需要充分考虑到发展中国家的这种差异性，尊重它们的合作意愿。如果一些国家受制于能力或意愿，只参与"一带一路"某些领域的合作，那么它们在机制化建设中就不需要履行其他领域规则的责任。这样做既为发展中国家参与"一带一路"提供了保障，又兼顾了机制化建设中的灵活性。更重要的是，中国作为"一带一路"的倡导者，不会在机制化建设中把自己的意志强加给其他国家。

第二，坚持渐进性原则。"一带一路"的机制化建设将是一个渐进的过程，以适应经济合作深化的需要。"一带一路"的主要平台是经济走廊。亚洲开发银行曾经对亚洲部分地区的经济走廊建设路径做过分析，从低级到高级，从国内到国际大致可分为四个阶段：第一阶

---

① 李向阳：《大国的区域合作倡议与"一带一路"的发展方向》，《财经问题研究》2018年第9期。

段是以交通为主的基础设施建设;第二阶段是通过城镇化,改善投资环境,拓宽经济走廊;第三阶段是以贸易便利化为核心,促进跨境商品、服务与人员的流动;第四阶段是协调不同国家区域发展的计划与政策,形成真正意义上的跨境经济走廊。① 从中可以看出,经济走廊建设对机制化的要求是一个不断提高的过程。如果说第一阶段以基础设施建设为重点,对机制化要求不高的话,那么进入第二阶段后,伴随一大批基础设施项目建设完工,一方面以港口、公路、铁路为基础的互联互通将进入运行阶段;另一方面,与之相联系的产业园区、科技园区将成为建设的重点。这就为机制化建设提出了要求。② "一带一路"机制化建设的渐进性主要体现在三个方面:一是规则所涵盖的领域不断扩展;二是规则所涵盖的成员不断增加;三是规则的约束力不断增强。

第三,坚持义利观原则。秉承正确的义利观是"一带一路"建设的基本要求,也是其成功的判定标准:没有"义","一带一路"将失去存在的价值;没有"利","一带一路"将失去可持续性。只有实现这两个目标,"一带一路"才能称得上真正的成功。为秉承正确的义利观,需要协调政府与企业(市场)的关系、长期利益与短期利益的关系、予和取的关系、宏观目标与微观目标的关系等。③ 为实现上述目标,不仅需要在国内层面构建符合义利观要求的体制机制,而且需要在国际层面开展机制化的合作。

"一带一路"的机制化建设涉及的领域众多,因此这一过程将是长期的。理论上,机制化建设涉及的内容大致可分为三类:一是由中

---

① Pradeep Srivastava: Regional Corridors Development in Regional Cooperation, ADB Economics Working Paper Series, No. 258, 2011.
② 推动机制化建设的另一种考虑是有助于提高"一带一路"的经济收益。世界银行所做的研究显示,以"一带一路"的六大经济走廊为研究对象,如果互联互通得以实施,沿线国家的运输时间与运输成本分别会下降11.9%和10.2%;如果在此基础上推进贸易便利化,其收益会进一步提高2—4倍。显然,贸易便利化这属于机制化安排的一种形式。参见Francois de Soyres, et al., "How Much Will the Belt and Road Initiative Reduce Trade Costs?" Policy Research Working Paper, No. 8614, 2018, World Bank; Caroline Freund, "Belt and Road Economics: Potential Effects", Complementary Reforms, *Risk Mitigation*, January 23, 2019, PIIE.
③ 参见本书第三章。

国政府负责建立适应"一带一路"的管理机制。由于"一带一路"对内要服务于全方位对外开放和经济外交目标，因此必须建立相对应的融资机制、税收机制、投资保障机制等。二是由中国政府与沿线国家政府共同构建服务"一带一路"目标的国际合作机制，如贸易便利化机制、陆路或海上运输安全保护机制、投资保护机制、争端解决机制、资本流动机制、货币互换机制、跨国人员流动机制、跨国税收机制、企业社会责任跨国协调机制等。三是所有参与者建立的"一带一路"组织协调机制。

## 六 "一带一路"的风险评估

伴随"一带一路"实践的拓展与深化，理论界对其所面临风险的研究越来越多，所涉及的领域包括政治风险、安全风险、外交风险、社会风险、宗教风险、地缘风险、金融风险、法律风险以及国别风险等。在这里，我们不打算细述这些风险分析的具体内容，而试图探讨"一带一路"所面临风险的特殊性。

第一，"一带一路"风险的实质。所有的投资或经济活动都有风险。在经济学意义上，风险与收益是相伴而生的，没有风险也就没有收益。真正需要关注的风险是无法达到预期目标。对"一带一路"风险分析而言，首先需要确定的是预期目标。如果预期目标不合理（过高或过低）、不同目标之间相互矛盾、国别、项目目标与总目标不一致，那么再多的投入也不可能实现预期目标。其次，在预期目标确定且合理的前提下，实现目标的手段是否可行。[①] 所谓"不惜一切代价实现目标"是不可持续的。按照义利观原则，国家的战略目标与企业的利润最大化目标只有同时实现才能视为成功，因为前者决定了"一带一路"存在的合法性，后者决定了"一带一路"发展的可持续性。

第二，"一带一路"风险的来源。"一带一路"建设关系到中国与沿线国家的利益，也关系到区域外国家的利益，三方的相互关系构

---

① 参见本书第十章。

成了复杂的利益关系组合，因此其风险源必然是多重的。根据过去五年的实践与未来高质量发展的要求，"一带一路"面临的主要风险源大致可分为五种类型。一是忽略可行性或可持续性。政府和企业在推动"一带一路"理论上都面临可持续性风险。相比之下，国外学术界比国内学术界对这一风险的关注程度更高。[①] 二是"一带一路"项目供给过度，客观上形成了买方市场格局。目前，无论是地方政府还是企业都打着"一带一路"的旗号向东道国推广投资项目，从而导致外方向中方"索取高价"或"等靠要"的现象。三是混同长期目标与短期目标。"一带一路"不是一夜之间就能建成的，无论是实现"五通"还是人类命运共同体都是一个长期的过程。如果把长期目标混同于短期目标，"一带一路"的空间布局、路径选择、机制化安排都有可能脱离实践。四是来自外部世界的干扰与遏制。这类风险可以进一步分为来自东道国和来自西方国家的对冲、来自宣传层面和来自机制层面的对冲。比如，在一些东道国出现了所谓的"选举陷阱"，每逢大选反对党都会拿"一带一路"项目进行攻击；再比如，西方某些大国不仅从理念上抹黑"一带一路"，而且正在从实践上制定对冲"一带一路"的战略。五是对参与国的搭便车行为或恶意破坏行为缺少约束机制。任何形式的国际合作都必须建立在权利与义务对等的前提下，没有受到保护的权利和没有受到约束的义务都会使合作化为乌有。

第三，"一带一路"风险的规避。风险研究本身并不是目的，如何规避风险才是真正的目标。就目前而言，学术界对如何规避"一带一路"风险并没有系统的研究，因为这不仅需要把握哪些是真正的风险、风险来自哪里、如何对不同风险进行排列、风险的承担者是谁（政府还是企业），而且需要对规避风险进行成本—收益分析。现阶段，需要深入的问题很多，但有两个突出的问题值得关注。一个是如

---

① 国际上对"一带一路"可持续性的质疑大致可分为两类：一是强调从中国的角度看经济上不可持续，二是强调从东道国的角度看经济上不可持续。中国社会科学院的薛力研究员对多国专家所做的系列采访可以证实这一点。参见过去两年间发表在英国《金融时报》（中文版）上的系列采访报告。

何从理论上回应国际社会对"一带一路"的误解和猜疑，这直接关系到"一带一路"能否顺利推进。当然这种回应必须满足理论自洽和国内外认知统一的要求，否则就会成为自说自话。另一个是研究西方国家历史上在发展中国家投资和经营失败的教训。

总之，向高质量发展转变既是"一带一路"建设自身发展的需要，也是对正在发生的国际环境变化的适应。因此，"一带一路"的理论研究必须上一个新台阶。这是中国学术界必须承担的历史使命。

# 理论分析篇

# 第一章 "一带一路"的阶段属性和目标

"一带一路"倡议在干中摸索和践行已经进入了第六个年头,并取得了初步成效。然而,学界和政策界对于"一带一路"属性和目标等根本性问题的定位仍存在一定的分歧和模糊地带,对其进行充分讨论并给出明确的研判,这对于在前期成果的基础上更有针对性和更有效地推进"一带一路"建设至关重要。立足于中国和平发展和民族复兴这一终极诉求,深入分析影响世界格局和中国和平发展的主要外部环境,特别是和平发展进程中的中国与守成国美国及其主导的国际体系的关系,从缓解当下中国面临的主要崛起困境出发研究"一带一路",有助于走出学科和部门间的分歧与偏见,对"一带一路"的根本属性和目标做出客观、审慎的判断。

## 一 问题的提出和研究综述

"一带一路"倡议自提出以来,在核心问题,即其目标属性问题上一直没有形成共识和定论。如果我们暂且不考虑宣传效果层次的问题,那么"一带一路"就其本质而言,究竟是一项经济政策还是战略部署?是经济目标至上还是政治目标优先?主要是经济手段辅助于战略目标的实现,还是非经济手段服务于经济利益的需求?这些不同层次的利益诉求之间如何排序和相互定价?

各学科领域和不同业务范围的政策部门对上述问题都有各自的理解和诠释。在理论层面,近年来关于"一带一路"的现有研究涵盖了人文、社会、自然科学的诸多学科领域,其中相关度最高、讨论该议题最集中的学科集中在经济学和国际关系领域。经济学学者和国际关系学者从各自不同的学科视角出发,对"一带一路"倡议的属性和目标的理解没有共识。与此同时,在政策实践层面,不同的政策执行部门受各自业务范围及其思维惯性的影响,也对"一带一路"的性质定位进行了各自解读,并基于此进行推进。如果上述根本性的问题在学理上和政策思路上不能清晰化,则"一带一路"的未来方向不但可能偏差于顶层设计的初衷,而且在推进过程中会难以形成合力,不同部门的各自践行更有可能造成相互掣肘,甚至影响"一带一路"的实施效力。

经济学学者对"一带一路"的讨论多为微观层次的议题,通常先验地将"一带一路"理解为纯粹的经济议题,是服务于中国对外贸易、金融、投资和产业合作,辅佐企业"走出去"赚取海外利润的政策工具。这些研究或就产业、贸易、金融、技术、能源等专业领域的具体问题进行讨论,① 或侧重中国与具体地区和国家的经济合作研究,② 探究"一带一路"冰山的微观一角。

国际关系学者对"一带一路"的研究相对更加关注其宏观层面的议题。这些研究主要将"一带一路"视为服务于中国外交布局和战略实施的政策平台。其内容或侧重某一宏观问题领域,如全球和区域治

---

① 魏龙、王磊:《从嵌入全球价值链到主导区域价值链——"一带一路"战略的经济可行性分析》,《国际贸易问题》2016 年第 5 期;彭澎、李佳熠:《OFDI 与双边国家价值链地位的提升——基于"一带一路"沿线国家的实证研究》,《产业经济研究》2018 年第 6 期;李玉娟:《"一带一路"战略下中国文化产业对外发展研究》,《改革与战略》2017 年第 6 期;陈虹、杨成玉:《"一带一路"国家战略的国际经济效应研究——基于 CGE 模型的分析》,《国际贸易问题》2015 年第 10 期;赵佳燕:《"一带一路"战略下中国对外贸易和对外投融资》,《改革与战略》2017 年第 6 期;宋爽、王永中:《中国对"一带一路"建设金融支持的特征、挑战与对策》,《国际经济评论》2018 年第 1 期;丁一凡:《让金融创新为"一带一路"战略铺平道路》,《国际经济评论》2015 年第 4 期;周五七:《"一带一路"沿线直接投资分布与挑战应对》,《改革》2015 年第 8 期;徐奇渊、杨盼盼、肖立晟:《"一带一路"投融资机制建设:中国如何更有效地参与》,《国际经济评论》2017 年第 5 期;张中元、沈铭辉:《"一带一路"融资机制建设初探——以债券融资为例》,《亚太经济》2018 年第 6 期。

② 谢国娥、许瑶佳、杨逢珉:《"一带一路"背景下东南亚、中东欧国家投资环境比较研究》,《世界经济研究》2018 年第 11 期;谷合强:《"一带一路"与中国—东盟经贸关系的发展》,《东南亚研究》2018 年第 1 期;谢向伟、龚秀国:《"一带一路"背景下中国与印度产能合作探析》,《南亚研究》2018 年第 4 期。

理、安全议题、对外援助、国际组织等;① 或从特定国家和地区的视角切入;② 或站在宏观战略和外交顶层设计的高度展开。③ 相比经济学领域的研究,国际关系领域对"一带一路"的研究视角更具有全局性的高度。

总体来看,两大学科在诠释和研究"一带一路"问题时,大多围

---

① 秦亚青:《新型全球治理观与"一带一路"合作实践》,《外交评论》2018 年第 2 期;陈伟光、王燕:《共建"一带一路":基于关系治理与规则治理的分析框架》,《世界经济与政治》2016 年第 6 期;张文木:《从整体上把握中国海洋安全——"海上丝绸之路"西太平洋航线的安全保障、关键环节与力量配置》,《当代亚太》2015 年第 5 期;白云真:《"一带一路"倡议与中国对外援助转型》,《世界经济与政治》2015 年第 11 期;柳建文:《"一带一路"背景下国外非政府组织与中国的国际区域合作》,《外交评论》2016 年第 5 期;唐小松、张自楚:《中国对周边"一带一路"沿线国家的公共外交》,《教学与研究》2016 年第 6 期。

② 张骥、陈志敏:《"一带一路"倡议的中欧对接:双层欧盟的视角》,《世界经济与政治》2015 年第 11 期;牛新春:《"一带一路"下的中国中东战略》,《外交评论》2017 年第 4 期;毕海东:《"一带一路"在东南亚面临的地缘政治风险与中国的政策选择》,《战略决策研究》2016 年第 2 期;姜龙范:《"一带一路"倡议视域下的危机管控与东北亚安全合作机制的构建》,《东北亚论坛》2018 年第 3 期;刘作奎、陈思杨:《"一带一路"欧亚经济走廊建设面临的风险与应对》,《国际经济评论》2017 年 2 期;焦一强:《由认知分歧到合作共识:中俄"一带一盟"对接合作研究——基于不对称性相互依赖的视角》,《当代亚太》2018 年第 4 期;欧阳向英:《俄罗斯与中国:错位与对接——谈"一带一盟"对接中的问题与出路》,《国际经济评论》2017 年第 2 期;康·瑟拉耶什金:《丝绸之路经济带构想及其对中亚的影响》,《俄罗斯东欧中亚研究》2015 年第 4 期;叶海林:《莫迪政府对华"问题外交"策略研究——兼论该视角下印度对"一带一路"倡议的态度》,《当代亚太》2017 年第 6 期;叶海林:《印度南亚政策及对中国推进"一带一路"的影响》,《印度洋经济体研究》2016 年第 2 期;林民旺:《印度对"一带一路"的认知及中国的政策选择》,《世界经济与政治》2015 年第 5 期;涂波、金泰完、张元:《论印度在中国"一带一路"区域合作倡议下的战略困境——以"边缘人"为理论基础》,《当代亚太》2017 年第 6 期;朱翠萍:《"一带一路"倡议的南亚方向——地缘政治格局、印度难点与突破路径》,《南亚研究》2017 年第 2 期;李晓:《"一带一路"战略实施中的"印度困局"——中国企业投资印度的困境与对策》,《国际经济评论》2015 年第 5 期。

③ 门洪华:《"一带一路"规则制定权的战略思考》,《世界经济与政治》2018 年第 7 期;周方银:《"一带一路"面临的风险挑战及其应对》,《国际观察》2015 年第 4 期;储殷、高远:《中国"一带一路"战略定位的三个问题》,《国际经济评论》2015 年第 2 期;王俊生:《"一带一路"与中国新时期的周边战略》,《山东社会科学》2015 年第 8 期;薛力:《中国"一带一路"战略面对的外交风险》,《国际经济评论》2015 年第 2 期;杜哲元:《"一带一路"建设与中国周边三环外交体系的构建》,《东南亚研究》2018 年第 1 期;科林·弗林特、张晓通:《"一带一路"与地缘政治理论创新》,《外交评论》2016 年第 3 期;周强、杨宇、刘毅、翟崑:《中国"一带一路"地缘政治研究进展与展望》,《世界地理研究》2018 年第 6 期;凌胜利:《"一带一路"战略与周边地缘重塑》,《国际关系研究》2016 年第 1 期;赵洋:《中美制度竞争分析——以"一带一路"为例》,《当代亚太》2016 年第 2 期;陈小鼎、马茹:《上合组织在丝绸之路经济带中的作用与路径选择》,《当代亚太》2015 年第 6 期。

绕本学科领域的关注点展开，基本不在一个层面讨论问题，更多处于各说各话的状态，以致"一带一路"成"横看成岭侧成峰"之态。单纯的经济学研究忽视了"一带一路"作为顶层设计的全局性，而纯粹的国际关系研究往往过于突出"一带一路"倡议在战略上的必要性或远景规划，对中国在特定阶段推进"一带一路"的可行性和成本分析关注不足。"一带一路"建设在现实中必然涉及经济诉求和外交、战略等非经济利益之间的关系，需要打通微观层面和宏观层面的关系，并对二者进行综合和平衡的考量。而在一些跨学科的政策讨论中，经济学学者和国际关系学者争论"一带一路"的经济和战略目标及策略时，经常将二者看作彼此对立甚至相互否定的紧张关系。

现实中"一带一路"的推进并非单一领域和视角能胜任，因此学理上对"一带一路"的研究也应打破学科间的界限和打通视角间的偏见。近年来，我们看到经济学学者和国际关系学者也有不少从宏观经济战略视角深入分析"一带一路"的研究成果，内容既涉及"一带一路"在战略层面中无法回避的跨领域重要经济命题，比如全球和地区生产网络、区域合作、人民币国际化、"一带一路"的综合衡量指标等；[1] 也触及依托"一带一路"实践的中国经济外交转型等全局性

---

[1] 冯永琦、黄翰庭：《"一带一路"沿线国家对中国产品市场的依赖度及中国的对策》，《当代亚太》2017年第3期；朴光姬：《"一带一路"与东亚"西扩"——从亚洲区域经济增长机制构建的视角分析》，《当代亚太》2015年第6期；杨怡爽：《跨界发展：从21世纪海上丝绸之路到亚洲生产网络的边界扩展》，《当代亚太》2017年第1期；李向阳：《亚洲区域经济一体化的"缺位"与"一带一路"的发展导向》，《中国社会科学》2018年第8期；李向阳：《"一带一路"：区域主义还是多边主义？》，《世界经济与政治》2018年第3期；李向阳：《跨太平洋伙伴关系协定与"一带一路"之比较》，《世界经济与政治》2016年第9期；李向阳：《构建"一带一路"需要优先处理的关系》，《国际经济评论》2015年第1期；李向阳：《论海上丝绸之路的多元化合作机制》，《世界经济与政治》2013年第11期；盛斌、果婷：《"一带一路"倡议与APEC区域经济合作》，《亚太经济》2017年第2期；竺彩华、韩剑夫：《"一带一路"沿线FTA现状与中国FTA战略》，《亚太经济》2015年第4期；林乐芬、王少楠：《"一带一路"建设与人民币国际化》，《世界经济与政治》2015年第11期；何帆、朱鹤、张骞：《21世纪海上丝绸之路建设：现状、机遇、问题与应对》，《国际经济评论》2017年第5期；卢锋、李昕、李双双、姜志霄、张杰平、杨业伟：《为什么是中国——"一带一路"的经济逻辑》，《国际经济评论》2015年第3期；朴光姬、郭霞、李芳：《政治互疑条件下的东北亚区域能源合作路径——兼论"一带一路"倡议与东北亚区域能源合作》，《当代亚太》2018年第2期；顾春光、翟崑：《"一带一路"贸易投资指数：进展、挑战与展望》，《当代亚太》2017年第6期。

的经济战略思考，① 以及"一带一路"框架下国际战略与经济互动的交叉学科研究。② 这些研究体现了学术界对"一带一路"研究的跨学科综合性视角，为不同学科领域和政策间的协调提供了启发性思考。

"一带一路"被写入党章和党的十九大报告，成为中国未来相当长时间的对外重大国策，它首先必须是服务于中国和平发展和民族复兴的综合性、跨领域的顶层设计，就其远景是带动中国与"一带一路"沿线国家共同发展和建立公正合理的新秩序的宏伟构想。现实中作为长期国策的"一带一路"倡议是集外交、经济、政治、军事、文化相互配合，中央、地方、企业、社会多层互动的全局规划，这一点毋庸置疑，也唯有此，"一带一路"才能衬得起中央赋予它的特殊地位。然而，"一带一路"宏大的远景目标的实现需要分阶段、有步骤地展开和推进，在不同的发展阶段需要解决的核心问题和策略选择也不尽相同。

"一带一路"是在国际大环境的变化中应运而生的，也是新时代中国经济外交转型的创新模式，它的阶段属性和目标的确定也建立在上述时代背景和约束条件之上。因此，研判"一带一路"属性和目标，首先需要明确中国和平发展到底处在什么阶段，与美国主导的体系是怎样的关系，这种关系之下中国崛起面临的主要情境和策略选项及其走势是什么。本章将"一带一路"建设置于中国崛起的时代大背景下，从战略与经济的综合视角切入，讨论当下面临美国及其国际体

---

① 宋国友：《"一带一路"战略构想与中国经济外交新发展》，《国际观察》2015年第4期；高程：《从中国经济外交转型的视角看"一带一路"的战略性》，《国际观察》2015年第4期；孙灿、洪邮生：《国际体系视野下的"一带一路"倡议——国家经济外交运行的"平衡术"视角》，《外交评论》2016年第6期；黄益平：《中国经济外交新战略下的"一带一路"》，《国际经济评论》2015年第1期。

② 李晓、李俊久：《"一带一路"与中国地缘政治经济战略的重构》，《世界经济与政治》2015年第10期；吴泽林：《"一带一路"倡议的功能性逻辑——基于地缘经济学视角的阐释》，《世界经济与政治》2018年第9期；冯维江：《丝绸之路经济带战略的国际政治经济学分析》，《当代亚太》2014年第6期；钟飞腾：《"一带一路"、新型全球化与大国关系》，《外交评论》2017年第3期；孙伊然：《亚投行"一带一路"与中国的国际秩序观》，《外交评论》2016年第1期；付宇珩、李一平：《资本主义世界体系结构性危机中的"一带一路"倡议——基于亚洲秩序变迁与中国现代国家构建经验的反思》，《当代亚太》2017年第4期；黄河：《公共产品视角下的"一带一路"》，《世界经济与政治》2015年第6期。

系设置的崛起困境中的中国，应如何看待"一带一路"的阶段属性和主要目标定位，以及实现目标的策略选择；分析"一带一路"经济和战略目标及手段的关系，以及政策实施的限度和重点所在，并对"一带一路"建设如何发挥中期对冲中国对美国及其主导的经济体系的脆弱依赖性、长期起到构建中国周边秩序的支柱作用提出政策思考。

后文的论证在结构安排上分以下几部分内容展开：第二部分将对中国和平发展所处的阶段和与美国主导的国际体系的关系进行研判；在此基础上，第三部分将重点分析中美博弈的背景下，现阶段中国面临的崛起困境主要体现在何处，并归纳历史上大国经济竞争阶段的四种不同情形，指出在当前中国所处的情形下，将面临怎样的策略选择和政策风险；在第二和第三部分的判断和结论基础上，第四部分讨论"一带一路"的阶段属性和经济与战略目标的定位，以及在该目标下"一带一路"推进的范式和理念、组织安排、内容范畴、地域边界和实现方式上的限度和重点是什么；基于第四部分的主要结论，即"一带一路"当前阶段应主要立足于中国周边地区，以优化中国未来的可持续发展模式，第五部分就如何经略中国周边提出相关政策思考。

## 二 中国和平发展所处的阶段和与美国主导的国际体系的关系

自2013年习近平主席提出建设"丝绸之路经济带"和"21世纪海上丝绸之路"以来，在六年多的时间里，国际形势和中美关系走势进一步明朗。在这个时间点讨论"一带一路"的经济目标和非经济目标的关系，以及评估"一带一路"的功能与成效，首先需要回答两个根本性的问题，即当前中国发展所处的阶段是什么；服务于中国现阶段发展的"一带一路"倡议与美国主导的既有国际秩序的关系是什么。

（一）中国尚处于崛起的起步阶段，中美之间的领导权转移尚未被提上日程

中国的经济规模如今已经达到美国经济规模的60%以上，但是经

济总量指标本身并不能单独作为判断大国崛起阶段的依据。同样是经济总量规模达到过美国的60%左右，当年的苏联和日本处于完全不同的发展阶段，苏联当时已经成为世界两极格局的霸主之一，而日本则受制于美国，在经济崛起的起步阶段，即被美国阻断继续崛起的步伐。第一次世界大战前，德国的经济规模大致达到英国的70%，而美国经济规模已经超过英国，但当时的结构性矛盾已经迫使英德冲突和权力转移进程箭在弦上，美国则可以继续处在崛起的准备阶段"韬光养晦"。[①] 所以，经济规模指标只是大国崛起可能性的一个必要条件，我们必须结合其他更重要的因素对大国所处的发展阶段做出判断，并且由此确定其对外政策的重点方向。

当年的苏联和德国，在世界经济体系中都具有相对独立的地位，苏联当年在达到美国经济规模的60%的时候，更具有以"华沙条约组织"和"经济互助委员会"为基础的独立的军事、政治和经济体系，与美国主导的体系分庭抗礼。当时德国的主要市场在欧洲大陆，随着经济实力的扩张又试图在海外建立自己的经济体系，尽管没有完全成功，但其战略和策略选择空间也大于中国当前的发展阶段。相比而言，当前中国在国际政治核心事务上的介入和影响能力并未达到19世纪末期德国的水平，和二战结束后的苏联更无法同日而语。国际关系现实主义意义上的中美之间的权力竞争特别是领导权的竞争还没有被提上日程。无论是联盟体系及其影响还是军事安全领域的实力及运用能力，中美之间的差距都大于俄美之间的距离。俄美两国是世界上唯一一对能够确保绝对相互摧毁能力的超级核大国，而俄罗斯在中亚、欧洲和中东都有自己的准军事盟国，更建立了集安组织这样的地区安全同盟机制，在欧洲和中东这两个世界权力中心地带具有十分重要的博弈能力。相比较而言，中国的"不结盟政策"目前并无松动迹象，安全上追随中国的国家也寥寥无几。

综合以上种种，中国崛起进程还没有到权力转移阶段，也没有到崛起准备阶段，只是处于崛起的起步阶段，主要倚重经济领域。中国

---

① 详见高程《市场扩展与崛起国对外战略》，《国际政治科学》2011年第3期。

现有经济实力和所处阶段更类似20世纪80年代的日本。两国都没有自己的经济体系，在美国主导的体系中对美国的高端产业链条具有依赖性，与此同时，又试图在美国主导的经济体系内实现崛起，想通过经济而非军事安全和国际政治领域的优势追赶美国。

**（二）对美国而言，中国与美国体系的主导关系是竞争关系，竞争的核心是未来主导世界的经济潜力**

作为一个依赖于守成国主导的国际体系，并试图在该体系内实现追赶和崛起目标的崛起国而言，我们对其与既有国际体系的关系的正确研判将变得十分关键，这是制定有效的发展策略的前提。近年来，伴随着国家的崛起，中国提出了不少外交新理念，无论是构建"新型大国关系"还是"新型国际关系"，中国外交一直将稳定与守成国美国的关系置于最重要的关切。然而，中国官方外交表述通常回避中美关系的主导性问题。"中美新型大国关系"对中美关系性质做出的权威解读是"不冲突、不对抗、相互尊重、合作共赢"。[①] 这一定性事实上承认了当前中美两国作为大国竞争关系客观存在的现状，但同时强调中美应当建立既竞争又合作的良性关系。那么，竞争与合作这两种关系究竟哪种才是中美之间的主导性关系？这仍然是中美关系塑造过程中难以回避的话题。如果我们不能明确中美关系的主导性质，则在策略上就难以清晰地界定中国在构建中美关系过程中的利益排序。与此同时，合作关系的构建是两国互动的结果，并不由中国单方的美好愿景所决定，中国需要明确美国怎样看待中

---

[①] 这一官方解释参见2014年11月12日习近平主席在人民大会堂与美国总统奥巴马的会谈；2015年9月22日习近平主席对美国进行国事访问前接受《华尔街日报》书面采访时再次对此进行强调。见《习近平：把不冲突不对抗、相互尊重、合作共赢的原则落到实处》，环球网，2014年11月12日，http://world.huanqiu.com/article/2014-11/5200222.html；习近平接受《华尔街日报》采访全文见新华网，http://www.xinhuanet.com/world/2015-09/22/c_1116642032.htm；这一表述另可见于外交部、新华社、《光明日报》等多处官方表述中。参见《不冲突　不对抗　相互尊重　合作共赢》，求是网，2013年9月22日，http://www.qstheory.cn/gj/zgwj/201309/t20130922_273048.htm；《外交部：不冲突不对抗、相互尊重、合作共赢是中美两大国正确相处之道》，新华网，2017年3月22日，http://www.xinhuanet.com/2017-03/22/c_1120676126.htm。

美关系的本质，才能评估未来与美国主导的国际体系构建合作关系的可能性与可行性。

在中国试图模糊解读中美关系主导性的同时，美国新任政府却给出了确定的回答。2017年12月18日，白宫公布了特朗普总统任内首份"国家安全战略"，该演讲报告从国家安全战略层面解读了中美经贸关系问题，并明确将中国列为美国的"竞争者"。① 在随后2018年特朗普政府第一份"国情咨文"演讲中，特朗普将中国定性为"挑战美国利益、经济和价值观的'对手'"。② 对此，中国外交部的回应为："希望美方摒弃冷战思维和零和博弈的过时观念，正确看待中国和中美关系，同中方相向而行，相互尊重，聚焦合作，管控分歧，维护中美关系健康稳定发展。"③ 官方的外交表态不能仅从字面理解，但中国国际关系学界和政策界比较主流的观点确实认为，基于经济相互依赖的合作关系仍是中美关系的大势。在这个问题上，中美两国的主流话语在看待彼此关系的主导实质问题上存在明显分歧。尽管奥巴马政府并没有像特朗普政府那样，在官方公开措辞中明确将中国定义为竞争对手，但其"重返亚太"和"亚太再平衡"组合政策的推进和战略资源的投放与部署，说明美国事实上已将中国视为亚太地区和全球层面的主要对手。而特朗普政府上台后，美国两党更是在打压中国的问题上达成共识，并体现在经济、安全、政治各个领域的政策实践中。

美国认定中美两国是竞争对手，那么在美国看来，中美核心的竞争主要体现在何处呢？现实主义者认为，守成国与崛起国的核心竞争是国际领导权，自由制度主义者认为是对国际规则的主导权，建构主义者认为是对包括国际主流价值观在内的国际规范的塑造权，后两者

---

① The White House, *National Security Strategy of the United States of America*, December 2017, https：//www. whitehouse. gov/wp-content/uploads/2017/12/NSS-Final - 12 - 18 - 2017 - 0905. pdf.

② "President Donald J. Trump's State of the Union Address", January 30, 2018, https：//www. whitehouse. gov/briefings-statements/president-donald-j-trumps-state-union-address/.

③ 《外交部：希望美方摒弃冷战思维　正确看待中美关系》，新华网，2018年1月31日，http：//www. xinhuanet. com/world/2018 - 01/31/c_ 1122349176. htm。

说到底仍是国际领导权的组成部分和表现形式。从历史经验和长期视角看,大国之间的权力更替或许最终会体现在国际领导权的更迭上,但当下的中美两国在国际领导权领域还并未形成现实中的竞争关系,因为在军事和国际政治领域,中国还远非美国领导权的竞争威胁者。美国目前主要担心的不是中国在不远的将来能够建立与美国形成竞争性的军事联盟或战略伙伴关系体系。

中美竞争的核心目前是潜在经济实力及其影响力的较量。中国让美国备感竞争压力和威胁的是经济领域的实力和发展势头。在世界权力发生转移之前,首先需要经历的阶段是大国之间国际经济地位的竞争,经济实力的竞争是未来国际领导权竞争的基础。美国并未在当下过度感受到中国的安全压力和威胁,而是担心随着中国经济实力的增长,中国在未来具备在军事安全和经济发展模式的竞争领域给美国带来威胁的物质能力。除了对未来中国经济潜力的担忧之外,中美之间在经济领域的结构性竞争,特别是作为大国的制造能力和双边贸易失衡方面,中国在当下也直接影响了美国核心的经济战略利益。

特朗普政府的政治保守化趋势被一些学者解读为美国正在放弃国际领导权,甚至开始畅想美国主动接受或不得不接受在美国主导的国际体系内出现"中美共治"的大国合作模式。在这里,我们需要对美国主导的国际领导权进行三个层次的分解:一是世界格局中的权力分配意义上的领导权,主要体现在政治和传统安全领域,包括美国构筑的联盟体系;二是全球公共领域的治理意义上的主导权,主要体现在经济和非传统安全领域,包括美国在各种多边组织中的地位;三是意识形态意义上的道义制高点,主要体现在价值观领域,即美国充当的"自由世界灯塔"角色。如今特朗普政府的保守化主张体现在:美国无疑仍要当世界上最强大、占尽别国便宜的超级大国,但需要审慎和有条件地扮演"世界警察"、"自由(制度)世界的领袖"和美国理想主义者们热衷的"世界灯塔"角色。美国主导的西方世界处于相对衰落的阶段,面对自身社会对所谓西方"政治正确性"的抵触和中国发展模式对世界的冲击,包括特朗普本人在内的美国部分保守派认为，继续挑着意识形态的道义大旗改造世界得不偿失，他们对第三层次的领导权表现得兴致索然。与此同时，对于第二层次即全球化规则和全球治理领域的主导权，作为该领域的领导者，美国也正在丧失领导的意愿和能力。奥巴马政府时期，美国在全球治理领域就口惠而实不至，如今特朗普政府对于全球治理的消极态度更加明显。

尽管维持全球治理和全人类共同价值观意义上的世界领袖角色对美国而言，意愿和能力都在下降，但这绝不意味着美国打算放弃在世界权力格局中的领导地位。而且，在国际政治格局的权力分配中，中国和其他国家在未来很长一段时间都不是国际领导权的实际竞争者。相对于国际政治格局中的权力与利益分配而言，全球治理特别是经济治理领域更多体现为国家间的责任分配与全球公共产品的成本分担。[①] 美国正在试图把权力和责任分离，一方面推卸在全球治理和提供全球公共产品领域的领导责任（比如在维护金融体系稳定、贸易自由化和气候问题上），另一方面继续对世界格局中权力分配意义上的领导权进行掌控。美国目前对北约等军事联盟组织的态度看似并不积极，但更多是对其盟国提高要价，让他们向美国缴纳更多垄断性质的"保护费"。总之，美国的世界领导权的弱化，并不意味着美国可以坐视中国"填补真空"。

## 三 在中美竞争的视角下看中国的崛起压力和策略选择

美国已将中国确定为其主导的国家体系的主要竞争对手，随着中美两国实力差距的缩小，中国面临美国设置的"崛起困境"的压力将越来越大。我们有必要判断中国崛起现阶段面临的崛起压力首先体现在何处，进而才能明确当前中国应采取何种有效策略缓解来自美国主导体系的崛起压力，同时防范因形势误判和策略选择不当而导致的政

---

① 阎学通：《特朗普执政对中国崛起的影响》，新浪网，2017 年 1 月 5 日，http://news.sina.com.cn/w/2017-01-05/doc-ifxzkfuh5443465.shtml。

策风险。

**（一）中国的崛起困境首先面临来自美国设置的"经济压力陷阱"，而非安全领域的"修昔底德陷阱"**

中国不少学者和政策界人士认为，中国承受来自美国的压力和防范，因为两国之间的战略互信不足。中美因彼此"战略互疑"而形成猜忌与矛盾，两国应更好地了解对方的真实想法和动机，并据此建立战略互信，构建具有建设性的大国关系。[①] 在上述思路的引导下，中国不断向美国明示，自己是一个爱好和平的国家，无意挑战美国的主导地位和国际秩序，在国际政治和安全领域因忌惮美国的战略猜疑而掣肘。然而，这些努力的效果并不理想，未能因此消除美国对中国的竞争威胁认知。中美关系发展遭遇的瓶颈无法通过增进战略信任来化解。中美两国之间的问题主要不是因为对于对方的动机和行为产生了误判，而是由中美结构性矛盾所引发。中美结构性矛盾是基于双方经济实力对比变化的趋势和美国针对这一趋势的悲观预期所做出的回应，美国的这种回应主要不是根据中国当下的行为，而是基于两国客观实力的发展趋势和中国的潜在能力做出的预防性行为，而中国却把重点放在向美国证明自己在主观动机上对美国和美国主导的国际秩序没有敌意，这种尝试和与之相应的对美让步对于增进中美关系徒劳无功。换言之，中国以增强中美战略互信为目标的努力，并不能改善中美之间的关系，也不能转变美国对中国的政策大方向。中国在和平发展中必然遭遇来自美国及其体系的压力从而身处崛起困境中，无论中国试图与美国构建怎样的大国关系互动模式，这一实质都不会改变。

目前中美之间的结构性矛盾的表象尚未体现在国际领导权的竞争上，而是首先体现在谁是未来世界头号经济强国的较量上，因此中国来自美国及其主导体系的崛起压力也首先体现在经济领域。虽然如今的美国在一些领域弱化了自身的国际领导权，但其不会坐视中国在未

---

① 王缉思、李侃如：《中美战略互疑：解析与应对》，社会科学文献出版社2013年版。

来具备填补这一角色的物质能力或与美国共享这一地位的客观实力。在霸主国和崛起国互动的视角中，权力转移理论关注的更多的是安全领域的权力竞争，关于"崛起困境"的研究也主要围绕"修昔底德陷阱"下大国之间可能的军事冲突展开。① "修昔底德陷阱"的困扰近年来不但是国际关系学术界热议的话题，也影响了中国的对美外交实践。关于"修昔底德陷阱"的评论进入了中国官方外交话语，中国官方媒体也策划和组织国内外交界人士和专家学者对此进行了一系列讨论，并为中国如何跨越"修昔底德陷阱"开出各种药方。② 然而，中国在当前阶段面临的主要崛起困境并非走向大国军事冲突的"修昔底德陷阱"，中美竞争和美国体系对中国的压制导致的风险主要在经济领域，而非军事安全领域。

在思考如何避免崛起困境，缓解与美国主导的国际秩序的紧张关系时，中国过于重视如何尽力避免当年德国和苏联陷入的"修昔底德陷阱"，而相对忽视的崛起困境还包括经济追赶守成国过程中所面临的"经济压力陷阱"。中国经济对美国的追赶进程，也是中国未来获得国际主导权要件的过程。美国要预防性破坏的是中国经济实力的继续积累，使中国丧失未来大国领导权竞争的资格。

在中国面对美国施加的"经济压力陷阱"，与美国及其主导的国际体系进行互动时，中美对于两国经济关系之于政治关系的作用问题同样存在分歧。中方主流认为，中美之间这种经济相互依赖关系更主

---

① A. F. K. Organski, *World Politics*, New York: Alfred A. Knopf, 1958；阎学通、孙学峰等：《中国崛起及其战略》，北京大学出版社2005年版；孙学峰：《中国崛起困境》，社会科学文献出版社2011年版。

② 中国外交部部长王毅在中国发展高层论坛2017年年会上表示："在各国命运紧密相连的新的时代背景下，新兴大国与既有大国的利益已深度交融，如果发生冲突，只能是双输。因此中美关系不会走入'修昔底德陷阱'。"参见中国日报网2017年3月21日的相关报道，http://language.chinadaily.com.cn/2017-03/21/content_28626784.htm。2016年4月17日，《人民日报》整版围绕正确认识"修昔底德陷阱"这一主题刊登了一组文章，2016年5月8日，《人民日报》再次整版刊登系列文章，着重就如何跨越"修昔底德陷阱"问题进行了讨论，2017年12月10日，《人民日报》又一次整版刊发如何破除"修昔底德陷阱"的一组文章，分别详见《人民日报》2016年4月17日第5版，《人民日报》2016年5月8日第5版，《人民日报》2017年12月10日第5版。

要地扮演着两国政治关系"压舱石"的角色。① 而美国决策层，特别是特朗普政府则认为，中美经济关系正是中美结构性矛盾突出体现之处。中国寄希望于中美经济相互依赖关系能够稳住和推进中美政治关系，并且基于此认为，中美关系的合作本质不同于当年美苏关系的对抗本质，因为美国遏制苏联的冷战政策的实施前提是，美苏之间几乎不存在经济往来，而中美之间却互为最重要的经贸伙伴。然而，中美经济相互依赖在中美关系中发挥"压舱石"作用的空间是有限度的。经济相互依赖关系或许能一定程度上降低中美陷入"修昔底德陷阱"，爆发大国军事冲突的可能性，但不能缓解中国崛起所面临的"经济压力陷阱"，更无法避免中美政治关系的负面走向。在美国决策者看来，中美经济关系某种程度上正是中美结构性矛盾的症结所在，中美经济关系越密切，两国贸易失衡状态越凸显，中美之间的经济差距也将进一步缩小，中美结构性矛盾反而可能越发突出。这也是特朗普政府一再在经贸领域向中国施压，并在其《国家安全战略报告》中将中美之间的贸易问题上升到美国安全战略高度的原因所在。

**（二）大国经济竞争阶段的策略选择模式与中国当前面临的政策风险**

面对来自美国的旨在预防性阻碍中国长期增长的"经济压力陷阱"，中国有可能面临由于误判形势而形成的政策风险。

我们考察了近代以来，大国经济竞争中处于相对弱势一方的大国面临的崛起困境和策略选择。第一次世界大战前，德国经济规模达到英国的70%，美国经济规模超过了英国，苏联经济顶峰时期达到美国经济规模的60%，20世纪80年代日本经济鼎盛时也达到美国经济规

---

① 关于"压舱石"的官方表述详见《习近平访美前瞻：以经贸压舱石巩固中美新型大国关系》，国际在线，2015年9月17日，http：//news. cri. cn/gb/42071/2015/09/17/8211s5106202. htm；《经贸合作是中美关系的稳定器和压舱石——财政部副部长朱光耀详解中美经济领域合作成果》，新华网，2017年11月11日，http：//www. xinhuanet. com/mrdx/2017 - 11/11/c_136744008. htm；《中外人士：经济合作仍然是中美关系"压舱石"》，网易，2017年3月18日，http：//news. 163. com/17/0318/21/CFRDR71T000187V5. html。

模的60%以上，如今中国经济规模也是达到美国经济规模的60%以上。但是，由于这些国家与竞争国主导的经济体系的关系不同，在经济崛起准备阶段所处的外部环境不同，导致经济崛起的压力和难度有很大差别。我们提炼两个指标：一是对竞争对手主导的经济体系的不对称依赖程度，这一指标考察的是经济崛起国对竞争大国经济体系不对称依赖的脆弱程度，① 并非二者之间经济联系的密切度；二是在经济崛起准备阶段是否遭遇竞争对手的打压，则理论上出现四种情况。需要指出的是，图1-1矩阵中的每一种情形都并非静态的，理论上存在通过改变条件向其他几种情形转变的动态可能性。

|  | 是否在经济崛起准备阶段遭遇竞争对手打压 | |
|---|---|---|
|  | 是 | 否 |
| 强 | A、日本、中国（崛起压力最大） | B、仅存在于理论上（非自然状态，放弃崛起进程的结果） |
| 弱 | C、德国、苏联（与竞争对手主导体系的冲突性最强） | D、美国（崛起压力最小） |

（对竞争对手主导经济体系依赖度）

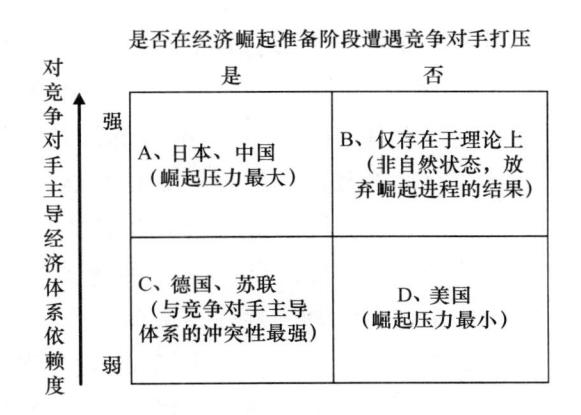

图1-1 大国经济竞争与崛起形势矩阵

第一种情形：对竞争大国主导的经济体系的不对称依赖程度高，并且在经济崛起准备阶段遭遇竞争对手的打压。20世纪80年代的日本和当下中国的处境大致是属于这一框架，中日两国不但都没有形成自己的经济体系，而且在美国主导的经济体系中对美国和西方的高端产业链具有依赖性，在美国主导的经济体系内经济规模超过美国的

---

① 相互依赖关系的性质和不对称程度，取决于一个行为主体对另一方依赖的敏感性和脆弱性大小。按照罗伯特·基欧汉和约瑟夫·奈的定义，脆弱性依赖主要是指，在一个行为体做出变化后，另一行为体做出调整应对这种变化需要支付多大的成本，它测量的是行为体终止一种关系需要付出的代价。详见［美］罗伯特·基欧汉、［美］约瑟夫·奈《权力与相互依赖》，门洪华译，北京大学出版社2002年版。

60%左右时，遭遇美国的打压。相对其他三种情形，在这种情形下大国经济崛起的压力最大。

第二种情形：对竞争大国主导的经济体系的不对称依赖程度高，在经济崛起准备阶段没有遭遇竞争对手的打压。这是一种理论上存在的理想化状态，在现实大国博弈中，是一种几乎不可能自然实现的稳定状态。因为处于强势地位的大国，天然的倾向对高度依赖自己主导体系的竞争对手或潜在竞争大国采取预防性打压策略，而由于对手对自己主导的经济体系脆弱依赖，因此这种预防性打压往往比打击平行体系的竞争大国更容易有成效。

第三种情形：对竞争大国主导的经济体系的不对称依赖程度低，在经济崛起准备阶段遭遇竞争对手的打压。比较典型的历史案例是苏联和19世纪末至第一次世界大战之前的德国。德国当时主要的市场和经济联系在欧洲大陆，基本不依赖英国主导的海外殖民经济体系，并且它在海外试图建立自己的经济殖民体系，尽管这种努力伴随着战争的失败而告终。苏联则一度凭借以经互会和华约为基础的平行政治经济体系与美国主导的体系成鼎足之势。在这种情形下，竞争性大国与其对手主导的国际体系之间的冲突性往往最强。

第四种情形：对竞争大国主导的经济体系的不对称依赖程度低，并且在经济崛起准备阶段没有遭遇竞争对手的打压。这种情形下，竞争大国的崛起压力最小，成功崛起目标相对容易实现。19世纪末和20世纪上半叶的美国是典型的案例。美国当时在美洲大陆拥有自己较为完整的生产—销售市场，尽管与当时的霸主英国贸易往来密切，但双方处于对等依赖关系中，美国在整个生产环节并没有对英国形成脆弱的不对称依赖。美国经济在19世纪末崛起为世界最大的经济体，在这一进程中并没有受到英国的强烈阻挠。美英两国之间的权力交替正是在这一情形的框架下实现的。

当前中国仍处在经济崛起起步阶段，试图在美国主导的经济体系内实现崛起和赶超，遭遇美国的打压，双方出现零和博弈占据主导的竞争关系，而且这种零和博弈愈演愈烈的趋势很难避免，中国有在一定程度上被甩出美国经济体系的风险，中国该如何应对？我们需要在这个框架下思考中国当前阶段缓解"崛起困境"的策略选择，避免形势误判或策略选择错误导致崛起进程逆转。

首先，中国要正确判断自身崛起所面临的情形，避免误判形势认为自己拥有当年美国崛起时的选项，进而将经济的持续增长与财富的继续积累寄希望于继续在美国的体系内获得，因此缺少未来与美国经济体系脱钩可能性的必要的底线思维和准备。这种误判导致学界过去几年对中美关系过度乐观，特别是对中美经济压舱石作用不切实际的期望。在上述分析的第四种情形中，美国通过"闷声发大财"的策略，有效避开了崛起困境。但19世纪末的美国已经跨过了崛起的起步阶段。而且是在英国和欧洲列强对其进行打压和排斥之前就跨越起飞阶段。与此同时，在当时如果离开英国主导的经济体系，美国在周边和欧洲大陆也具有相对独立性。身处第一种情形的中国不具备美国当年崛起的条件，仅仅通过被动地与美国拖延和消耗的策略不能有效实现自身经济崛起。

其次，中国要避免重蹈日本当年经济崛起失败的教训。由于在第一种情形中面临美国和西方施加的巨大经济崛起压力，在遭遇竞争大国的经济打压时，日本改变不了对美国主导体系高度而脆弱的依赖状态，同时又希望通过妥协避免与竞争大国在经济领域的冲突，日本因此做出了向第二种情形转变的努力。但日本的这种努力并不成功，最终结果是经济崛起进程被阻断。日本当年在美国和西方国家的压力下，签署了《广场协议》，向华尔街开放资本市场，日元被迫升值，国内资本泡沫被迅速挤破，以及《广场协议》签署后的几年，在美国逼迫和西方国家的压力下经济领域步步退让。这在很大程度上成为日本经济发展势头被逆转的转折点，尽管外部压力并非唯一因素，但日本自身的政策选择仍然扮演了日本"经济滑铁卢"的角色，最终结果是30多年经济发展的几近停滞状态，日本经济规模由鼎盛时期达到美国经济规模的60%以上，到如今只有美国经济规模的22%。日本实际上选择了以放弃经济崛起为代价，换取继续在美国的体系内生存和发展。中国需要从日本的策略选择中警醒并认识到，美国阻碍中国崛起，目前需要迫使中国经济积累的进程被阻断，而其实现手段不一定借助军事安全领域，其选项更不仅有发动预防性霸权战争或冲突。对美国而言，同样存在如下选项，即利用中国急于稳定发展中美关系、担心美国在安全和经济领域对自己进行遏制的忧虑心态，让中国在政策上以损伤自身经济发展为代价对美国做出让步。中国尤其需要警醒的是，中国当前所处阶段的崛起困境比日本当年更为艰难。日本是美国的军事和政治盟国，经济发展势头被打掉之后，仍然可以在美国主导的体系内继续发展。而如今美国精英决策层恰恰认为，试图把中国纳入美国体系的思路是一套失败的策略。无论是自由制度主义者倡议的以跨太平洋伙伴关系协定（TPP）为代表的俱乐部式的机制安排还是特朗普政府热衷的"一对一单挑"的零和博弈，美国都不再能容忍中国在美国的经济体系内继续壮大，而且如今美国和它的西方盟友在这个问题上有一致的趋势。

最后，身处第一种情形的中国，比当年的日本更有条件和可能性改变另一个条件，即对美国主导的经济体系的脆弱依赖性，但同时因此面临与美国主导的体系冲突加剧的政策风险。日本军事上不能实现自助，依赖于美国的安全保护，国内政治也在一定程度上受制于美国，难以完全从自身国家战略和利益角度在经济领域与美国进行竞争，因此只能选择避免与美国主导的经济体系发生冲突，其结果是不得不放弃自身经济崛起进程。① 和日本相比，中国是军事、政治、外交独立的大国，可以从自身国家战略和利益角度在经济领域与美国进行博弈，因此具有当年日本没有的策略选择，即改变对美国主导的经济体系的脆弱依赖状态，这应是现阶段中国应对崛起困境的努力方向。与此同时，中国要尽力避免第三个政策风险，即像当年的德国和苏联那样试图建立一个排他性的平行体系，将与经济主导国的竞争推向彻底的零和博弈局面。现阶段中国对外经济战略的目标应该是对冲脱钩美国体系的风险，而不是试图建立全面替代既有经济秩序并与之分庭抗礼的体系和制度安排。

---

① 参见［日］船桥洋一《管理美元》，于杰译，中信出版社2018年版。

## 四 现阶段"一带一路"的属性和目标，以及推行的限度与重点

仍处在经济崛起起步阶段的中国，试图在美国主导的经济体系内实现崛起和赶超，遭遇到美国的打压，中美零和博弈的竞争关系难以避免，中国存在被美国经济体系"脱钩"的风险。这是我们讨论"一带一路"国策的目标和推行策略的国际环境的大背景。如何服务于走出现阶段崛起困境，这应是我们确定"一带一路"的阶段属性和目标的主要考量，也应是确定"一带一路"推进的限度和重点的依据。

**（一）现阶段"一带一路"应首先定位于经济战略，旨在对冲"脱钩"美国经济体系的风险和确保中国经济崛起进程不被阻塞，其经济与战略目标是一体的，并非相互取舍关系**

我们回到本章第一部分提出的问题："一带一路"就其主要功能究竟是经济目标至上，还是政治目标优先？在目标与手段的关系上，主要是通过经济手段实现战略目标，还是非经济手段围绕经济利益需求？我们如何对这些不同层次的诉求进行和确定它们之间的相互定价？我们对于这一根本性问题的判断和回答，还是要回到本章第一部分讨论的中国崛起的阶段性问题和第二部分讨论的中国与美国及其主导体系的关系的基本判断上。"一带一路"倡议产生于国际环境的大变局，发展于新时代中国经济外交的大转型，它的阶段性属性和目标也由这两者的演变过程和其约束条件所决定。

在不同的历史阶段，中国对外经济与政治目标的排序和实现策略都有各自鲜明的时代特征，难以一以概之。从1949年中华人民共和国成立到冷战结束之前，中国对外经济服务于新中国在外部世界合法性地位的确立，这一点体现在中国对周边和第三世界国家的经济援助等方面，其主要目标服务于让国际社会多数国家承认新中国在联合国等组织的合法地位。在改革开放后的30多年时间里，中国处于财富

的积累阶段，外交主要辅助于对外招商引资和拓展能源资源市场。在中华人民共和国成立后这两个重要的历史阶段，不同的对外目标和经济与政治关系的定位都是服务于历史大局，对于新中国站稳国际脚跟和为中国的经济崛起进行必要的物质积累，起到了重要的时代性作用。

随着中国作为崛起大国的重新定位、国际格局的演变和中美关系性质的变化，中国对外目标要求被赋予新的内容。"一带一路"作为国家政策的"保护伞"，对外需要继续为企业的海外利益保驾护航。但与此同时，中国已经进入和平发展的起步阶段，继续单纯以企业经济利润为导向的市场扩展缺乏配合国家经济崛起规划的自觉意识，前经济崛起阶段纯粹短期经济利益的谋求方式在很多时候已经成为新时期国家对外经济战略需要的掣肘，这一财富在量的层次自发积累的历史阶段任务已经基本完成，如今已进入国家从战略层面引导财富可持续积累的阶段。因此，"一带一路"作为国家对外顶层设计，除了"保护伞"的角色，更要发挥的是对外"指挥棒"的功能。

从长远看，如果我们把"一带一路"看作一个服务于中国和平发展和民族复兴的长期对外国策，那么其终极目标是有效运用市场和经济手段去开拓中国的外交战略布局，构建符合中国长期国家利益的更为公正合理的国际秩序。不过，这是中国跨越过崛起起步阶段后的长期远景考量。中国发展现阶段，中美之间的领导权竞争和中国全面构建地区与国际秩序还没有提上日程。"一带一路"前期重点不是定位于与美国及其主导的体系全面竞争。

在当前阶段，作为高度依赖美国主导的经济体系的崛起大国，面对来自美国的"经济压力陷阱"，中国崛起承受着巨大的压力，寄希望于在美国主导的经济体系内继续"闷声发大财"，仅仅依靠被动和美国拖延时间的方式实现经济崛起不切实际。中国要从防御的角度对"脱钩"美国经济体系的可能性做好准备，对内加快产业升级的推进力度，加大对核心技术和自主创新生产领域的投入，对外要通过"一带一路"逐渐调整对外经济的发展模式。

从中美竞争博弈的大背景下看"一带一路"现阶段的属性和目标

排序，那么"一带一路"的属性应首先定位于缓解中国崛起困境、跨越崛起起步阶段的经济战略。在此，经济目标和战略目标不但不是对立和需要相互取舍的关系，而恰恰是一体的。"一带一路"需要服务于中国经济崛起的条件和环境的持续，这是基于国家长期经济利益的考量，其目标首先是走出美国设置的"经济压力陷阱"，保证中国经济的可持续发展，使中国经济崛起需要的财富积累进程能够不高度依赖美国主导的经济体系而自我推进。其实现途径在于如何通过"一带一路"在中国周边建立一个能够降低对美国和西方国家脆弱依赖性的更为自主和健康的地区经济结构，为中国经济的可持续发展提供现有模式的对冲方案，其重心应放在降低作为发达国家和周边国家中间市场的脆弱性、提高作为周边国家最终消费品市场的地位上。这个摸索过程可能不会一帆风顺，可能出现暂时的不适，却是中国经济发展模式转型，提高其安全性和自主性所必须经历的过程，符合中国和平发展的长远利益，所以从这个意义上来说，也不能仅仅以短期经济指标和利润导向来衡量"一带一路"的经济绩效。

（二）围绕当前阶段"一带一路"的经济与战略目标，明确"一带一路"推进的限度与重点

第一，在范式和理念上，现阶段"一带一路"是旨在对冲脱钩美国经济体系的风险，而并非建立全面替代现有经济体系与之分庭抗礼。中国现阶段没有能力复制中国版的"马歇尔计划"，即通过排他性的经济联盟组织密切中国与其他国家的战略联系度，使它们成为地缘政治工具，配合中国的对外战略。同时，在经济崛起起步阶段就陷入与美国进行领导权竞争，并不符合现阶段中国的利益。所以，"一带一路"的范式理念在现实层面应定位于追求开放、包容和共生，与美国主导的经济体系和既有地区组织共存的经济发展模式。

第二，在组织安排上，"一带一路"需要低调且有效地发挥缓解中国崛起阻力的切实作用，因此它不能发展成为大而全的多边面子工程。尤其是，"一带一路"不是中国引领所谓新全球化进程的平台。美国在全球治理领域对领导权掌控意愿的弱化，表面看为中国在美国

曾经主导的全球治理体系中替代美国的角色提供了机会,这也是一些学者试图将"一带一路"诠释为获得全球治理领导权的手段。然而,崛起起步阶段的中国需要清醒地意识到,目前中国不具备美国的军事霸权、政治同盟体系和美元主导地位,在这些条件缺失的情况下,过度承担全球治理的实际责任,并不能因此使中国获得与投入相称的国际领导者地位。这也是面对同样高举"全球化"大旗的欧洲,当中国主动提出与之在该领域合作反制特朗普政府的"逆全球化"政策时,得到的却是否定答案的原因。事实上,目前在全球公共领域希望"甩包袱"的美国乐见于中国实际担负起全球治理难题的责任棒。因此在当前阶段,中国参与全球和地区治理的目标应定位于提高国际参与和道义高点,而不宜将目标不切实际地定位于"接力"美国在该领域的国际领导权,尤其不应将外部世界尤为关注的"一带一路"倡议赋予全球治理领导权角逐的内容,并为此投入过多资源和过度消耗国力。①

"一带一路"的组织模式需要更多关注双边和次区域,而非全球和多边层次,应以双边为基础构建成熟的次区域,而不是尝试引领全球化和继续推动多边一体化,通过推动区域多边机制促进与地区国家关系的思路。事实上,"一带一路"的背景正是在传统一揽子多边合作框架和思路在美国亚太战略布局和印度这样的竞争性大国阻碍下陷入僵局后的另辟蹊径。这种创新模式正是为了绕开美、日、印这些大国的干扰,对冲逆全球化的可能性,冲破现有地区一体化机制长期胶着状态而产生的。正如李向阳所言,究竟应该赋予"一带一路"什么样的属性,不能只考虑它的必要性,更重要的是要考虑它的可行性。考虑到种种约束条件,"一带一路"在初级阶段就被赋予多边主义属性是缺乏可行性的。②"一带一路"相比多边组织,其创新性和灵活性正在于可以以我为主,有序接纳条件成熟的合作对象,采取点点突破的渐进方式缔结成面,通过双边关系和成熟的次区域合作缔结"一

---

① 详见高程《中美竞争视角下对"稳定发展中美关系"的再审视》,《战略决策研究》2018 年第 2 期。

② 关于该问题的具体研究详见李向阳《"一带一路":区域主义还是多边主义?》,《世界经济与政治》2018 年第 3 期。

带一路"网络。这对于处于崛起压力和大国环伺下的"一带一路"建设而言，是灵活而务实的组织模式。

第三，在内涵限定上，"一带一路"尽管需要遵循市场规律顺势而为，但作为一项经济战略，"一带一路"需要国家层面的顶层设计和统筹规划，不完全依据中国对外市场的自发扩展的短期利润指挥棒，其涵盖内容上也需要有别于与世界各国发展经贸往来。这意味着，基于经济和战略价值而重点投入的地区、国家和项目才应该被纳入"一带一路"的内容中考量。如果"一带一路"的内涵和外延被无限泛化、内容含混和层次不清，"一带一路"倡议将最终变成与世界各国发展经贸往来，而事实上没有"一带一路"倡议之时，中国也要和世界各国发展经贸关系，有没有"一带一路"也都将继续这些经济往来。"一带一路"的概念及其所涵盖的内容一旦被泛化，将会脱离其经济战略目标，不能有的放矢地发挥其效力。

第四，在地域扩展的限度上，"一带一路"需要控制蔓延冲动，保持适当的规模，保证战略资源投放的集中度。坚持开放、包容和共享的原则不意味着"一带一路"建设是无差别地四处撒网。"一带一路"建设在过去几年的时间里是全面推广阶段，地域范围不断扩展，制造了很多散点，由此扩大了"一带一路"的规模和声势。而在接下来的阶段，"一带一路"在地域扩展上应适当克制，根据当下经济战略目标的设定而回收和突出重点，尤其不要继续高成本争取那些不必要的国家和存在结构矛盾无法争取到的国家的参与。"一带一路"在深入推进阶段，其投放必须有地域限度，其重点仍应锁定中国周边地区。西方国家经济体对中国经济而言固然十分重要，但与其合作的前景并非中国单方能把握和经营，因此不宜作为"一带一路"经济战略框架下的重点。当前阶段，中国需要逐步降低对美国主导的经济体系和西方发达国家市场的脆弱依赖性，以保证未来经济崛起进程的安全，因此把中国未来的利益与美欧发达国家继续深入捆绑具有系统性风险。此外，"一带一路"在美俄两国的传统势力范围和核心利益地区，冒进追求中国的边缘利益亦为得不偿失之举。

作为中国地缘经济和地缘政治的依托带，周边国家对于中国崛起在战略层面上的意义要大于中国对周边国家在经济意义上的重要性，应当作为"一带一路"建设的主要对象和重点经营地带。大国实力辐射的地缘带往往是大国的首要所在。对美国来说，最重要的关系首先是和它的欧洲及日本盟友，这是美国全球霸权的基础关系；对俄罗斯来说，最重要的关系首先是与周边独联体国家的关系，特别是俄、白、哈三边同盟关系，这是俄罗斯维持地区大国地位的基石。中国在崛起现阶段，经济、政治和军事实力的辐射范围仍主要在周边地区。定位于如何在周边优化中国未来的可持续发展模式，这既是中国崛起现阶段对冲与美国体系"脱钩"的底线思维，也是中国崛起的必要条件。长期看，中国只有切实经营好自己的周边地区，才能拥有与美国及其主导的经济体系平等合作与博弈的筹码。

第五，在推进方式上，"一带一路"需要锁定有限目标，正视经济手段交换非经济目标的限度，它远不是解决所有中国对外问题的"万金油"，多数政治安全和外交问题需要政治安全和外交手段解决，而无法通过经济交换实现。"一带一路"本身难以胜任的内容，需要其他政治和安全手段予以适配。中国40多年来以经济建设为中心的思维定式运用于对外领域，过于单方面依赖通过经济手段促进政治和外交关系以实现崛起目标。中国主流外交理论与实践同样过于相信，经济关系是一切国与国外交关系的重中之重，可以以此塑造周边关系、新型大国关系和新型国际关系。然而，在国际关系中，经济属于低政治领域，用低政治手段换取高政治目标，这种经济外交的运用存在局限性。特别是"一带一路"经略周边的过程中，单独运用经济手段难以实现中国的外交和战略目标，"一带一路"经济手段的有效运用需要安全和政治手段作为支撑。中国在过去40余年主要利用外交和政治资源招商引资获得外部资源，如今是"资本走出去"时期，如何灵活利用现有的军事、政治和外交等高政治手段去保护和拓展中国的海外经济布局和利益实现，提高中国国际地位和政治影响力，是亟待研究和推进的问题。

尽管近年来中国在推进"一带一路"过程中，在经济领域投放的战略资源出现了一定的负荷，但这并不意味着中国整体战略资源的投放存在"透支"现象。与经济领域形成鲜明对比的是，中国在非经济领域，特别是高政治领域投入的战略资源，比如在军事、安全、外交和政治领域，还明显不足，未能有效地将已有的实力转化为对别国的政治影响力和国际地位。

在安全领域，中国如何为一些将安全问题作为重要关注的"一带一路"周边国家提供力所能及的安全保护，以及如何为我们"走出去"的企业提供必要的安全保障，这些方面中国的战略资源投入仍属于欠缺状态。安全领域的不对称依赖关系往往比经济领域的不对称依赖关系更为牢固和持久，特别当一个国家处于某种安全威胁的状态时，安全和政治考虑先于经济诉求。它们和中国进行"一带一路"框架下的合作时，如果不能消除它们对于中国的对手大国反对"一带一路"带来的安全恐惧，"一带一路"的建设和后期维护会面临很多挑战。

在政治领域，如何提高和利用对"一带一路"合作国家的政治影响力保护中国海外利益，推进国家战略布局，是当前面临的重要课题。在中国"资本走出去"和"经略周边"的时期，严格执行"不干涉别国内政"原则，不重视积累和运用对他国的政治影响，可能成为中国周边战略目标实现的阻碍。一方面，中国周边和"一带一路"沿线国家除了传统安全冲突，还存在宗教极端恐怖主义、犯罪猖獗等非传统安全领域的问题，缺少在当地的政治影响力很难有效保护和推进中国的既有利益和战略经济投资。另一方面，由于大国等阻碍因素，中国周边和"一带一路"沿线国家的政权更迭往往导致对华政策较大变化，给中国"一带一路"长期建设造成不确定性风险。中国对这些国家政局和决策集团缺少政治影响力，中国未来经营周边的持续性和稳定性都存在较大隐患。在操作层面上提高对相关国家的政治介入能力，和经济手段配合才能为"一带一路"保驾护航，确保国家战略布局的长期稳定性。过于倚重经济手段会使该领域存在透支的风险，在安全和政治领域加大配合力度，使战略资源分配更加均衡，实现彼此助长和优化，更有助于实现"一带一路"的远期目标。

## 五 中国通过"一带一路"建设经营周边的政策建议

"一带一路"当前阶段应主要立足于经营中国周边地区。"一带一路"倡议的提出，就有调整中国经略周边策略的考虑，在未来相当长的一段时间内，如何通过"一带一路"建设进一步经营好周边地区，是对中国和平发展和民族复兴大业的重要考验。

### （一）"一带一路"倡议的提出是针对中国传统周边经济外交陷入困境的必要调整

1997年亚洲金融危机后，中国以经促政的外交策略取得了良好的成效，改善了与周边国家的政治关系。中国通过与周边国家不断密切经济联系，积极构建和推动东亚经济合作，加大对周边国家的援助力度，在经济陷入危机和不景气时为周边经济体提供开放的市场，抵御汇率波动的冲击。[①] 主打经济牌的策略明显改善了中国与周边国家的政治关系，也一度成为东亚合作的重要推动力。2009年，中国代替美国成为亚太地区主要国家和经济体的最大贸易伙伴。然而近年来，在经济密切程度不断提升的同时，一个"反常"现象是，中国运用经济手段在周边维持良好政治环境的效力开始下降，出现了经济投入与政治收获的不对称局面。

从双边关系层次看，自2009年之后，中国周边政治和安全关系一度出现紧张状态。日本、菲律宾、越南等国家一度纷纷在海洋问题上挑战中国。它们与中国的经济关系紧密，从中国高增长中获得了不少市场红利，其中中日关系表现得尤为突出。除了和中国存在领土领海

---

① Barry Eichengeen, Yeongseop Rhee and Hui Tong, "The Impact of China on the Exports of Other Asian Countries", *NBER Working paper*, No. 10768, 2004, http://www.nber.org/papers/w10768; Ronald McKinnon and Gunther Schnabl, "Synchronized Business Cycles in East Asia: Fluctuations in the Yen/Dollar Exchange Rate and China's Stabilizing Role", *The World Economy*, Vol. 26, No. 8, 2003, pp. 1067 - 1088；[日] 伊藤隆敏：《人民币对其他经济体汇率政策的影响》，《浦东美国经济通讯》2007年第23期；[日] 渡边利夫：《中国制造业的崛起与东亚的回应》，倪月菊、赵英译，经济管理出版社2003年版。

争端的声索国之外,其他多数东亚国家和中国的双边政治关系热度也出现下滑,对中国经济快速增长和影响力的提升疑虑多于期待。在多边层次上,中国倡议的东亚经济合作进程明显受阻,陷入了困境,特别是东亚"10 + X"合作框架渐渐流于形式,中国通过推动经济互利共赢的合作机制以缓解周边国家对中国崛起的敌意或疑虑越来越困难。在钓鱼岛争端长期化和中日关系趋冷的背景下,中日韩合作一时难以取得期望结果;由东盟发起的"区域全面经济伙伴关系"(RCEP)在大国竞争夹缝中艰难生长;2014年在亚太经合组织(APEC)会议上,在中国倡议下,各成员国重启了亚太自贸区(FTAAP)进程,但其达成协议之路仍相当曲折。亚洲多边经济合作前景不容乐观。

中国周边经济外交陷入上述困境的根源在于,东亚地区力量格局的变化和美国相应的亚太战略调整导致了中美邻互动关系的变化,这降低了中国传统经济外交的战略效果。2000—2009年,东亚地区基本力量格局是中国倡导的多边经济合作体系和美国主导的双边军事联盟体系和谐并存,中美邻实现了互利共赢。然而,在中国迅速崛起的背景下,这种二元格局的性质发生了变化。以美国为首的西方国家在金融危机的冲击下,将全球经济带入萧条期;在这一轮危机中,中国等新兴市场国家替代发达国家扮演了全球经济复苏的引擎角色。中美两国相对实力差距不断缩小,中国与周边国家实力差距持续拉大。美国感受到了中国快速发展的压力,其战略重点转向巩固亚太联盟体系和地区霸权,防止中国崛起成为该地区新兴主导力量。与此同时,相对实力上升的中国开始在其周边寻求相应的地区影响力。因此,中美两国的互动关系发生了微妙的变化:东亚地区二元格局的竞争和相斥性开始取代其互利与兼容性。之前中美更多的是追求相对经济获益的正和博弈,而如今在权力竞争和地区影响力上的零和博弈色彩越来越浓。尽管在不同领域和议题上,中美之间互利合作共赢与你得即我失的博弈状态共存,但两国的零和博弈关系逐渐上升为亚太地区的主要关系。①

---

① 高程:《中国崛起背景下的周边格局变化与战略调整》,《国际经济评论》2013年第2期。

2009年，美国开始推行"重返亚洲"的地区再平衡战略，亚太地区首次被定位为美国的战略主方向。美国在该地区安全、外交、经济和政治领域全面进行了针对中国崛起的战略部署。美国的战略东移改变了中美邻的互动关系模式，影响了中国经营周边的外交效果。

首先，亚太地区国家普遍认为中美在该地区将陷入"权力转移"过程，预期两国将就地区主导权展开激烈竞争，担心由此引发对抗与冲突。中美两国相对实力的变化和美国对华遏制战略使亚太地区的安全威胁认知上升。在美国力量的影响和挑动下，"中国威胁论"成为地区关注焦点，这提高了东亚国家对于美国提供的地区安全公共产品的依赖和需求。[①] 在安全领域被认为存在明显隐患的情况下，安全上的不对称依赖关系通常被置于经济上的相互依存关系之上，成为优先考虑方向。因此，周边国家对美国安全保护依赖程度的加强降低了中国经济外交的效力。

其次，美国在亚太地区采取打压中国的战略，需要依靠其联盟体系和中国周边其他国家的力量制衡中国。这些国家也在充分借美国的亚太战略的"东风"谋求自身利益最大化。它们利用美国对中国的制约和打压，在美国提供的安全保护和中国经济增长创造的红利之间两面"要价"和"渔利"。它们这边积极发展与中国的经贸往来，那边努力加强与美国的安全联系和军事合作，借美国在亚太地区的"势"与"力"，平衡中国在地区政治影响力的上升势头。奥巴马政府时期利用菲律宾阿基诺三世政府作为阻碍中国在东亚经营的"排头兵"，特朗普政府拉拢日本、印度和澳大利亚推进"印太"战略，都体现了美国的这个思路。美国的亚太军事联盟体系联系度的加强，无疑使东亚国家在发展与中国的经济关系时更具有"底气"，让它们在与中国的经济交往中坐享权益和福利改善而不给予政治回报提供了可能性。[②] 周边国家的对冲策略压缩了中国传统周边经济外交的政策空间和

---

[①] 高程：《区域公共产品供求关系与地区秩序及其变迁——以东亚秩序的演化路径为案例》，《世界经济与政治》2012年第11期。

[②] 周方银：《中国崛起、东亚格局变迁与东亚秩序的发展方向》，《当代亚太》2012年第5期；俞新天：《美国对冲政策的新特点与中国的应对》，《国际问题研究》2012年第5期。

效果。

最后，由于对中国经济崛起势头的担忧，周边国家对于中国"以经促政"的经济外交手段开始酝酿应对策略，有意识减轻对中国市场的不对称依赖，这也影响了中国经济外交效力的发挥。传统的经济外交手段主要通过出让利益进行政治安抚和利用对方在经济领域对本国的不对称依赖关系予以政治施压。然而，那些与中国在传统安全领域（如领土问题上）存在重大纠纷的国家，一旦政治安全议题被提上核心议程，则经济让利对于塑造友好双边政治关系的余地较小，中国难以借助经济利益改变或安抚对方的敌对状态和心态。此外，部分周边国家对于中国未来可能运用的经济施压能力开始警觉。它们为降低对中国市场的不对称依赖性，积极谋求与其他区域主要国家和经济体之间的自由贸易协定，以预防中国未来通过经济施压手段谋求政治获益。比如韩国，即便两国已达成双边自贸区协定，但韩国此前已先后与美欧签署 FTA 协议，希望借此减轻对中国市场的依赖程度。[①] 中国周边一些国家积极加入美国主导的 TPP 谈判，也持有类似动机。[②]

面对周边力量格局和环境的变化，中国对于周边外交的理念和方向均做出了适时调整，在一定程度上开始对 2009 年后的困境进行"破局"。首先是 2012 年针对一些国家试探中国底线的行为给予了回击，展示了中国的战略决心和实力。从黄岩岛、钓鱼岛事件的后发制人和成功处理到东海防空识别区的建立，中国在主权问题上已经明确宣示了战略底线，基本消除了周边国家打破现状的机会主义动机。与此同时，中国促进了周边大部分与自己无领土领海争端国家的中立立场和趋势；明显提升了与俄罗斯的大国战略互信，拓展了双方的协作互助关系。

2013 年 10 月，习近平总书记亲自主持了党的会议。作为中华人民共和国成立以来的首次周边工作会议，周边外交转型对中国崛起和

---

[①] 董向荣：《中韩经济关系：不对称依赖及其前景》，《国际经济评论》2013 年第 2 期。
[②] 高程：《周边环境变动对中国崛起的挑战》，《国际问题研究》2013 年第 15 期。

民族复兴的重要意义得以充分展现。① 2014 年 11 月，中央外事工作会议召开，再一次突出了周边外交在中国整个对外大战略布局中的作用。中国看待周边的态度从被动应对危机和麻烦，开始转变为有意识地主动经营周边。中国的崛起在过去 10 年更多体现为在外部世界感知中"被崛起"。对周边地区的主动经营意味着中国对自身崛起的主观认知正在形成。中国正在尝试基于自身发展模式的经验，提出新的地区合作主张，争取周边地区对中国的崛起持积极的态度，在以往追求互利共赢的基础上寻求更多包容性的相互认同。

"一带一路"正是在上述中国周边外交的调整大背景下提出的。中央同时提出了构建中国"周边共同体"的概念②和"亲诚惠容"这一经营周边的理念，传递了亲善近邻的信号。"一带一路"的宏伟规划与为此提供资金支持的丝路基金和亚洲基础设施投资银行，正是实现中国周边"命运共同体"的倡议和实践。"一带一路"倡议涉及经济、外交、安全、文化各领域，其核心理念一是与周边国家谋求共同发展，二是促进开放竞争，三是实现相互包容。

随着中美关系的日趋紧张，当时提出"一带一路"倡议的中期和远景目标，仍是当下化解中国所面临的崛起困境的有效途径。从中期防御性角度，"一带一路"的提出是为了将地区的关注点从美国希望的安全议题重新回到地区协同发展的经济议题上，为防止周边形成美国的进攻性联盟体系，联手遏制中国的长期发展。从远景发展的角度看，"一带一路"规划也是为了在周边地区提高和中国实力增长相称的贡献度和影响力，塑造一个以我为主、惠及周边的地区合作模式。

"一带一路"所倡导的中国经济外交新理念，是试图"以柔克刚"地缓解美国带给地区经济合作的压力和困境。美国对中国经营周边的干扰作用将在相当一段时间内持续存在。然而，相对实力的衰落和内部问题使美国正逐渐丧失为亚太地区提供经济公共产品的能力，

---

① 陈琪、管传靖：《中国周边外交的政策调整与新理念》，《当代亚太》2014 年第 3 期。
② 习近平：《让命运共同体意识在周边国家落地生根——在周边外交工作座谈会上的讲话》，中华人民共和国中央人民政府网，2013 年 10 月 24 日，http：//www.gov.cn/ldhd/2013 - 10/25/content_ 2515764. htm。

其对于该地区的影响和控制能力处于下降趋势，对东亚多边合作的破坏性明显高于其建设性。中国崛起是大势所趋，而美国相对实力的衰落不能带给周边国家更多发展的增量需求。因此，包括与中国有领土争端的大部分周边国家并不希望在中美之间站队。中国需要让地区经济协同发展的动力超过美国挑动的东亚内部安全威胁认知，特别是由此产生的种种夸大其词的"中国威胁论"。

中国与周边大多数国家对中国崛起的担忧并非结构性困境，中国可以通过主动作为，挖掘自身发展释放的正面元素，缓解市场扩展输出的消极外部影响和西方主流国际舆论引导周边社会形成的威胁与不适感。"一带一路"的经济外交作用就是要消解外部世界对中国和平崛起的疑虑，它本身既要符合中国的国家利益，也需要被周边大多数国家所接纳和产生共鸣。中国需要通过"一带一路"经济外交新模式让周边国家意识到，中国寻求的地区秩序是将自身发展和民族复兴与周边国家的长期福利融为一体。唯有如此，周边大多数国家对中国崛起的长远期待才能超越力量格局变化引发的短期不适。

"一带一路"旨在促进开放、自由参与和共同发展的周边经济秩序。中国周边是新兴市场国家和发展中国家聚集的地区，对多数国家来说，社会经济发展是首要，它们同处于国际分工的不利位置，共同面临可持续增长和国内经济结构转型问题。中国有能力通过"一带一路"建设为这些国家提供更为广阔和开放的市场，通过帮助它们改善基础设施建设获得可持续增长的动力，促进地区协同发展的良好环境，增加周边国家对中国崛起的认同和期许。与此同时，通过"一带一路"建设促进共同参与、开放竞争的地区经济秩序也是当前中国冲破以美国为首的发达国家集团限制中国发展的有效对策，中国需要通过"一带一路"建设与周边国家一起构建更为开放包容、公正合理的地区经济合作模式。[1]

---

[1] 高程：《"一带一路"与中国经济外交转型》，《国际观察》2016年第2期。

### （二）通过"一带一路"建设经营中国周边地区的政策思考

首先，通过"一带一路"建设，要让中国周边地区关注聚焦于探索共同发展之路，避免落入美国设置的安全议题陷阱，对外要淡化"一带一路"的政治性。

面对掌握国际话语主动权的美国，中国与其在对方设置的地区议题中与之针锋相对，不如主动掌握自身议题的方向。中国如今是要在地区经济领域努力做成事，引导周边国家将关注点放在经济共同发展上，而美国则尽力破坏这一进展，挑起和利用各种"中国威胁论"，把中国周边国家注意力往安全议题上诱导，以此孤立中国。对此，在对外处理时，中国要淡化"一带一路"的政治性。"一带一路"构想一经提出，许多海外媒体纷纷冠名以"中国版马歇尔计划"，这种类比和称呼正是中国需要警惕的，更不应给相关国家这种错觉。①

"马歇尔计划"的推出背景是，第二次世界大战结束后共产党及其理念在西欧一些国家声望增长，这令美国不安，因此不得不对遭到战争破坏的西欧国家提供复兴计划，而该计划的倡导者之一乔治·凯南预言了未来世界两极对峙的冷战格局。"马歇尔计划"旨在与苏联抗衡，遏制共产主义在欧洲扩张，具有鲜明的意识形态色彩。美国通过该援助计划恢复并控制欧洲市场，通过军事安全合作和排他性的经济联盟组织（OECD）密切与其盟国的战略联系度，并使其成为遏制苏联的地缘政治工具，其实质是政治集团间排他性对抗。该计划还通过严苛的政治附加条件，将欧洲所有亲苏社会主义国家排斥在外。而根据这些附加条件，受援国则需要无条件地按美国设计的市场道路、标准和规则发展，不但丧失部分经济主权，而且必须进行美国要求的政治制度改革；与此同时，这些国家需要和美国进行政治捆绑，成为

---

① 参见 Gao Cheng, "Correcting Misconceptions about the Silk Road Initiatives", *China Daily*, 10, March, 201；宋国友：《马歇尔计划？不，Yidai, yilu!》，观察者网，2014 年 11 月 8 日，http：//www.guancha.cn/Song-Guoyou/2014_11_10_284550.shtml；反方观点可参见徐进《马歇尔计划的借鉴意义》，联合早报网，2015 年 3 月 20 日，http：//www.zaobao.com/forum/views/opinion/story20150320-459043。

美苏两极对峙的附属来配合美国全球战略。

把中国惠及周边与世界的共同发展的"一带一路"建设置于两极争霸和冷战的思维定式与语境下进行联想和引申,可能会导致外部世界误认为中国有借助经济手段控制他国与美国及其西方集团对抗的用心,使它们对"一带一路"产生更多戒心和排斥。这种联系既是中国不应抱有的心态,也要尽力消除美国和西方制造的国际政治舆论引导,消除"一带一路"相关国家因此产生的不解和疑虑。

中国的"一带一路"是在和平发展的世界大环境下提出的,中国和"一带一路"所及国家或者正在探寻自身发展道路,或者在经济不景气中寻找新的增长点,都立足于努力提高国民生活水平和福利。"一带一路"是为谋求中国与途经国家的共同发展,在平等互利基础上构建中国周边命运共同体,实现地区繁荣。对于不同种族、信仰、文化背景的国家,"一带一路"应追求包容性共生,不干涉地区国家内政和发展路径,不拉帮结派搞军事集团,与既有地区机制和组织和谐共存。中国给予相关国家的贷款不附带任何政治条件和内部变革要求,未来做大后也要充分尊重合作国家的内部政治制度和经济发展方式,不将中国发展模式强加于人。"一带一路"建设与美国日趋保守的"俱乐部式"合作相比,应具有高度开放性,不排除特定对象国或像美国那样令其处于"选边站"的境地,而是鼓励和欢迎沿线各国自愿参加,无论其是否与他国结盟,选择何种政治制度。

"一带一路"沿线大多为新兴经济体和发展中国家。作为一套包括基础设施、贸易、产业、能源和金融的全面经济合作计划,中国要通过自身的产业、资本、基建优势和庞大的外汇储备帮助它们拓展可持续发展的空间,与相关国家对基础设施建设的旺盛需求之间的互补关系进行产业对接,通过丝路基金为相关国家提供地区公共产品,通过非排他和非经济联盟性质、各国自由参与共同入股的亚投行向"一带一路"沿途沿岸国家提供贷款,帮助它们完善基础设施建设,提供可持续发展的经济动力。

其次,中国要改变粗放的传统经济外交模式,让沿途国家从"一带一路"中切实获得可持续发展的动力,通过最终消费品市场地位的提升打造周边命运共同体。

"一带一路"建设不但要让周边国家分享到来自与中国经贸关系的收益，而且过去粗放的经济外交需要在质量上予以完善。惠及"一带一路"沿途国家不仅要呈现在宏观数字上，更需要落实在具体、微观层次。过去十几年来，中国发展对周边国家的 GDP 增量、就业等宏观指标做出了明显贡献，但这种数字上的正面作用不易被人们感知，而大量采伐和摄取资源、给周边生态造成的破坏和私人企业的欺诈行为等，带给周边国家居民的心理不适却是直观的。因此，配合"一带一路"的周边经营需要更多战略性考量，要有效约束国内企业在相关国家为追求利润最大化的不负责任行为，给予其必要的激励机制去维护其商业信誉和企业文化形象，使中国对外投资的切实福利在对方国家民间社会层面得以深化和具体化，真正让"一带一路"相关国家的企业和百姓获得实惠。这需要中央、地方、企业和民间社会的相互配合。

"一带一路"与相关国家的互联互通通常被理解为有助于消化中国的过剩产能。但作为一项经济合作倡议，中国更应未雨绸缪对冲对美国主导的经济体系和西方发达国际市场的脆弱依赖性，同时兼顾到沿线发展中国家的可持续发展问题。这要求中国有意识地通过为周边国家提供更多最终消费品市场，以此获得发展的主动性。未来中国需要更多地消化那些工业化进程中的国家日益增长的工业生产能力。如今美国和日本在东亚地区的最终消费品市场份额上的优势仍十分明显。目前美日两国共占东亚地区最终消费品市场的 1/3，中国的份额低于 10%，中国主要扮演的仍是发达国家与周边国家的中间市场角色。从长期来看，在周边最终消费品市场占据优势，中国才能打造相对独立、健康的地区经济结构，降低对美国经济体系和发达国家市场的脆弱依赖性。与此同时，只有掌握最终消费品市场，才能够较为灵便地改变本国需求，更有效地施展经济手段影响对方国家，同时可以通过调整或转移中间市场，控制其下游的初级产品供应市场。21 世纪以来，中国与亚太地区的贸易总额增速迅猛，而且成为几乎所有区域内国家的第一贸易伙伴。① 然而，中国与区域内国家的贸易往来更多的是进口其原料等初级产品，在国内进行加工后输出到美欧发达国家市场。中国主要扮演东亚生产网络中的中间环节角色，② 难以充分地把自身庞大的市场规模转变为对周边国家的影响力。而且，由于产业链源头的最终消费品订单仍然掌握在美国和发达国家那里，中国无法随意改变与产业链下端市场的关系，因此也导致经济对发达国家的脆弱依赖性。随着国内资本的累积和国内购买能力及消费需求的提升，中国在亚太地区最终消费品市场的份额正在上升。"一带一路"在与周边国家进行产能合作的同时，应将必要的关注放在周边国家最终消费品环节，提高东亚生产网络的独立性，降低对美国主导的经济体系的脆弱依赖度，同时借此将更多经济实力转化为地区影响力。从这一角度，"一带一路"所构造的地区经济秩序，需要中国更多扮演东亚终端市场角色。③

再次，"一带一路"的重点应放在做实具有发展潜力的双边关系和次区域关系上，以双边和次区域为节点有序结成网络。

21世纪以来，中国一直寄希望于通过推动区域多边机制和合作协议框架促进与地区国家的关系，创造对自身发展有利的周边政治环境。这一思路在美国亚太再平衡战略的布局下举步维艰。在传统一揽子多边一体化合作陷入僵局的情况下，"一带一路"建设的更多关注点应重新放到发展和做实具有潜力的双边关系上。中国可以针对各自经济特点，通过与"一带一路"相关国家签订不同层次双边贸易协定、投资协定、货币互换协议等方式夯实双边经贸关系，扩大彼此互惠互利的基础，然后用良好的双边关系带动多边舞台。美国对于多边机制及合作的破坏和干扰能力相对较强。相对多边领域，中国当前在

---

① 赵江林主编：《后危机时代亚洲经济增长与战略调整》，社会科学文献出版社2013年版，第18—21页。
② 关于东亚贸易结构可详见周小兵主编《亚太地区经济结构变迁研究》，社会科学文献出版社2012年版，第4章。
③ 高程：《从规则视角看美国重构国际秩序的战略调整》，《世界经济与政治》2013年第12期。

周边推进的双边合作更为顺畅和有效，更容易取得突破性进展和实质收获。

"一带一路"建设应是在打造双边关系的基础上以各个突破的渐进方式一步步缔结多边网络，暂时绕开美日两国、避开现有地区一体化机制和规则的长期胶着状态另起炉灶，先易后难、先近后疏地将合作条件成熟的国家有序接纳。通过双边关系缔结的"一带一路"多边网络是以中国为中心的松散关系，立足点是中国与相关国家一对一的关系，而非一对多的联系。亚洲基础设施投资银行（亚投行）的倡议和发起就沿袭了这一思路。由于中国和新兴市场国家及发展中国家在美国主导的世界银行和日美主导的亚洲开发银行中遭受排挤、不能获得相应话语权，于是中国另起一摊成立了该地区金融组织。如今，亚投行已有来自全球各个区域50多个国家成为或正在申请初始成员国，其中包括除美日两国外几乎所有世界重要经济体，这在客观上打破了日本和美国在亚洲地区的金融机构垄断状态，逐渐蚕食美国一家独大的金融霸权根基。在自贸区建设上，中国同样暂时难以寄望于APEC框架下的FTAAP达成，而应将更多的关注点放在积极打造中国—东盟自贸区升级版和与俄罗斯主导的"欧亚经济联盟"的对接上。

复次，"一带一路"的推进过程中要区别与周边国家双边关系的不同性质，推进多层次、差异性的经营策略，集中资源投放打造示范项目、样本国家合作案例和样板次区域合作模式。

"一带一路"惠及周边国家，追求中国与这些国家的利益共生性，但并不因此意味着这种"惠及"在层次和力度上是没有差异和原则的。"一带一路"从双边着眼的好处就在于，它可以加固与中国重要战略伙伴和友好国家关系的内生性，同时安抚和消除周边国家对中国崛起存在的担忧情绪。尽管周边国家对于中国在地区影响力的提升和未来的主导能力存在不同程度的疑虑，但由于它们各自利益的性质、诉求和排序差异诸多，所以对于中国崛起的心态和不满的形成机制在性质和程度上差别很大，体现在具体对华行动上更需要区别看待。

对于大部分周边国家对中国崛起的情绪性担忧，特别对于那些不希望美国分化东亚合作框架或更看重中国经济增长带给地区的福利、对待中国崛起态度相对温和的国家，"一带一路"建设具有很大空间。在领土问题上与中国有冲突的国家日本、菲律宾、越南中，越南在安全保护方面暂时指不上美国，对华态度相对谨慎。在乌克兰危机发生之后，中小国家在大国博弈中的教训正在令越南和菲律宾的心态发生微妙变化，明白在大国间明确"选边站"、为美国身先士卒与强邻交恶的苦果。在美国势力辐射范围较弱的中亚和南亚地区大多数国家对中国崛起态度普遍较为温和，希望依托中国市场带动本国经济发展。中国在这些地区推行经济外交的过程中，需要处理好与俄罗斯和印度之间的大国关系。

针对不同性质的双边关系以及对方对待中国不同的态度和利益诉求，中国在推进"一带一路"时要采取差异性策略，其中应遵循的原则是：对中国的友好度与获益度在方向和程度上大体一致，打破对方"会哭的孩子有奶吃"的主观印象，消除周边国家利用加强与美国的安全紧密度和配合度向中国施压，试图以此提高与中国经济合作谈判筹码的幻想，尤其要防止部分国家利用中国发展谋求稳定的期望，通过挑起事端和制造麻烦进行利益勒索。通过"内外有别"的经济外交策略来处理与周边国家不同性质的双边政经关系将有助于提高中国由双边节点拓展至多边合作网络的效率。

无论从打破周边国家主观投机性还是核心资源的有效投放，建立错落有致的周边双边关系，都需要打造"一带一路"的示范项目、样本国家合作案例和样板次区域合作模式。① 样板次区域目前有初具成效的澜湄合作，示范项目需要在确定样本国家后，在实践中摸索。样本国家的选择则应同时满足以下三个条件：一是从现实性上，对中国具有重要政治或经济战略价值；二是从可行性上，要充分考虑到对方对美国的依赖性，争取该国的难度和被大国破解支点的可能性，以及与中国之间不应存在导致直接冲突的领土纠纷和政治上的结构性矛盾；三是能为"一带一路"建设起到以点带面的作用。重点样本国家

---

① 参见徐进、高程、李巍、胡芳欣《打造中国周边安全的"战略支点"国家》，《世界知识》2014年第23期。

按功能分大概有三种类型，中国可以据此采取不同的策略。

第一类是大国层次上对中国非常重要的国家——俄罗斯。中俄之间有诸多共同的战略和情感诉求。作为拥有联合国安理会常任理事国席位的综合性大国，俄罗斯可以在中国面对美国的现实压力和西方国际舆论困境时给予中国声援和支持，让中国在和美国的博弈中不至于在大国关系上陷入孤立，这种大国层面的战略协调和重要性是从任何其他国家那里无法获得的。在现实合作层面，俄罗斯丰富的石油和天然气对于多元化中国的能源获取渠道具有重要意义；更重要的是，俄罗斯在中亚地区的控制力强大，没有它的配合，"丝绸之路经济带"在中亚推行会举步维艰。在多方因素和中国外交努力的作用下，对于中国在中亚地区的丝路建设的态度，俄罗斯从起初的疑虑和排斥到接纳和支持。2014年习近平主席和普京总统共同签署的《中俄联合声明》①明确了俄罗斯对中国丝路倡议的欢迎态度。在"一带一路"的规划中，西向的重点应放在中国的"丝绸之路经济带"建设与俄罗斯正在推进中的"欧亚经济联盟"如何建立有效的合作对接点。

第二类是具有示范效应的国家。这类国家对于中国经略周边和中立化美国亚太联盟体系具有重要意义，其中代表性国家是印度尼西亚和泰国。印度尼西亚在东盟中具有主导地位，在东盟事务中拥有较大的影响力和话语权。除了发展方面的经济诉求外，作为新兴中等国家，印度尼西亚在东南亚地区具有政治追求，对于美国离散东亚合作使其在东南亚的作用矮化存在不满。中国和印度尼西亚在东亚地区合作问题上具有共同的政治利益诉求，可以发展为两国良性互动的基础。泰国虽然同为美国盟友，但与中国没有结构矛盾，对于中国崛起的态度一直十分温和，对美国也并无明显的安全依赖关系。这将在某种程度上起到中立化美国联盟体系的作用。②

第三类国家是和中国具有传统友谊的"铁哥们"，如巴基斯坦、

---

① 《中华人民共和国与俄罗斯联邦关于全面战略协作伙伴关系新阶段的联合声明》，新华网，2014年5月20日，http: //news. xinhuanet. com/world/2014-05/20/c_ 1110779577. htm。

② 孙学峰、徐勇：《泰国温和应对中国崛起的动因与启示（1997—2012）》，《当代亚太》2012年第5期。

老挝、柬埔寨。这些国家虽然自身在国际社会的话语能力有限，能够给予中国的支持力度不像前两类国家，但是它们常年稳定地支持中国，特别在中国处于被动局面时，是我们情感上的"老朋友"。中国需要释放信号，对于那些无论国际风云变幻都心向中国的国家，中国关切它们国内的发展问题，是一个对亲密伙伴负有责任的大国，这有利于中国国际形象的塑造和一些发展中国家对中国的信赖。中国暂时不必要把这些传统友谊国家都打造成样本国家，但需要给予特别尊重和关注其感受及切实发展利益。鉴于中巴经济走廊的重要性和两国多年来的特殊关系，作为"全天候战略合作伙伴"的巴基斯坦应作为"一带一路"的"样板国家"进行打造。对老挝和柬埔寨，中国可以进一步通过澜湄次区域样板合作巩固与之传统友好关系。

最后需要指出的是，在处理周边政治和安全问题时，中国要避免被经济关系和"一带一路"建设所束缚。中国拥有市场优势，反倒在国际社会进行各种政治表态时顾虑很多，这正是政治、经济相互捆绑思维模式的结果。与此同时，中国在推进周边经济战略时，经济和安全关系的联系度需要进一步加强。没有传统安全领域的军事威慑力和非传统安全领域的军事保护力，缺少对周边中小国家的安全保护意识和对其国内政治的影响意识，"一带一路"的推进将举步维艰。经济并非中国与大国和周边政治关系的"压舱石"，而现实中确保军事和政治安全却是保证中国对外经济安全的"压舱石"。

# 第二章 "一带一路"：区域主义还是多边主义

在国际经济学中，区域主义与多边主义有着明确的区分。① 简单地说，前者是指区域经济一体化的各种形式，后者则指范围覆盖全球的经济合作机制，如世界贸易组织、国际货币基金组织、世界银行等。同时，区域主义与多边主义是相互关联的，区域主义既有可能成为多边主义的"垫脚石"，也有可能成为其"绊脚石"。②

"一带一路"是一项前无古人的事业，对外它承载着实现人类命运共同体的职责，对内它是新时期中国全方位对外开放的重要平台，与中国的和平发展、推动引领经济全球化密不可分。尽管"一带一路"倡议提出已有六年多，国内外对它的认识仍然存在分歧或误解。作为一项新生事物，这是不可避免的。本章试图讨论"一带一路"理论中的一个有争议的问题：它属于区域合作机制（区域主义）还是多边合作机制（多边主义）？其答案不仅决定着"一带一路"的范围和

---

① 除了区域主义和多边主义，对国际经济合作机制还有其他划分的标准，如单边主义、双边主义、诸边主义等。相比之下，国际关系理论对多边主义、区域主义的界定则更为多元，如仅就多边主义就被分为理念多边主义、战略性多边主义、制度性多边主义、工具性多边主义、地区多边主义、全球多边主义、大多边与小多边等。因而，国际关系领域的学者有可能对同一个国际合作机制会有不同的称谓。为此，本书使用的是经济学意义上的多边主义与区域主义概念。有关国际关系理论对多边主义、区域主义的讨论参见秦亚青《多边主义研究：理论与方法》，《世界经济与政治》2001年第10期；刘建飞《简析多边主义的历史演变》，《国际政治研究》2006年第1期；胡宗山《国际关系中的多边主义：概念、理念与历程》，《社会主义研究》2007年第4期。

② Jagdish Bhagwati, *The World Trading System at Risk*, Princeton: Princeton University Press, 1991, p. 71.

治理结构，而且决定着它的发展路径选择。

## 一　区域主义说与多边主义说的理论分歧

在 2015 年中国政府发布的《推动共建丝绸之路经济带和 21 世纪海上丝绸之路的愿景与行动》（简称为《愿景与行动》）中，"一带一路"的地理范围是：丝绸之路经济带重点畅通中国经中亚、俄罗斯至欧洲（波罗的海）；中国经中亚、西亚至波斯湾、地中海；中国至东南亚、南亚、印度洋。21 世纪海上丝绸之路的重点方向是从中国沿海港口过南海到印度洋，延伸至欧洲；从中国沿海港口过南海到南太平洋。① 2017 年 5 月代表中国官方的推进"一带一路"建设工作领导小组办公室发布了《共建"一带一路"：理念、实践与中国的贡献》。和《愿景与行动》相比，它对"一带一路"地理范围的界定没有做根本性的调整："一带一路"的五大方向分别是，丝绸之路经济带有三大走向：一是从中国西北、东北经中亚、俄罗斯至欧洲、波罗的海；二是从中国西北经中亚、西亚至波斯湾、地中海；三是从中国西南经中南半岛至印度洋。海上丝绸之路有两大走向：一是从中国沿海港口过南海，经马六甲海峡到印度洋，延伸至欧洲；二是从中国沿海港口过南海，向南太平洋延伸。② 从中可以看到，中国政府对"一带一路"所做的表述基本上属于区域经济合作机制。换言之，"一带一路"具有区域主义属性。

另外，在《愿景与行动》中，中国官方对"一带一路"做过两处原则性的表述：一是强调"一带一路"具有开放性；二是明确宣称："一带一路"以古丝绸之路为基础，但又不限于古丝绸之路。2018 年年初，国务院新闻办公室发表的《中国的北极政策》白皮书

---

① 国家发展改革委、外交部、商务部：《推动共建丝绸之路经济带和 21 世纪海上丝绸之路的愿景与行动》，人民出版社 2015 年版。此后，一些人把"一带一路"的范围限定为 65 国，但官方从未对此做出明确的说明。

② 推进"一带一路"建设工作领导小组办公室：《共建"一带一路"：理念、实践与中国的贡献》，中国网，2017 年 5 月 10 日，http://www.china.com.cn/news/2017-05/11/content_40789833.htm。

中正式提出了"冰上丝绸之路"。① 至于"冰上丝绸之路"具体包括哪些国家,白皮书没有做出具体的界定。但有人认为,其西北航道延伸到欧洲,而东北航道则延伸到北美。这样,"一带一路"的地理范围就超越了最初的表述。与此相对应,近来许多媒体和学者宣称"一带一路"的范围不只是上述区域,而是包括全世界所有国家。② 既然涵盖世界所有国家,"一带一路"就自然属于多边合作机制,具有多边主义属性。

学术界针对"一带一路"属性的这种认知分歧很大程度上源于对官方文件的不同解读,无论是区域主义倡导者还是多边主义倡导者,对其判断都没有给出系统而有说服力的解释。

迄今为止,倡导区域主义属性的理由有以下几种。第一,中国文化基因说。即"一带一路"倡议的战略定位是多方合力、多方诠释的结果。对内它更侧重于西部边境省份的发展而非外交战略的需要;对外它是中国周边战略的延伸。虽然"一带一路"在西方地理学意义上是跨区域的,并且具有全球战略特征,但它本质上仍然是区域战略。这种区域概念建立在中国传统文化对周边的理解上。③ 第二,新时期中国周边战略依托说。④ 在和平发展的背景下,新时代周边外交的基本理念就是亲诚惠容,但要把这一理念付诸实践就需要有一个新的依托。这就决定了"一带一路"首先是服务于周边外交的区域合作机制。第三,约束条件说。⑤ 一国在国际体系权力金字塔中的地位和该

---

① 中华人民共和国国务院新闻办公室:《中国的北极政策》,人民出版社2018年版。
② 比如,郑剑对"一带一路"的地理范围做了这样的表述:"一带"主要以古代陆上丝绸之路为依托,经由中亚、西亚通向欧洲,进而延伸到非洲、北美;"一路"主要以古代海上丝绸之路为基础,经由东亚、东南亚通向南亚、非洲,进而辐射到大洋洲、南美。参见郑剑《正确把握"一带一路"对外宣介中的几个关系》,《人民论坛》2017年第19期;王义桅《"一带一路"2.0引领新型全球化》,《中国科学院院刊》2017年第4期;刘卫东《如何正确理解和认识"一带一路"倡议》,《大陆桥视野》2017年第11期。
③ 储殷、高远:《中国"一带一路"战略定位的三个问题》,《国际经济评论》2015年第2期。
④ 李向阳:《"一带一路":定位、内涵及需要优先处理的关系》,社会科学文献出版社2015年版。
⑤ 杜德斌、马亚华:《"一带一路":中华民族复兴的地缘大战略》,《地理研究》2015年第6期。

国的权利半径，取决于该国所掌握的战略资源、能力和手段的多寡。由于中国还不是一个完全意义上的世界大国，故其战略辐射目前只能集中在欧亚大陆，对区域战略态势的引导和掌控能力也主要局限于中国周边地区。在上述区域主义解释中，前两种的一个共同特征是从"一带一路"的定位出发推演出它的区域主义属性；第三种解释强调中国现阶段缺乏推行多边主义的能力。

倡导多边主义的理论解释可划分为以下类型。第一，中国版的经济全球化说。① "一带一路"提出之时，反全球化尚未成为世界潮流，但伴随特朗普执政，反全球化甚嚣尘上。越来越多的学者开始把"一带一路"称为"中国版的经济全球化"或包容性全球化（包容性全球化＝全球化＋"一带一路"）。既然"一带一路"与全球化等值，那么多边主义属性就成为一种必然的结论。第二，人类命运共同体说。② 通过推进"一带一路"建设，向国际社会阐释新时代中国外交的新理念、新思想、新举措，如构建以合作共赢为核心的新型国际关系、共同打造人类命运共同体等。由人类命运共同体目标所决定，"一带一路"的地理范围不应该只限于特定区域。第三，全方位的对外开放说。③ 既然"一带一路"是中国新时期全方位对外开放的载体，它就应该面向全世界。第四，公共产品说。④ 通过推动"一带一路"，中国需要从提供区域合作公共产品进一步升级为提供全球发展公共产品，彰显中国在国际公共产品供给方面由接受者、参与者到倡议者、主导者的角色转换，突出中国作用和中国贡献。除此之外，在操作层面，针对多边主义，还有一种解释可称之为"面子说"。既然许多国家希望加入"一带一路"中来，如果我们拒绝，"面子"上总

---

① 王义桅：《"一带一路"2.0引领新型全球化》，《中国科学院院刊》2017年第4期；刘卫东：《如何正确理解和认识"一带一路"倡议》，《大陆桥视野》2017年第11期。

② 王亚军：《"一带一路"倡议的理论创新与典范价值》，《世界经济与政治》2017年第3期。

③ 中国宏观经济研究院的史育龙教授在2017年12月由中国社会科学院亚太与全球战略研究院举办的一次研讨会上向笔者提出两者之间存在逻辑上的因果关系。

④ 王亚军：《"一带一路"倡议的理论创新与典范价值》，《世界经济与政治》2017年第3期。

觉得过不去。这就涉及"一带一路"建设中的一个原则性问题：共商、共建、共享。

与区域主义说相比，多边主义说一方面更容易为国际社会所接受，另一方面更具有新闻宣传和传播价值。问题在于绝大多数多边主义解释集中于"必要性"的分析，而很少讨论它们的"可行性"。为此，本章试图将必要性与可行性结合起来，讨论"一带一路"的属性（区域主义还是多边主义）。

## 二 中国和平发展的路径选择与"一带一路"的属性

中国作为"一带一路"的倡导者，"一带一路"首先必须服务于中国自身的战略目标。在这一点上，没有比实现和平发展目标更优先的了，因此"一带一路"的属性应该与中国和平发展的路径选择相一致。

新兴大国的崛起表现为参与全球治理的能力和影响规则制定的能力提升。其中，这一过程至少要涉及三个层面的问题。一是崛起国与守成国对待全球治理的立场差异。比如，守成国通常选择规则外溢型参与，而崛起国则多选择规则内化型参与。当前，由于经济实力的变化，中美正在改变原有的参与方式。① 二是崛起国在参与现有国际制度与创建新的国际制度之间进行选择。崛起国大体上有两种选择改革国际制度安排：推动现存国际制度内部改革与在外部创建功能性重叠的新国际制度。② 三是崛起国参与现有国际制度的态度：正向参与国际制度（加入、遵约与非自愿违约）和反向参与国际制度（游离、有意违约和退出）。③ 近年来，国内学术界在这方面的研

---

① 所谓规则外溢是指一国的国内规则能够发挥国际效力，对其他国家或非国家行为产生约束作用。而规则内化则相反，是指一国根据国际规则对其国内规则和自身行为所进行的调整。参见徐秀军《规则内化与规则外溢——中美参与全球治理的内在逻辑》，《世界经济与政治》2017年第9期。

② 刘玮：《崛起国创建国际制度的策略》，《世界经济与政治》2017年第9期。

③ 史明涛：《国家正向和反向参与国际制度：一个国际—国内制度互动的解释》，《国际观察》2009年第2期。

究取得了重要的进展，反映了中国快速发展对这一领域研究的拉动作用。

和平发展是中国对外战略的基本导向，但围绕实现和平发展后的具体目标和发展的途径还远未取得共识。"一带一路"要服务于中国的和平发展，这一判断本身是没有异议的。随之而来的第一个问题是，如果"一带一路"是一种多边合作机制，那它与现有多边合作机制的关系是什么，替代还是补充？倘若两者是相互替代的关系，那么同时存在两套多边合作机制显然是和经济全球化背景相冲突的，甚至有回归到冷战前"两个平行世界市场"的嫌疑。反过来，倘若"一带一路"是对现有多边合作机制的补充，那它就应该在现有多边合作机制内推动，比如，"一带一路"的贸易畅通需要在 WTO 框架内展开；"一带一路"的资金融通需要在国际货币基金组织和世界银行的框架内展开。这显然有悖于"一带一路"的初衷。

随之而来的第二个问题是，"一带一路"的多边主义属性与其发展导向有可能发生矛盾。现有多边合作机制（进而是全球治理）是以规则导向为特征的，它不仅设置了进入门槛（如 WTO 接纳新成员的条件），而且对成员方的权利、义务、争端解决都做了明确的规定。相比之下，"一带一路"的基本特征是发展导向。它没有明确的进入门槛，也没有统一的、有约束力的规则体系。为了适应不同类型国家发展的需要，"一带一路"承认多元化的合作机制并存。[①] 面对一个以规则为导向的多边合作机制，"一带一路"与其对接很可能会陷入一个尴尬的处境：由西方大国主导制定的多边贸易规则＋中国所提供的互联互通（以及资金、技术、援助等）。当然，可能会有人说，中国参与全球治理就是要改革现有的规则体系，但这并非一朝一夕所能完成的，况且美国及其西方盟友没有打算放弃对全球规则和秩序的主导权。即便是在反全球化的背景下，特朗普政府也仍然强调美国继续充当全球规则的主导者。在 2018 年年底公布的《美国国家安全战略》

---

① 李向阳：《论海上丝绸之路的多元化合作机制》，《世界经济与政治》2014 年第 11 期。

报告中可以清楚地看到这一点。①

随之而来的第三个问题是,中国是否具备为多边合作机制制定规则的能力?现有多边合作机制大多是战后由美国主导建立起来的,如布雷顿森林体系、关税与贸易总协定(WTO 的前身)。同时,美国及其西方盟友共同维系了多边合作机制的运转。即使我们承认,作为发展导向型的国际合作机制,"一带一路"不排斥构建相应的规则秩序,至少在现阶段我们尚不具备构建一套多边规则的能力。

相比之下,"一带一路"的区域主义属性则能与中国和平发展的路径选择相吻合。第一,作为崛起国,中国在继续选择规则内化型参与的同时,可以通过"一带一路"选择规则外溢型参与,从而避免与守成国发生正面冲突。第二,在一定程度上"一带一路"属于在外部创建功能性重叠的新国际制度,同时它不排斥中国推动现存国际制度的内部改革。第三,具有区域主义属性的"一带一路"既可以与现有的多边合作机制并行不悖,也可以与现有的区域合作机制并存。现有的区域经济合作机制从低级到高级有多种形式,即使是同一级别的区域经济合作机制也有不同的规则。以发展为导向的"一带一路"和以规则为导向的区域经济合作机制逻辑上不存在互斥的关系。第四,以发展为导向的"一带一路"即便要制定自己的内部规则也不会产生负外部性。第五,在具有区域主义属性的"一带一路"内,制定规则的难度远小于在多边层面制定规则。这种渐进主义的发展模式与中国的和平发展具有内在的统一性。

## 三 中国提供公共产品的类型与"一带一路"的属性

提供国际公共产品是大国崛起的必然要求。国际公共产品可进一步分为全球性公共产品与区域性公共产品。作为中国提出的一个国际

---

① 在所列举的美国国家利益中,提高美国的影响力位列其中。报告明确指出:我们将在多边组织中竞争并发挥主导作用,以保护美国的利益和原则。参见 The White House, *National Security Strategy of the United States of America*, December 2017, https://www.whitehouse.gov/wp-content/uploads/2017/12/NSS-Final-12-18-2017-0905.pdf.

化战略,"一带一路"要为国际社会所认同,必须具备国际公共产品的特性。换言之,公共产品特性是"一带一路"国际合法性的基础。在"一带一路"所具有的公共产品特性中,最受人瞩目的要数它对经济全球化的推动作用。由于特朗普政府奉行"美国优先"理念,反对自由贸易,越来越多的国家在担忧经济全球化的命运和方向。在这种背景下,"一带一路"被人们称为"中国版的经济全球化"或"包容性全球化"。以此为理由,"一带一路"就天然具备了多边主义属性。

面对反全球化或逆全球化的浪潮,中国无外乎有两种选择:参与全球化与引领全球化。如果是第一种选择(参与全球化),"一带一路"并不必然需要具备多边主义属性。① 在全球化的一个主要载体——WTO框架内,GATT第24条明确规定,区域贸易协定(RTAs)只要满足三个限制条件就是可以被接受的。这三个限制条件分别是:区域贸易协定不能对集团外国家实行保护主义政策;取消区域内关税,取消除GATT条款许可的规定之外的其他限制性商业法规;覆盖所有重大贸易往来。正因为如此,从20世纪90年代以来,全球区域贸易协定与全球化呈现出同步发展的趋势。② 同样,特朗普政府为展示其反全球化的立场,从执政起始就宣布退出跨太平洋伙伴关系协定(TPP),启动北美自由贸易区协定(NAFTA)、美韩自由贸易区协定(US-KOREA FTA)的重新谈判。在特朗普政府看来,美国不仅在多边贸易协定中,而且在区域贸易协定中都提供了过多的公共产品。这种得不偿失的做法背离了"美国优先"的理念。由此可见,区域贸易协定不仅没有阻碍经济全球化的发展,而且在实践中成为促进经济全球化的一个动力源。因而,"一带一路"的区域主义属性并不妨碍中国参与经济全球化,甚至它还可以成为推进经济全球化的新动力。

---

① 如果我们把全球化看成是一种现有的国际制度,那么中国的选择可进一步划分为正向参与国际制度(加入、遵约与非自愿违约)和反向参与国际制度(游离、有意违约和退出)。显然,作为全球化的支持者,中国应该选择正向参与国际制度。参见史明涛《国家正向和反向参与国际制度:一个国际—国内制度互动的解释》,《国际观察》2009年第2期。

② 以至于WTO在2011年的年度报告中把两者的关系称为"从共存走向一致"。WTO, *World Trade Report* 2011: *The WTO and Preferential Trade Agreements*: *From Co-existence to Coherence*, http://www.wto.org/enalish/res.e/booksp_e/anrep-p/world-trade-report//_e.pdf。

如果中国选择通过"一带一路"引领全球化，并且要引领新型全球化（包容性全球化），那么逻辑上"一带一路"就必须具备多边主义属性。问题在于，现阶段中国是否有能力单独引领经济全球化。要回答这个问题可以通过一种迂回的方式：作为原有经济全球化的引领者，不管是出于什么样的考虑（搭便车现象严重、无法按照自己的意愿制定新规则、规则没有得到有效执行等），美国选择退出的根本原因是成本过高或得不偿失。如果我们假定美国引领经济全球化付出的成本为一个常量（用 A 表示），那么中国引领经济全球化所需要付出的成本（用 E 表示）无疑会更高：$E > A$。首先，中国需要承担引领全球化的固定成本，即美国当初承担的成本（A），如单方面向其他国家提供出口市场，长期承受贸易逆差，不要求发展中国家或最不发达国家做出对等的市场开放，向其他国家不对等地开放移民，等等。其次，中国需要承担引领新型全球化或包容性全球化的成本（用 B 表示）。反全球化兴起的根本原因是收益分配的不公平，既有国家层面的收益分配不公问题，又有一国之内产业层面、群体层面的收益分配不公问题。更重要的是，这里所说的不公平并不是绝对的不公平，而是相对的不公平。众所周知，经济全球化会使所有参与国获益，但在发达国家看来，以中国为代表的新兴经济体获益相对更多，而它们获益相对更少。这是新型全球化或包容性全球化必须解决的问题，为此中国需要承担额外的引领成本（且不考虑成功引领的可行性）。这部分成本究竟有多大，我们无法给出确切的估计，因为包容性全球化还没有付诸实践。最后，中国引领新型全球化还需要承担来自反全球化的成本（用 C 表示）。美国引领经济全球化可以分为两个阶段：冷战之前与冷战之后。在第二次世界大战后到冷战之前，社会主义阵营游离在美国主导的全球化进程之外，整个世界经济格局是"两个平行的世界市场"，前者对全球化进程（如规则的制定与规则的实施）不构成扰乱。在冷战后阶段，苏联东欧社会主义阵营国家纷纷加入全球化进程中。因此，美国引领的经济全球化没有大规模的反全球化势力。当今，中国引领的包容性全球化来自美国反全球化的扰乱，这会带来巨大的扰乱成本。尽管我们难以估算这种扰乱成本的具体规模，但没

有人会否认它的存在。至此,理论上中国引领包容性全球化所需要承担的成本为:

$$E = A + B + C > A$$

把上述等式(或不等式)与另一个等式(包容性全球化 = "一带一路" + 全球化)进行对比,我们就会意识到忽略战略可行性的后果。中国在实现和平崛起过程中无疑需要引领全球化,这是中国所应提供的全球性公共产品。但是,中国在现阶段尚不具备单独引领全球化的能力(注意:我们在这里使用了"单独引领")。为此我们可行的选择是联合其他大国共同引领经济全球化。① 既然共同引领经济全球化是可行的选择,赋予"一带一路"多边主义属性就不再是必然的结论。

"一带一路"作为中国向世界提供的公共产品面临的另一个难题是如何协调国际社会的利益诉求与中国自身利益诉求之间的矛盾。公共产品的基本特性是供给不足。当前,围绕国际公共产品的供给还存在两个特殊的因素,一是守成国美国正在大幅减少国际公共产品的供给;二是国际社会对"一带一路"的公共产品属性存在误解,不少发展中国家把它看成是中国的一项准对外援助战略。以至于国际社会对"一带一路"的需求超越了我们所能提供的能力。对此,我们必须有清醒的认识。大国崛起固然需要提供公共产品,但它所提供的数量和类型需要与国力相适应。当美国因无力或不愿充当国际公共产品的提供者,转而把战略资源收缩到国内时,中国不能超越国力提供全球性公共产品,填补美国留下的空缺。以现有国力为前提,中国所能提供的公共产品类型将主要是区域性公共产品和一部分全球性公共产品。同时,中国不仅需要向国际社会讲清楚"一带一路"的定位、属性、目标和治理结构,还要真正履行"共商、共建、共享"的基本原则,消除"一带一路"公共产品属性等同于"免费午餐"的误解。

一旦我们接受上述推论,"一带一路"多边主义属性中的"经济全球化说"与"公共产品说"将不复成立。

---

① 李向阳:《中国引领经济全球化的成本与收益》,《中国工业经济》2017年第6期。

## 四　秉承正确的义利观与"一带一路"的属性

"一带一路"的属性与义利观密切相关。秉承正确的义利观是"一带一路"建设的原则，也是决定"一带一路"最终成功的关键所在。义利观的核心要义是以义为先、义利并举，这是一种具有中国特色的经济外交理念。具体地说，秉承正确的义利观至少要做到以下几点。[①] 一是协调短期目标与长期目标的关系。利的目标通常具有短期特征，而义的目标则具有长期性。日久见真情就是这种道理。在经济学意义中，重复博弈是构建相互信任的必要条件。二是协调予和取的关系。在正常的国家间合作中，予和取应该维持大致的平衡；同时，对有些国家要实施多予少取，甚至是只予不取，也就是允许搭便车。对不同国家实行差别对待是大国经济外交的一种惯例。当今世界不同类型国家发展水平存在巨大差异，不能以同一规则适用于所有国家。实际上，即使在现有的多边贸易谈判中，发达国家、发展中国家、最不发达国家所做出的承诺也各不相同。三是协调微观层面目标与宏观层面目标的关系。微观或企业层面的目标更多体现为利，宏观或国家层面目标更多体现为义。这也就是习近平主席所讲的，我国企业"走出去"既要重视投资利益，更要赢得好名声、好口碑，遵守驻在国法律，承担更多社会责任。[②]

总之，在义和利的辩证关系中，要使两者做到相互依存、相互促进，最重要的是要把握一个度：利要服务于义，同时不能为强调义而放弃利。具体到"一带一路"建设中，如果没有义，它将失去存在的价值；反过来，如果没有利，它将失去可持续发展的基础。在这种意义上，判定"一带一路"的是否成功取决于义利观是否得到真正实现。

把"一带一路"的属性置于义利观的框架内，我们就会发现多边

---

[①] 李向阳：《"一带一路"建设中的义利观》，《世界经济与政治》2017年第9期。
[②] 《习近平论"一带一路"》，《学习活页文选》2017年第19期。

主义说会陷入难以实施的困境。第一，在"一带一路"框架内落实义利观需要构建一整套机制化安排，短期内机制化安排的缺位难以把所有国家纳入进来。① 比如，为落实义利观需要构建国际经济合作的平台、机制、融资方式等，它们的共同特征是要能够产生正外部性效应（或避免负外部性效应）。即合作本身不仅能够实现企业层面的双赢（或多赢），而且能够惠及当地民众。作为中国特色的经济外交理念，其实施没有可供复制的模式，这就决定了它是一个不断探索的过程。显然，在全球范围内的探索难度无疑要大于特定区域内的探索难度。第二，现阶段把主要发达国家纳入"一带一路"框架内面临两大难题：一是这些国家把"一带一路"看成是中国"另起炉灶"，它们从内心并不接受"一带一路"框架下的规则秩序；② 二是中国如何对来自发达国家的成员履行"多予少取、只予不取"和"搭便车"承诺。第三，把所有发展中国家纳入进来，现阶段落实"义利观"同样面临可行性难题。一方面多数发展中国家参与"一带一路"所看重的是中国可能给它们的利益让渡；另一方面，即使按照差别待遇原则，多数发展中国家也应该得到利益让渡。现阶段，中国显然不具备这样的能力。

## 五 "一带一路"的发展方向：构建发展导向型的区域合作机制

现阶段把"一带一路"赋予多边主义属性看起来会非常美好，但其最大的问题是缺乏可行性。如果我们不接受"一带一路"的多边主

---

① 这里所说的"纳入"是指作为主权国家按照"共商、共建、共享"的原则参与到"一带一路"之中，而不是指非国家实体（如企业、非政府组织）参与到"一带一路"的具体项目之中。

② 美国前财长萨默斯使用"拳行游戏"来描述中国与西方的关系，并强调这不是一种稳定状态；在2018年1月达沃斯论坛上，法国总统马克龙呼吁建立"新的全球契约"；以马克龙、默克尔为首的欧盟领导人已经承诺加入"一带一路"，但强调要遵循欧盟规则。英国前首相特蕾莎·梅则拒绝签署中英"一带一路"备忘录。参见孔帆《冬季达沃斯，全球化之路怎么走？》，观察者网，2018年1月27日，http：//www.guancha.cn/kongfan/2018_01_27_444804.shtml。

义属性，那么这是否会损害"一带一路"的目标或定位呢？对此，我们的基本判断是否定的。换言之，由于"一带一路"的发展导向特征，在起步阶段赋予其区域主义属性不仅具有可行性，而且能够为最终走向多边主义奠定基础，完成其目标或定位。

第一，"一带一路"的发展导向决定了它能够从区域主义最终走向多边主义。与现有的区域经济一体化机制相比，"一带一路"最突出的特征是发展导向。[1] 由于现有区域经济一体化机制以规则为导向，其较高的进入门槛和复杂的规则体系客观上把许多发展中国家（尤其是最不发达国家）排除在外，使之失去了参与国际经济合作的机会。而"一带一路"不以规则为前提，允许不同类型的合作机制并存，真正体现了开放的区域主义理念，从而为广大发展中国家参与区域经济合作（及经济全球化）、实现经济发展创造了条件。按照区域经济一体化理论的逻辑，当一项区域贸易协定具备开放特征时，它就能促进全球贸易投资自由化。也就是说，区域主义就能够成为多边主义的"垫脚石"。反之，如果一项区域贸易协定不具备开放特征，它就会成为多边主义的"绊脚石"。[2] 事实上，大国所倡导的区域经济一体化机制通常会宣称其最终目标是实现全球贸易投资自由化，这是区域经济一体化机制获得国际合法性的基础。比如，当初美国倡导《跨太平洋伙伴关系协定》时就强调，第一步由 12 个成员组成，下一步逐渐扩展到 APEC 的 21 个成员，最终以"滚雪球"的方式涵盖全世界所有国家。然而，实践中这一承诺能否兑现则是不确定的。即使是多边合作机制在实际实施过程中也要经历从小到大的扩展过程。比如，战后美国所倡导的布雷顿森林体系与关贸总协定并不是从一开始就覆盖全世界所有国家，而是从少数核心国家逐步扩展起来的。相比之下，"一带一路"在起点上就是一个开放的区域经济合作机制，这就注定它能够实现多边主义的目标。

---

[1] 李向阳：《跨太平洋伙伴关系协定与"一带一路"之比较》，《世界经济与政治》2016 年第 11 期。

[2] Jagdish Bhagwati, *The World Trading System at Risk*, Princeton: Princeton University Press, 1991, p. 71.

第二，"一带一路"的发展导向并不意味着排斥构建规则。我们说"一带一路"不以规则为前提，但这并不意味着它不需要制定规则。从外部环境来看，大国正在构建与"一带一路"相抗衡的区域合作机制。印度莫迪政府在拒绝参与"一带一路"的同时，正在致力于把涵盖南亚、东南亚七国的"孟加拉湾多部门技术经济合作计划"（BIMSTEC）尽早升级为自由贸易区；① 日本和印度共同倡导构建"亚非增长走廊"；② 韩国文在寅政府提出了"新北方政策"（针对与东北亚国家的合作机制）与"新南方政策"（针对与东南亚国家的合作机制）；③ 俄罗斯政府提出"大欧亚伙伴关系"；④ 特朗普政府提出"印太"概念；⑤ 等等。这些倡议和机制不仅与"一带一路"存在高度的重叠，更重要的是它们都将以构建区域合作的机制化为目标，有些干脆明确宣称是应对"一带一路"。从"一带一路"的内部运行机制来看，贯彻义利观需要协调好短期目标与长期目标的关系、予与取的关系、微观层面目标与宏观层面目标的关系。这都需要有相应的规则和机制化安排作保障。

第三，发展导向与区域主义相结合有助于"一带一路"实现全方位对外开放的目标。党的十九大报告对"一带一路"与全方位对外开放做了明确的表述。我们认为，相比此前的对外开放，全方位对外开放主要体现在以下方面：开放的地域空间是全方位的，从东南沿海开放为主扩展到广大中西部内陆地区；开放的方式是全方位的，从以"引进来"为主转向以"引进来"和"走出去"并重；开放的机制是

---

① Rahul Mishra and Sana Hashmi, "Can India Take the Lead on BIMSTEC?" East Asia Forum, September 23, 2017.
② Julian Richard Lasius, "Strategic Implications of Indo-Japanese Cooperation on the 'Asia and Africa Growth Corridor'", ORF Issue Brief, January 2018, ISSUE No. 223, http://cf.orfonline.org/wp-content/uploads/2018/01/ORF_Issue_Brief_223_Asia_Africa.pdf.
③ 韩国北方经济合作委员会裴汉镇局长在韩国对外政策研究院与中国社会科学院亚太与全球战略研究院于2017年12月共同举办的"一带一路"与中韩合作论坛上就韩国新北方政策做了演讲。
④ 庞大鹏：《俄罗斯的"大欧亚伙伴关系"》，《俄罗斯学刊》2017年第4期。
⑤ Rex W. Tillerson, "Remarks on 'Defining Our Relationship With India for the Next Century'", https://www.state.gov/secretary/remarks/2017/10/274913.htm.

全方位的，从贸易投资自由化机制扩展为多种形式的开放机制；开放的内容是全方位的，从贸易投资领域开放扩展到"五通"领域；开放的目标是全方位的，从开放服务于中国的改革与经济发展提升为实现人类命运共同体。然而，以"一带一路"为载体的开放并不排斥其他形式的开放。在推动"一带一路"的区域合作的同时，中国将继续推动在多边领域的合作；在推动与"一带一路"相关国家合作的同时，中国将继续推动与其他地区的国家合作；在推动"一带一路"建设的同时，中国也在加快构建自由贸易园区和自由贸易港等开放载体。

第四，发展导向与区域主义相结合有助于"一带一路"实现人类命运共同体的目标。大国的崛起都需要提供全球治理的基本理念。英国在崛起过程中为了适应工业革命与第一轮经济全球化的要求提出了自由贸易理念；美国在崛起过程中为了应对冷战格局、适应第二轮经济全球化的要求提出了民主、自由、人权理念（同时继承了自由贸易理念）。而人类命运共同体则是在中国和平发展过程中为解决现行全球治理体系的弊端，适应新一轮经济全球化的要求向世界提供的全球治理新理念。当今全球治理体系面临着"治理赤字"、"民主赤字"与"发展赤字"，尤其是特朗普执政后奉行反全球化理念，全球治理面临前所未有的挑战。在这种背景下，人类命运共同体可以说恰逢其时。就其内涵而言，政治上，要相互尊重、平等协商，坚决摒弃冷战思维和强权政治，走对话而不对抗、结伴而不结盟的国与国交往新路；安全上，要坚持以对话解决争端、以协商化解分歧，统筹应对传统和非传统安全威胁，反对一切形式的恐怖主义；经济上，要同舟共济，促进贸易和投资自由化便利化，推动经济全球化朝着更加开放、包容、普惠、平衡、共赢的方向发展；文化上，要尊重世界文明多样性，以文明交流超越文明隔阂、文明互鉴超越文明冲突、文明共存超越文明优越；生态上，要坚持环境友好，合作应对气候变化，保护好人类赖以生存的地球家园。① 从这种表述中可以看出，合作与共赢是这一理念的核心；责任与利益共担是这一理念的基本原则；包容与可

---

① 杨洁篪：《推动构建人类命运共同体》，《人民日报》2017年11月18日。

持续发展是这一理念的目标。① 人类命运共同体超越了自由贸易理念和民主、自由、人权理念，为全球治理的改革指明了方向，但这将是一个长期渐进的过程。在这种意义上，"一带一路"的发展导向与区域主义属性能够实现这一目标的要求。

## 六　结论

围绕"一带一路"多边主义属性还是区域主义属性的争论看似是一个理论问题，但它对"一带一路"的治理结构和建设路径有着直接和深远的影响。多边合作机制和区域合作机制是两种不同类型的合作机制，对"一带一路"属性的判断不仅仅关乎成员国数量问题，更重要的是关乎合作的路径与方向。

究竟应该赋予"一带一路"什么样的属性不能只考虑它的必要性，更重要的是要考虑它的可行性。影响可行性的因素包括：中国和平崛起的路径选择、中国能够向国际社会提供的公共产品类型以及秉承正确义利观的要求。考虑到这些约束条件，我们认为"一带一路"在初级阶段就被赋予多边主义属性是缺乏可行性的，而应赋予其区域主义属性。同时，我们并不否认"一带一路"最终要具有多边主义属性。"一带一路"的区域主义属性与发展导向特征相结合将为最终实现多边主义属性奠定基础，进而使其能够充当全方位对外开放的平台并实现人类命运共同体的目标。

---

① 李向阳：《人类命运共同体理念指引全球治理改革方向》，《人民日报》2017 年 3 月 8 日。

# 第三章 "一带一路"建设中的义利观

## 一 问题的提出

从 2013 年 3 月习近平主席访非期间首次提出义利观起，它已成为新时期中国外交的重要理念。在 2014 年 11 月的中央外事工作会议及随后其他一系列重要场合，习近平主席明确强调"一带一路"建设要秉承正确的义利观。然而，我们看到，迄今为止中国学术界围绕这一议题所开展的系统研究凤毛麟角。① 无论在理论上还是实践上，这对"一带一路"按照正确的方向顺利实施都是有害的。

理论上我们必须面对的一个问题是，在"一带一路"提出之前，中国与（"一带一路"）沿途国家就存在贸易投资合作；在"一带一路"提出之后，中国与沿途国家仍然是要推进贸易投资合作，那么在"一带一路"提出之后与提出之前的贸易投资合作究竟有什么区别？这是在国际学术交流中外方学者经常提出的一个问题，但在许多中国学者看来，这似乎不成为问题。现实中，国内学术界和舆论宣传部门对此做出的回应无外乎有以下两种：一是把"一带一路"中的互联互通、合作机制多元化等特征与贸易投资合作挂起钩来，但这很难让国际同行所接受；二是一种非常普遍的回应：自"一带一路"提出以来，中国与沿途国家的贸易投资合作增速加快，远远超过与非沿途国

---

① 截止到本章完成时，我们在中国知网上的查询发现，把"一带一路"与义利观结合起来的文献几乎为零。即便是把义利观与中国外交政策结合起来的研究成果也屈指可数。参见秦亚青《正确义利观：新时期中国外交的理念创新和实践原则》，《求是》2014 年第 12 期；李海龙《论中国外交之正确义利观的内涵与实践》，《理论学刊》2016 年第 5 期。

家之间的贸易投资增速。换言之,贸易投资增速快成为衡量"一带一路"成功的标志。① 这种说法更缺乏说服力,因为按照这种逻辑,中国只要把与非"一带一路"国家的贸易投资合作转向"一带一路"相关国家,"一带一路"就算成功了,这显然是荒谬的。"一带一路"建设的基本原则是"共商、共建、共享",倘若不能让沿途国家或国际社会接受"一带一路"的内在逻辑,那就很难消除它们的误解和猜疑。

在实践层面,存在片面强调"利"或"义"的倾向。一种倾向是把"一带一路"建设的投资是否获益当成其成功与否的标志,无论是讨论投资的经济风险还是政治、安全风险都围绕企业利润前景展开。这种考量无疑是必要的,但如果只专注"利",那么"一带一路"背景下的贸易投资合作与此前没有"一带一路"的贸易投资合作就无差异了。"一带一路"本身就失去了应有之义。另一种倾向是把"一带一路"看成是只追求"义"的政府行为,甚至等同于对外援助。许多企业在参与"一带一路"项目投资时,希望政府能够提供投资收益保障或财政补贴。从企业的角度出发,这种要求具有合理性,因为"一带一路"沿途的多数国家投资环境不佳,与中国的贸易互补性不强。不论是外资企业还是中资企业,不论是民营企业还是国有企业,它们都没有义务为了服务于国家战略目标而牺牲企业的利润最大化目标。因而,如果不考虑企业的投资利益,"一带一路"将失去可持续发展的基础。

在这种意义上,义利观可以说是"一带一路"的基本特征。能否真正贯彻、体现义利观的要求是决定"一带一路"成功的标志;反过来,"一带一路"建设的风险既可能来自忽略"利",也可能来自忽略"义"。只有兼顾"义"和"利","一带一路"才能实现真正意义上的成功。

---

① 在"一带一路"的研究中,一个普遍的现象是把原有的贸易投资合作研究(如中国与沿途国家之间贸易投资合作的互补性研究、风险研究等)套上"一带一路"的帽子,形成了"一带一路"研究的"泛化"。参见李向阳《"一带一路"面临的突出问题与出路》,《国际贸易》2017 年第 4 期。

## 二 秉承正确义利观是中国和平发展的必然要求

义利观源于中国儒家文化。它既是一个伦理学问题，也是一种治国安民之道，因此自孔孟开始，一直是历代先贤关注的持久不衰的议题。孔子是中国历史上义利观的开创者，其基本理念是重义罕言利，主张"君子喻于义，小人喻于利"。在两者之间的关系上强调以义制利，以义节利。孔子的义利观统一在义上，义为核心。与孔子的义利观相悖的是同时代的墨子。墨子尚利贵义，主张"兴天下之利，除天下之害"为最高的价值追求，并把利人与否看作义与不义之标准，提倡尚利就是贵义，贵义就是尚利的义利统一观。在两者之间的关系上，墨子的义利观是义利合一：以利为本、义利并举。① 由此可见，在义和利的关系上，中国古代的先贤们自一开始就存在截然不同的立场。

从汉代"罢黜百家，独尊儒术"始，儒家义利观就开始占据主流意识形态地位。宋明理学的理欲之辨实质上是先秦义利之辨的继承和发展。明清时期对儒家传统、对宋明理学的批判，最核心部分仍是义利之辨。② 尽管近代先贤对儒家的义利观进行了批判和发展，但这种轻功利的道德决定论还是被继承下来了。不过与先秦时代的义利观相比，现代意义上的义利观更强调两者的一致性和辩证关系。

儒家的义利观本质上是一种治国之道，把它运用到中国外交政策中就必须考虑国际关系领域的一系列特殊性。首先，秉承正确的义利观需要置于主权国家的博弈框架内。在国际关系中，行为主体是主权国家，国与国的关系不同于一国之内政府与个人的博弈关系，也不同于个人之间的博弈关系。一方面，国家利益不同于个人利益，它是满

---

① 不过张岱年先生在《中国哲学大纲》中明确指出，"墨家所谓利，乃指公利而非私利，不是一个人的利，而是最大多数人的利；儒家说利，则常指私利，而常以为私与利不可分。故儒家和墨家，虽一反利一重利而其所谓利，实非全然一事"。参见张宗磊《孔子、墨子义利观之比较》，《广西社会科学》2001年第2期。

② 赵懿梅：《朱熹义利观探微》，《黄山学院学报》2006年第6期。

足或能够满足国家以生存发展为基础的各方面需要并且对国家在整体上具有好处的事物,包括领土完整、国家主权和文化完整等。同时,国家利益还涉及与统治者利益及被统治者利益的关系,涉及与国民个体及整体利益的关系,涉及与公共利益的关系,涉及原本的、理想的国家利益与现实的国家利益的关系,涉及实际存在的与口头声称的国家利益的关系。另一方面,与主权国家内部的博弈环境相比,主权国家之间的博弈环境最大的特征是缺少世界政府,因此国与国之间行为关系的协调取决于全球治理体系,主权国家之间的博弈比一国之内的个体博弈(或政府与个人之间的博弈)具有更大的不确定性。在上述背景下,"义"和"利"的衡量标准、互动关系、实现途径都要发生变化。其次,秉承正确的义利观需要考虑主权国家规模、发展水平、社会制度、社会文化的差异。其中任何一种差异因素都有可能成为国家利益之争的源泉,为此不同类型国家之间存在着天然的竞争、合作关系(敌人、竞争者、合作者、朋友等)。与此相适应,对不同类型国家实施义利观的动机与效果必然存在着差别。

最后也是最重要的,秉承正确的义利观需要置于中国的国情与和平崛起的背景之下。中国的国情可以用一句话概括:拥有悠久文明的、发展中的社会主义大国。悠久的文明历史意味着中国并不必然走西方资本主义道路。现行的资本主义制度只有300年的历史,而中国则有5000多年的文明史。从逻辑上不能推出资本主义制度是人类文明的终极制度,中国完全有可能走自己的发展道路。发展中国家这一特征决定了发展仍然是中国的第一要务;同时决定了中国在国际社会的地位。社会主义国家这一特征体现了中国的意识形态和发展道路选择,不会因改革开放而放弃。大国特征不仅体现在中国的人口、国土规模上,而且更重要的是体现在迅速崛起的经济与综合国力上。在国际关系中,大国与小国的最大区别是大国有能力也有动力影响国际秩序(尽管按照人均收入水平大国有可能并不是位居前列的)。

基于上述背景,中国所倡导的义利观既是对中国传统文化的继承,又是对当今国际关系现状与中国国情的应对。习近平主席对义利观是这样界定的:"义,反映的是我们的一个理念,共产党人、社会主义国家的理念。这个世界上一部分人过得很好,一部分人过得很不好,不是个好现象。真正的快乐幸福是大家共同快乐、共同幸福。我们希望全世界共同发展,特别是希望广大发展中国家加快发展。利,就是要恪守互利共赢原则,不搞我赢你输,要实现双赢。我们有义务对贫穷的国家给予力所能及的帮助,有时甚至要重义轻利、舍利取义,绝不能惟利是图、斤斤计较。"① 从中可以看出,把义利观应用于指导中国的对外政策不仅是一种理论上的创新,而且体现了中国的国情与全球治理改革的需要。其国际意义和历史意义已经得到了学术界的广泛认可。② 基于本章的研究思路,在这里我们着重讨论义利观的另一层价值:解决中国和平发展中所面临的"近而不亲"问题。

和平崛起无论是对中国自身还是对外部世界都是全新的议题,其中中国与外部世界的关系是这一议题的焦点。原有的霸主担心崛起的中国会挑战现有的国际秩序和规则;原先与中国实力相似(甚至实力要强于中国)的国家对中国快速发展怀有复杂的心态。这些都是大国崛起必然要面对的挑战。除此之外,周边国家对中国的和平发展怀有猜疑和担忧。过去20多年,中国与周边国家的贸易投资联系日趋紧密,已成为多数国家最大的贸易伙伴、最大的出口市场,甚至是最大的贸易顺差来源地,然而多数国家对中国和平发展的认知并没有同步的提升,甚至在某些国家出现了相反的情形:担心经济上的依赖会导致政治上的依附,渲染所谓的"去中国化"。③ 这种"近而不亲"现

---

① 转引自王毅《坚持正确义利观积极发挥负责任大国作用》,《人民日报》2013年9月10日。

② 比如,提出正确义利观是中国国家身份定位的时代要求;体现了中国是坚定维护世界和平和国际正义的负责任大国;表明了中国永远和发展中国家站在一起的身份和立场;反驳了西方渲染中国推行新殖民主义的论调;等等。参见秦亚青《正确义利观:新时期中国外交的理念创新和实践原则》,《求是》2014年第12期;李海龙:《论中国外交之正确义利观的内涵与实践》,《理论学刊》2016年第5期。

③ 不久前,美国皮尤研究中心对36个国家所做的一项调查显示,2014—2016年在认同中国、美国、俄罗斯友好的国家中,中国的总体水平在上升,但在亚太地区的7个国家中有5个(按照不认同的水平高低排列分别为:越南、日本、韩国、菲律宾、印度)对中国的认同水平为负(相比对美国的认同水平)。参见 Margret Vice, "In Global Popularity Contest, U. S. and China-not Russia-vie for First", Pew Research Center August 23, 2017, http://www.pewresearch.org/fact-tank/2017/08/23/in-global-popularity-contest-u-s-and-china-not-russia-vie-for-first/。

象正在成为中国和平崛起的突出障碍。"近而不亲"现象表明，中国的和平发展改变了外部世界对中国的认知。换言之，外部世界对中国的担忧是大国崛起过程中必然要面对的一种反应，为此中国的对外政策需要做出相应的调整；同时，这表明中国原有的对外关系模式已经不适应和平崛起的要求，尤其是在与周边国家的往来中不能再单纯地依靠"以经促政"的合作模式。正是基于这种变化，在2013年10月召开的中央周边外交座谈会上，习近平总书记提出了周边外交的新理念：亲诚惠容。与此同时，"一带一路"应运而生。亲诚惠容与"一带一路"同时产生并非一种巧合。逻辑上"一带一路"是落实新时期周边战略理念（亲诚惠容）的依托。[①] 在这种意义上，亲诚惠容、周边命运共同体、"一带一路"与义利观具有内在的一致性。

义利观本质上是一种具有中国特色的经济外交理念。它不同于西方国家经济外交的"胡萝卜加大棒"。义利观突出了以义为先、合作共赢、共同发展的导向；而"胡萝卜加大棒"体现的则是以利为先、零和博弈及顺我者昌、逆我者亡的霸权导向。

## 三 "一带一路"框架下义利观的内涵和意义

作为一个伦理学理念，义利观被应用到中国的对外政策中适应了和平发展的需求，从而成为一个有中国特色的经济外交理念。然而，要把这一理念落实到外交实践中，使之具有可操作性，就需要我们进一步探讨义利观在"一带一路"框架下的表现形式。考虑到"一带一路"的基础是经济合作，义利观本身又是经济外交理念，为此本章主要试图从经济学意义上探讨它的内涵和意义。

### （一）"搭便车"论

习近平主席在2014年8月出访蒙古国时最早明确提出：中国愿

---

[①] 参见李向阳《"一带一路"：定位、内涵及需要优先处理的关系》，社会科学文献出版社2015年版，第16—17页。

意为包括蒙古国在内的周边国家提供共同发展的机遇和空间,欢迎大家搭乘中国发展的列车,搭快车也好,搭便车也好,我们都欢迎。中国开展对发展中国家的合作,将坚持正确义利观,不搞我赢你输、我多你少,在一些具体项目上将照顾对方利益。中国说到的话、承诺的事,一定会做到、一定会兑现。① 随后习近平主席在国内外许多场合重申欢迎各方搭上中国的"顺风车"。②

所谓"搭便车"在经济学意义上是指不付成本而坐享他人之利的投机行为,也是在集体行动中力求避免的一种结果。但从义利观的角度出发,中国允许周边国家或发展中国家搭中国经济发展的便车、快车。这种看似不公平的做法一方面反映了中国作为大国的担当,在一定范围内承担提供公共产品的责任;另一方面反映了中国与其他国家实现共同发展的价值观。事实上,近年来中国已经承担起了周边国家和一些发展中国家搭便车的责任,比如许多周边国家与中国之间存在不对等的市场开放、对华长期存在贸易顺差等。

### (二) 跨期收益论

把义利观落实到"一带一路"建设中,需要关注的另一个领域是长期收益与短期收益的关系。习近平总书记 2016 年 4 月 29 日在中共中央政治局第三十一次集体学习时的讲话强调:要坚持正确义利观,以义为先、义利并举,不急功近利,不搞短期行为。③

从博弈论的角度看,当面对"囚徒困境"时,博弈者(或参与者)究竟选择"合作"还是"不合作",很大程度上取决于他们所参与的是一次性博弈还是多次博弈。在多次博弈中选择"合作"的可能性要远大于一次性博弈中的可能性。这是和中国文化中"路遥知马力、日久见人心""做生意先做朋友"理念是一致的。因此,要避免投机行为,实现以义为先,追求长期稳定合作,多次博弈是必要条件

---

① 参见《习近平在蒙古国发表演讲:欢迎搭乘中国发展的列车》,中国新闻网,2014 年 8 月 22 日,http://www.chinanews.com/gn/2014/08-22/6522193.shtml。
② 参见《习近平论"一带一路"》,《学习活页文选》2017 年第 19 期。
③ 同上。

之一。

"一带一路"本身就不是一个短期项目，而是一个发展导向型的区域合作机制，其前提是以基础设施为核心的互联互通，这就决定了即使在企业投资意义上它也具有跨期特征。同时，"一带一路"还是和平之路、繁荣之路、开放之路、创新之路、文明之路、绿色之路、廉洁之路，其目标是实现政策沟通、设施联通、贸易畅通、资金融通及民心相通，最终要实现命运共同体。因而，无论是在国家层面还是在企业层面都必须树立长期导向。

### （三）予取论

义利观的核心是利益的分配。对于倡导者来说，这就是"予"（给予）和"取"（获取）的关系。习近平主席在2013—2014年先后出访非洲三国和印度等国家时就两者间的关系做出了阐述：先予后取、多予少取、只予不取。

确定国与国的利益分配、予与取的关系是实现正确义利观的必要条件。在与发展中国家经济合作过程中，这一点至关重要。"一带一路"沿途有众多发展中国家，甚至是最不发达国家。作为一种国际经济合作，"一带一路"首先要建立在优势互补的基础之上，但有些国家缺乏比较优势，他们与中国（乃至外部世界）之间缺乏优势互补。在这种缺乏比较优势的背后反映的是经济的不发展。这就需要为其创造新的比较优势。可以说，充分利用现有比较优势与开发新优势是"一带一路"建设需要优先处理的关系之一。[①] 以巴基斯坦为例，在实施"一带一路"之前，中巴就已经签署了双边自由贸易区协定，但由于巴基斯坦不具有比较优势，即便对华出口面临零关税待遇，可供出口的产品也很少，进口能力自然受到了限制，所以中巴之间的贸易额一直很低。

在经济学意义上，创造新的比较优势不是一项简单的工作，因为

---

① 参见李向阳《构建"一带一路"需要优先处理的关系》，《国家经济评论》2015年第1期。

创造新的比较优势本身就意味着实现经济发展。一国长期处于经济不发展状态表明，仅仅依靠内生力量无法打破原有的恶性循环，只有引入外生力量才有可能打破这种循环。理论上，打破这种恶性循环的出路有两种：一是对外援助，二是由政府间推动经济合作。如果说前者更多意味着"输血"，那么后者更注重的是"造血"。"一带一路"框架下的义利观所要实现的更多的是后者（"先予后取，多予少取"），当然这并不否认"输血"的必要性（"只予不取"）。这是"一带一路"为解决发展中国家，尤其是最不发达国家经济发展提供的药方。

### （四）正外部性论

如果说"搭便车"论、跨期收益论、予取论都属于政府层面主动选择的话，那么正外部性论则注重的是机制性安排。习近平总书记在中共中央政治局第三十一次集体学习时强调：我国企业"走出去"既要重视投资利益，更要赢得好名声、好口碑，遵守驻在国法律，承担更多社会责任。[①] 这一表述既是对"走出去"企业权利和义务的界定，又把义利观所要求的企业层面的目标（"重视投资收益"）与国家层面的目标（"赢得好名声、好口碑"）有机结合起来了。

在经济学中，所谓外部性是指经济主体的行动与决策会使其他人受损或受益的情形。它进一步可分为正外部性（使其他人受益）和负外部性（使其他人受损）。很显然，义利观所要求的是正外部性，即企业在追求自身利益最大化的同时，要能够"赢得好名声、好口碑"。在"一带一路"建设中，如果没有政府主导推动，它将无从谈起；反过来，如果没有企业参与（以市场为基础），"一带一路"将失去可持续发展的基础（演变为对外援助项目）。不论是外资企业还是中资企业，不论是民营企业还是国有企业，它们都没有动力（当然在法律上也没有义务）以牺牲企业利益实现国家的战略目标，除非政府给予它们财政补贴。因此，这就需要一套制度安排，引导企业在参与"一带一路"过程中把企业的目标与国家的目标有机结合起来。如果做不

---

① 参见《习近平论"一带一路"》，《学习活页文选》2017年第19期。

到这种结合，企业参与"一带一路"就会产生负外部性，从而违背了义利观的要求。在这种意义上，正外部性是"一带一路"成功的保证，也是其可持续发展的最终要求。

**（五）义利观的界定**

搭便车论、跨期收益论、予取论、正外部性论从不同角度阐释了义利观的要求或内涵。正确把握义利观的内涵不能抽出某一角度进行解读，否则就会出现偏颇，甚至歪曲义利观的要求。以搭便车论为例，这是微观经济学中力图避免的一种结果。搭便车意味着行为主体不承担义务只分享利益，这种投机主义行为会导致集体合作行为的解体。具体到"一带一路"建设中，作为倡导者，中国欢迎一些周边国家或最不发达国家搭上中国经济高速增长的便车，这是承担大国责任的一种体现，也反映了"一带一路"的公共产品特性。但如果允许所有（沿途）国家都来搭中国经济的便车，尤其是一些发达国家或大国搭便车，那么不仅中国经济无力拉得动这辆"便车"，而且会鼓励有些国家的投机主义行为。这显然是和义利观的要求相悖的。"利者，义之和也。"要得到利益，就要讲求与道义的统一。再比如，在予取论中，"多予少取，只予不取"是核心内容，但如果把它机械地理解为中国与"一带一路"相关国家经济合作的唯一标准，那最终将会导致中国让渡利益过多，"一带一路"失败。

在"一带一路"建设中，义利观不是一个简单的利益让渡概念，而是规范中国与相关国家利益分配的理论体系。义利观的内涵应该包括其目标、适用范围、实现途径等一系列的内容，不能抓住一点，不及其余。针对义利观的目标，习近平主席多次强调，"国不以利为利，以义为利也"。他在2014年11月4日主持召开中央财经领导小组第八次会议时谈道："丝绸之路经济带和21世纪海上丝绸之路倡议顺应了时代要求和各国加快发展的愿望，提供了一个包容性巨大的发展平台，具有深厚历史渊源和人文基础，能够把快速发展的中国经济同沿线国家的利益结合起来。要集中力量办好这件大事，秉持亲、诚、惠、容的周边外交理念，近睦远交，使沿线国家对我们更认同、更亲近、更支持。"① 这实际上是中国所要追求的"义"。简单地说,就是要通过"一带一路"让更多的国家认同中国的和平崛起或和平发展道路,提高中国的"软实力"。针对义利观的适用范围,我们也不能把搭便车、多予少取、只予不取机械地应用于所有国家和所有领域。在实施利益让渡的同时,基于市场原则(平等交换)的经济合作仍是"一带一路"合作的主体。相比之下,正外部性论更能体现义利观的基本要求。至于实现义利观的途径,下文我们将给予重点分析。我们可以把义利观理解为中国特色的经济外交理念;准确把握义利观的要求和内涵、实施正确的义利观事关"一带一路"的成败。

## 四 贯彻义利观的途径

政府是"一带一路"的倡导者,企业是其主要参与者,贯彻正确的义利观的核心是协调政府与企业、政府与市场的关系。具体地说,政府要以市场为基础,引导企业在实现利润最大化的前提下完成"义"的目标。在"一带一路"建设中,政府的职能大致可分为四类。首先,宣传"一带一路"的外交理念。"一带一路"是一项前无古人的倡议,既不同于历史上的国际经济合作机制,也不同于现有的多边和区域合作机制。让外部世界正确理解"一带一路"是其顺利实施的前提条件。其次,构建"一带一路"的合作机制。"一带一路"的一个突出特征是多元化合作机制:与同一地区(国家)的合作会有多元合作机制;与不同地区(国家)的合作机制也各不相同。选择什么样的合作机制取决于国家间的战略关系,企业是无法决定的。再次,搭建与"一带一路"相适应的政府间融资机制。"一带一路"既不是单纯的经济合作机制,也不是对外援助项目。它是一种以发展为导向、受义利观主导的新型区域经济合作机制。现有的融资机制显然不能完全适应它的要求。最后,也是最难做的,政府需要引导企业服务于国家战略目标。一方面,政府拥有影响企业行为的资源和手段,

---

① 参见《习近平论"一带一路"》,《学习活页文选》2017 年第 19 期。

比如，通过金融手段（开发性金融）引导企业的投资方向；通过财政手段（税收优惠、转移支付）引导企业承担一部分政府职能（多予少取、只予不取）；通过外交手段（政府间的合作协定）规范企业的跨国行为；通过行政手段（对企业经营者的聘用）干预国有企业的行为；等等。另一方面，更重要的是，政府需要构建一套相对稳定的制度安排，影响企业的预期和行为，使之服务于国家战略目标。这项职能就是要贯彻正确的义利观。

### （一）促使企业在海外履行企业社会责任

履行企业社会责任是实现义利观的重要途径。从实践中可以看到，中国企业在海外能否履行企业社会责任对于国家声誉的影响至关重要。"近而不亲""政治与经济脱节"现象在很大程度上源于中资企业在当地没有较好地履行企业社会责任。然而，企业社会责任的履行首先是和当地的法规秩序、营商环境联系在一起的，大多数研究集中于如何促使企业在本国（或跨国公司东道国）履行企业社会责任。中国企业"走出去"还处于起步阶段，作为母国如何促使跨国企业在海外履行企业社会责任还是一个新问题。[1] 在这方面，（中国）政府所能发挥作用的领域体现在两方面。一是在国内构建商业法规、公司治理、市场（资本市场、消费市场）理念、企业文化体系，形成履行企业社会责任的制度环境。进而通过母公司对子公司的延伸影响，提高中国企业在海外履行社会责任的意识。二是通过政府间的合作，对企业履行社会责任的效果进行监督和评估。[2] 鉴于履行企业社会责任的制度环境在中国国内还没有健全，促使中国企业在海外履行社会责任任重道远。

---

[1] 参见汤胜《在华跨国企业社会责任变动趋势及影响因素研究》，《国际贸易问题》2013年第3期；盛斌、李秉勤、胡博《公司社会责任、跨国企业与东道国政府的作用——来自中国地方案例的证据》，《南开学报》2009年第5期；朱文娟《完善我国跨国企业社会责任的思考》，《重庆理工大学学报》2012年第8期。

[2] 在国际层面还存在一种合作机制，如OECD制定了关于跨国公司社会责任的指南，但由于包括中国在内的绝大多数发展中国家不属于OECD的成员，这项指南的作用并不大。

### （二）以经济走廊为载体，构建具有正外部性的合作机制

长期以来，中国在与发展中国家的经济合作中，一个突出的特征是注重大型项目、基础设施项目、标志性项目的建设，缺少后续性投资与配套措施。其结果是，项目本身只体现了政府层面的合作，难以真正惠及普通民众。一旦出现政府或领导人更迭，这些项目的示范效应就会大打折扣。更重要的是，这种合作难以成为东道国民众对华认同或友好的载体，也无法达到亲诚惠容的目标。

"一带一路"所依托的经济走廊可以说是对原有合作载体弊端的一种纠正，体现了义利观与正外部性的要求。经济走廊以交通运输线（铁路、公路、航运、港口）为前提，但并不限于此。围绕交通运输线建设的产业园区、科技园区将对沿途经济产生溢出或辐射效应，带动当地就业、税收、收入的提升。客观上，这为东道国经济提供了"造血"功能；对中国企业来说，以经济走廊为载体有助于快速形成规模效应，降低投资风险。

### （三）构建理想的投资合作机制，消除道德风险

"一带一路"的基本原则是"共商""共建""共享"。理论上，它的参与者既有中资企业，也有沿途国家企业及区域外国家企业。不同类型企业的合作有可能产生正外部性，也有可能产生负外部性。如何依据不同的投资环境、投资项目，搭建不同类型的投资组合对于实现正外部性、避免负外部性至关重要。第一种组合是中资企业独立投资、独立运营。在经济学意义上，这有助于消除负激励现象、实现国家战略目标，但同时有可能为东道国"索取高价"创造条件。比如，一条石油管线完全由中资企业投资，一旦外部环境（如当地政局）发生变化，东道国（相关国家）就有可能不断要求提高过境费的标准。第二种组合是"中资企业＋东道国企业"。这种组合会降低东道国的道德风险（降低的幅度取决于东道国企业持股的比例），但又会提高企业内部的负激励现象与协调组织成本。第三种组合是"中资企业＋东道国企业＋第三方企业"。这会进一步降低东道国的道德风险，但

不易实现国家战略目标。当然，除此之外，作为一种开放的合作机制，"一带一路"建设中还可以有其他投资组合。如果考虑到中资企业前期所提供的基础设施投入（如交通运输线、产业园区运行所需要的"三通一平""九通一平"），如何保证中资企业投资的正常收益，避免第三方企业的"搭便车效应"，这些问题会使不同合作机制的效果进一步复杂化。

**（四）引导企业投资在产业层面进行合理布局，为实现正外部性创造外部环境**

为实现义利观所要求的正外部性目标，履行企业社会责任、构建合理的载体与合作机制固然重要，但如果投资的产业布局不符合东道国的发展战略方向，或者不符合全球产业的发展方向，那么再优秀的企业也无能为力。有些产业短期看可能有良好的投资收益前景，并且是东道国经济发展所必需的，但从长期看可能会损害东道国的可持续发展。这就要求我们在长期利益与短期利益之间做出取舍。"一带一路"相关国家经济发展水平、资源禀赋、发展战略存在巨大的差异，因此合理的产业选择与布局是义利观的基本要求。在这方面，中国政府所倡导的绿色丝绸之路可以说是在不同国家产业选择中的一个"最大公约数"。

总之，秉承正确的义利观不仅是中国外交理念的创新，而且是"一带一路"建设取得成功的关键。要把它真正落实到"一带一路"建设中还有很长的路要走。

# 第四章 "一带一路"建设与人类命运共同体

## 一 导言

2013年，习近平主席在印度尼西亚国会发表了题为"携手建设中国—东盟命运共同体"的演讲。虽然这次演讲更多地与"21世纪海上丝绸之路"联系在一起，但此后人类命运共同体理念开始频繁进入中国领导人的政治话语，构建人类命运共同体也被解读为中国推动构建新型国际关系的指导思想。[①] 按照这个指导思想，我们要建设的未来国际社会应该包含五个层面的目标，即"在政治领域，倡导相互尊重、平等协商。坚决摒弃冷战思维和强权政治，走对话而不对抗、结伴而不结盟的国与国交往新路。在安全领域，要相互尊重、平等协商，要坚持以对话解决争端、以协商化解分歧，统筹应对传统和非传统安全威胁，反对一切形式的恐怖主义。在发展领域，要同舟共济，促进贸易和投资自由化便利化，推动经济全球化朝着更加开放、包容、普惠、平衡、共赢的方向发展。在文化领域，要尊重世界文明多样性，以文明交流超越文明隔阂、文明互鉴超越文明冲突、文明共存超越文明优越。在生态领域，要坚持环境友好，合作应对气候变化，保护好人类赖以生存的地球家园"。[②] 与习近平主席在其他场合谈到

---

[①] 高飞：《以人类命运共同体理念为指导推动构建新型国际关系》，《求是》2018年第8期。

[②] 习近平：《决胜全面建成小康社会，夺取新时代中国特色社会主义伟大胜利——在中国共产党第十九次全国代表大会上的报告》，人民出版社2017年版，第11页。

的"国际社会日益成为你中有我、我中有你的命运共同体"相比,①人类命运共同体阐述的主要是中国意向中未来国际社会的状态,②而"你中有我、我中有你"则主要描述了国际关系在长期全球化进程之后的状态。

现有的命运共同体概念所描述的国际相互依赖是中国提出建设人类命运共同体的现实基础,而作为中国关于未来国际社会状态的理念,命运共同体很容易就被看作中国的国际秩序观和全球治理方案。③那么,应如何认识人类命运共同体和"一带一路"建设之间的关系呢?根据权威表述,"一带一路"是人类命运共同体的重要实践平台。④关于这一点,国内已经有不少研究成果,⑤但都存着对人类命运共同体概念界定不清的问题,⑥因此在对"一带一路"如何发挥好人类命运共同体平台作用上形成不同看法。本章认为,人类命运共同体是作为崛起大国的中国对未来国际社会状态的描绘,是中国的国际社会理念,而"一带一路"倡议则是对人类命运共同

---

① 习近平:《弘扬和平共处五项原则建设合作共赢美好世界——在和平共处五项原则发表60周年纪念大会上的讲话》,人民出版社2014年版,第6页。

② 阮宗泽:《人类命运共同体:中国的世界梦》,《国际问题研究》2016年第1期。

③ 张蕴岭教授认为,命运共同体是中国对中国周边区域秩序的一种定位。参见张蕴岭《中国的周边区域观回归于新秩序构建》,《世界经济与政治》2015年第1期。吴志成等则认为"一带一路"正努力构建新的全球治理机制,而人类命运共同体正是这种新的治理机制区别于美国霸权主义治理模式的不同之处。参见吴志成、迟永《"一带一路"倡议与全球治理变革》,《天津社会科学》2017年第6期。杨宏伟、张倩认为人类命运共同体超越了以往国际体系中的"中心—外围"结构,是一种"环形—向心"结构。参见杨宏伟、张倩《人类命运共同体的结构及其建构》,《教学与研究》2018年第11期。储殷、张沛喆则认为,人类命运共同体将对全球化的权力结构、对经济全球化进行重构,并再造全球文化,是对全球治理的一次革命。储殷、张沛喆:《权力、市场与文化:人类命运共同体的三重构建》,《当代世界与社会主义》2018年第3期。

④ 习近平:《论坚持推动构建人类命运共同体——在中央外事工作委员会第一次会议上的讲话》,2018年5月15日。

⑤ 例如"一带一路"应通过提供公共产品来服务人类命运共同体建设的观点。参见黄河、戴丽婷《"一带一路"公共产品与中国特色大国外交》,《太平洋学报》2018年第8期。"一带一路"应该着力于新型国际关系的构建以贡献于人类命运共同体建设的观点。参见吴志成、吴宇《人类命运共同体思想论析》,《世界经济与政治》2018年第3期。

⑥ 这一点可参考关于国内此类研究的综述。参见张继龙《国内学界关于人类命运共同体思想研究评述》,《社会主义研究》2016年第6期;姚嘉洵、孙晓晖《习近平"人类命运共同体"思想研究述评》,《中共云南省委党校学报》2018年第10期。

体的激励性建构。

## 二 人类命运共同体：中国的国际社会理念

面对人类历史百年未有之大变局，习近平主席以人类命运共同体对未来世界做出了展望。对于这一新理念，国内很多学者从对马克思共同体思想的传承与创新角度进行了根源性解释。① 但正如前面提到的，更多的研究把人类命运共同体思想与新时期中国外交、国际秩序、全球治理等概念和需求联系了起来。在中国日益走向世界舞台中央的当下，这种联系一方面突出了人类命运共同体思想的强烈现实意义，同时迫使我们考虑其如何建构的问题，也就是布赞对英国学派批评中指出的"如何做"这个问题。② 换句话说，就是人类命运共同体思想如何才能被国际社会接纳、被实践，并因此使国际秩序产生某种调整或重构，使全球治理水平得到提升。关于人类命运共同体，习近平总书记在党的十九大报告中给出了简洁、清晰的表述，即"构建人类命运共同体，建设持久和平、普遍安全、共同繁荣、开放包容、清洁美丽的世界"。③ 对于这个表述，多数的分析是从共同体概念入手的，本章也选择从这个概念开始分析。

### （一）人类命运共同体并不是传统意义上的共同体概念

共同体是政治哲学领域的重要概念。"从词源上看，共同体表示

---

① 相关研究较多，例如洪波《人类命运共同体与马克思共同体思想：契合、传承与创新》，《教学与研究》2018年第10期；李德顺《人类命运共同体理念的基础和意义》，《领导科学论坛》2017年第11期；张辉《人类命运共同体：国际法社会基础理论的当代发展》，《中国社会科学》2018年第5期；符妹、李振《构建人类命运共同体思想的"承认逻辑"：意蕴、困境及路径》，《中共中央党校学报》2018年第6期。

② 布赞认为，英国学派在国际社会中哪些观念应该得到共享（What）的问题研究比较充分，但忽视了对如何实现观念共享（How）的研究。参见 Barry Buzan, *From International to World Society? English School Theory and the Social Structure of Globalization*, Cambridge: Cambridge University Press, 2004。

③ 习近平：《决胜全面建成小康社会，夺取新时代中国特色社会主义伟大胜利——在中国共产党第十九次全国代表大会上的报告》，人民出版社2017年版。

一种具有共同利益诉求和伦理取向的群体生活方式"，① 共和主义、自由主义和共同体主义对其有着不同的认识，② 但有一点是相同的，就是共同体是以公民为主体的社会组织形式。③ 马克思关于"自由人联合体"的论断，所面向的行为主体也仍然是作为个体的人。④ 结合习主席对人类命运共同体的定位，即"构建人类命运共同体是维护世界和平与发展的中国方案"来看，⑤ 人类命运共同体的建构主体是民族国家，因此并不是一个传统意义上的政治哲学概念。当然，政治哲学意义上的共同体文明，如彼此承认的伙伴身份、透过集体目标来认同自己的满足等特征⑥在人类命运共体构建中也得到体现。

更为重要的是，传统意义上的共同体——无论是政治哲学概念的共同体还是多伊奇定义的安全共同体，都是建构的产物，也都存在可逆性。即它们会在某些条件下解体。⑦ 而如果从人类命运共同体对世界各国相互依存、利益交融的"你中有我、我中有你"这一状态的强调来看，⑧ 人类命运共同体首先是对国际社会相互依存状态的描述。在全球化日益深化的今天，人类几乎不可能摆脱命运共同体关系。值得注意的是，相互依存的人类命运共同体并不一定是美好

---

① 王露璐：《共同体：从传统到现代的转变及其伦理意蕴》，《伦理学研究》2014年第6期。

② 马俊峰：《政治哲学视阈中的共同体》，《大连海事大学学报》（社会科学版）2012年第3期。

③ 例如，亚里士多德就认为，最高层次的共同体是追求至善的城邦，是一种政治共同体。[古希腊]亚里士多德：《政治学》，颜一等译，中国人民大学出版社2003年版，第1页。

④ 相关分析参见洪波《人类命运共同体与马克思共同体思想：契合、传承与创新》，《教学与研究》2018年第10期。

⑤ 习近平：《共同构建人类命运共同体——在联合国日内瓦总部的演讲》，《人民日报》2018年1月19日。

⑥ [英]奥克肖特：《政治中的理性主义》，上海译文出版社2003年版。

⑦ 例如，作为多伊奇等人研究对象的北大西洋地区的很多政治共同体最终解体了，多伊奇等人总结了7条导致这些共同体解体的原因。Karl Deutsch, et al., *Political Community and the North Atlantic Area: International Organization in the Light of Historical Experience*, Princeton: Princeton University Press, 1957, pp. 59–64.

⑧ 早在2011年，国务院新闻办发表的白皮书《中国的和平发展》中就提出，"不同制度、不同类型、不同发展阶段的国家相互依存、利益交融，形成'你中有我、我中有你'的命运共同体"。参见中华人民共和国国务院新闻办公室《中国的和平发展》，人民出版社2011年版。

的，因为我们刚刚经历了征服与杀戮的两次世界大战和之后长期敌视与对抗的冷战。① 因此我们要做出很大的努力才有可能把国际社会建设成和平美好的人类命运共同体，即习近平总书记提出的"持久和平、普遍安全、共同繁荣、开放包容、清洁美丽"的国际社会。这意味着人类命运共同体并不是要停留在"你中有我、我中有你"这一国际社会相互依赖的状态，而是把"持久和平、普遍安全、共同繁荣、开放包容、清洁美丽"的世界作为建设目标，是一种值得追求的国际社会状态。

**（二）人类命运共同体不以一体化过程作为前提**

国际关系研究倾向于将共同体与一体化联系起来，一体化甚至直接被定义为"导致政治共同体形成的过程"。② 较早研究安全共同体理论的卡尔·多伊奇认为，政治共同体是一个过程，它使一部分人在某一领土内得到一种足够强烈的共同体感、制度感和实践感。③ 这个过程就是一体化，因为他同时指出，"如果只有合并而没有一体化发生，安全共同体就不存在"。④ 而一体化是需要某种组织形式的，多伊奇在这一点上比较谨慎，他认为"两种一体化，⑤ 在国际层面上，都需要某种形式的组织，尽管可能是非常松散的组织"。⑥ 而部门一体化理论家哈斯说的就直接得多，他认为一体化就是"说服来自不同国家的政治行为体将其忠诚、期望和政治活动转向一个新的中心的过

---

① 康德在《永久和平论》中就曾说过，"人与人生活于相互间的和平状态并不是一种自然状态，那倒更其是一种战争状态"。［德］伊曼纽尔·康德：《永久和平论》，何兆武译，上海人民出版社2005年版，第13页。

② ［美］詹姆斯·多尔蒂、小罗伯特·普法尔茨格拉夫：《争论中的国际关系理论》（第五版），阎学通、陈寒溪等译，世界知识出版社2003年版，第549页。

③ Karl Deutsch, et al. , *Political Community and the North Atlantic Area: International Organization in the Light of Historical Experience*, Princeton: Princeton University Press, 1957, p. 5.

④ Ibid. , p. 6.

⑤ 多伊奇把安全共同体分为合并型和多元型两种，而形成这两种安全共同体的是不同的一体化过程。

⑥ Karl Deutsch, et al. , *Political Community and the North Atlantic Area: International Organization in the Light of Historical Experience*, Princeton: Princeton University Press, p. 6.

程。这个中心的组织机构拥有或要求掌握对已经存在的各民族国家的管辖权"。① 很显然，他心目中的一体化必将走向一个超国家组织，这样的一体化过程也就成为权力集中过程。在一体化发展的超国家这条道路上，存在着对于超级国家的担忧。② 比如，如果我们认为以中国为中心的"朝贡贸易"是一种共同体形式，③ 而其反映的是一种华夷秩序，那么，形成"朝贡贸易"体系的一体化过程就被视为一个权力中心形成的过程。在当前的国际背景下，这种一体化很难被广泛接受。就习近平主席对人类命运共同体的描述看，一体化没有被作为人类命运共同体构建的先决条件。换句话说，人类命运共同体并没有被设定为一体化这样一个要求世界各国采取某种让渡主权行动（向欧盟那样）的过程的结果，而更多地被视为一种建构产物，即主权国家在接受某种理念后从自我出发所建构的国际社会状态。因此可以说，人类命运共同体描述的是一种国际社会状态，而不是国际秩序状态，虽然它并不排斥秩序。

### （三）人类命运共同体是中国的国际社会理念

国际社会（international society）是国际关系领域英国学派的三个核心概念之一，与其同时存在的另两个分别是国际体系（international system）和世界社会（world society）。国际体系、国际社会、世界社会三个概念分别归属霍布斯（有时是马基雅维利）、格劳秀斯和康德思想，并分别对应着国际关系的现实主义、理性主义和革命主义理论。④ 根据布赞的定义，国际体系关注国家间权力政治，它把无政府状态下的国际结构与进程作为国际关系理论的核心。国际社会关注各国共同的利益和认同的制度化，把共同规范、规则与制度的形成与维护作为国际关系理论的核心。世界社会则把个人、非国家组织并最终

---

① Ernst Hass, *The Uniting of Europe*, Redwood City: Stanford University Press, 1958, p. 16.
② 陈玉刚：《区域合作的国际道义与大国责任》，《世界经济与政治》2010 年第 8 期。
③ 张小明教授认为"朝贡体系""大东亚共荣圈"都是东亚的共同体表现形式。参见张小明《东亚共同体建设：历史模式与秩序观念》，《世界经济与政治论坛》2011 年第 1 期。
④ 革命主义在英国学派的定义中更接近自由主义，虽然也包含共产主义。

把全球人口整体作为国球社会认同和安排的关注点,把超越国家体系(state-system)作为国际关系理论的核心。①

本章把人类命运共同体看作一个国际社会概念,一方面在于它有别于世界社会概念,其关注对象是国家,而不是个人或非国家组织。在英国学派看来,世界社会以人为中心且最终将成为一个具有共同信念和价值的人类共同体,②但习近平主席提出的人类命运共同体显然是以国家为中心的。另一方面则在于人类命运共同体倾向于观念的建构,这显然不同于主张权力政治的国际体系。然而,人类命运共同体理念并不完全是英国学派的国际社会概念。因为英国学派这一组概念关注的核心是人与人的关系、国与国的关系,但人类命运共同体中包含着人与自然的关系:它既关注当前紧迫的人与自然关系,也反映了中国文化中的"天人合一"思想。③ 在人类命运共同体这个概念中,人是在民族国家之下的概念,但在面对自然时,它又是一个整体——人类。更为重要的是,虽然人类命运共同体最终需要某些制度、规则和理念的支撑,但它把共同命运作为认同建构的起点,把面对自然时的人类作为整体纳入了国际社会的考虑范围,因为与自然的关系也是人类命运的重要决定因素。④ 这实际上使人类命运共同体超越了英国学派的国际社会概念。

由此可见,人类命运共同体更应该被看作一种中国视角的国际社会理念,它既与英国学派的国际社会概念有一定相通之处,又有深厚的中华传统思想作支撑;既关注国际关系的协调与合作,又重视人与自然的和谐共处。

---

① Karl Deutsch, et al., *Political Community and the North Atlantic Area: International Organization in the Light of Historical Experience*, Princeton: Princeton University Press, 1957, p. 7.

② 郝妍:《试论巴瑞·布赞对英国学派理论的重塑》,《世界经济与政治》2006 年第 10 期。

③ 季羡林:《"天人合一"方能拯救人类》,《哲学动态》1994 年第 2 期;张世英:《中国古代的"天人合一"思想》,《求是》2007 年第 7 期。

④ 习近平主席提出人与自然处在"生命共同体状态",这是唯物主义思想。参见李猛《共同体、正义与自然——"人与自然是生命共同体"与"人类命运共同体"生态向度的哲学阐释》,《厦门大学学报》(哲学社会科学版)2018 年第 5 期。

## 三 人类命运共同体的概念意涵

基于以上分析，我们可以这样定义人类命运共同体：它是基于中国视角的国际社会理念。在这种国际社会状态下，各方承认他们之间以及人与自然之间存在深度的相互依赖关系（或某种形式的共同命运），并因此愿意通过协商、合作来推动世界经济发展、处理各国/各文明之间的利益冲突和矛盾、化解人与自然的不和谐，以创造和维护一个和平、稳定、繁荣、可持续发展的世界。人类命运共同体作为一种未来国际社会状态的理念，反映的是人类对美好未来的追求，也是对中国处理国际关系所秉持原则的阐释。

### （一）人类命运共同体是面向未来的建构

人类命运共同体是以对国际关系以及人与自然关系中日益深化的相互依存的认识为基础的，它重视对人类处在现状的命运共同体之中的认识，但更主要的是面向未来的人类命运共同体构建——建设人类命运共同体，建设持久和平、普遍安全、共同繁荣、开放包容、清洁美丽的世界。作为人口最多的发展中国家，中国在发展过程中深刻感受到了相互依赖，对于人类命运共同体的认识因此也是随着这种认识的深化和中国总体的发展而不断演化。早在2012年，党的十八大报告就提出，要倡导人类命运共同体意识。这份报告中用人类命运共同体意识来诠释合作共赢，是"在追求本国利益时兼顾他国合理关切，在谋求本国发展中促进各国共同发展"。[①] 这比2011年《中国的和平发展》中提出的"你中有我、我中有你"的命运共同体已经有了一定的发展，因为它不再限于对现状的描述，而是转向对未来的展望。

现状的人类命运共同体，被认为是一个从大航海时代就已经开始

---

[①] 胡锦涛：《坚定不移沿着中国特色社会主义道路前进，为全面建成小康社会而奋斗——在中国共产党第十八次全国代表大会上的报告》，《人民日报》2012年11月9日。

的进程。① 这个进程既是人对自然的开发过程,也是人群互动不断深化的过程。而人与人的互动,按照奥努夫的说法:是"我们利用自然提供的资源,通过彼此之间的行为和话语,使世界成为世界"的过程。② 在这个过程中,一方面人们因为历史、地理、语言、宗教等因素形成不同文明,并进而形成不同的民族国家,看似是越来越分化了。但各个国家又因为分工、贸易、投资而形成的国际生产网和全球价值链而紧密联系在一起。③ 而气候变化、自然灾害等所带来的威胁则加深了人类作为命运共同体的存在,因为在地球这个家园里,人类只是一个大家庭。

那么,"人类是在不断朝着改善前进吗"?这是一百多年前康德提出的疑问。④ 研究显示,1950—2011 年,全球战争死亡率已从每10 万人 22 人降至每 10 万人 0.3 人,⑤ 我们似乎变得更安全了,但世界依然没有摆脱战争的伤害与核阴影。世界银行报告说,全球极端贫困人口占世界总人口比重从 1990 年的 35% 降至 2013 年的 11%,⑥ 但"从工业革命到目前,世界上最富(前 10%)和最穷(后 10%)的经济体的收入差距从 2∶1 扩大到了 80∶1"。⑦ 或许正

---

① 明浩:《"一带一路"与"人类命运共同体"》,《中央民族大学学报》(哲学社会科学版)2015 年第 6 期。

② Nicolas Onuf, "Constructivism: A user's Manual", in Vendulka Kukalakuva, Nicholas Onuf, and Paul Kowert, eds., *International Relations in a Constructed World*, New York: M. E. Shape, 1998, p. 59, 转引自 [美] 詹姆斯·多尔蒂、小罗伯特·普法尔茨格拉夫《争论中的国际关系理论》(第五版),阎学通、陈寒溪等译,世界知识出版社 2003 年版,第 158 页。

③ 其实,对抗也是一种相互依赖。多伊奇在《国际关系分析》中举过一个因为对抗而产生依赖的例子。"据说,美国的所得税是在莫斯科制定出来的。这是因为我们的政府和选民觉得在军事力量和军事开支方面至少必须与俄国人旗鼓相当。"[美] 卡尔·多伊奇:《国际关系分析》,周启朋、郑启荣等译,世界知识出版社 1992 年版,第 6 页。

④ [德] 伊曼纽尔·康德:《永久和平论》,何兆武译,上海人民出版社 2005 年版。

⑤ 任晓:《从世界政府到"共生和平"》,《国际观察》2019 年第 1 期。

⑥ 《世行:全球贫困人口大幅下降,中国等亚太国家贡献大》,中国日报网,2016 年 10 月 3 日,http://www.chinadaily.com.cn/interface/zaker/1142822/2016-10-03/cd_26964767.html。

⑦ Dani Rodrik, "The Past, Present, and the Future of Economic Growth", Paper Prepared for the Global Citizen Foundation, Revised on December 2012, p. 7, http://drodrik.scholar.harvard.edu/files/dani-rodrik/files/gcf_rodrik-working-paper-1_-6-24-13.pdf.

是因为这种多面性才形成了对全球化的褒贬不一。我们无法确切地知道相互依赖的人类会在全球化进程中走向何处，但人类的命运确实需要某种设计，因为"未来是一种方案"。① 人类命运共同体理念呼吁人们对于共同命运的认知，是从中国视角对未来国际社会做出的描述。

**（二）人类命运共同体相信各国可以通过包容与合作创造一个更加美好的国际社会**

在人类命运共同体建构进程中，随着国际社会对于共同命运认同的增加，国际秩序将会向更加和谐的方向转变，但人类命运共同体构建本身并不把对国际秩序的颠覆作为直接目标。人类命运共同体建设首先需要各国相互尊重，平等协商，摒弃冷战思维和强权政治。这与康德设计"永久和平"的思想有部分相通之处。② 习近平主席提出，要以对话解决争端、以协商化解分歧；要同舟共济，开放包容；要文明互鉴；要保护环境。这是将人类置于地球村、大家庭视角对未来国际关系的描述，自然包含着对当前诸多制度、理念的超越。③ 可以想象，在人类命运共同体建构过程中，随着国际社会包容性提升，一些落后的、不适合形势的理念和制度必然会被改善甚至被放弃。正如博尔丁所坚定认为的，"必须抛弃自修昔底德、马基雅维利和霍布斯继承下来的权力政治这一明显僵化的概念，承认威胁和冲突迟早会让位于互利合作和一体化"。④ 但是这并不应该被理解为人类命运共同体以挑战国际秩序为前提。厘清人类命运共同体构建与未来国际秩序的关系是非常必要的。因为在西方语境下，国际社会和国际体系的区分并不

---

① 获诺贝尔奖的物理学家和哲学家珀西·布里奇曼说过，"未来是一种方案"。［美］卡尔·多伊奇：《国际关系分析》，周启朋、郑启荣等译，世界知识出版社1992年版，第378页。
② 康德认为永久和平的前提之五是"任何国家均不得以武力干涉其他国家的体制和政权"；正式条款第二条则是"国际全力应该以自由国家的联盟制度为基础"。［德］伊曼纽尔·康德：《永久和平论》，何兆武译，上海人民出版社2005年版，第9、19页。
③ 陈明琨：《人类命运共同体思想的多重超越》，《经济社会体制比较》2018年第6期。
④ ［美］詹姆斯·多尔蒂、小罗伯特·普法尔茨格拉夫：《争论中的国际关系理论》（第五版），阎学通、陈寒溪等译，世界知识出版社2003年版，第20页。

十分清晰,① 而秩序问题又是当前西方社会最为敏感的问题,② 也是其对中国的人类命运共同体理念、"一带一路"倡议误解最多的地方。③ 从人类命运共同体阐述的思想看,它指出当今国际体制、秩序以及国际关系实践中存在的诸多弊端,说明人类命运共同体建构中需要予以摒弃。但任何秩序都是在一定观念指导下各方力量博弈、建构的结果,迈向人类命运共同体的过程中如果发生秩序变化,只能是各方在接受新观念基础上为适应人类命运共同体建设而对国际制度进行的新建构。④ 换句话说,中国呼吁面向人类命运共同体建设开展国际关系、完善国际秩序,而不是依靠对国际秩序的颠覆来实现人类命运共同体。

**(三) 人类命运共同体理念是中国对未来国际社会具有理想主义色彩的设计,但中国致力于通过"一带一路"建设实践这一理念**

从追求世界和平的角度看,人类命运共同体也是一个世界和平方

---

① 例如,从布尔对国际体系的定义来看,他认为国家之间只有在一定的互动基础上才能形成国际体系,而这实际上承认国际关系只有表现出某种国际社会的特征时才能成为国际体系。Barry Buzan, *From International to World Society? English School Theory and the Social Structure of Globalization*, Cambridge: Cambridge University Press, 2004。这使布赞认为布尔的国际体系和国际社会概念区分是模糊的。郝妍:《试论巴瑞·布赞对英国学派理论的重塑》,《世界经济与政治》2006年第10期。

② 西方很多政治领导人、学者都认为,现代国际秩序是西方创造当然也有利于西方的。随着中国的崛起,国际秩序面临的权力转移和文化挑战有可能终结现代国际秩序。一旦权力转向东方,现代国际秩序的基础就会崩塌,而新兴大国将建立更能反映他们的文化价值的国际秩序。参见 Tony Blair, "Religious Difference, Not Ideology, Will Fuel this Century's Epic Battles", *The Guardian*, January 26, 2014, http://www.theguardian.com/commentisfree/2014/jan/25/religious-difference-ideology-conflicts-middle-east-tony-blair; Martin Jacques, *When China Rules the World: The End of the Western World and the Birth of a New Global Order*, New York: Penguin Press, 2012; Kevin Rudd, "The West isn't Ready for the Rise of China", *New Statesman*, July 11, 2012, http://www.newstatesman.com/politics/international-politics/2012/07/kevin-rudd-west-isnt-ready-risechina。

③ 国内学界对人类命运共同体的认识也是多元的。例如,有学者认为,人类命运共同体将对全球化的权力结构、对经济全球化进行重构,并再造全球文化,是对全球治理的一次革命。见储殷、张沛喆《权力、市场与文化:人类命运共同体的三重构建》,《当代世界与社会主义》2018年第3期。

④ 2019年3月4日,美国国务院前东亚事务副国务卿董云裳(Susan Thornton)在哈佛大学燕京学社发表了题为"我们能与中国共同生存吗?"(Can we live with China?)的演讲,提出中美需要共同演化(Co-evolution)。通向人类命运共同体的国际秩序建构如果发生,也应该是各国共同演化的过程。

案。从法国神甫圣-皮埃尔1713年发表《永恒和平方案》，到卢梭的《通过建立欧洲联盟实现持久和平》，以及此后受卢梭的启发和影响的边沁提出的《普遍的永久和平计划》、康德提出的《永久和平论》，① 表达的都是人类消弭战争与冲突，实现人类和平的理想。但即便是康德，也把永久和平比作哲学家们"甜蜜的梦"。② 这说明实现和平并非易事，对于把战争看作国与国之间关系常态的人来说，和平更是无从想象。③ 但人类社会追求和平的脚步从未停止，国际联盟、全球政府、民主和平论等都是面向和平的设计或想象。甚至还出现了规定战争为非法的《凯洛格—白里安公约》，④ 企图以一纸公约来消除战争、实现和平。第二次世界大战前强调国际组织、国际法的重要性的理想主义者被国际关系学者卡尔称为乌托邦主义者，⑤ 人类命运共同体作为一种世界和平理念或许也会被认为是冷战后"和平时期国家利益和谐论的理想主义概念"。⑥

但与大部分国际关系理论或者哲学家对人类未来的预测或设计不同，人类命运共同体作为中国的国际社会理念，是中国领导人在对当今国际格局深入分析的基础上对国际社会未来的设计与展望。这不是胜利者站在历史的尽头对人类社会沾沾自喜的描述，⑦ 而是一个14亿人的大国拒绝用权力定义国家利益、倡导通过包容合作塑造未来国际

---

① 任晓在《从世界政府到"共生和平"》一文中对持久和平理念的发展做了较为细致的梳理。见任晓《从世界政府到"共生和平"》，《国际观察》2019年第1期。
② [德]伊曼纽尔·康德：《永久和平论》，何兆武译，上海人民出版社2005年版，第3页。
③ 比如，《战争论》的作者克劳塞维茨就把战争看作国际关系常态。在这样的认识下，国家要么在战争中，要么在备战。和平只是意味着另一场战争。
④ 1928年8月27日，美国、法国、英国、德国及其他11个国家在巴黎签订《凯洛格—白里安公约》，宣告战争非法化。
⑤ E. H. Carr, *The Twenty Years Crisis*, 1919–1939: *An Introduction to the Study of International Relations*, London: Macmillan, 1939.
⑥ [美]詹姆斯·多尔蒂、小罗伯特·普法尔茨格拉夫：《争论中的国际关系理论》（第五版），阎学通、陈寒溪等译，世界知识出版社2003年版，第16页。
⑦ 福山认为西方的自由民主制度是人类最后的统治形式。参见[美]弗朗西斯·福山《历史的终结及最后的人》，黄胜强、许铭原译，中国社会科学出版社2003年版。按照其逻辑，人类未来只要在西方自由民主制度指导下发展就是美好的。

社会的立场选择。① 基辛格担心国际秩序"正面临不受任何约束的力量决定着未来的时期",② 是担心大国崛起使无政府的国际社会陷入混乱。人类命运共同体理念没有无条件接受现实主义对国际社会的假设,而是坚信在对共同命运认同的基础上,利益协调、文明包容的国际社会状态是可建构的。2013 年习近平主席提出的"一带一路"倡议,呼吁通过互联互通建设推动各国的经济发展、提升人民之间的认同。目前,"一带一路"倡议得到越来越多支持,尽管在实践中曾遇到一些困难,但可以说中国对人类命运共同体的建构已经在进行中。

## 四 人类命运共同体的建构逻辑

关于人类命运共同体的建构路径,相关研究已提出很多观点:在对亚洲命运共同体的阐述中,马来西亚国防部长希沙姆丁·侯赛因认为要互利合作,③ 这实际上是强调从利益合作入手建设命运共同体。袁祖社关于共享发展是人类命运共同体本质特征的观点,④ 李向阳关于"一带一路"应坚持发展导向的观点都是对利益合作的支持。⑤ 但人类命运共同体的建构不可能只建立在利益合作上,还需要化解安全困境,避免文明冲突。如果各方都坚持自己的制度、文化的优越性,⑥

---

① 中国的这一立场并不是没有国际基础的,例如,丁利研究就发现,很多民众并不认同进攻性现实主义,对于崛起大国的威胁,他们认为合作或孤立都是可选择的应对方案。参见 Dustin Tingley, "Rising Power on the Mind", *International Organization*, Vol. 71, Supplement, 2017, pp. S165 – S188。

② Henry Kissinger, *World Order: Reflections on the Character of Nations and the Course of History*, New York: Penguin Press, 2014, p. 2.

③ [马来西亚] 希沙姆丁·侯赛因:《建设亚洲命运共同体需要互利合作》,《国防》2014 年第 12 期。

④ 袁祖社:《"共享发展"的理念、实践与人类命运共同体的价值构建》,《南京社会科学》2017 年第 12 期。

⑤ 李向阳:《"一带一路":区域主义还是多边主义?》,《世界经济与政治》2018 年第 3 期。

⑥ 部分西方学者认为,西方的价值观、文化更为优越,因此全世界人民都应信奉。[美] 萨缪尔·亨廷顿:《文明的冲突与世界秩序的重建》,周琪、刘绯、张立平等译,新华出版社 1998 年版,第 299—358 页。

而拒绝吸纳其他文化的优点（例如中华文化的包容性特质①）就很难形成对于共同命运的认知。针对共同命运问题，生物学领域的"共生"概念被引入分析中，例如任晓就认为国际社会可以实现"共生和平"。② 不难看出，这些观点仍然是理念层面的阐释，是在争取更广泛的认同。围绕认同，有学者认为人类命运共同体体现了"承认逻辑"，即主体承认、制度承认、价值承认和目标承认，③ 但问题是这种承认仅具有单向性，没有解释如何形成人类命运共同体建构需要的双向和多向承认。相比上述的单因素分析，从整体上探讨人类命运共同体建构的观点认为，人类命运共同体可以从利益共同体、价值共同体和责任共同体三个方面阐释，④ 其隐含逻辑是人类命运共同体要从利益、价值和责任三个方面建构。也有研究认为，人类命运共同体应该按照利益共同体—情感共同体—价值共同体—命运共同体这一顺序进行建构，但对如何从利益共同体过渡到命运共同体的逻辑阐释还不太清晰。⑤ 如此多元的观点反映了对于人类命运共同体的认识差异，也说明人类命运共同体构建的多向性。

根据前面对人类命运共同体做出的定义，本章认为，迈向"持久和平、普遍安全、共同繁荣、开放包容、清洁美丽"的国际社会是一个"从观念认同到行为变化"的建构进程，即人类命运共同体理念被逐步接纳并转化为合作建设命运共同体的过程。

### （一）"认知演化"与观念认同：人类命运共同体建构的基础逻辑

#### 1. 建构主义的"认知演化"观点

人类社会的基础是物质社会，却是人的观念决定着国际社会的状

---

① 于铭松认为，中华文化的包容性对于化解文明冲突具有重要意义。参见于铭松《中华文明的特质与构建人类命运共同体》，《中央社会主义学报》2017年第12期。
② 任晓：《从世界政府到"共生和平"》，《国际观察》2019年第1期。
③ 符妹、李振：《构建人类命运共同体思想的"承认逻辑"：意蕴、困境及路径》，《中共中央党校学报》2018年第6期。
④ 廖凡：《全球治理背景下人类命运共同体的阐释与建构》，《中国法学》2018年第5期。
⑤ 康健：《从利益共同体到命运共同体》，《北京大学学报》（哲学社会科学版）2018年第6期。

态。罗马竞技场与拉斯维加斯拳击台的天壤之别,见证了人类从野蛮向文明的转变。这是观念变化进而重塑规则的过程,在这个过程中,人类社会也从霍布斯时代一步步走向今天的制度化社会。但观念变化并不容易,例如三十年战争后达成的《威斯特伐利亚和约》、两次世界大战后建立的欧盟,都是惨重的历史教训迫使人们重新思考未来的结果,换句话说,是某种危机引导了观念的转变。人类命运共同体也是面向未来的设计,针对的是一个更美好的未来,而非为了应对迫在眉睫的威胁。因此,在人类命运共同体建构的"观念认同到行为变化"的过程中,关键的环节是如何实现观念认同。从建构主义视角看,这依赖一个阿德勒所说的"认知演化"过程。这是一个包含三个基本方面的过程。第一,革新。即创造一个被团体所接受的新的价值观和期望。第二,选择。即新的价值观和期望深入这个团体思想内部的程度。第三,扩散。即新的价值观和期望从一个团体或国家向另一个团体或国家传播的程度。[①]

"认知演化"从建构主义视角分析了一个新观念扩散直至产生国际影响的逻辑。人类命运共同体作为一种崭新的国际社会理念,它被国际社会接受并转化为建设"持久和平、普遍安全、共同繁荣、开放包容、清洁美丽"的国际社会的过程也应遵从这个演化逻辑。但是,"认知演化"只是一个价值中立的建构主义逻辑描述:首先,它没有限定作为"革新"的新价值观和期望的性质;其次,它没有约束"扩散"阶段新价值观和期望向其他团体或国家传播的方式,也没有把这种"扩散"的机制讲清楚。已经有一些案例研究证明了建立在对新观念认同基础上的认同变迁。例如,封永平认为,认同变迁使英美权力和平转移成为可能。[②] 张涛华对欧盟的研究认为,欧洲一体化进

---

① Emanuel Adler, "Cognitive Evolution: A Dynamic Approach for the Study of International Relations and Their Progress", in Emanuel Adler and Beverly Crawford, eds., *Progress in Postwar International Relations*, New York: Columbia University Press, 1991, pp. 43 – 88, 转引自 [美] 詹姆斯·多尔蒂、小罗伯特·普法尔茨格拉夫《争论中的国际关系理论》(第五版),阎学通、陈寒溪等译,世界知识出版社 2003 年版,第 178 页。

② 封永平:《认同变迁:英美权力的和平转移》,《国际政治科学》2005 年第 3 期。

程形成了对新政治共同体的认同。① 但对于新观念如何被接纳而引起认同变迁的机制，这些研究还没有形成具有普遍意义的解释。

2. 激励性建构

对于"认知演化"来说，革新是具有创造意义的一步。理论上讲，只有所提出的新价值观和期望建立在对人类社会发展趋势的正确认识基础上、反映最大多数人的利益追求的观念，才有可能在团体或国家内部被接受并进而向外部扩散。但现实中并不乏一些负面革新并在扩散中给人类带来危害，第二次世界大战时期日本军国主义提出的"大东亚共荣圈"就是一个臭名昭著的例子。扩散是具有决定意义的一步。只有新的价值观和期望被其他团体或国家接受，才能开始对那些人发生观念重构的作用。② 作为一个自发过程，观念传播程度既会因新价值观的性质而受到追捧或排斥，也会受到一些外生因素的影响。③ 在实践中，新价值观的倡导者往往会参与到这个观念建构进程中来，即通过个人或组织的努力来推动新观念的传播。例如，当废奴思想在一些美国人中间确立起来后，其在联邦内的传播并不是自然发生的，而是引起了损失巨大的南北战争。④ 这个案例和前面提到的"大东亚共荣圈"说明，不论是正向的"革新"还是负向的"革新"，在特定历史条件下都会面临传播障碍，并引发强行推动新价值观传播的战争等行为。我们可以把这种行为称为惩罚性建构。当前，在民族国家内部和联合国层面都有惩罚性建构在实践。比如，针对吸烟有害健康这一理念，很多国家都规定公共场所不允许吸烟，否则会被罚款。除此之外，新加坡、美国等国都把国内市场上烟草的价格定得很

---

① 张涛华：《欧洲民族主义聚合性趋势与欧洲一体化前景》，《教学与研究》2010年第10期。

② 一个反面的例子认为中日关系的长期不和谐实际上是一种认同危机。参见 Christian Wirth, "China, Japan, and East Asian Regional Cooperation: the Views of 'Self' and 'Other' from Beijing and Tokyo", *International Relations of the Asia-Pacific*, Vol. 9, 2009, pp. 469–496.

③ 例如，冷战后东亚地区出现建设东亚共同体的呼声，为深化合作也开展了政府层面的联合研究，以探讨从自贸区到共同体的合作路径。但自从奥巴马政府战略再平衡战略实施以来，亚太地区的合作氛围发生了很大变化，东亚共同体建设的脚步大大放缓。

④ 李恭蔚对南北战争的原因做过仔细探讨。李恭蔚：《美国南北战争的原因及其历史解释初探》，《西洋史集刊》（台南市）1990年第2期。

高，以增加吸烟成本来减少吸烟，这实际上是跨越观念认同直接进入行为变化阶段。与这种惩罚性建构相对的，是一种激励性建构。即通过某些措施使新价值观的潜在优势得以发挥，或通过局部性实践新观念使参与者获得直接收益，以达到观念强化和促进传播的效果。

人类命运共同体是基于对人类日益相互依赖的观察提出的新理念，它不涉及制度优劣判断、不排斥文明差异，呼吁国家间放弃强权政治，以对话解决争端、以合作寻求共赢，以包容避免文明冲突，建设更加美好的国际社会。这一理念虽然也受到一些不愿放弃霸权思想者质疑，[1] 但人类命运共同体理念正是要使更多人放弃霸权思维。因此，对人类命运共同体构建来说，扩散是最关键的。但作为一个要在无政府状态的国际社会传播的新理念，人类命运共同体只能走激励性建构路径来建立观念认同。

**（二）人类命运共同体的激励性建构路径**

激励性建构在实践中包括两个层面，一是强化对新观念的认知并促进其扩散；二是提高观念认同引发行为变化的效率。从观念强化角度来看，前面提到的共同发展、共享发展、互利合作等概念，实际上指向的都是利益合作，也可称为"利益共同体"建设。这种建构主张包含一个潜在的逻辑，即互利合作以建构利益共同体是观念与行动的合一，因此似乎不需要在意观念认同到行为变化这一环节。[2] 然而，这只是行动成为现实之后才成立的逻辑，对于人类命运共同体的建构来说，更为关键的是如何使观念到行动这一过程顺利发生。本章认为，观念强化和决策者认识的改变是比较关键的，激励性建构探讨的主要是针对这两个方面的措施。我们借用"认识共同体"和"共荣

---

[1] 例如，美国战略与国际问题研究中心的学者就认为中国的"一带一路"正在挑战美国的领导。Jonathan Hillman and Matthew Goodman, "China's 'Belt and Road' Court to Challenge Current US-led Order", *Financial Times*, July 25, 2018, http：//www.ft.com/content/b64d7f2e-8f4d-11e8-b639-7680cedee421.

[2] 这些研究实际上并不把人类命运共同体看作一个观念，而是将其作为一种行动指导，因此其构建方案自然是从利益导向的行动开始。但在现实中，缺少理念认同为基础的人类命运共同体容易陷入利益追逐的旋涡，最终丧失对未来国际社会状态的塑造功能。

利益"（encompassing interests）两个概念来分析人类命运共同体的激励性建构。

1. "认识共同体"与行为变化

一般来讲，新观念形成后在观念产生的团体或国家本身的传播，即"选择"的过程是比较容易的，而向其他团体或国家的传播，即"扩散"则不那么容易。至于理念向行动的转变，因为涉及集体行动问题以及其他利益计算，就更不容易。认识共同体的形成对于这个过程的实现具有很重要的意义。认识共同体（epistemic community）本是一个知识社会学概念，国际关系研究借用它来指特定领域中的专家群体，他们对共同的因果关系以及用以处理这些关系的政策的价值取向持共同信念。彼得·哈斯在分析治理地中海污染问题的成功经验——《地中海行动计划》的达成时使用了这个概念，分析有关国家如何超越集体行动困境达成合作，但还有人认为他使用的"生态认识共同体"更接近一个"思想集体"（thought collective）。[①] 哈斯和阿德勒后来又共同对这个概念做了进一步阐述。[②] 多尔蒂和普法尔茨格拉夫在综合了哈斯和阿德勒的分析后，认为认识共同体是"对某一特定事物拥有共同观念的精英，他们为实现目标制定战略，并在其中起着重要的创新作用"。[③]

人类命运共同体的建构，需要两类"认识共同体"，类似哈斯所说的跨国性"思想集体"和决策层"认识共同体"。"思想集体"是指对人类命运共同体理念有比较深入的理解并形成一定共识的知识或专业团体，他们在人类命运共同体理念的传播过程中扮演促进中心的作用：他们之间互相联系沟通并将观念向民众传播，使观念得到更快的"扩散"。另一方面，人类命运共同体是面向国际关系的理念，因

---

[①] Peter M. Haas, "Do Regimes Matter? Epistemic Communities and Mediterranean Pollution Control", *International Organization*, Vol. 43, No. 3, 1989, p. 384.

[②] 阿德勒和哈斯在另一篇文章中仔细分析了"认识共同体"的作用机制。参见 Emanuel Adler and Peter M. Haas, "Conclusion: Epistemic Communities, World Order, and the Creation of a Reflective Research Program", *International Organization*, Vol. 46, No. 1, 1992, pp. 367–390。

[③] ［美］詹姆斯·多尔蒂、小罗伯特·普法尔茨格拉夫：《争论中的国际关系理论》（第五版），阎学通、陈寒溪等译，世界知识出版社2003年版，第178页。

此决策层"认识共同体"对其"扩散",特别是向实践的转化非常关键。这不仅是因为决策者的信念差异会导向迥异的政策选择,① 更是因为决策者因其自身的代表性而比起一般人具有更大的资源动员能力。

2. "共荣利益"与观念强化

"共荣利益"是奥尔森提出的概念,张宇燕在《权力与繁荣》中译本导读中对其做了如下解释:"某位理性地追求自身利益的个人或某个拥有相当凝聚力和纪律的组织,如果能够获得特定社会总产出增长额中相当大的部分,同时会因该社会产出的减少而遭受极大的损失,则他们在此社会中便拥有了共荣利益。"② 这里借用这个概念来描述一种"一荣俱荣、一损俱损"的深度相互依赖关系。从这个意义上讲,人类命运共同体正是要把人类社会带向一种利益共荣状态。引入"共荣利益"这个概念还有另外一层考虑:人类命运共同体建设既依托"利益共同体"的建构,也强调"责任共同体"建设,③ "共荣利益"其实包含共同利益和共同责任两个方面,因为它不但是一个利益共享的关系,也是风险共担的。

人类命运共同体包含政治、经济、安全、文化和环境等方面的内容,如果围绕某个领域或某几个领域通过合作在一定范围内形成"共荣利益"关系,则首先有利于强化对人类命运共同体提出的基础——人类的相互依赖正越来越走向共同命运这一事实的认识;同时"共荣利益"关系的形成,会使参与者对人类命运共同体理念的认同受到利益激励。这些都将产生观念强化作用,推动"扩散"效率。

人类命运共同体的激励性建构就是通过鼓励措施促进"认识共同

---

① Emilie M. Hafner-Burton, Stephan Haggard, David A. Lake and David G. Victor, "The Behavioral Revolution and International Relations", *International Organization*, Vol. 71, Supplement, 2017, pp. S1 – S31.

② 张宇燕:《强化市场型政府乃经济发展之根本》,[美]曼瑟·奥尔森:《权力与繁荣》,苏长和译,上海人民出版社2014年版,第3—4页。

③ 命运共同体建设中的成本问题即责任的共担问题也是人类命运共同体发展的重要方面。孙祁祥、锁凌燕、郑伟:《"一带一路"与新型全球化:风险与应对》,《中共中央党校学报》2017年第6期。

体"和"共荣利益"的形成。实践中，这是两个相互联系、相互促进的方面，"认识共同体"推动观念扩散及向行动转化，而"共荣利益"关系则因其观念强化功能使决策更容易推动。"共荣利益"的形成可以是先于观念认同的，比如通过对既有联系的深化或制度化而将原来的弱联系加强。但在命运共同体建构过程中，更多的"共荣利益"关系是观念认同的结果。

## 五 "一带一路"：人类命运共同体的激励性建构

2013 年习近平主席在哈萨克斯坦和印度尼西亚先后提出的"丝绸之路经济带"倡议和"21 世纪海上丝绸之路"倡议被合称为"一带一路"倡议，并很快上升为国家意志。[①] 作为一个具有重大国际影响和意义的倡议，"一带一路"自提出以来实际上经历了快速的演变，[②] 其中最为重要的一点就是从人类命运共同体建构角度确定"一带一路"倡议的使命，即推动构建人类命运共同体的重要实践平台。

### （一）人类命运共同体理念的"认知演化"

回顾过去几年人类命运共同体理念和"一带一路"建设的历史，我们发现它基本遵从了我们前面介绍的"认知演化"。从 2013 年开始，习近平主席就在出访坦桑尼亚、出席博鳌亚洲论坛、访问联合国总部时多次提出"人类命运共同体"这个新的理念。2017 年 10 月，习近平主席在党的十九大报告中清晰阐述了人类命运共同体理念。2018 年 3 月，"人类命运共同体"被写入《中华人民共和国宪法》。人类命运共同体理念在中国传播的同时，它向国际社会的扩散过程就

---

① "一带一路"倡议提出后，很快就被写入党的十八大报告等重要文件，中央为推动"一带一路"建设还设立了"一带一路"工作协调办公室，标志着这个倡议已经成为国家意志。

② 在 2015 年 3 月国家发展改革委、商务部、外交部共同发布的《推动共建丝绸之路经济带和 21 世纪海上丝绸之路的愿景与行动》文件中，"一带一路"是促进共同发展、实现共同繁荣的合作共赢之路，是增进理解信任、加强全方位交流的和平友谊之路。虽然文件也提出打造政治互信、经济融合、文化包容的利益共同体、命运共同体和责任共同体，但这里的命运共同体还并不能等同于习近平主席后来阐述的人类命运共同体理念。

已经开始了，而且很快就得到了国际社会比较积极的回应。2017年2月10日，联合国社会发展委员会第55届会议协商一致通过"非洲发展新伙伴关系的社会层面"决议，"构建人类命运共同体"理念首次被写入联合国决议中。① 2017年11月，"构建人类命运共同体"的理念被写入了第72届联大一委通过的"防止外空军备竞赛进一步切实措施"和"不首先在外空放置武器"两份安全决议。② 此外，在双边层面上，围绕着"一带一路"建设，人类命运共同体理念也越来越被合作方政府和民众所认识和认同。

这些发展说明，人类命运共同体理念的"认知演化"效果明显，从原因来看，除了这个理念所描述的未来国际社会状态得到认可外，中国对这一理念的激励性建构也在加速其"认知演化"方面发挥了作用。

### （二）"一带一路"对人类命运共同体的激励性建构

以"共商、共建、共享"为指导原则的"一带一路"建设，在推动路径上强调通过"五通"，即"政策沟通、设施联通、贸易畅通、资金融通和民心相通"建设更高水平的相互依赖；在实施方向上提出重点建设一批贸易通道和经济走廊，具体来说，就是"陆上依托国际大通道……共同打造新亚欧大陆桥、中蒙俄、中国—中亚—西亚、中国—中南半岛等国际经济合作走廊；……中巴、孟中印缅两个经济走廊与推进'一带一路'建设关联紧密，要进一步推动合作"。③ 而在推进思路上，"一带一路"则体现出对"人类命运共同体"的激励性建构。这既表现在努力推动"认识共同体"的形成方面，也表现在通过合作构筑"共荣利益"关系方面。

#### 1. 推动形成"认识共同体"

如前所述，"认识共同体"包括"思想集团"和决策层"认识共

---

① 《联合国决议首次写入"构建人类命运共同体"理念》，新华社联合国2月10日电。
② 《"构建人类命运共同体"理念再次写入联合国决议》，《人民日报》2017年11月3日。
③ 国家发展改革委、商务部、外交部：《推动共建丝绸之路经济带和21世纪海上丝绸之路的愿景与行动》，《人民日报》（海外版）2015年4月9日。

同体"。人类命运共同体作为面向未来的国际社会理念，非常重视国家及国际组织的作用。因此，从"一带一路"建设伊始，习近平主席、李克强总理等国家领导人就在双边、多边外交场合宣传人类命运共同体理念。在这些双边、多边层面的"认识共同体"逐步形成的基础上举办的"一带一路"峰会，是"一带一路"推动形成决策层"认识共同体"的关键体现。2017年5月14—15日在北京召开的第一届"一带一路"国际合作高峰论坛，共有29位国家元首、政府首脑及联合国秘书长、红十字国际委员会主席等重要国际组织负责人出席。[①] 习近平主席在论坛上发表的题为"携手推进'一带一路'建设"的讲话，虽然没有直接把人类命运共同体这一理念作为核心，但已经把"一带一路"与实现"持久和平、普遍安全、共同繁荣、开放包容、清洁美丽"这个未来国际社会密切联系了起来。[②] 这次论坛期间达成的合作成果共76大项270多项，涵盖政策沟通、设施联通、贸易畅通、资金融通、民心相通五大类。这说明围绕着"一带一路"建设和中国的人类命运共同体理念，出席会议的决策者们已经形成了初步的共同认识。2019年4月下旬，第二届"一带一路"国际合作高峰论坛在北京举行，更多的外国领导人出席了会议。"一带一路"朋友圈的不断扩大，说明人类命运共同体所表达的理念被更多国家领导人所理解和支持。

为了推动这一决策层"认识共同体"的形成，中国做出了巨大的单边努力。比如，向丝路基金新增资金1000亿元；鼓励金融机构开展人民币海外基金业务，规模初步预计约3000亿元，为"一带一路"

---

① 这些领导人包括阿根廷总统马克里、白俄罗斯总统卢卡申科、智利总统巴切莱特、捷克总统泽曼、印度尼西亚总统佐科、哈萨克斯坦总统纳扎尔巴耶夫、肯尼亚总统肯雅塔、老挝国家主席本扬、菲律宾总统杜特尔特、俄罗斯总统普京、瑞士联邦主席洛伊特哈德、土耳其总统埃尔多安、乌兹别克斯坦总统米尔济约耶夫、越南国家主席陈大光、柬埔寨首相洪森、埃塞俄比亚总理海尔马里亚姆、斐济总理姆拜尼马拉马、希腊总理齐普拉斯、匈牙利总理欧尔班、意大利总理真蒂洛尼、马来西亚总理纳吉布、蒙古国总理额尔登巴特、缅甸国务资政昂山素季、巴基斯坦总理谢里夫、波兰总理希德沃、塞尔维亚总理武契奇、西班牙首相拉霍伊、斯里兰卡总理维克勒马辛哈、吉尔吉斯斯坦总统阿坦巴耶夫。

② 习近平：《携手推进"一带一路"建设——在"一带一路"国际合作高峰论坛上的讲话》，2017年5月14日，北京。

提供资金支持；中国国家开发银行设立"一带一路"基础设施专项贷款（1000亿元等值人民币）、"一带一路"产能合作专项贷款（1000亿元等值人民币）、"一带一路"金融合作专项贷款（500亿元等值人民币）；中国进出口银行设立"一带一路"专项贷款额度（1000亿元等值人民币）、"一带一路"基础设施专项贷款额度（300亿元等值人民币）。此外，中国政府将加大对"一带一路"相关发展中国家的援助力度，未来3年总体援助规模不少于600亿元；将向"一带一路"相关发展中国家提供20亿元紧急粮食援助。向南南合作援助基金增资10亿美元，用于发起中国—联合国2030年可持续发展议程合作倡议，支持在沿线国家实施100个"幸福家园"、100个"爱心助困"、100个"康复助医"等项目。向有关国际组织提供10亿美元，共同推动落实一批惠及沿线国家的国际合作项目，包括向沿线国家提供100个食品、帐篷、活动板房等难民援助项目，设立难民奖学金，为500名青少年难民提供受教育机会，资助100名难民运动员参加国际和区域赛事活动。中国的投入有些是针对经济发展的，有些是关注民生问题的。在自身还不是很富裕的情况下所做出的这些真金白银的投入，显示了中国推动"一带一路"建设、构建人类命运共同体的决心，对坚定各国领导人的合作信念进而形成"认识共同体"具有积极的促进作用。

当然，从人类命运共同体构建的角度看，这个决策层"认识共同体"应尽可能把一些大国领导人纳入其中，因为尽管大小国家一律平等，但经验研究显示，大国在国际和平中发挥着更大的作用。[1]

除了重视决策层在人类命运共同体理念扩散中的作用，中国也很关注"思想集体"对人类命运共同体理念的解释和传播作用。在过去五年多时间里，中国国内成立了大批研究"一带一路"相关问题的研究机构，它们除了根据各自的学术研究为"一带一路"、人类命运共同体建设贡献智慧，还利用各自的学术资源建立起国际联系，形成围

---

[1] Patrick J. McDonald, "Great Powers, Hierarchy, and Endogenous Regimes: Rethinking the Domestic Causes of Peace", *International Organization*, Vol. 69, No. 3, 2015, pp. 557 – 588.

绕"一带一路"相关问题的"思想集体"。其中，由中共中央对外联络部牵头成立的"一带一路"智库联盟、文化部利用海外汉学家资源形成的专家网络，都可以看作围绕在"一带一路"建设过程中形成的"思想集体"，这些专家在相对制度化的交流中对人类命运共同体思想形成更全面深入的认识，并能够向各自的群体或国民阐述人类命运共同体理念。

2. 合作构筑"共荣利益"

根据卡普兰的观察，21世纪初，世界的主要特点是存在一些富裕地区或"富裕岛"。① 这说明世界经济发展极度不平衡、出现了明显的贫富分化现象，而这个在国际政治学中被称为"中心—外围"的现象显然是人类命运共同体建构所不能回避的。② 因此，发展问题在人类命运共同体建构中被认为是核心问题。③ 从要素投入角度看，经济发展的动力主要是两个方面，一是工业部门的就业率，二是代表人力资源和制度水平的能力的提高。④ 这意味着落后国家的发展要加大基础设施、教育、医疗等投资，发展工业并提升单位生产率。以互联互通为中心的"一带一路"正是将基础设施建设、产业发展作为推动落后地区经济发展的重要因素，而中国与大部分发展中国家的"共荣利益"关系的构建也主要是从这一角度入手的。

合作提升基础设施互联互通水平是构建"共荣利益"的一种模式。例如，老挝是中南半岛的内陆国，其经济发展因为地缘上的"陆锁国"地位受到很大制约，老挝政府因此提出了从"陆锁国"向"陆联国"转变的战略目标。"一带一路"合作项目——中老铁路的

---

① Robert Kaplan, "The Coming Anarchy", *The Atlantic Monthly*, February 1994, pp. 44 – 76.
② "中心—外围"结构主要是关于权力的，但经济实力与权力基本是匹配的。有人认为人类命运共同体超越了以往国际体系中的"中心—外围"结构，是一种"环形—向心"结构。参见杨宏伟、张倩《人类命运共同体的结构及其建构》，《教学与研究》2018年第11期。
③ 刘振民：《坚持合作共赢，携手打造亚洲命运共同体》，《国际问题研究》2014年第2期。
④ Dani Rodrik, "The Past, Present, and the Future of Economic Growth", Paper prepared for the Global Citizen Foundation, revised on December 2012, p. 32, http://drodrik.scholar.harvard.edu/files/dani-rodrik/files/gcf_ rodrik-working-paper – 1_ – 6 – 24 – 13. pdf.

建设将助力老挝实现这个梦想。① 铁路建成后，老挝经济将与中国联系在一起，其比较优势就可能得到更有效的发挥。中国也将在扩大与老挝的贸易、投资等方面获益。这种"共荣利益"关系的形成不仅会使老挝人民更容易接受人类命运共同体理念，也会在类似发展中国家产生示范效应。瓜达尔港、比雷埃夫斯港等港口的建设也使中国与所在国之间形成"共享利益"。

建设产业园促进产业发展也是构建"共荣利益"的一种模式。工业发展水平落后造成很多发展中国家就业率很低，又往往因为投资环境不尽如人意而很难吸引投资。"一带一路"合作因此把产业合作作为重点。当前已经建设了柬埔寨西哈努克港经济特区、白俄罗斯中白工业园、巴基斯坦海尔鲁巴工业园、越南青山产业园、中马（钦州—关丹）双园等诸多产业园，其中很多已经成功引进企业入驻，对当地经济做出贡献。比如，红豆集团投资建设的西哈努克港经济特区就是一个成功的案例。截至2017年年底，以纺织服装、五金机械、轻工家电等为主导产业的西港特区已有来自中国、欧美、日本等国家和地区的118家企业入驻，为当地提供了1.6万个就业岗位，仅属地波雷诺县（所在地区）就有70%的家庭在特区工作，改善了这些家庭的生活水平。西港特区的建设对其所在的西哈努克省的经济贡献率已超过50%。② 2017年，西哈努克省的人均GDP为2010美元，而同年柬埔寨全国的人均GDP仅为1380美元。当地民众、当地政府以及柬埔寨政府都与园区形成了"共荣利益"。

构筑"共荣利益"的最新努力是中日之间正在探讨推动围绕"一带一路"建设展开的"第三方市场合作"。初期开展的"一带一路"建设项目一直存在着合作局限于双边层面的问题。③ 随着"一带

---

① 老挝GDP目前不足200亿美元，如果没有"一带一路"合作，投资总规模400亿元的中老铁路对老挝来说只能是个梦想。

② 张力澎：《西港特区——中柬合作共赢的样板》，一带一路网，2018年1月12日，https://www.yidaiyilu.gov.cn/xwzx/hwxw/43814.htm。

③ 产业园建设过程中实际上是多元参与的，但企业入驻产业园这种参与往往是企业行为，产业园建设本身仍然主要是基于双边的协议。

一路"建设下中国对外投资的迅速增长，对来自中国的投资出现了两个对立的评价，一方面是来自投资所在国的欢迎，另一方面则是其他对外投资大国的担忧。例如在东南亚地区，中国直接投资的增加引起了日本的担心，因为在日方看来，这对其在这一地区投资形成竞争。中日两国参与泰国铁路项目的过程暴露了这种竞争的负面影响。由于泰国长期奉行"大国平衡"理念，因此对来自中国和日本的投资持同样欢迎的态度，落实到合作项目上这表现为泰国选择与中国合作建设曼谷—廊开铁路，但同时与日本合作建设曼谷—清莱铁路。这个例子说明双边合作构建"共荣利益"在向三方或多方拓展后可能形成利益竞争局面，为了解决这个矛盾，中日开始探讨"第三方市场合作"。所谓"第三方市场合作"，就是两个或多个国家在进入目标市场前进行沟通联系，共同与目标市场方探讨合作安排以避免恶性竞争。2018年5月，李克强总理访日期间与日本首相安倍晋三就中日开展第三方市场合作达成共识，两国签署了《关于中日企业开展第三方市场合作的备忘录》。[①]如果"第三方市场合作"能够顺利展开，则不仅能避免中日之间的利益竞争，而且能够使泰国摆脱左右为难的局面而与中日在合作中形成"共荣利益"。

为促进"共荣利益"关系建构，中国还十分注重围绕"一带一路"建设提供国际公共产品。其中，针对大多数发展中国家面临的投资瓶颈问题，[②]中国单方面设立了400亿美元的丝路基金、倡议成立亚洲基础设施投资银行（AIIB），为"一带一路"建设提供资金支持。

---

[①] 据报道，泰国很有可能成为未来中日开拓第三方市场的试点国家。中日设想开展合作的第一个项目或将是泰国的"轻轨"（BTS）铁道铺设项目。该项目要把连接曼谷市中心帕亚泰车站和素万那普国际机场的铁路，再向郊外其他机场延伸大约50千米。《中日政经届力促第三方市场合作，泰国或成试点》，《第一财经》2018年10月11日。

[②] 例如，麦肯锡2016年的一份报告认为，从2016年到2030年，要达到每年基础设施建设投资占GDP 3.8%的水平以维持预期增长，按照当前的投资水平看，全球基础设施建设方面每年将有3500亿美元的投资缺口。Mckinsey Global Institute, *Bridging Global Infrastructure Gaps*, Mckinsey & Company, June 2016, https://www.mckinsey.com/industries/capital-projects-and-infrastructure/our-insights/bridging-global-infrastructure-gaps.

## 六　结语

　　人类命运共同体是中国的国际社会理念。当前，美国等西方大国对权力向中国转移的担心日益加剧，在这种背景下，围绕国际秩序重构对人类命运共同体的解读很容易增加部分国家对人类命运共同体理念的抵触。如果从这一理念本身看，虽然它描绘的未来国际社会状态应该在一种更为包容、合作的秩序中存在，但适应人类命运共同体的国际秩序将是一个建立在观念认同基础上的建构结果，而这必定是一个多方参与的利益互动与观念重构的过程。为了建设人类命运共同体描绘的世界，中国以"一带一路"建设对其进行着激励性建构，过去六年多的实践证明，这种建构方式显然加快了人类命运共同体的国际认同范围和程度。

　　激励性建构的本质是新理念提出方为了其"扩散"而进行的利益性让步或妥协，这种利益让步或妥协的尺度把握很关键。在实践中，激励性建构，特别是"共荣利益"的建构，有时是在观念认同不太强的时候开始的，其建构逻辑正是要通过合作的利益来强化信念。但过分急于达到这种建构效果会被反对者看作经济霸权行为，特别是当一些项目涉及地缘利益、战略重要性等问题时更是容易受到指责。例如，"一带一路"建设中出现的"债务陷阱论"，实际上是对中国激励性建构人类命运共同体的一种质疑。

　　"债务陷阱论"是从汉班托塔港项目开始的。斯里兰卡汉班托塔港地处印度洋航线，具有重要地缘战略意义。斯里兰卡政府早有开发之意，但一直受制于资金约束未能付诸实施。此后，在中国贷款支持下，汉班托塔港进行了两期建设。由于斯里兰卡总体外债规模较高，斯方提出了将港口租借给中方以解决对中方的债务。中斯之间的债务处理方案被印度学者称为"债权帝国主义"——中国通过贷款让斯里兰卡政府过度负债，然后"中国迫使这些国家为避免债务违约，痛苦地选择让中国控制本国资源，并丧失本国主权"。① 这种不实指控的形成当然有印度别有用心的一面,② 但我方为求与斯方加强合作而对激励性建构手段运用以及面对坏账压力时所采取的解决方案也存在一定问题。可见,激励性建构虽然会提升人类命运共同体理念的"扩散"速度,但也需要注意避免引起负面效应。

---

① Brahma Chellaney, "China's Creditor Imperialism", https://www.project-syndicate.org/commentary/china-sri-lanka-hambantota-port-debt-by-brahma-chellaney-2017-12？barrier = accessreg.
② 印度把印度洋看作自己的"势力范围",对中国在印度洋地区的投资存在天然排斥。Manoj Joshi interviewed by CNN, cited form Jamie Tarabay, "With Sri Lankan Port Acquisition, China Adds Another 'Pearl' to its 'String'", https://edition.cnn.com/2018/02/03/asia/china-sri-lanka-string-of-pearls-intl/index.html。

# 第五章 "一带一路"、新型全球化与新一轮改革开放

"一带一路"是过去6年多来中国快速推动全球共同发展的一项重要内容，既是中国改革开放的重要组成部分，也是下一阶段中国推动构建人类命运共同体的实践，从2018年中国领导人的有关论述来看，"一带一路"已经转向高质量发展新阶段，而且越来越成为中国引领全球化的一项标志性倡议。2018年8月27日，习近平主席在推进"一带一路"建设工作5周年座谈会上指出三个要点：第一，共建"一带一路"大幅提升了中国的开放新格局；第二，共建"一带一路"不仅是经济合作，而且是完善全球发展模式和全球治理、推进经济全球化健康发展的重要途径；第三，推动共建"一带一路"向高质量发展转变是下一阶段推进共建"一带一路"工作的基本要求。① 上述三点内容正是本章标题所阐述的，也标志着经过6年的发展，"一带一路"建设正在迈向第二个阶段。2018年11月18日，习近平主席在出席亚太经合组织第26次领导人会议时进一步指出："经过5年努力，共建'一带一路'正进入深入发展新阶段。"② 2018年12月28日，在庆祝改革开放40周年大会讲话中，习近平又进一步概括指出，中国要以共建"一带一路"为重点，同各方一道打造国际合作新平台，为世界共同发展增

---

① 《习近平：推动共建"一带一路"走深走实造福人民》，《人民日报》2018年8月2日。
② 习近平：《把握时代机遇　共谋亚太繁荣——在亚太经合组织第二十六次领导人非正式会议上的发言》，《人民日报》2018年11月19日。

添新动力。① 2019年4月26日，习近平主席在第二届"一带一路"国际合作高峰论坛主旨演讲中进一步强调，"推动共建'一带一路'沿着高质量发展方向不断前进"。②

从政策议程上看，"一带一路"毫无疑问是中国中央政府和地方政府今后一段时期的工作重点，并且将继续起到引领作用。鉴于中国的国际影响力，特别是中国致力于在2050年要成为具有全球影响的强国，国际社会越来越关注中国的一举一动。可以说，随着中国发展壮大为全球性大国，中国的国内政策不可避免地带有国际效应。特别是"一带一路"从提出伊始，就旨在推动全球治理、完善全球发展模式和推进经济全球化健康发展，难免产生不可预料的地缘政治动力和结果。尽管中国人也关注着这种影响力，但是国际社会从外部观察中国的行动时，则更加关注大国崛起带来的地缘政治经济影响力。对于一直主导国际政治经济发展的发达国家而言，中国这样一个发展中国家站起来呼吁推动全球化是一个新现象，在全球化的悠长历史上并没有一个这样的发展中国家起到主导性作用。西方国家熟悉的历史是霸权引领下的全球化发展历史，主要分为英国霸权阶段和美国霸权阶段。因此，立足于西方的理论和经验，欧美国家在关注"一带一路"时不可避免地要与权力、国际博弈等联系在一起，而且处于不同历史阶段的国家其关注点也略有差异，本章第一部分将对此进行分析。

作为一个和平发展中的大国，中国显然需要研究改革开放、全球化以及"一带一路"对于中国权势地位的影响，不仅要研究对自身发展的影响，也必须纳入对其他地区和国家的影响。一方面，从20世纪80年代中期起，中国学术界对全球化的研究和认识才逐步展开，起步于20世纪70年代的中国改革开放构成了全球化的重要内容。中国的发展表明，参与全球化已经不是一种政策选择，而是国家发展战

---

① 习近平：《在庆祝改革开放40周年大会上的讲话》，新华网，2018年12月28日，http://www.xinhuanet.com/politics/leaders/2018-12/18/c_1123872025.htm。

② 习近平：《齐心开创共建"一带一路"美好未来——在第二届"一带一路"国际合作高峰论坛开幕式上的主旨演讲》，新华网，2019年4月26日，http://www.xinhuanet.com/politics/leaders/2019-04/26/c_1124420187.htm。

略的必要组成部分。与此同时，我们也要看到，全球化已经有几百年了，中国曾经与之失之交臂，也曾受过全球化的苦难，对于这一段历史进程，也需要加以深入讨论，为什么一个曾经的文明古国会失去参与全球化的机遇，这到底是基于自身的闭关锁国这种战略判断失误，还是源于西方帝国主义的侵略和压制？长期以来，这是中国社会辩论的主题。随着中国重新成长为世界性大国，我们有了更为宽松的环境和更丰富的历史经验来审视和再考察。

另一方面，中国多年的经验和英美等国目前的情况也表明，全球化对一个国家的发展影响是巨大的。如果说在冷战时代，参与全球经济受到各种政治约束，那么现在对于各国来说，包括欧美等发达国家，真正的挑战在于怎样通过政策设计和制度调整更好地适应经济全球化。毫无疑问，中国在改革开放40年中积累了许多宝贵经验，中国式全球化已经构成全球发展的共同知识，也成为其他国家下一阶段参与全球化时不可忽视的背景。也就是说，中国要研究中国式全球化对其他国家的影响，真正从国际国内两个大局研究中国政策的效果。这个其他国家，既包括曾经参与主导全球化的发达国家，也包括绝大多数发展中国家。如果中国式全球化——在实践上是"一带一路"，在理念上是人类命运共同体——只能给自己带来好处，而对发达国家和发展中国家都不利，那么这种全球化必然很难获得支持，甚至其命运也不如发达国家在历史上推动的全球化。从这个意义说，中国学术界有着更紧迫的压力去研究中国式全球化的利弊，当然中国政府的主张是通过"三共"——"共商、共建、共享"——来获得更加公正和均衡的结果，但这种主张能否在实践中实施，需要更深入的研究和业务部门的操作。

本章的论述将涉及上述内容和目标，从目前积累的文献来看，有关"一带一路"的研究正在创造一种新的学术范式，在若干方面不同于欧美曾经主导的范式。与此同时，这种学术范式的转变也将产生巨大的不确定性。随着中国转向高质量发展阶段，中国的"一带一路"建设越来越重视"三高"——高质量、高标准和高水平——的标杆意义，这对于中国和相关国家发展战略的对接无疑是一项巨大的挑战。

## 一　国际社会对"一带一路"与全球化关系的研究

在"一带一路"倡议提出之初，国际社会想当然地从崛起国的角度来了解这一复杂的倡议，并尝试将它类比为第二次世界大战结束后美国推动欧洲经济振兴的"马歇尔计划"。显然，作为第二次世界大战的战胜国和苏联阵营早期的重要一方，中国对冷战时期的话语十分熟悉，在进行改革开放40多年后，中国对任何试图重回冷战状态的解读都十分警惕。因此，当国际社会试图用一种地缘政治竞争的话语分析"一带一路"时，无疑没有抓住中国提出这一倡议的动力和目标。

2017年1月，习近平主席在达沃斯论坛发表重要演讲，旗帜鲜明地提出，中国从拥抱全球化的角度推进"一带一路"建设，将"一带一路"建设为一个重要的国际合作平台。此后，尽管国际社会仍有一些人士研判和揣测"一带一路"的地缘政治经济含义，但倾向于从新一轮全球化的角度来认识"一带一路"积极意义的文献也在不断增多。这些文献表明，实践进展在不断推动人们改变对"一带一路"的认知。

美国智库全国亚洲研究所（NBR）于2017年6月出版了《中国的欧亚世纪？"一带一路"的政治与战略启示》一书，这是美国学术界和智库第一本关于"一带一路"的专著。作者纳德基·罗兰德（Nadege Rolland）是法国人，懂中文，采访了不少中国相关人士，她认为欧美智库、商业协会以及政府机构从2016年年初开始对"一带一路"进行研究，但研究成果并不系统，也不深入，西方世界应该深入系统地研究"一带一路"。在罗兰德看来，"一带一路"意味着中国的关注重点从美国转向欧亚大陆，并试图以一种并不那么直接的方式与美国争夺地区影响力，是中国锤炼全球角色的一项试验。为此，西方民主国家要做好准备，捍卫开放、以规则为基础的国际秩序。[①]

---

[①] Nadege Rolland, "China's Eurasian Century? Politics and Strategic Implications of the Belt and Road Initiative", Seattle and Washington, D. C., The National Bureau of Asian Research, 2017, pp. 187–188.

该书出版后，在西方世界引起较大反响。有的评论认为，"一带一路"就是"中国风格的全球化"。① 2017 年 6 月，美国智库 CSIS 提出，西方应该积极参与"一带一路"。中国距离全球秩序的领导者地位还非常遥远，但是中国试图以新的方式与全球连接起来，并且准备在"全球化 2.0"中扮演积极角色。②

2018 年 8 月，加州大学教授巴里·艾肯格林（Barry Eichengreen）提出了"中国特色的全球化"。他认为美国总统特朗普的"美国优先"政策不仅意味着美国将丧失全球领导力，而且为其他国家提供了重塑国际体系的机会，中国扩大影响力也将显著提升。所谓"中国特色的全球化"，一方面与传统的出口导向依旧有联系，但从另一方面来看，中国将更加倚重双边和地区经贸协定，而不是多边协定。而且，在知识产权、外资流入以及金融体系方面，中国引领的全球经济将更具限制性。③

2017 年 8 月，澳大利亚格里菲斯大学荣誉教授、澳大利亚联邦人文学院院士马克林（Colin P. Mackerras）认为，在西方逐渐从全球化撤退时，"一带一路"是以中国为基础的全球化（China-based Globalisation）的象征。④

2017 年 10 月，菲律宾学者认为，如果说"一带一路"的国内意义主要在于推进中国下一阶段的发展的话，那么其对外的含义在于聚焦下一个阶段的全球化。就下一个阶段的全球化而言，尽管不会出现一个以美国主导下的全球化那样的"领导者"，但全球化也必然需要一个重心。随着世界舆论越来越多提及"一带一路"，那么将自动地

---

① Shanthi Kalathil, "Globalization Chinese-Style: A Jod Book Review", October 16, 2017, https: //www. ned. org/globalization-chinese-style-a-journal-of-democracy-book-review/.

② Jonathan E. Hillman, "Should the West Heed Chinas siren Call for 'Globalization 2.0'?" June 1, 2017, https: //reconnectingasia. csis. org/analysis/entries/should-west-heed-chinas-siren-call-globalization-20/.

③ Barry Eichengreen, "Globalization with Chinese Characteristics", August 10, 2018, https: //www. project-syndicate. org/commentary/globalization-chinese-characteristics-by-barry-eichengreen-2018-08.

④ Colin Mackerras, "The Belt and Road to China-based Globalisation", August 31, 2017, http: //www. eastasiaforum. org/2017/08/31/the-belt-and-road-to-china-based-globalisation/.

赋予"一带一路"以特定的全球化和国际秩序内涵，不可避免影响贸易、金融联系、基础设施引领的发展以及全球治理的特征。总的来说，中国关于多极全球治理的观点将显著得以提升，民主规范的重要性将下降，外部因素对主权的挑战也将减弱。①

2018年4月，日本野村证券研究所在一份研究报告中指出，"一带一路"是"中国风格的全球化"。中国将为参与国家提供互利共赢的成果，但同时中国将获得地缘政治影响力。② 2018年10月，随着日本首相安倍晋三成功访华，中日双方达成第三方合作框架以及签署50个基础设施建设协定，"一带一路"的开放性再次得到证明。

在北京举行"一带一路"峰会之际，波兰科学院学者安纳斯塔斯·万戈力（Anastas Vangeli）认为，"一带一路"是中国寻求全球主导地位的一种手段。这一概念带有显著的中国特色，是一种增量、引导性的和带有试验主义特性的倡议。"一带一路"并非一个单一的项目，尽管起步阶段它主要围绕亚洲、欧洲和非洲部分地区，但随着北京"一带一路"国际合作高峰论坛会的召开，"一带一路"已经成为一项真正意义上的全球性倡议，其规模是第二次世界大战后"马歇尔计划"的七倍。中国决策者从本国的改革开放重新寻求力量来源，国家将成为最为重要的推动居民富裕的力量，而市场是实现这一目标的主要工具。甚至还有学者提出"国家新自由主义"（state neoliberalism），以区别于西方倡导的"市场新自由主义"。作为推动新型全球化的工具，"一带一路"能否建成还取决于中国与欧盟以及印度的关系。③

俄罗斯也出现了一种将"一带一路"视作中国特色全球化的声音。俄罗斯科学院世界经济与国际关系研究所刊物于2018年年初发

---

① Alek Change, "The Belt and Road Initiative and the Future of Globalization", October 31, 2017, https：//thediplomat. com/2017/10/the-belt-and-road-initiative-and-the-future-of-globalization/.

② "The Belt and Road Initiative：Globalization, China Style", April 2018, https：//www. nomuraconnects. com/focused-thinking-posts/the-belt-and-road-initiative-globalisation-china-style/.

③ Anastas Vangeli, "Is China the Potential Driver of a New Wave of Globalization？" May 27, 2017, https：//thewire. in/world/china-potential-globalisation.

表了一篇重要文章《一带一路：全球化的中国方式？》。该文认为，包容性全球化已经成为一种新的意识形态，"一带一路"能否成功将取决于它能否将发展中国家带入工业化并减少全球不平等。中国引领的工业化已经改变了全球许多产业的面貌，而这将成为新阶段全球化的主要推动力。①

2017年5月，在北京举办首届"一带一路"高峰论坛之际，中国官方和智库学者的一个重要共识是，"一带一路"与全球化之间存在内在联系，中国将主动推进更富公正、包容和普惠特色的新型全球化。2017年5月，中国社会科学院牵头的一部专著认为，"一带一路"是"新型全球化的新长征"。② 同月，全国人大外事委员会副主任委员、中国社科院蓝迪国际智库项目专家委员会主席赵白鸽认为，"一带一路"倡议正在引领人类的第四次全球化——新型全球化。③ 而全国人大财经委员会副主任委员、民建中央副主席、武汉大学战略管理研究院院长辜胜阻认为，"一带一路"是新型全球化的重要引擎。④ 2017年5月，中国人民大学教授王义桅在《求是》发表《"一带一路"开创包容联动共享的新型全球化》，他认为"一带一路"从理念到实践正在扬弃传统全球化，其方向不是单向度而是包容性全球化，特点不是资本全球化而是实体经济全球化，路径不是规则导向而是发展导向的全球化，目标不是竞争型而是共享型全球化，从而开创更有活力、更加包容、更可持续的新型全球化。⑤ 在2017年6月发表的学术论文《"一带一路"、新型全球化与大国关系》中，笔者也认为，中国和"一带一路"相关国家可以推动以基

---

① Chubarov L., and Kalashnikov D., "Belt and Road Initiative: Globalization Chinese Way?" *Mirovaya ekonomika i mezhdunarodnye otnosheniya*, 2018, Vol. 62, No. 1, pp. 25 – 33, https：//www.imemo.ru/en/jour/meimo/index.php? page_ id = 685&id = 8407&jid = 8396&jj = 49.
② 王伟光主编：《"一带一路"：新型全球化的新长征》，中国社会科学出版社2017年版。
③ 赵白鸽：《"一带一路"引领新型全球化》，《人民日报》2017年5月9日。
④ 辜胜阻：《"一带一路"是新型全球化重大引擎》，人民网，2017年5月17日，http：//theory.people.com.cn/n1/2017/0517/c148980 – 29281645.html。
⑤ 王义桅：《"一带一路"开创包容联动共享的新型全球化》，中国共产党新闻网，2017年5月16日，http：//theory.people.com.cn/n1/2017/0516/c40531 – 29279172.html。

础设施建设、制造业为核心的工业化和发展中国家合作为主要内容的新型全球化。①

## 二 中国学术界研究"一带一路"的范式

2013年秋季，习近平主席在出访哈萨克斯坦和印度尼西亚时分别提出了"丝绸之路经济带"和"21世纪海上丝绸之路"的倡议。2014年5月，在上海举行的亚洲相互协作与信任措施会议第四次峰会上，习近平主席第一次提出"中国将同各国一道，加快推进丝绸之路经济带和21世纪海上丝绸之路建设，更加深入参与区域合作进程，推动亚洲发展和安全相互促进、相得益彰"。② 这是习近平主席第一次将两个倡议合在一起表达。2014年6月5日，在北京举行中阿合作论坛第六届部长会议时，习近平主席提出"'一带一路'是互利共赢之路，将带动各国经济更加紧密结合起来，推动各国基础设施建设和提质机制创新，创造新的经济和就业增长点，增强各国经济内生动力和抗风险能力"。③ 这是习近平主席第一次使用简化的"一带一路"来表述两大倡议。

用"一带一路"囊括"丝绸之路经济带"或者"21世纪海上丝绸之路"对中国学术界的研究也有很大影响，这本身就意味着一种观念和视野上的变化，也可以说是一种范式性的转变。自2014年以后，如图5-1所示，学者开始普遍使用"一带一路"，而不是2013年以及2014年上半年的"丝绸之路经济带"或者"21世纪海上丝绸之路"的表述。截至2019年1月初，CNKI中以"丝绸之路"为篇名的文献共有11668篇，而以"一带一路"为篇名的文献多达29879篇。从CNKI可以进一步获知，"丝绸之路"的表述最早是1971年就

---

① 钟飞腾：《"一带一路"、新型全球化与大国关系》，《外交评论》2017年第3期。
② 习近平：《积极树立亚洲安全观，共创安全合作新局面》，载习近平《习近平谈"一带一路"》，中央文献出版社2018年版，第29页。
③ 习近平：《弘扬丝路精神，深化中阿合作》，载习近平《习近平谈"一带一路"》，中央文献出版社2018年版，第35页。

有的。① 1978年《国外社会科学》杂志翻译了日本早稻田大学丝绸之路研究专家长泽和俊关于日本学术界研究"丝绸之路"的概况，该文认为，丝绸之路研究在日本属于历史学中的中亚史和中西交通史研究，在古代是以草原为中心的，到了中世纪则是以欧亚大陆为中心的，近代则是以海路为中心。长泽和俊还特意强调，战后日本复活"丝绸之路"，是因为1964年东京奥运会火炬传递是沿着"丝绸之路"进行所造成的。② 1980年2月，中央电视台和日本广播协会联合拍摄的纪录片《丝绸之路》完工，引起了世界的巨大反响，该纪录片的拍摄范围包括陕西、甘肃、内蒙古和新疆，以及中国、美国、英国、法国、意大利、德意志联邦等六国。③ 1984年8—9月，新华社主办的《瞭望》周刊首次就"海上丝绸之路"刊发了一组10篇文章。④ 从20世纪80年代中后期到90年代前期，不断有学者提出要"重开丝绸之路"、"振兴现代丝绸之路"、"开辟空中丝绸之路"和发现"草原丝绸之路"。⑤ 从这个意义上说，丝绸之路的复兴也与中国的改革开放联系在一起，是中国积极参与全球化的产物。

如图5-1所示，CNKI发表的"丝绸之路"为篇名的文献，在20世纪80年代每年平均保持在15篇左右，20世纪90年代上升至年均约45篇，21世纪第一个十年则是年均约100篇。2013年突然增加至400篇，到了2014年更是增加至1900篇。同样，"一带一路"这样的新名词在学术界的使用也是最近的事情，2014年约有350篇，

---

① 新疆维吾尔自治区博物馆、出土文物展览工作组：《"丝绸之路"上新发现的汉唐织物》，《文物》1972年第3期。
② ［日］长泽和俊：《"丝绸之路"研究的回顾与展望》，《国外社会科学》1978年第5期。
③ 裴玉章：《从〈丝绸之路〉谈日本系列电视片的制作》，《新闻大学》1981年第1期。
④ 陈炎：《〈海上丝绸之路〉（一）"丝绸之路"由陆地转向海洋》，《瞭望》1984年第36期。
⑤ 郭洪纪：《关于重开丝绸之路的探讨》，《青海社会科学》1986年第3期；《开辟欧亚大陆桥 振兴现代丝绸之路——陇海—兰新经济研究促进会成立大会暨发展战略讨论会简述》，《开发研究》1987年第2期；单元庄、王欣、朱俊宏：《开辟"空中丝绸之路"——振兴西部经济与航空工业的战略设想》，《人文杂志》1991年第2期；王兆麟：《架设"空中丝绸之路"——加速西北地区对外开放的新思路》，《中国经济体制改革》1991年第8期；卢明辉：《"草原丝绸之路"——亚欧大陆草原通道与中原地区的经济交流》，《内蒙古社会科学》（文史哲版）1993年第3期。

2015 年即增长至约 5400 篇。这种迅猛而高速的增长依托于国家顶层设计支撑。不过，图 5-1 也表明，"一带一路"研究正在转入一个新的阶段，证据之一是 2018 年的研究篇数已经要比 2017 年下降了。这既是对前一阶段热度的消化，也是对下一阶段深化研究的一种准备。

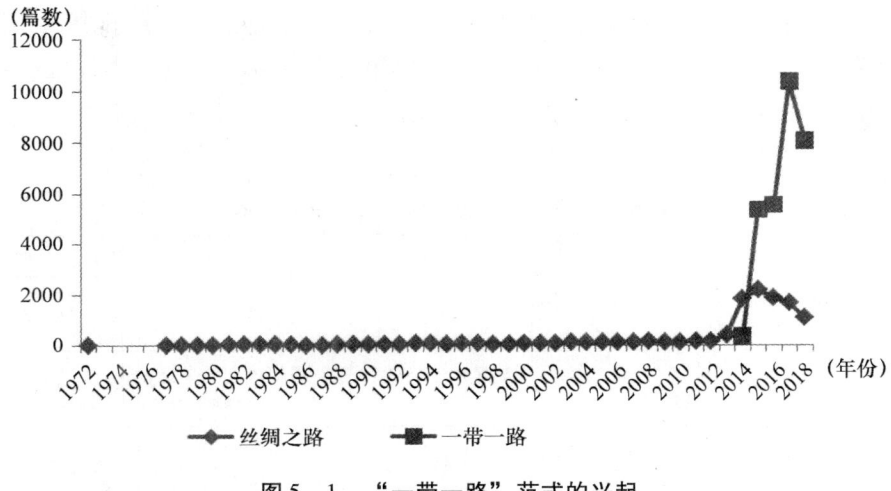

**图 5-1　"一带一路"范式的兴起**

资料来源：中国知网（CNKI）。

截至 2018 年 10 月，在清华知网（CNKI）数据库中，以"一带一路"为主题查询，结果显示 68227 条信息。其中，2013 年只有 2 篇，2017 年文章数量最多达到 24695 篇，占总量的 36.2%。在过去十几年中，似乎还没有哪一个概念和现象引起过这么广泛的关注，调动了这么多的国内和国际行为体。显然，这种快速兴起背后难以避免会出现一些泡沫，但是"一带一路"研究兴起已经是一个需要进行分析的对象。由于文章很多，总是要挑选一些有代表性的文献。2015 年 3 月，在亚洲博鳌论坛举行之际，国家发展改革委、外交部和商务部联合发布了《推动共建丝绸之路经济带和 21 世纪海上丝绸之路的愿景与行动》文件，标志着中国政府的"一带一路"倡议进入规划落实阶段。截至 2018 年 10 月，该文件在 CNKI 的被引用次数达到 89 次。CNKI 数据还表明，有关"一带一路"研究性文献中，被引用数量超过该文献的共有32篇（参见表5-1）。

一定程度上，这些文献代表了当前中国学术界对"一带一路"研究的成果以及社会舆论的关注点。这33篇文献的总被引用次数超过6000次，总下载率超过60万次。从发表时间看，10篇发表于2014年，19篇发表于2015年，4篇发表于2016年。在这33篇文章中，除11篇之外，下载率都在10000次以上，这表明这些文章都属于高度关注的内容。立足于这些样本，从国际关系学科的视角，可以试着分析中国的"一带一路"研究是否出现了某种范式性的转变。

表5-1　　　　中国学者研究"一带一路"的代表性文献　　　　单位：次

| 序号 | 题目 | 作者 | 来源 | 被引 | 下载 |
| --- | --- | --- | --- | --- | --- |
| 1 | 《"一带一路"战略的科学内涵与科学问题》 | 刘卫东 | 《地理科学进展》 | 571 | 67036 |
| 2 | 《"丝绸之路经济带"：战略内涵、定位和实现路径》 | 胡鞍钢、马伟、鄢一龙 | 《新疆师范大学学报》（哲学社会科学版） | 565 | 15416 |
| 3 | 《"一带一路"建设的国家战略分析》 | 袁新涛 | 《理论月刊》 | 432 | 42812 |
| 4 | 《国际区域经济合作新形势与我国"一带一路"合作战略》 | 申现杰、肖金成 | 《宏观经济研究》 | 404 | 35027 |
| 5 | 《中国与"一带一路"沿线国家贸易格局及其经济贡献》 | 邹嘉龄、刘春腊、尹国庆、唐志鹏 | 《地理科学进展》 | 314 | 42613 |
| 6 | 《"一带一路"战略的人才支撑与教育路径》 | 周谷平、阚阅 | 《教育研究》 | 250 | 16637 |
| 7 | 《"一带一路"：中国的马歇尔计划？》 | 金玲 | 《国际问题研究》 | 206 | 38196 |
| 8 | 《"一带一路"与中国地缘政治经济战略的重构》 | 李晓、李俊久 | 《世界经济与政治》 | 204 | 42090 |
| 9 | 《"一带一路"：中华民族复兴的地缘大战略》 | 杜德斌、马亚华 | 《地理研究》 | 187 | 29066 |
| 10 | 《"一带一路"国家的贸易便利化水平测算与贸易潜力研究》 | 孔庆峰、董虹蔚 | 《国际贸易问题》 | 181 | 14986 |
| 11 | 《中国对"一带一路"沿线直接投资空间格局》 | 郑蕾、刘志高 | 《地理科学进展》 | 175 | 13766 |

续表

| 序号 | 题目 | 作者 | 来源 | 被引 | 下载 |
|---|---|---|---|---|---|
| 12 | 《中国与西亚地区贸易合作的竞争性和互补性研究——以"一带一路"战略为背景》 | 韩永辉、罗晓斐、邹建华 | 《世界经济研究》 | 175 | 10227 |
| 13 | 《印度对"一带一路"的认知及中国的政策选择》 | 林民旺 | 《世界经济与政治》 | 151 | 18874 |
| 14 | 《为什么是中国?——"一带一路"的经济逻辑》 | 卢锋、李昕、李双双、姜志霄、张杰平 | 《国际经济评论》 | 148 | 19390 |
| 15 | 《"一带一路"战略对中国国土开发空间格局的影响》 | 刘慧、叶尔肯·吾扎提、王成龙 | 《地理科学进展》 | 148 | 27333 |
| 16 | 《中国"一带一路"战略定位的三个问题》 | 储殷、高远 | 《国际经济评论》 | 146 | 26285 |
| 17 | 《"一带一路"战略面临的障碍与对策》 | 何茂春、张冀兵、张雅芃、田斌 | 《新疆师范大学学报》（哲学社会科学版） | 133 | 19668 |
| 18 | 《中国与"一带一路"沿线国家贸易的商品格局》 | 公丕萍、宋周莺、刘卫东 | 《地理科学进展》 | 129 | 9870 |
| 19 | 《"一带一路"：跨境次区域合作理论研究的新进路》 | 柳思思 | 《南亚研究》 | 123 | 5968 |
| 20 | 《公共产品视角下的"一带一路"》 | 黄河 | 《世界经济与政治》 | 120 | 11799 |
| 21 | 《"一带一路"建设与国家教育新使命》 | 瞿振元 | 《光明日报》 | 115 | 1646 |
| 22 | 《"一带一路"战略的安全挑战与中国的选择》 | 刘海泉 | 《太平洋学报》 | 115 | 9623 |
| 23 | 《一带一路战略区电子商务新常态模式探索》 | 王娟娟、秦炜 | 《中国流通经济》 | 109 | 9948 |
| 24 | 《"一带一路"国家战略的国际经济效应研究——基于CGE模型的分析》 | 陈虹、杨成玉 | 《国际贸易问题》 | 106 | 8885 |
| 25 | 《全面提升"一带一路"战略发展水平》 | 张茉楠 | 《宏观经济管理》 | 105 | 8817 |
| 26 | 《"一带一路"区域能源合作中的大国因素及应对策略》 | 杨晨曦 | 《新视野》 | 98 | 10261 |
| 27 | 《美国对中国"一带一路"倡议的认知与反应》 | 马建英 | 《世界经济与政治》 | 96 | 10475 |
| 28 | 《"一带一路"战略与全球经贸格局重构》 | 李丹、崔日明 | 《经济学家》 | 95 | 10250 |

续表

| 序号 | 题目 | 作者 | 来源 | 被引 | 下载 |
|---|---|---|---|---|---|
| 29 | 《"一带一路"与中国出口贸易：基于贸易便利化视角》 | 张晓静、李梁 | 《亚太经济》 | 95 | 7231 |
| 30 | 《构建"一带一路"需要优先处理的关系》 | 李向阳 | 《国际经济评论》 | 94 | 10681 |
| 31 | 《"一带一路"沿线直接投资分布与挑战应对》 | 周五七 | 《改革》 | 93 | 5668 |
| 32 | 《"一带一路"建设的语言需求及服务对策》 | 赵世举 | 《云南师范大学学报》（哲学社会科学版） | 89 | 5294 |
| 33 | 《推动共建丝绸之路经济带和21世纪海上丝绸之路的愿景与行动》 | 国家发展改革委、外交部、商务部 | 《人民日报》 | 89 | 2068 |

资料来源：笔者根据中国知网（CNKI）数据库整理，数据截至2018年10月。

上述32篇文献的第一作者所在单位分布在全国11个省市。其中在北京的共有18位，占32篇的近53%。上海有3位，广东和湖北各两位，吉林、辽宁、山东、江苏、浙江、甘肃和陕西各1位。这一分布的特性体现出很强的政治性。从美国的经验来看，政治学博士获得者一般聚集在华盛顿，而经济学博士学位获得者的分布性较为广泛。以此类比推断，中国"一带一路"研究是一项政治性很强的研究，其学科属性更接近于政治学和国际问题研究，而不是经济学。以北京来看，第一作者单位出现次数最多的，是中国科学院地理科学与资源研究所以及隶属于该所的中国科学院区域可持续发展分析与模拟重点实验室，一共5篇。

从32篇文献发表的刊物来看，由中国科学院地理科学与资源研究所和中国地理学会主办的综合性地理学月刊《地理科学进展》发表5篇，由中国社会科学院世界经济与政治研究所主办的《世界经济与政治》发表4篇、《国际经济评论》发表3篇，《新疆师范大学学报》和《国际贸易问题》各发表2篇，其余18篇分别发表在不同刊物上。因此，从机构来看，中国科学院和中国社会科学院在推进"一带一路"研究方面扮演了引领性角色。

依据被引用和下载率，我们还可以进一步缩小样本文章，选择更具典型性和影响力的文献。32 篇文献的平均被引用次数为 187 次，平均下载率为 18932 次。表 5 - 1 中满足这两个标准之一的文章共有 9 篇。其中，只有 2 篇发表在传统的国际问题研究刊物上，分别是中国国际问题研究院金玲发表在本院刊物《国际问题研究》上的《"一带一路"：中国的马歇尔计划？》，吉林大学经济学院李晓和李俊久发表于《世界经济与政治》的《"一带一路"与中国地缘政治经济战略的重构》。而其余 6 篇代表性文献发表的刊物已经超出国际问题研究传统范式的范畴，其中，《地理科学进展》属于地理学，在中国的学术分类中属于理科，而不是社会科学。《新疆师范大学学报》和湖北省社会科学联合会主办的《理论月刊》都是综合性学术刊物，而不是专业性刊物。《宏观经济研究》月刊是国家发展和改革委员会宏观经济研究院主办的专业性学术经济理论刊物。《教育研究》的主办单位为中国教育科学研究院。因此，从上述 9 篇文献发表的刊物来看，按照国家社科基金定义的一级学科，包括了国际问题研究、经济学和教育学三大哲学社会科学学科，另外包括国家自然科学基金的地理学。

引用率超过 500 次的两篇文献，分别是中国科学院地理与资源研究所的刘卫东撰写的《"一带一路"战略的科学内涵与科学问题》，清华大学胡鞍钢领衔撰写的《"丝绸之路经济带"：战略内涵、定位和实现路径》。显然，这两篇文章的学科定位并非一目了然，而且都属于对"一带一路"内涵的界定。事实上，这两篇文章的引用率之所以这么高，一定程度上也反映出目前多数人的困惑，即"一带一路"到底是什么？刘卫东在 2015 年发表的这篇重要文章中认为，"一带一路"倡议包含诸多地理学命题；或者说，"一带一路"本身就是典型的地理学命题。从地缘政治到国别地理，从运输的空间组织到贸易的空间差异，从尺度间关联到地区间联系，从区域影响到空间结构，从资源环境基础到治理结构差异，都是"一带一路"建设必须关注的科学问题。正因如此，地理学者从"一带一路"倡议提出开始就积极参与有关研究工作，为政府决策提供了科学支撑。2017 年北京举行"一带一路"高峰论坛之后，相关各方对"一带一路"的认识更加明确。按照论坛签署的联合公报，"一带一路"被定义为推动各国实现开放、包容和普惠的全球化。在刘卫东于2017年9月出版的专著中，"一带一路"的精髓被总结为"包容性全球化"。① 包容性全球化的核心是超越新自由主义范式下的全球化，也就是目前美国特朗普政府也在反对的全球化。

胡鞍钢等在《"丝绸之路经济带"：战略内涵、定位和实现路径》一文中认为，"丝绸之路经济带"是在古代丝绸之路概念基础上形成的当代经贸合作升级版，被认为是世界上最长、最具有发展潜力的经济大走廊。"丝绸之路经济带"具有从消极性战略防御到主动性战略进取、从单一性边疆安全到多维度安全合作以及从内政外交相分离到内政外交一体化等三大特征。显然，这样一种表述既有传统国际研究学科的底色，又有所不同。这种情形与20世纪80年代"全球化"作为一种研究范式的传播路径几乎是一样的。

"一带一路"的显著特征是基础设施建设，国际社会围绕这个有很大争论，争论背后反映出规则和知识体系的差别。与20世纪80年代因石油美元回流美国，继而美国银行贷款给拉美，并引发拉美债务危机不同，这次的逻辑是放在中国兴起背景下展开的竞争。因此，硬件的基础设施问题成为大国竞争的重要内容，在国际关系学科兴起之后，几乎所有传统的国际关系理论对这项内容缺乏理论性分析，只有传统的地缘政治学有一些分析。第二次世界大战后，对基础设施的分析曾经在发展经济学中有过一些成果。迄今为止，有关基础设施建设最富影响力的研究是亚洲开发银行做出的。在有关亚洲基础设施建设资金缺口方面，被广泛引用的两份亚行报告，尤其后一份报告，将所需资金额度提高了，这既是对"一带一路"的肯定，也将基础设施建设再度提到国际前沿。

## 三 英美霸权与两次全球化

国际学术界的一项共识认为，全球化一词最核心的含义是经济一

---

① 刘卫东：《一带一路：引领包容性全球化》，商务印书馆2017年版。

体化，各国之间的经济往来越来越密切。就此含义而言，当前我们所使用的"全球化"一词，最早是哈佛商学院教授西奥多·莱维特（Theodore Levitt）在 1983 年 5 月号《哈佛商业评论》上的《市场的全球化》中加以使用。莱维特判断，在技术进一步推动下，标准化消费产品的全球市场即将形成。① 随后西方世界对全球化的研究进展相当快。到了冷战结束初期，大量刊物开始刊发以"全球化"为主题的文献，例如 1993 年《印第安纳全球法律研究》创刊号刊发的《法律的全球化》一文认为，"我们如今站在美国公共法研究史的分水岭关口"。时隔 25 年后，杂志专门组织了一期专刊讨论全球化对未来 25 年美国法律研究的影响。②

冷战结束后，西方学术界有关全球化研究迅速发展的情形，非常类似于 2014 年以来中文世界对"一带一路"的研究。例如，最近有德国与美国的两位人类学学者合作写了一本《史前时期的全球化》，通过案例研究古代世界的社会和文化的关联性，在此意义上全球化表示的是不同地区之间联系的深化。③ 还有的学者将冷战解读为全球经济塑造的经济斗争。④ 传统观点认为，苏联代表了一个平行于自由世界经济的另一种社会经济结构。但作者认为，作为一个中等收入国家，苏联也不可避免地卷入了全球性经济力量，和世界上的其他国家一起，也受到了 20 世纪 30 年代大萧条的影响。因此，将冷战描述为超级大国在两极世界中的博弈是不完整的，苏联远不是世界中的经济强大力量，苏联只是向富裕世界提供能源，依赖于能源，是南方国家的次优合作伙伴。

---

① Theodore Levitt, "The Globalization of Markets", *Harvard Business Review*, May 1983, https://hbr.org/1983/05/the-globalization-of-markets.

② Matin Shapiro, "The Globalization of Law", *Indiana Journal of Global Legal Studies*, Vol. 1, No. 1; Symposium: The Globalization of Law, Politics, and Markets: Implications for Domestic Law Reform (Fall, 1993), pp. 37 – 64; Aflred C. Aman, Jr., "Introduction: Globalization: The Next 25 Years", *Indiana Journal of Global Legal Studies*, Vol. 25, No. 2, 2018, pp. 565 – 567.

③ Nicole Boivin and Michael D. Frachetti, *Globalization in Prehistory: Contact, Exchange, and the "People Without History"*, Cambridge University Press, 2018.

④ Oscar Sanchez-Sibony, *Red Globalization: The Political Economy of the Soviet Cold War from Stalin to Khrushchev*, Cambridge University Press, 2016.

西方世界的精英推动全球化，但其他国家甚至发达国家的中下层并不感到全球化都有利于他们。1997年东亚金融危机爆发后，参与国际学术交流的发展中国家学术界发现，全球化研究本身并非全球性的，大部分有关全球化的研究集中在经合组织国家，而不是由发展中国家完成的。原因之一是，世界银行和国际货币基金组织（IMF）等推动了新自由主义特色的这一轮全球化，但并非完全适合发展中国家。① 面对世界性的反全球化运动，2003年年初，花旗集团负责人、后来担任IMF总裁的斯坦利·费希尔（Stanley Fischer）在著名的"理查德·伊利讲座"中阐述了全球化面临的挑战，但其总体结论仍然是：融入全球经济是一国取得经济增长的必要条件，全球增长主要由工业化国家决定，工业化国家对全球化的态度对未来全球经济是至关重要的。② 显然，这个观点在今天尤其适用，因为发达国家正在退出或者说重组全球化，由此带来了世界经济规则和格局的变化，发达国家的力量尽管有所下降，但按照市场汇率计算，其GDP仍占世界总额的60%左右。

在这篇重要的演讲中，费希尔还提到了一些对理解全球化和"一带一路"颇为有用的数据。据悉，《纽约时报》在20世纪70年代的报道中从未用过"全球化"一词，到了80年代，出现频率也低于每周一次，20世纪90年代前半期，每周出现的频率也不足2次，90年代后半期不足每周3次。进入21世纪以后，全球化这个词才迅速增多。有关全球化的学理性研究也在21世纪以后逐渐丰富和成熟。从这个意义上说，尽管全球化是20世纪80年代才新发明的词，但是也可以用来研究历史上的事件，事实上大量的文献所涉及的年代早就越过20世纪80年代，回溯的时间甚至达到数百年。这一道理同样适用于

---

① James H. Mittelman, "Globalization: Captors and Captive", Third World Quarterly, Vol. 21, No. 6, Capturing Globalization, 2000, pp. 917 – 929.

② Stanley Fischer, "Globalization and Its Challenges", The American Economic Review, Vol. 93, No. 2, Papers and Proceedings of the One Hundred Fifteenth Annual Meeting of the American Economic Association, Washington, D. C., January 3 – 5, 2003 (May, 2003), pp. 1 – 30. 费希尔在进行这场演讲之前，曾于1988—1990年担任世行首席经济学家、1994—2001年担任IMF副总裁，在此之后更是担任过以色列央行行长、美联储副主席，其观点也代表了西方世界的主流观点。

"一带一路",尽管"一带一路"是 2014 年以后才有的一个新词,但就其互联互通的本意来看,与全球化有异曲同工之妙,人们也可以用"一带一路"或者说"一带一路"精神来重新讨论历史的发展动力。

### (一) 霸权与全球化的起点

尽管对全球化的非议从未间断,但相关研究一直在深化。一方面,经济史学者追踪各国、各个区域展开交流的历史,将 20 世纪 80 年代以来各国之间相互依赖加深的现象与历史上的状态进行比较,从而得出了历史上发生了若干次"全球化"的结论。

世界史学者、世界体系论学者认为全球化的历史非常久远。在 2002 年发表的《全球化何时开始?》一文中,出生于 1935 年的经济学史学家杰弗里·威廉姆森（Jeffrey Williamson）及其合作者给出了颇具代表性的世界史学界的论述,比如全球史学者冈德·弗兰克、杰里·本特利等认为,全球化起源于哥伦布的大航海时代。最近也有两位荷兰学者认为,全球化起源于 1500 年。在《全球化的起源:世界贸易与 1500—1800 年的世界经济》一书中,荷兰学者认为全球性交换网络起源于 15 世纪后期,特别是哥伦布航海时期和达伽马时期。船只、人、金钱和商品的全球流动已经越来越显著,生产和分配对人口、福利和国家形成以及长期的经济增长有很大影响。[1]

而与弗兰克同时代的其他学者,如世界体系论学者珍妮特·阿布卢格霍德（Janet Abu-Lughod）则认为全球化要早于 1500 年。在 1989 年出版的《欧洲霸权之前:1250—1350 年的世界体系》一书中,珍妮特认为远在 1350 年之前的一百年也可以算作全球化,从中国到欧洲西北部存在着国际性的贸易经济,其基础是"蒙古治下的和平"（Pax Mongolica）。[2] 珍妮特并没有试图将这个百年的国际经济联系水

---

[1] Pim de Zwart and Jan Luiten van Zanden, *The Origins of Globalization: World Trade in the Making of the Global Economy, 1500–1800*, Cambridge: Cambridge University Press, 2019.

[2] Janet Abu-Lughod, *Before European Hegemony: The World System A. D. 1250–1350*, New York and London: Oxford University Press, 1989. 转引自 Kevin H. O'Rourke and Jeffrey G. Willianmson, "When Did Globalization Begin?" *European Review of Economic History*, Vol. 6, 2002, p. 24。

平与16世纪甚至17世纪的全球经济联系水平相提并论，她强调的是通过核心区联系起来的跨洲贸易。当时这个世界体系有3—4个核心区，第一个是占据战略性区位的中东，第二个是蒙古占领的中亚，当时已被并入中国，第三个是印度洋，第四个勉强算作核心区的是西欧的一些城市。在这一时期，核心的原因是元朝将中亚纳入元朝版图，而且中国商船控制了印度洋。导致这一体系崩溃的主要原因是1330年前后欧洲暴发的黑死病，不仅让贸易沿线城市人口锐减，而且导致蒙古骑兵战斗力下降，最终引发了农民起义。明朝建立之后，中亚脱离了中国的版图，进一步摧毁了这一体系。珍妮特甚至认为，明朝逐渐退出印度洋和阿拉伯海，失去了南海的贸易港口，最终导致这一体系彻底瓦解。① 1991年，中国青年学者张来仪在其硕士学位论文基础上发表了《蒙古帝国与丝绸之路的复兴》一文，认为蒙古在其征服地区广泛修建道路和桥梁，设立驿站，保护商路，确保了东西方交通畅行无阻，有利于商业贸易繁荣发展。他进而认为，"蒙古帝国时期，东西方政治、经济、文化上的联系超过历史上其他任何时期。特别是蒙古帝国时期丝绸之路的复兴更是世界历史上的一件大事"。②

将全球化的起点界定在1820年，而不是1500年甚至更早，是威廉姆森及其合作者最富影响力的观点之一，与世界史学者坚持认为全球化可以追溯更远不同，威廉姆森运用价格趋同这一视角，得出了真正意义上的全球化是一项19世纪以来的现象。用威廉姆森的话说"全球化并非始于5000年前，甚至500年前。它是从19世纪开始的。就此而言，它是非常现代的一个现象。"③ 威廉姆森所定义的全球化的特点在于商品贸易价格趋同，而不是很多学者使用的贸易量占GDP比重，这一视角使其研究独具特色，并且有助于区别和其他经济史的研究。威廉姆森认为1820—1914年是第一次全球化时期，第二次世

---

① Janet Abu-Lughod, "Restructing the Premodern World-System", *Review* (Fernand Braudel Center), Vol. 13, No. 2, 1990, pp. 273 – 286.
② 张来仪:《蒙古帝国与丝绸之路的复兴》,《甘肃社会科学》1991年第6期。
③ Kevin H. O'Rourke and Jeffrey G. Willianmson, "When Did Globalization Begin?" *European Review of Economic History*, Vol. 6, 2002, p. 47.

界大战以来则属于第二次全球化时期。而且，威廉姆森认为，第一次全球化等同于"英国治下的和平"，第二次则主要源于美国的领导。[①]尽管珍妮特与威廉姆森在全球化的水平上有不同观点，但两者的共通之处在于承认霸权与世界性经济的关联性。这一结论对理解当前的全球经济颇有助益，也有助于我们理解为什么美国经常从地缘政治的视角看待"一带一路"。

与世界历史学家、社会学家不同，经济学家偏向于认为全球化的起步是19世纪的现象，而且越是新生代学者，越倾向于将全球化界定为19世纪后半期的现象。出生于1954年的杰弗里·萨克斯（Jeffrey D. Sachs）在2000年的一篇重要文章《全球化与经济发展的模式》中，依据麦迪森整理的世界人均GDP增速，认为历史上有过两次较为长期的全球化，第一次大约是1870—1914年间的44年，第二次是1950—2000年。在第一次全球化中，世界人均GDP增速为年均1.3%；第二次全球化时期，1950—1992年的世界人均GDP年均增速达到2.1%。在此之间的1913—1950年间，世界人均GDP年均增速为0.9%。在第一次全球化之前的1820—1870年间，世界人均GDP增速为0.6%。[②]

萨克斯还认为，人均GDP增速快的时期也是全球贸易增速最快的一个阶段。威廉姆森后来也采用人均GDP增速作为判断全球化水平的标准，其原始数据同样来自麦迪森。不过，需要注意的是，在威廉姆森所定义的第一个百年中，1820—1870年间人均GDP增速超过1%的主要是西欧国家和英语系国家，只有到了1870—1913年这个阶段，外围国家未加权的人均GDP才接近于1%，其中拉美、东亚（不包括中国）以及欧洲外围地区都高于1%。[③] 因此，总体而言，把19世纪后半段到20世纪初期界定为第一次全球化更准确一些。进一步

---

① Jeffrey G. Williamson, "Winners and Losers over Two Centuries of Globalization", in UNU-WIDER, ed., *Wider Perspectives on Global Development*, New York: United Nations University, 2005, pp. 136–174.

② Jeffrey D. Sachs, "Globalization and Patterns of Economic Development", *Weltwirtschaftliches Archiv*, Bd. 136, H. 4, 2000, p. 579.

③ ［美］杰弗瑞·G. 威廉姆森：《贸易与贫穷——第三世界何时落后》，符大海、张莹译，中国人民大学出版社2016年版，第3—7页。

而言，只要世界人均 GDP 增速高于 1% 就可以定义为全球化，在地区层面同样可以采用 1% 作为研判全球化门槛的标准。

如图 5-2 所示，世界银行数据显示，自 20 世纪 60 年代初以来，世界人均 GDP 增速总体上呈下降态势。1961—1992 年世界人均 GDP 年均增速为 2.1%，1992—2007 年世界人均 GDP 增速为 1.8%，2008—2017 年世界人均 GDP 年均增速为 1.2%。20 世纪 90 年代以来世界人均 GDP 年均增速低于 1950—1992 年的平均水平，采用萨克斯设定的全球化时期人均 GDP 增速标准，那么 2008 年国际金融危机以来的全球化水平比第一次全球化时期还低 0.1 个百分点，仅比 1913—1950 年高出 0.3 个百分点。不言而喻，如果说我们仍处在全球化时期，那么目前阶段的全球化也进入一个低潮期。当然，如果不计入 2009 年世界人均 GDP 负增长情况，那么 2010—2017 年世界人均 GDP 年均增速仍可以达到 1.8%，为冷战结束后至 2008 年国际金融危机爆发前的平均水平。

新的情况是贸易增速大幅度下降，1984—2007 年，世界贸易量增速年均接近 6.9%；而 2008—2018 年，世界贸易量年均增速为 3.4%，大约为前一个时期的一半。1984—2007 年，世界 GDP 年均增速略高于 3.2%，2008—2017 年，世界 GDP 年均增速只有 2.3%。不过，威廉姆森整理的历史数据表明，在 1913 年前的 60 年中，世界贸易年均增速也只有 3.8%，而发达国家 GDP 年均增速为 2.4%。[1] 因此，与第一次全球化相比，2008 年以来的全球化不算太差。按照 IMF 预测，2018—2023 年间，世界 GDP 年均增速预计为 2.9%。鉴于 2009 年世界 GDP 增速为 -2.0%，其他年份都是正增长，从统计上剔除这一年的特殊情况，那么整体上 2008—2017 年世界 GDP 增速可达到 2.8%，比前一个时期低 0.4 个百分点。因此，在 2008 年国际金融危机之后，全球化发展的确进入一个低速期，但贸易增速略低于 19 世纪后期的第一次全球化，而 GDP 增速却高于第一次全球化时期。

---

[1] ［美］杰弗瑞·G. 威廉姆森：《贸易与贫穷——第三世界何时落后》，符大海、张莹译，中国人民大学出版社 2016 年版，第 21 页。

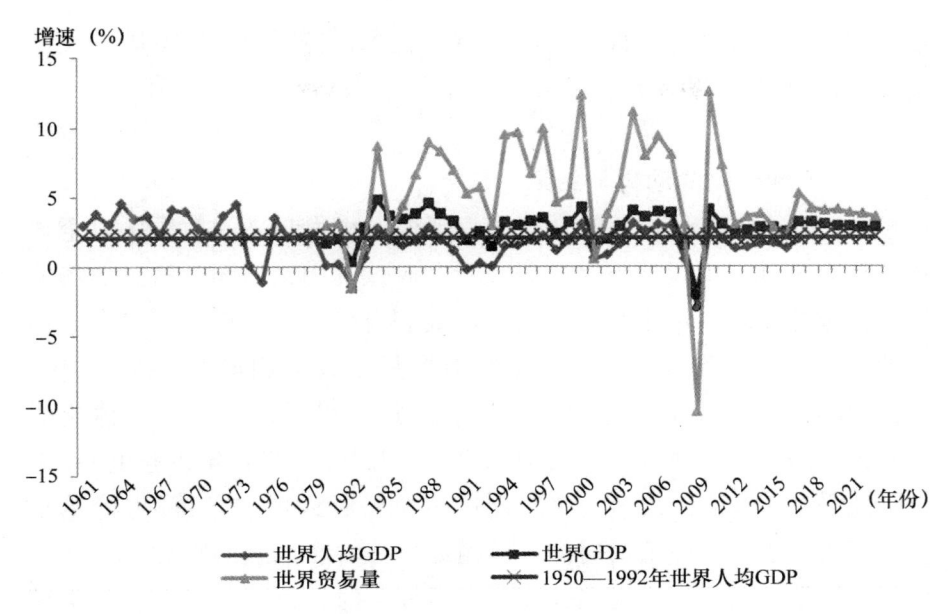

图 5-2　20 世纪 80 年代以来的世界人均 GDP、世界 GDP 与贸易增速

资料来源：IMF，World Economic Outlook Database，October 2018；World Bank，World Development Indicators。

在第一次和第二次全球化时期，引领世界经济增长的主要是发达国家。对此，无论是费希尔还是萨克斯，都是这样的表述。萨克斯的成长阶段与第二次全球化的发展完全契合，本硕博都在哈佛大学完成，28 岁即成为哈佛大学的正教授，是冷战结束后将新自由主义理念移植到东欧的"休克疗法"的主要创建者，曾被发达国家寄予厚望。在《全球化与经济发展的模式》这篇代表性文章中，萨克斯以亚当·斯密在《国富论》中的论述作为他讨论不同国家收益或者受困于全球化的思想线索，并构建了一个分析各国面对全球化时不同命运的框架：国家政策、地缘政治以及国家的地理状况。萨克斯区分五种类型的发展模式：内生型增长、追赶型增长、资源依赖型增长、马尔萨斯型衰落以及经济孤立。其基本结论是：全球化并不能保证发展中国家都能获得快速经济增长。各国的增长还深受地理情况、自然资源以及劳动技能、社会发展和社会制度等因素的影响。对追赶型国家而言，需要得到大量的外部资金的支持。总之，各国要根据本国的发展类型制定政策。

### （二）全球化的动力与结果

另一方面，对最近一轮全球化，则根据积累起来的数据，对全球化的动力及其结果展开更多的研究。在此过程中，不同学科、立场的学者对全球化的看法也有较大差异。威廉姆森认为，在第一次全球化时期，运输成本等贸易壁垒的下降对贸易增长起到最主要的推进作用，1820年以来的第一个百年全球化，推进世界商品市场一体化的所有因素中，交通成本下降可以占2/3，尤其是1870年以来的40年中则几乎是100%；在第二个时期则主要是收入增加导致。[1] 简单来说，当收入水平比较低的时候，运输成本等涉及地理的物理性成本下降发挥最重要的作用，而当收入进一步提高时，收入本身将成为贸易增长的最重要动力。这一点对于我们研判"一带一路"的阶段性目标和任务具有极为重要的意义。由于"一带一路"沿线国家的人均GDP较低，事实上相当于19世纪的西方国家，因此如果要推动"一带一路"沿线国家的贸易增长，目前阶段最为重要的应当是降低交通运输成本，也即推动基础设施建设。

从理论上说，在发展的早期阶段，地理因素是决定性的，而在发展的高级阶段，技术和制度因素更为关键。[2] 发展中国家的主要问题在于基础设施建设落后，而不是贸易投资是否自由化便利化的问题。为此，中国提出了"一带一路"倡议，积极构建新型国际合作平台，推动基础设施建设，强化互联互通，提升发展中国家的一体化水平。而20世纪80年代初发达国家推动的全球化，在发达国家其核心内容事实上主要只是服务业，特别是金融业的超级发展，但我们也看到，

---

[1] Jeffrey G. Williamson, "Winners and Losers over Two Centuries of Globalization", in UNU-WIDER, ed., *Wider Perspectives on Global Development*, New York: United Nations University, 2005, p. 140.

[2] 罗金峰、文一：《地理、制度与人均收入：基于经济发展阶段的考察》，《经济学报》2014年第2期。

这种全球化在发达国家早就受到强烈质疑。之所以如此，在于这种以金融为核心的全球化导致发达国家巨大的贫富差距，使得长期支撑发达国家意识形态基础的"美国梦"破碎。长期以来，美国阶层和谐的一个重要原因是贫富差距将随着经济增长而最终缩小，每个美国人通过自我奋斗都可以获得理想生活。但是，现有研究证实美国梦已经褪色，那种认为下一代必然胜过前一代的期望在美国基本消失了。① 长期以来，世界舆论被美国精英阶层的宣传所迷惑，看到的都是美国的繁荣景象，却不注意美国社会中下层的生活。实际上美国一些地区已经是破败不堪，美国文化也呈现出社会溃败的迹象。②

在 2008 年国际金融危机之后，引起关注的一个重要问题是谁将成为带动全球经济增长的主要国家。之所以如此，是因为多数学者认为第一次全球化和第二次全球化均有一个领导性国家。如果要继续推动全球化向前发展，那么有没有一个国家扮演领导角色可能依然是个重要问题。威廉姆森对第一个全球化世纪的研究表明，西欧当时之所以扮演领导角色，最重要的原因是人均 GDP 增速遥遥领先于其他地区，由此导致 19 世纪成为中心国家与外围国家分化加速的一个时期。1820—1870 年，中心国家的人均 GDP 增速为 1.04%，而外围国家只有 0.19%；1870—1913 年，中心国家的人均 GDP 增速为 1.15%，而外围国家提高至 0.92%。尤其令中国人惊异的是，1820—1913 年这百年中，包括中国在内的东亚的人均 GDP 增速为 0.08%，不包括中国的东亚增速则可以达到 0.73%。尤其是后半段，两种情况下的人均 GDP 增速分别为 0.35% 和 1.23%。③ 由此可见，在第一次全球化时期，中国并不成功，原因之一在于被甩出了全球化。

如表 5-2 所示，1992—2017 年，全世界唯有发展中亚洲缩小了

---

① Raj Chetty et al., "The Fading American Dream: Trends in Absolute Income Mobility since 1940", *Science*, 2017.

② [美] J. D. 万斯：《乡下人的悲歌》，刘晓同、庄逸抒译，江苏凤凰文艺出版社 2017 年版。该书所描绘的美国中下层景象值得研究全球化的人关注。

③ [美] 杰弗瑞·G. 威廉姆森：《贸易与贫穷——第三世界何时落后》，符大海、张莹译，中国人民大学出版社 2016 年版，第 6—7 页。

与北美的差距。1992年,发展中亚洲的人均GDP为850美元,相当于北美的3.4%;2017年,发展中亚洲的人均GDP为5529美元,相当于北美的9.5%。受益于发展中亚洲的崛起,发展中国家人均GDP占北美的比重从1992年的4.4%提升到2017年的8.9%。但与第一全球化时期相比,发展中世界与发达世界的差距被显著扩大了。按照威廉姆森的计算,1700年之前,外围国家人均GDP仅相当于中心国家的56%,1820年外围国家占西欧的比重为50.4%,其中东亚国家人均GDP相当于西欧的48.7%。到了第一次全球化结束的1913年,外围国家人均GDP占西欧的29.0%,其中东亚人均GDP占西欧的17.5%,如果不计算中国,那么占比将上升至34.4%。到1940年,不包括中国在内的东亚,其人均GDP占西欧的比重上升至51.5%,而整个外围国家占西欧的比重只是上升至34.7%。① 显然,在这个阶段东亚之所以缩小与西欧的差距,主要是因为日本的崛起。

表5-2　1992—2017年世界人均GDP增长及其表现

| 经济体 | 人均GDP(美元) | | 年增长率(%) | | | 相对于发达北美的人均GDP(%) | |
| --- | --- | --- | --- | --- | --- | --- | --- |
| | 1992年 | 2017年 | 1992—2010年 | 2010—2015年 | 2012—2017年 | 1992年 | 2017年 |
| 世界 | 4685 | 10656 | 1.46 | 1.51 | 1.56 | 18.9 | 18.4 |
| 发达经济体 | 21926 | 43956 | 1.48 | 1.16 | 1.55 | 88.6 | 75.8 |
| 发达北美 | 24754 | 57973 | 1.64 | 1.40 | 1.46 | 100 | 100 |
| 发达欧洲 | 18182 | 35009 | 1.53 | 0.81 | 1.67 | 73.5 | 60.4 |
| 发展中经济体 | 1082 | 5159 | 3.58 | 3.50 | 2.96 | 4.4 | 8.9 |
| 发展中亚洲 | 850 | 5529 | 5.09 | 4.91 | 4.68 | 3.4 | 9.5 |
| 发展中非洲 | 854 | 1787 | 1.43 | 0.76 | 0.32 | 3.4 | 3.1 |

资料来源:笔者根据UNCTAD数据库整理。

---

① [美]杰弗瑞·G.威廉姆森:《贸易与贫穷——第三世界何时落后》,符大海、张莹译,中国人民大学出版社2016年版,第4—5页。

对比20世纪上半叶的情况，今天发展中世界与发达国家的差距仍然相当大，但进入21世纪之后已经继续朝着缩小的方向前进。根据表5-2的数据，我们也可以得一个重要的结论，发达国家推动的全球化，至少带动了部分发展中国家在局部意义上缩小了与发达国家的差距，而不是过去所讲的导致发展中国家更落后。这一点对于历史上的拉丁美洲来说可能更具对比意义。1820年，拉美人均GDP相当于西欧的57.3%，属于当时差距最小的地区，到了1940年，差距扩大到42.6%，经过120年两次全球化的发展，拉丁美洲与西欧的差距被扩大了近15个百分点。就此而言，在20世纪结束后不久，拉美学者从资本主义体系角度研究拉美的落后有强烈的历史因缘，对于拉美学者来说，依附论所描绘的是他们地区经历的历史事实，而不仅仅是一种理论抽象。

对当前发达的北美国家来说，作为一个整体，尽管只是被亚洲发展中国家缩小了发展差距，但是与历史上发达国家人均GDP只是外围国家的两倍相比，仍处于比19世纪和20世纪上半叶的西欧更有利的地位。显然，美国的一些精英群体对此事是心知肚明的。一个容易被忽视的事实是，发达国家之间的差距却在迅速扩大。1913—1940年，外围国家与西欧的人均GDP缩小了大约2个百分点，1992—2017年发展中经济体与北美发达国家的人均GDP差距缩小了4.5个百分点，而在此期间发达的欧洲与北美的人均GDP差距扩大了13.1个百分点。

我们似乎可以推断，发达与发展中的力量对比不会是造成最近这一次全球化退缩的主要原因，最大的可能发生在发达国家之间，以及发达国家的内部。明确这一点，有助于我们把握当前国际社会的主要矛盾。例如，美国学者艾肯格林等主编并于2009年出版的《全球化时代的劳动力》一书认为，20世纪第三个1/4世纪，对发达国家的劳动力来说是个黄金时代，包括收入上升、相对可取的工资结构以及工作安全的保障。但是，紧随其后的四分之一个世纪，情况显著恶化。经济活动的快速全球化导致工人工作的不安全。对此，该书提供了理解这些趋势性转变的四种解释：（1）新技术的快速发展；（2）商业和劳动力的全球竞争;(3)产业的去管制化,更多依赖于市场;(4)工人的移民增加,特别是来自发展中国家的低技术工人。①

传统上认为自由国际主义秩序的主要挑战者来自非西方国家,但是特朗普当选美国总统和英国"脱欧"等事实表明,当前国际秩序的调整主要是由发达国家内部的发展造成的。在国际关系理论界,一向坚持自由国际主义学说的伊肯伯里也开始接受上述观点,并且承认第二次世界大战后支撑自由国际秩序的联盟被削弱,原因在于自由民主制度本身所导致的政治极化、贫富差距等,发达国家的中产阶级面临着严峻的经济不平等和经济发展机会停滞。在西方社会,越来越多的人认为自由国际主义不再是稳定和团结的来源。从这个意义上说,自由国际主义失去了传统意义上的动力。伊肯伯里的这篇论文受到高度关注,自2018年年初发表以来被下载了近7400次,超过3.6万人阅读了这篇文章。②

## 四 超越西方中心主义建设"一带一路"③

"一带一路"建设是新时期中国推动共同发展的伟大事业,国外对此有一些疑虑是自然的。中国人在解释说明"一带一路"倡议时,一种方法是回到古代的丝绸之路话语体系,以共同的历史记忆重构当代国家间的身份认同。从国际舆论的倾向性来看,西方世界将中国的这个倡议与历史上英美等国向外扩张时的行为与理论相提并论。在此过程中有三种典型思维:第一种是传统的地缘政治论,第二种是"新殖民主义论",第三种是西方发展经验重复论。当前的世界舆论正处于转型阶段,不乏中国引领舆论的时机,中国在推进"一带一路"建

---

① Clair Brown, Barry J. Eichengreen and Michael Reich, eds., *Labor in the Era of Globalization*, Cambridge: Cambridge University Press, 2009.

② G. John Ikenberry, "The End of Liberal International Order?" *International Affairs*, Vol. 94, No. 1, 2018, pp. 7 – 23. 相关数据来自该刊物所在的数据库。

③ 本节主要依据笔者发表在《外交评论》2017年第3期的《"一带一路"、新型全球化与大国关系》以及2017年5月14日发表在中国社会科学网的文章修改而成, http: //www.cssn.cn/jjx/jjx_ gzf/201705/t20170514_ 3517739. shtml。

设时，应充分注意上述思维的顽固性及其负面影响，倡导一种不受西方固化思维约束的姿态。

### （一）传统的地缘政治论忽视了"一带一路"相关国家的多样性

传统的地缘政治论认为，中国推动建立"一带一路"的主要目的是地缘政治。中国的快速发展不可避免地带来地缘政治的影响，因权力天然具有超越本国领土的辐射性。按此论调，中国权势随着"一带一路"建设推进而增强后，将改变相关国家战略决策的计算方式，这些国家将越来越多地考虑中国的喜好，由此进一步改变这些国家与第三方，特别是与美国的关系。一旦因为中国因素导致美国与这些国家的关系恶化，那么将引发大国之间的地缘竞争。这种论调在西方具有深厚的历史基础和理论投射力度。英国地理学家麦金德提出的陆权竞争理论模式就基本被20世纪的历史所验证，美国与苏联的冷战对抗围绕着争夺欧亚大陆的陆权而展开。

传统地缘政治论的主要立足点，是通过某种跨越政治单元的机制建设提高权力，比如改变国家间的地理连接，让一国的权力变得更具有穿透力，比如将一个四分五裂的地区统一起来，而使原来处于弱势地位的政治单元变得更加庞大和坚固。一般而言，这些看法也有道理，"一带一路"倡导的"互联互通"的确会传播中国的影响力。不过，考虑到"一带一路"大多数相关国家之间原来缺乏这种连接能力和紧密的关系，短期内该区域无法形成政治上用一个声音说话的能力。因此，西方人所认为的只要连接到一起就能发挥积极影响力的地缘政治思维过时了。至少，就"一带一路"建设而言，权力与地理的关系并不是线性的。

美国对"一带一路"抱有较大的疑虑。美国战略决策人士从欧洲学到的一项基本国际政治经验是，大国崛起将改变均势。例如，西方的进攻导致奥斯曼帝国的衰落和瓦解，中国也从朝贡秩序中被迫走出来。但是，这种零和博弈色彩浓厚的思维，其实是近代"丛林社会"的反映，至少西方人的这种优势地位是以非西方世界的停滞乃至于衰落为前提的。尽管"一带一路"具有明显的重组地缘关系的特征，无论是"互联互通"还是国家发展战略对接，都会提升中国与这些国家的关系。但是，沿线国家并不认为，与中国提升关系，就意味着一定是减弱甚至反转与美国的关系。中国也不能想当然地设想，这些国家提升与中国的关系后会疏离美国。

### （二）"新殖民主义论"忽视了多维的中心边缘关系

"新殖民主义论"的基本观点其实和19世纪后期20世纪前半期的殖民主义是一致的，都是主张宗主国对被殖民国家施行的一种控制，对被殖民国家产生了十分复杂的政治经济后果。第二次世界大战后，风起云涌的民族独立运动将殖民主义埋葬了。只不过在西方国家看来，这次是中国这个原来的边缘国家开始控制原材料供应国，并且单方面认为，中国的行为将不利于这些国家的独立自主，尤其是可能威胁到西方国家在这些地区的利益。

殖民主义作为一种政策主张，曾被19世纪后期的很多欧洲国家认为是一项值得投入的伟业。一些在欧洲实施对外扩张中发挥重要作用的人物，迄今都被这些国家的精英津津乐道。一些研究者还从制度经济学角度，论证英国在美洲的殖民开发远好于西班牙对拉美的殖民开发。日本在19世纪后期也参与到这股潮流中，一度建立了庞大的日本帝国，日本的很多人对此也是怀念的，在日本的一些大学里也有殖民地史之类的学术刊物。甚至，在某些原殖民地国家，殖民遗产也没有销声匿迹。因此，无论是英美日还是那些被殖民国家，对殖民主义的评估是复杂的。

中国强调自己是殖民主义的受害者，因此也不会实施殖民主义的那一套。但西方社会对中国长期抱有偏见，新殖民主义的"新"字中潜藏的意思，完全不是上述旧殖民主义中的复杂性和对西方国家本身的积极影响，而是担心中国对那些原材料国家施加控制。特别是，这些西方人士以为一旦中国恢复了中心地位，西方国家有可能被中国所控制。

就"一带一路"而言，新殖民主义的说法彰显了中国权势地位的上升，以及中国与相关国家构建经济关系时所处的某种中心地位，并可能在政治上更多地体现中国的主张。但是，我们也注意到，这种说法忽视了该地区多维的中心边缘关系，也没有看到中国在"一带一路"构建新型经贸关系中的努力。

如果将中心边缘关系理解为对国际事务的影响力大小，那么中国不是一个单一的中心，在"一带一路"沿线不仅存在着像俄罗斯和印度这样的大国，也有很多对世界事务有重要影响的地区性国家，如印度尼西亚、哈萨克斯坦、伊朗和土耳其等。即便是一些人口较少、资源较少及国土面积较小的国家，在国际社会中也有很强的影响力，比如卡塔尔和土库曼斯坦在天然气领域就是如此。就此而言，目前的"一带一路"沿线国家关系和各自的地位，与历史上任何阶段都不同。

中国与沿线国家构建的经贸关系不是典型的南北贸易模式。20 世纪 20 年代所总结的赫克歇尔—俄林贸易模型，是建立在对 19 世纪欧洲与被殖民地国家的贸易关系基础上的，即发达国家出口制成品、被殖民地国家出口原材料的模式。但是，20 世纪 70 年代以后的新贸易理论以及 21 世纪之后兴起的新新贸易理论都打破了这种认识，特别是考虑到改革开放后中国以及东亚的发展，建立在出口导向基础上，以价值链的国内国际延伸为特色。就此而言，中国与沿线国家构建的新型经济关系，至少以 20 世纪后半叶东亚的经验为基础，并结合了现在的可持续发展理念。

**（三）西方发展经验重复论忽视了中国发展道路的独创性**

上述两种理论性认识无一不是建立在西方近代社会以来的发展基础上，而且都是从权力角度论述快速发展的中国，在推进"一带一路"时会产生何种不利于西方的地缘政治经济影响。一种更为隐蔽的认识则是，把中国运用改革开放以来获得的发展经验推进"一带一路"建设，当作西方过去经验的简单翻版，比如将"一带一路"比作马歇尔计划、过剩产能转移论、污染转移论等。

就发展的阶段性变化而言，中国的确与历史上的西方存在一定的相似之处。比如，中国改革开放后 30 多年来的发展是典型的二元经济阶段，即大量的剩余劳动力从农村转移到城市。西方学术界的最新研究认为，经发展经济学家刘易斯之手理论化的这个二元经济阶段，其实就是英国工业革命初期发生过的事情；目前，中国的二元经济发展阶段临近结束，正步入新古典发展阶段，在这个阶段更需要提高劳动力素质和创新；而西方社会早在20世纪50年代就总结出新古典经济增长模型，因此西方认为中国现在做的事情，是他们几十年前就做过的。也正是如此，在"一带一路"推出时，西方人的第一反应是，这是中国版的"马歇尔计划"。马歇尔计划在20世纪40年代末提出时，正是发展经济学酝酿以及新古典增长理论诞生的时刻。

但是，西方也需要承认，中国经济的发展并不是完全照搬照抄西方，也不会完全经历西方当时走过的路。比如，中国从人均GDP不足800美元到2016年超过8000美元，花费的时间还不到四十年。1998年中国成为中低收入国家，2010年即升级为中高收入国家，这种速度在全球也是很罕见的。尤其值得一提的是，中国减少贫困人口5亿多人，决定性地推动了联合国千年发展目标的实现。因此，在规模和速度上中国有独特性。西方的经济理论也无法解释中国的高速增长。

中国既不是世界霸主，也没有意愿追求霸主地位，因而不会简单模仿美国当年推动其他国家发展的模式。事实上，英美在过去两百年的发展，并没有带动更多人口进入富裕社会。各类统计均显示，这两百年来发达国家人口占世界人口的比重基本是六分之一。因此，对于一个人口在十亿级的国家来说，简单追随美国是行不通的。中国不可能像日本、韩国那样，通过完全成为美国秩序的一部分而实现自身的发展。当中国推出"一带一路"时，美国一些人总是想当然地认为，这些国家只有变成中国主导的秩序的一部分，才能获得中国的好处。仔细对照中国官方公布的文件，能清晰地发现，推动相关国家的共同发展已经成为中国对外合作的主旨之一。也就是说，发展而不是权力是根本出发点，这与西方世界出台计划都以获得霸权地位截然不同。

在发展合作领域，西方人另一个根深蒂固的看法是，南南合作的效果不会好，因为穷国缺乏一个足够大的外部市场和资金供给。因此，这些发达国家建立了第二次世界大战后的融资机构——世界银行，以及应对货币金融危机的国际货币基金组织，而这些机构都是美国和欧洲控制的。由此，我们也能理解为什么很多西方国家最初对中国提出的亚投行构想比较冷淡。

认为只有发达国家才能推动发展的认识，对于理解中国倡导的"一带一路"有很大的局限。首先，中国东部沿海地区有一个5亿级人口规模的富裕地区，与"一带一路"沿线的发展落差很大，有的超过20年，有的是10来年，当然也有若干国家的发展水平比我们高。从理论和历史经验来讲，这种规模的发展落差具有足够的带动力。当年，美国推出马歇尔计划时，其人均GDP也就1万美元左右，人口占世界的比重也不过6%。因此，要深入认识今天发展中国家的国情，有些地区比较富裕了，可以带动其他地区发展。

其次，中国国内对进一步推进全球化高度认同，沿线国家大体上也处于赞成阶段，这与欧洲社会的怀疑构成了鲜明的对比。最近西方社会的逆全球化势力正在升温，欧美国内的民意对一体化进程的负面影响十分敏感，国内政治势力因收益分配不均而会将矛盾引向反对统一性的力量。因此，西方舆论对是否要继续带动全球化是很犹豫的。那么，在领导力退却的情况下，如何继续推进一体化，西方在这方面也是缺乏理论性认识的。

最后，中国在推动沿线国家参与"一带一路"时，愿意与这些国家分享国家治理体系和治理能力现代化的看法。国家治理能力是一国经济政治能力的最高表现之一，是统筹贯彻发展意志的制度保障。西方以一种分离的姿态看待发展阶段与治理的关系，在贷款融资机构中硬性规定民主、金融市场开放等不符合当地发展的一些要求。中国并不是简单按照西方社会的判断来评估沿线国家能否实施项目或者合作，而是根据中国社会发展的经历，抓住时机和条件比较成熟的地区先行先试。这些经验对于推进"一带一路"是很有帮助的，比如"六大经济走廊"、工业园区以及一批重大项目，就是这种思路的体现。

## 五　开放合作与知识创新是中国迈向全球性大国的主要动力

在 20 世纪的百年历程中，人类既有繁荣的第一次经济全球化，也遭遇了两次世界大战，此后虽然发达国家建立了多边和开放的世界经济，但是其他国家不是被人为地隔离在开放经济之外，就是被限制在冷战格局中。从 20 世纪 70 年代后期起，中国启动改革开放，取得了人类历史上罕见的经济奇迹。很多发展中国家拥抱全球化，一起加入发展经济的大浪潮中。

从 20 世纪 90 年代起，中国越来越转变为一个全球性国家。首先，这源于中国改变身份定位，充分挖掘自身的比较优势，既有社会主义制度集中力量办大事的优势，也有丰沛的劳动力资源融入全球分工体系的潜在能力。其次，中国选择从贸易投资等低政治领域积极融入东亚地区分工体系，即日本在 20 世纪 70 年代以后，特别是 1985 年广场协议以后改变的东亚地区经济秩序。更大的变化来自 2001 年加入 WTO，中国对外贸易发展迅速，2002—2007 年，中国对外贸易年均增速达到 30%，成为全球性贸易大国。从东亚的分工格局来看，1985 年和 2001 年是最为重要的转折点，中国从中意识到融入全球经济是有利的。最后，在转向出口导向型发展战略的同时，中国与邻国建立了相互依赖关系，中国开始学习如何扮演一个负责任的大国，最明显的变化发生于 1997 年东亚金融危机，中国坚持人民币不贬值，这对于维护东亚经济体的宏观经济稳定发挥了作用，一些东南亚国家甚至认为中国比美国和日本扮演了更为积极的角色。此后，中国积极推动地区合作，构建多种形式的合作机制。由此，从 20 世纪 70 年代末以来，东亚地区维持了 40 多年的绝对和平，其中中国的作用无疑非常大。

在 20 世纪 90 年代初中国转向全球性大国时，另一个发展中大国印度也推动了改革开放。与中国不同的是，印度的改革主要是因为财政危机，而财政危机之所以那么严重，却是因为美国发起的伊拉克战争对原油价格的冲击。而且，由于南亚地区缺乏一个像日本这样的发达的工业化国家，印度的发展越过了制造业主导阶段，而过早地迈入了服务业主导阶段。但是，服务业贸易在全球贸易中的占比不足20%，因此难以大规模带动人口众多的南亚国家的发展。换句话说，印度，或者说南亚等国并没有将发展提升到国家大战略的高度，从各个方面促进经济增长。按照麦迪森的统计，到2008年中国经济总量已经恢复到1870年时的占比，而印度2008年经济总量占世界的比重仍只有6.7%。显然，中国的发展战略要比印度的发展战略更能激发生产潜力，更能利用全球化形成的发展动力。

在解释最近这一轮中国快速发展及其影响时，中国和外国的学者们提出了很多的理论性分析。有的认为，中国将重蹈西方大国崛起的覆辙，即中国的和平发展不可持续，将最终与美国这个守成大国产生重大的冲突。2018年3月以来的中美贸易纷争一定程度上成了这种观点的证据。但是，中国政府反复表明，中国仍试图与美国进行谈判，将继续维护中美关系的发展大局。而且，中美贸易摩擦也远不是争霸战，中美仍然是有限的冲突与合作。[①] 有的理论认为，中国有可能恢复传统中国的模式，即在周边地区建立新型朝贡秩序或者类似于古代南亚地区的曼荼罗模式。因为很多学者认为，中国与周边国家的实力地位差距仍在继续扩大，基于实力原则中国将重新主导地区发展。但是，对比印度在南亚的中心地位，我们可以想象中国距离这一超级主导地位仍相当遥远。自20世纪40年代末印度独立以来，印度人口占南亚的75%，GDP的80%，军事上五倍于其他国家的组合。在未来相当长一段时期内，中国在东亚地区不可能获得这种地位，更不可能在亚洲获得这种地位。因此，中国很难恢复做一个"中央之国"，中国领导人对此也不会感兴趣。

2018年11月5日，上海国际进口博览会举行，习近平主席在演讲中提到"开放"一词的次数达到了53次，全篇演讲都是围绕为什

---

[①] 钟飞腾：《超越霸权之争：中美贸易战的政治经济学逻辑》，《外交评论》2018年第6期。

么开放、如何开放以及怎么做好开放这篇大文章而展开的。① 这篇讲话将和 2017 年 1 月在达沃斯世界经济论坛的演讲、2018 年 4 月在博鳌亚洲论坛的演讲一起，成为中国改革开放迈入新阶段、中国与世界关系新发展的标志性文献。

为什么要开放？习近平主席强调，开放合作既是世界经济稳定复苏的要求，也是人类社会不断进步的动力。特朗普当选美国总统之后，人们又开始怀疑开放是否一定带来好处。事实上，对开放的怀疑在历史上并不鲜见，中国也曾有过惨痛的教训。解决困惑的方案不是回到封闭状态，而是更好地开放。

作为世界第二大经济体，中国政府提出了开放这篇大文章的中国方案。首先是持续推进国内改革，激发进口潜力。中国不仅是普通的 13 亿人的大市场，而且拥有全球规模最大的中等收入群体。按照购买力计算，中国经济总量早已超过美国。国际货币基金组织在 2018 年 10 月发布的《世界经济展望》中预测，2018 年中国经济总量占世界比重将达到 18.7%，而美国为 15.2%。2018 年中国人均 GDP 超过 1.8 万美元，尽管仍不到美国的 30%，但相当于美国 1985 年的水平。目前，美国社会高度不平等，尽管平均水平很高，但其实绝大部分人的收入低于 3 万美元。

中国沿海地区是中国改革开放，参与全球经济的主要区域。按照对外贸易、对外直接投资以及吸收的外商直接投资计算，沿海地区占全国比重均在 80% 以上。而且，沿海地区 5 亿人口的消费能力相当强，人均 GDP 水平超过美国绝大多数人。从这个意义上说，将国际进口博览会放在上海有其道理，这是中国改革开放的龙头，也是中国推动高质量发展的前沿地带。习近平宣布，支持长江三角洲区域一体化发展并上升为国家战略。如此一来，推动中国迈向高质量发展就形成了五大支柱，其他四个支柱分别是"一带一路"建设、京津冀协同

---

① 习近平：《共建创新包容的开放型世界经济——在首届中国国际进口博览会开幕式上的主旨演讲》，新华网，2018 年 11 月 5 日，http://www.xinhuanet.com/politics/leaders/2018-11/05/c_1123664692.htm。

发展、长江经济带发展和粤港澳大湾区。

持续放宽市场准入和营造国际一流营商环境成为中国迈向高质量发展的两大核心。随着中国人均收入的持续提高，以医疗和教育为核心的服务业发展进入高增长阶段，成为下一阶段中国发展的新动力，也受到国际社会，特别是发达经济体的极大关注。习近平尤为重视知识产权保护问题，将引入惩罚性赔偿制度，显著提高违法成本。人力资源的持续改善是一国发展的最为重要的动力之一，在走向以创新为根本特征的高质量发展阶段，重视教育、医疗和知识产权无疑是极为关键的，这些是吸引高端人才、培育核心竞争力的关键。

进口博览会也将成为新的开放合作国际平台。在此之前，中国已经提出了一些具有中国特色的全球治理理念和方案，最为重要的特征是包容性和开放性，让所有国家均有机会参与。美国第二次世界大战后建立的一套多边主义制度，名义上虽然是多边的，其实是个俱乐部，施加了严格的限制性条件，不利于发展中国家。作为最大的发展中国家，中国对发达国家提出的方案难以落实这一点是深有体会的，也充分理解发展中国家的发展难题，因而提出了更加务实有效的方案。

在规则、制度以及舆论上，世界形势不能再简单化为中国 vs. 美西方。20 世纪 90 年代初，冷战结束后，西方舆论突出宣扬西方的胜利，世界的发展就是非西方世界往西方靠拢。冷战结束快 30 年了，不仅世界没有西化，而且西方本身还分裂了。从我们对全球一些地区的调研来看，至少在苏联地区，其规则、信念以及知识体系上，既不是西方，也不是中国的。因此，我们无法仅从英文文献特别是英文媒体报道中获取对中国有用的信息。而当地媒体在报道中国的"一带一路"建设项目时也有很大的局限。

从中国人的视角看，更为重要的是，中国成为这次知识革命的重要一员。目前是中国改革开放以来首次参与的资本主义的大危机，前两次我们实际上都没有太多地介入，第一次是 20 世纪 30 年代，当时还是中华民国时期，第二次是 20 世纪 70 年代，我们还没有进行改革开放。目前这次挑战的主要矛头对准了全球化，美国精英传统上重视的自由国际主义秩序产生重大危机，达到了第二次世界大战以来没有过的程度。在中美关系上，美国认为中国搭便车，是这一轮全球化的最大受益者，而美国出问题很大程度上与中国有关系。我们发现，尽管中国政府做了很多解释性工作，但中美之间仍然有很多无法调和的矛盾正逐步涌现，很多人判断这并非从特朗普政府才出现的现象。而且，短期内也不会有很大的转变。中美之间以及美国内部的认识之所以有这样巨大的反差，一个很重要的原因是，原来掌握美国对外政策的是精英层，精英层的逻辑与中国参与全球化的逻辑有很大的类似之处。精英掌握政权，以捍卫国家利益的名义使用了美国整个国家的力量。美国的财富分配被金融精英阶层控制，金融阶层的控制也离不开日益严峻的国际竞争。由财富占比下降和收入分配引发的问题已经是笼罩西方社会，而不仅仅是少数精英人物之间的意识形态争论。美国需要进行大规模和大范围的知识创新，对现在正在发生的现象进行新的解释，才能进一步出台符合实际的决策。

传统的知识和认知框架不灵了，也可以说"知识失灵"是继市场失灵和政府失灵之后的又一个重大现象。所谓"知识失灵"，主要是指传统的认知框架落后于实践，需要进行范式性的转变。目前，似乎正在出现一种全球范围的知识体系的重大调整。我们强调西方霸权衰落，主要是指除了经济之外，在软实力方面的影响力大规模下降，包括美国现政府对国际秩序的承诺，对主流国际经济理论特别是自由贸易理论的否定，等等。而中国推动的"一带一路"倡议以及短期内大规模的"一带一路"研究的兴起，某种程度上加剧了这种知识体系转变的速度和迫切性。当然，更为深层次的一些讨论是围绕中国的发展模式的，比如许成钢 2011 年关于中国基本经济制度的文章发表以后，在 web of sciences 上被引用已经接近 400 次，这是一篇引发重大讨论的文献。[①] 这至少表明，国际学术界正在重新讨论中国发展的动力和前景，而"一带一路"是伴随着这一现象产生且正在迅速兴起的一种研究共同体，也是中国政府所讲的代表着全球共同发展的方向。

---

① Chenggang Xu, "The Fundamental Institutions of China's Reforms and Development", *Journal of Economic Literature*, Vol. 49, No. 4, 2011, pp. 1076 – 1151.

# 第六章 "一带一路"与全球治理

## 一 引言

自从2013年正式提出倡议来,"一带一路"作为一个新型的跨区域经济合作平台已经在全球范围内产生了非常重要的影响。截至2018年5月,中国已与88个国家和国际组织签署了103份共建"一带一路"合作协议,涵盖互联互通、产能、投资、经贸、金融、科技、社会、人文、民生、海洋等合作领域。其中,联合国开发计划署、亚太经社理事会、世界卫生组织等一批国际组织和中国签署了共建"一带一路"的合作文件。[①]"一带一路"倡议以及相关的亚洲基础设施开发银行、金砖国家"新开发银行"和"丝路基金"等一批新机制,成为中国在新时期参与全球治理的重要实践,引起了世界各国的强烈关注。2017年5月,联合国秘书长古特雷斯在接受采访时表示:"一带一路"倡议为国际社会应对气候变化、粮食安全和水短缺等全球性挑战提供了新的机遇,为世界各国加强国际合作解决全球问题做出了重要贡献。[②]

中国政府在官方文件中明确提出了"一带一路"与全球治理之间存在重要的联系。"一带一路"倡议及其落实被认为是中国在新时期

---

[①] 推进"一带一路"建设工作领导小组办公室:《共建"一带一路":理念、实践与中国的贡献》,新华网,2017年5月10日,http://www.xinhuanet.com/politics/2017-05/10/c_1120951928.htm。

[②] 《古特雷斯:"一带一路"为应对全球性挑战提供新机遇》,《经济参考报》2017年5月12日。

参与全球治理的方案，以及承载"人类命运共同体"理念的具体实践。早在2015年3月，国务院授权发布的《推动共建丝绸之路经济带和21世纪海上丝绸之路的愿景与行动》文件就明确提出，"一带一路"同时还肩负着"积极探索全球治理新模式"的使命。① 另外，习近平在2017年5月14日"一带一路"国际合作高峰论坛上发表主旨演讲时指出："治理赤字"是摆在全人类面前的严峻挑战。习近平通过"治理赤字"来描绘当前全球性问题不断加剧但现有的全球治理能力和意愿却在下降的矛盾，进而揭示"一带一路"倡议的时代意义。② 特别是在2018年8月27日推进"一带一路"建设工作5周年座谈会上，习近平主席强调：共建"一带一路"顺应了全球治理体系变革的内在要求，彰显了同舟共济、权责共担的命运共同体意识，为完善全球治理体系变革提供了新思路新方案。

在这种背景下，理解和分析"一带一路"与全球治理之间的关系具有重要的学术价值和政策价值，因此成为当前国内外学术界面临的重要研究课题。

"一带一路"的倡议和实践本身涵盖了器物、制度和理念三个层面，随着实践的不断拓展，与现有全球治理体系之间的互动也会不断深入。"全球治理"具有自身的价值纬度，但是更多地体现为国际政治和世界经济中为了应对各种全球性问题的各种规范、规则、程序和机制。根据最为流行的"全球治理委员会"的定义："治理是各种公共的和私人领域的个人和各类管理共同事务的方法的总和。它是一个持续的过程，其中，冲突或多元利益能够相互调适并能采取合作行动，它既包括正式的制度安排也包括非正式的制度安排。"③ 俞可平

---

① 国家发展改革委、外交部、商务部：《推动共建丝绸之路经济带和21世纪海上丝绸之路的愿景与行动》，人民网，2015年3月28日，http://world.people.com.cn/n/2015/0328/c1002-26764633.html。

② 习近平：《携手推进"一带一路"建设——在"一带一路"国际合作高峰论坛开幕式上的演讲》，《人民日报》2017年5月15日。

③ Commission on Global Governance, *Our Global Neighbourhood: The Report of the Commission on Global Governance*, Oxford: Oxford University Press, 1995, p. 2. ［瑞典］英瓦尔·卡尔松等：《天涯成比邻——全球治理委员会的报告》，赵仲强等译，中国对外翻译出版公司1995年版。

教授在国内最早把"全球治理"定义为"通过有约束力的国际规制解决全球性的冲突、生态、人权、移民、毒品、走私、传染病等问题，以维持正常的国际政治经济秩序"。①

尽管"全球治理"的概念只在最近二三十年才兴起，但是其中所指涉的各种制度安排可能存在已久，而且更多反映了一直以来占据主导地位的发达国家的价值观和利益。"一带一路"作为中国在新时期参与全球治理的重要实践，会对现有的治理体系产生何种影响？从理论和实践上看，二者之间又存在怎样的互动关系？"一带一路"在何种意义上可以为完善全球治理体系做出贡献？

## 二 关于"一带一路"与全球治理关系的主要观点

近年来，国内学者逐渐重视到这一问题的重要意义，发表了一大批文献。通过阅读这些文献，我们可以发现其中存在的三个突出特征。

第一，揭示和提炼了"一带一路"对全球治理的贡献和积极意义。比如，上海社会科学院张幼文研究员认为，"一带一路"建设是中国以补充和创新方式推动全球治理的重大举措，是推动合作共赢的中国方案。他认为，中国推进"一带一路"建设将会导致世界逐步形成新的治理模式，更适应发展中国家的要求。②华中科技大学欧阳康教授认为，"一带一路"倡议的提出把当前中国的国内事务与当代世界的国际事务已经前所未有地融为一体，中国面临着适应全球治理变局的多维挑战，也面临着引领全球治理变局走向健康方向的历史使命。他强调，这个过程将对中国的国家治理体系与治理能力现代化产生重要的推动作用，进而为实现中华民族伟大复兴和人类命运共同体的目标而服务。③南开大学吴志成教授等提出，"一带一路"倡议对

---

① 俞可平：《全球治理引论》，《马克思主义与现实》2002年第1期；俞可平主编：《全球化：全球治理》，社会科学文献出版社2003年版，第25页。
② 张幼文：《"一带一路"建设：国际发展协同与全球治理创新》，《毛泽东邓小平理论研究》2017年第5期。
③ 欧阳康：《全球治理变局中的"一带一路"》，《中国社会科学》2018年第8期。

全球治理变革的促进作用体现在以下四个方面：第一是倡导和引领全球治理新价值；第二是构建和设立有效的治理机制；第三是以人类命运共同体理念推动国际合作；第四是拓展治理的领域和对象。① 中国人民大学王芊霖和程大为指出，"一带一路"倡议使共同发展第一次成为全球贸易治理的目标，是嵌入式多边主义构建理论的创新应用，采取了差异化的制度构建路径，提出了共赢的价值观，用发展战略对接的推进方式，从而在全球化和全球治理困境中为全球贸易治理做出了重要的贡献。②

第二，强调"一带一路"及其承载的"人类命运共同体"新型全球治理理念上的价值。比如外交学院秦亚青和魏玲教授认为，共建"一带一路"是以新型全球治理观为指导的国际实践，以构建多元协商的合作体系、开放包容的世界经济和以可持续发展为核心的共同体为主要内涵和目标；共商、共建、共享的全球治理思想和"一带一路"国际合作实践有助于全球治理走出实践和理论困境，引领塑造新型全球治理和世界秩序。③ 北京航空航天大学张文木教授认为，"一带一路"倡议是中国从世界和平与发展的大义出发，为人类社会应对21世纪的各种挑战做出自己的贡献，完善全球治理的中国方案。他认为，"一带一路"并不会拒绝以往人类的文明成果，并不是要彻底否定而是要改进以往西方提供给世界的治理方案，并且融合出新的世界观。④ 上海社会科学院张春研究员认为，"一带一路"倡议是中国参与全球治理和落实"人类命运共同体"理念的具体方案，它正在从四个方面推动全球治理的新实践系统化发展：一是培育人类命运共同体的意识；二是提升国际公共产品供应的道德标准；三是提高全球治

---

① 吴志成、迟永：《"一带一路"倡议与全球治理变革》，《天津社会科学》2017年第6期。
② 王芊霖、程大为：《一带一路倡议对全球贸易治理的贡献》，《政治经济学评论》2017年第3期。
③ 秦亚青、魏玲：《新型全球治理观与"一带一路"合作实践》，《外交评论》2018年第2期。
④ 张文木：《"一带一路"与世界治理的中国方案》，《世界经济与政治》2017年第8期。

理的行动自觉；四是改善全球治理的要素平衡。①吉林大学法学院何志鹏教授明确提出，"一带一路"倡议的思想观念和社会影响已经被广泛研究过了，现在应该研究它对全球治理和国际法治的影响。不过他最终也仍然只是着重讨论了"一带一路"倡议所体现的中国在国际关系文化和国际法文化层面的意义和价值。②

第三，更多侧重国际政治层面而且针对正式制度的讨论。比如广东外语外贸大学陈伟光教授等指出，"一带一路"体现了一种融合规则治理与关系治理的治理理念，它综合了以制度尤其是正式制度为依据的"规则治理"和不以正式制度谈判为前提，而以认定、默契和共识以推进合作的"关系治理"两个形式，体现了东西方智慧的融合。③又比如同济大学门洪华教授认为，"一带一路"倡议体现了中国塑造国际规则体系的追求，"它为中国对外经贸交往提供了更多的合作伙伴，也为增强中国对外经济影响力创造了可能，更为参与重塑适合中国利益的国际经贸规则提供了具体路径"。他认为，"一带一路"倡议将"渐进削弱欧美在国际经贸规则制定中的主导权，并尝试在新的全球治理理念的指导下，形成新的国际经贸规则制定模式"。④李向阳研究员分析了"一带一路"与"跨太平洋经济伙伴关系"之间的区别，认为二者是不同的治理模式。他认为，"一带一路"治理结构体现出多元化合作机制的特征，自由贸易区、次区域合作、经济走廊、产业园区等多元并存，共同推进。⑤

不过，仔细分析现有的文献，我们会发现其中存在三个方面的不足。第一，这些文献尽管揭示了"一带一路"对全球治理的贡献和积

---

① 张春：《"一带一路"倡议与全球治理的新实践》，《国际关系研究》2017年第2期。
② 何志鹏：《国际法治的中国方案——"一带一路"的全球治理视角》，《太平洋学报》2017年第5期。
③ 陈伟光、王燕：《共建"一带一路"：基于关系治理与规则治理的分析框架》，《世界经济与政治》2016年第6期。
④ 门洪华：《"一带一路"规则制定权的战略思考》，《世界经济与政治》2018年第7期。
⑤ 李向阳：《论海上丝绸之路的多元化合作机制》，《世界经济与政治》2014年第11期；李向阳：《跨太平洋伙伴关系协定与"一带一路"之比较》，《世界经济与政治》2016年第9期；李向阳：《人类命运共同体理念指引全球治理改革方向》，《人民日报》2017年3月8日。

极意义，但是并未充分讨论"一带一路"与现有全球治理之间冲突及潜在的可能性。因为现有的全球治理体系很大程度上是之前发达工业化国家主导发展起来的，中国作为一个后来者所提出的合作模式可能与之不一致甚至发生冲突。第二，其中虽然强调了"一带一路"在理念上的价值，但是没有讨论对现有治理体系作为规则层面的影响以及互动关系。"一带一路"在理念层面无疑支持了全球治理的规范价值理念，其所承载的"人类命运共同体"理念与"全球治理委员会"最初提出的价值理念高度契合。但是"全球治理"作为规则体系与"一带一路"所涉及的实践层面的合作机制之间可能存在问题，这在实证研究中必须更加引起关注，而且这具有重要的政策价值。第三，目前文献中主要是在国际政治层面而且是针对正式制度的讨论，但是对在经济领域的非正式制度层面讨论明显不足。"一带一路"主要是经贸领域的国际合作，必然会更多涉及世界经济领域目前已有的各种正式或非正式规则。其中大量的所谓"跨境民间治理"（Transnational Private Governance），即各种由跨国公司和非政府组织推动的非正式的机制以及规范，正在对许多行业的投资与贸易产生重要的规制作用。比如非政府组织"采掘业透明度倡议"（EITI）就对全球范围内特别是第三世界的矿产采掘业制定了重要的反腐败治理规范，对于中国海外投资企业有重要的影响。国际金融投资家乔治·索罗斯甚至还宣称：不参加"采掘业透明度协议"就是中国不积极参与全球治理的证据。

相比之下，国外许多文献正是因为在上述三个方面从相反的方向研究"一带一路"与全球治理的关系，产生了三种主要的质疑观点。这些观点认为，为了实现"一带一路"而建立的相关机制会对现有的治理体系构成挑战，而且相应的投资和贸易模式则会削弱金融、反腐败、环保以及劳工等方面的现有治理标准。

## （一）"另起炉灶论"："一带一路"挑战或取代现有治理体系？

"一带一路"倡议提出之后，一度被西方媒体解读为中国的"马歇尔计划"，被认为是中国试图要建立自己的势力范围。随后，与之相关的"丝路基金"特别是亚洲基础设施投资银行先后成立，更是引发了西方国家的强烈反响。因为亚投行的功能与国际货币基金组织和世界银行相似，而且与后者不同的是，亚投行并不附加任何政治前提。因此，"一带一路"及其相关机构被不少西方学者和媒体认为是中国挑战甚至取代现有国际组织的举措。

当然，针对这种声音，中国政府已经及时做出了回应。① 而且，不少西方学者都已经明确指出这种观点所存在的内在矛盾。比如美国伯格鲁恩研究院高级顾问内森·加德尔斯（Nathan Gardels）就指出，正当美国抛弃其曾经领导的战后多边体系之际，中国正在逐步挤进缺口，为后美国时代的世界秩序奠定基础。但是他认为，正如第二次世界大战后斯大林及其追随者对"马歇尔计划"的敌对态度一样，西方国家联合起来敌视中国的倡议是一种错误的做法。加德尔斯认为，"一带一路"倡议可能与美国历史上修建全国性铁路一样，最终形成一个联通的大陆而成为经济繁荣的基础。他强调，目前美国和欧盟都自顾不暇，根本就无力提出类似的投资倡议，而且"西方国家也并没有打算过要建设全世界的基础设施，并为其提供全部资金"。②

事实上，人们也发现，世界主要多边开发银行并没有否定"一带一路"。相反，许多机构都支持"一带一路"。其中，世界银行尤其支持，其行长已经明确认可："世界银行集团非常自豪地支持中国政府雄心勃勃、前所未有的努力。……'一带一路'将改善贸易、基础设施、投资和人与人之间的联系——不仅跨越国界，而且跨越大陆范围。"

---

① 习近平主席在 2016 年杭州 G20 峰会上明确指出："中国倡导的新机制新倡议，不是为了另起炉灶，更不是为了针对谁，而是对现有国际机制的有益补充和完善，目标是实现合作共赢、合作发展。""不是要一家唱独角戏，而是要欢迎各方共同参与；不是要谋求势力范围，而是要支持各国共同发展；不是要营造自己的后花园，而是要建设各国共享的百花园。"

② ［美］内森·加德尔斯：《中国正在为后美国世界秩序奠定基础》，美国《华盛顿邮报》网站，2018 年 7 月 27 日，转引自《参考消息》2018 年 7 月 27 日。加德尔斯和尼古拉斯·伯格鲁恩在 2013 年合作出版著作《智慧治理：21 世纪东西方之间的中庸之道》（*Intelligent governance for the 21$^{st}$ Century: A Middle way between West and East*，中文版由朱新伟译，上海人民出版社 2013 年出版），其中主张综合东西方特别是中美两国的治理经验，以应对全球化带来的共同挑战。

尽管如此，类似的怀疑论观点仍然层出不穷，源源不断。比如，美国新安全中心研究中心在2018年9月发布的报告也提出了类似的观点。其中提到，中国最近提出"意图建立一个新的'一带一路'争议解决机制，这表明其战略将对现有国际法律标准造成越来越多的挑战。正如所提出的那样，相比接受国的当地法庭或者现存的国际仲裁框架而言，这一机制将会置于中国最高人民法院之下，并为北京提供一个更具延展性的工具来解决'一带一路'的法律争议"。[①]

### （二）"债务陷阱论"："一带一路"为沿线国家提供的资金最终将成为中国施加强权的工具？

"债务陷阱"一词缘起于斯里兰卡政府在2015年经历大选之后发生了中国企业投资的科伦坡港口城项目的搁浅事件。最终，斯里兰卡政府对该项目放行，但是西方评论家将其与斯里兰卡的债务问题联系起来。美国《外交事务》杂志在2016年5月发表文章，题为《中国在斯里兰卡的投资：为什么与北京的联系要付出代价》，首次提出"中国陷阱"的说法。[②] 2017年1月23日，印度学者钱纳尼（Brahma Chellaney）在项目辛迪加网站发表文章，进一步将此称为所谓的"债务陷阱"。更有甚者，他直接认为"一带一路"本身就是一个包藏祸心的大陷阱。他更为露骨地表示：中国其实巴不得所投资的项目彻底失败，因为这样使相关国家直接陷入债务陷阱而增加中国的影响力。[③] 钱纳尼的相关言论迅速传播，在许多发展中国家也得以流传。2018年3月18日，东南亚的两位学者在澳大利亚的《东亚论坛》响应了这一观点。他们认为，不仅斯里兰卡是如此，柬埔寨还有东南亚的其他小国也很可能陷入这种陷阱。在他们看来，因为受中国经济支持的

---

① Daniel Kliman and Abigail Grace, "Power play: Addressing China's Belt and Road Strategy", September 20, 2018, https://www.cnas.org/publications/reports/power-play.

② Jeff M. Smith, "China's Investments in Sri Lanka: Why Beijing's Bonds come at a Price", *Foreign Affairs*, May 23, 2016, https://www.foreignaffairs.com/articles/china/2016-05-23/chinas-investments-sri-lanka.

③ Brahma Chellaney, "China's Debt-Trap Diplomacy", January 23, 2017, https://www.project-syndicate.org/commentary/china-one-belt-one-road-loans-debt-by-brahma-chellaney-2017-01.

影响,柬埔寨、老挝、缅甸和泰国都因而转向中国,支持中国的政策。①

"债务陷阱论"迅速蔓延到更有影响力的大国政府层面,包括印度、日本和美国。2017年5月13日,印度外交部发言人发表声明阐述不参加"一带一路"国际合作高峰论坛的理由。其中对"一带一路"提出了若干批评,其中第二点理由就是:"互联互通的项目应该遵循负责任融资(financial responsibility)的原则,以防止项目给相关国家带来不可持续的债务负担。"② 6月5日,正在澳大利亚访问的美国国务卿蒂勒森表示:尽管中国是经济和贸易强国,美国也渴望与中国建立富有成效的关系,但"美国不会允许中国使用其经济实力来摆平、摆脱其他问题……"同一天,日本首相安倍晋三在评论"一带一路"时也特别提出其中应该纳入一些"不可或缺的条件":包括"让贷款国家有偿还债务的能力,不破坏财政健康"。③ 这些观点都与前述"债务陷阱"的观点遥相呼应。

最近,"债务陷阱论"再次发酵升级,几乎已经取代"另起炉灶论"成为西方国家批评"一带一路"的主要理由。2018年1月,澳大利亚发展事务部长威尔斯公开对媒体宣称,中国对南太平洋岛国的投资和援助修建的是不知道通往何方的道路和"大白象工程",将会制造"债务陷阱"。2018年10月4日,美国副总统彭斯在哈得逊研究所发表对华政策演说时,也再次抛出"债务陷阱论"。他指责中国贷款不透明,意图获取斯里兰卡的港口用作军事用途,并且向委内瑞拉政权提供支持。

当然,所谓"债务陷阱外交"的攻击毫无根据。西方国家更多是基于自身在历史上的做法去煽动沿线各国民众对外资和外债的恐惧心

---

① Veasna Var and Sovinda Po, "Cambodia, Sri Lanka and the China Debt Trap", *East Asian forum*, March 18, 2017.

② "Official Spokesperson's Response to a Query on Participation of India in OBOR/BRI Forum", *Ministry of External Affairs*, Government of India, 13 May 2017, http://mea.gov.in/media-briefings.htm? dtl/28463/Official + Spokespersons + response + to + a + query + on + participation + of + India + in + OBORBRI + Forum.

③ 《安倍转变态度称赞"一带一路"》,《参考消息》2017年6月7日。

理,以新的形式继续鼓吹"中国威胁论"。但是,这也反映出"一带一路"在实践过程中存在项目透明度问题,中国与沿线国家政府在相关投资项目上的权利与义务协调机制,与发达国家已有的债务处理机制(比如巴黎俱乐部)之间的关系等问题。如果不能处理好相关问题,"一带一路"的声誉就会受到很大的影响。

(三)"上海效应"vs."加利福尼亚效应":"一带一路"降低发展中国家的环境与劳工标准?

中国企业海外投资以及贸易活动的环境和社会影响及责任一直是西方媒体关注的话题。在2008年国际金融危机之后,西方学者进一步担忧中国由于环境和社会治理标准相对较低,替代西方发达国家成为主要进口市场后,进而会导致其他发展中国家的环境和劳工问题恶化。比如英国国际发展问题学者拉法尔·卡普林斯基(Raphael Kaplinsky)等人的研究认为,由于中国和印度等大型新兴经济体的生产能力迅速提升,特别是2008年以来在国际金融危机的冲击下,使得制成品和中间品的终端需求发生从北向南的深刻转移,这可能意味着全球价值链的另一次重要转型。卡普林斯基等人强调市场转向对于其他发展中的出口国的环境和社会治理会产生负面影响。比如他们通过加蓬的木材和泰国的木薯行业的研究指出,与南北贸易相比,以中国市场为导向的南南贸易中的进出口双方往往成本和技术水平较为相似,双方都不大重视环保和劳工待遇问题,因此容易陷于低质和低价竞争,不利于从长期提升产品的质量。①

在"一带一路"倡议正式提出之后,许多学者认为这将会加剧形成以中国为中心的区域经济新格局,进而会加剧上述问题。新成立的

---

① 不过,他们也指出了其中的积极影响:相对于向发达国家出口而言,许多发展中国家对外出口的门槛会因此变得较低,有望从贸易中获得更多收益。Raphael Kaplinsky, and Masuma Farooki, "Global Value Chains, the Crisis, and the Shift of Markets from North to South", in Olivier Cattaneo, Gary Gereffi and Cornelia Staritz ed., *Global Value Chains in a Postcrisis World*: *a Development Perspective*, The World Bank, 2010, pp. 125 – 153; Raphael Kaplinsky, Anne Terheggen and Julia Tijaja, "China as a Final Market: The Gabon Timber and Thai Cassava Value Chains", *World Development*, 2011, Vol. 39, No. 7, pp. 1177 – 1190。

亚投行如何遵守环境与社会责任标准，也是西方国家经常提起的话题。另外，还有一些西方学者认为，中国国内目前正在推动生态文明建设，大幅提高环境治理标准，同时通过"一带一路"对外转移产能，这也会使得原来标准较低的沿线国家加重生态环境危机。

另外，在贸易与环境的研究文献中，一直存在所谓的"竞次"（Race to the Bottom）假设（或称"向底线赛跑"假说），即在经济全球化背景下为了吸引投资和获得出口机会，各国竞相降低环境与社会标准以提高竞争力。尽管相关的实证证据一直不足，但是这一假设一直流传甚广。与之相反，另外有学者认为非但"竞次"假设不会成立，反而各国还会积极提高环境和社会标准作为提升竞争力的手段。由于美国加利福尼亚州被广泛称作这种现象的典型代表，学术界将其称为"加利福尼亚效应"（California effect）。2017 年，两位学者基于中国与非洲国家之间贸易的社会影响而提出了所谓的"上海效应"，将其与"加利福尼亚效应"相对应。① 相关的研究本来只是对"竞次"假设的翻版，但是这一新提法进一步把中国作为典型的批评对象，对"一带一路"倡议的实施也将造成非常不利的影响。

"一带一路"提出了"政策沟通"和"绿色丝绸之路"的倡议，致力于解决投资与贸易自由化和便利化带来的环境与社会问题，正是要极力避免"竞次"假说所预测的情况。但是在现实中，由于西方国家支持的非政府组织主导了环境与人权领域的标准和话语权，"一带一路"要建立自身的机制、标准和话语权就面临着极大的挑战。

## 三　思考"一带一路"与全球治理关系的分析框架

### （一）全球治理体系的发展与"一带一路"的关系

全球治理最初源于冷战结束之初出现的一种关于重建世界政治

---

① Adolph C., Quince V., & Prakash A. "The Shanghai effect: Do exports to China affect labor practices in Africa?" *World Development*, 2017, pp. 89, 1-18. 这篇文章分析了第三世界国家对中国的出口贸易与其国内劳工标准的关联性。

的规范性主张。以 1995 年的《天涯成比邻——全球治理委员会的报告》（Global Neighborhood）的出版作为标志，这种观点主张世界政治从大国政治重新回到以联合国为中心，并且增强新兴发展中国家的代表权和决策权的权力结构，增强法治和公平原则的地位，以更好地反映时代发展并且积极应对各种全球性问题。① 这种主张可以追溯到 20 世纪 70 年代发展中国家提出的"国际经济新秩序"运动。

全球治理的概念本来具有明显的改革色彩，较多地反映了发展中国家的权利主张和公正诉求，一度得到了较广泛的关注。这与 20 世纪 90 年代初冷战结束的乐观氛围密切相关，各国普遍希望重新关注全球发展问题，通过国际合作解决共同面对的全球性问题。"全球治理委员会"的报告很大程度上是这种乐观情绪的报告，但是其中理想主义色彩较为浓厚，没有考虑实现目标的具体手段，仿佛权力转移会顺利发生。当时的一些多边进程体现了这种乐观的期盼，比如在里约热内卢通过了《21 世纪议程》、《联合国气候变化框架公约》以及《生物多样性公约》等。

但是发达国家对于这一议程的兴趣很快冷淡下来，并且利用自身的权力对"全球治理"进行了新自由主义的改革。美国最初对"单极时刻"的承诺变成了维持"单极时代"的野心，并且通过新自由主义话语逐渐消解了全球治理推动国际政治改革最初的雄心。霸权国的主导性话语，包括新自由制度主义、自由国际主义和霸权稳定论等，掩盖了大国权力的作用，为美国和西方霸权继续提供合法性来源。② 自 20 世纪 80—90 年代以来，西方国家通过世界银行和国际货币基金组织把"善治"（good governance）作为提供贷款支持的前提条件，并且以提高效率和增加合法性的名义大量通过跨境非政府组织的途径提供援助和影响受援国的国内政治。与此同时，西方跨国企业

---

① ［瑞典］英瓦尔·卡尔松、什里达特·兰法尔等：《天涯成比邻——全球治理委员会的报告》，赵仲强等译，中国对外翻译出版公司 1995 年版。

② 参看［英］安德鲁·赫里尔《全球秩序的崩塌与重建》，林曦译，中国人民大学出版社 2017 年版。

和非政府组织也大量积极参与联合国等多边组织的活动，被认为是全球治理的主要体现。2000年联合国秘书长科菲·安南提出了所谓"全球契约"（global compact）运动，鼓励跨国公司和非政府组织积极承担社会责任和参与全球治理。当时在该运动中担任安南顾问的是美国学者约翰·鲁杰（John Ruggie），他明确提出要把自由主义理念嵌入其中并带往全球。[1]

正是在这种政治背景下，西方国家、跨国公司和非政府组织共同在各个领域建立机制和倡议，形成了正式制度和非正式制度结合在一起的复杂的全球治理网络。冷战结束以来，全球治理的领域也迅速扩展，涉及的领域很多。以联合国2030年可持续发展议程为例，其中共设有17项基本目标，涵盖减少贫困、能源、卫生、环境保护、资源开发和人类安全等各个方面。事实上，在其中的绝大部分领域，已经有一定的跨境治理安排（表6-1）。

表6-1　　　　"一带一路"涉及的部分主要全球治理机制

| 领域 | 机制名称 | 制度形态 | 权力结构 | 中国的参与地位 |
| --- | --- | --- | --- | --- |
| 金融领域 | IMF、世界银行 | 正式制度 | 相对集中 | 正式成员 |
| | 亚洲开发银行 | 正式制度 | 相对分散 | 正式成员 |
| 贸易领域 | 世界贸易组织（WTO） | 正式制度 | 分散 | 正式成员 |
| | CPTPP | 正式制度 | 相对集中 | 未加入 |
| | 南亚区域合作联盟 | 正式制度 | 相对集中 | 未加入 |
| 投资 | 国际投资争端解决中心（ICSID）、《解决国家与他国国民间投资争端公约》（俗称"华盛顿公约"） | 正式制度 | 权力分散 | 正式成员 |
| | 巴黎俱乐部、国际会计标准委员会（IASB） | 非正式制度 | 权力集中 | 观察员 |
| | 国际信贷评级机构 | 非正式制度 | 集中 | 非成员 |
| 发展援助 | 发展援助委员会DAC（OECD下属） | 非正式制度 | 权力集中 | 非成员 |

---

[1] ［美］约翰·鲁杰：《把镶嵌性自由主义带向全球：公司联结》，载戴维·赫尔德主编《驯服全球化》，童新耕译，上海译文出版社2005年版。

续表

| 领域 | 机制名称 | 制度形态 | 权力结构 | 中国的参与地位 |
| --- | --- | --- | --- | --- |
| 生态环境保护 | 《生物多样性公约》、《联合国气候变化框架公约》 | 正式制度 | 分散 | 成员 |
| | 森林可持续性认证 FSC、可持续棕榈油圆桌认证（RSPO）、赤道原则 | 非正式制度 | 权力集中 | 非成员（或部分企业加入） |
| 非传统安全治理 | 《联合国海洋法公约》 | 正式制度 | 分散 | 正式成员 |
| | 《联合国全面反恐公约》 | 正式制度 | 分散 | 正式成员 |
| 社会责任 | 国际劳工组织（ILO） | 正式制度 | 分散 | 正式成员 |
| | SA8000 认证 | 非正式制度 | 相对集中 | 非成员 |
| 反腐败 | 《联合国反腐败公约》 | 正式制度 | 分散 | 正式成员 |
| | 《采掘业透明度协议（EITI）》 | 非正式制度 | 权力集中 | 非成员 |

资料来源：笔者自制。

2008 年国际金融危机爆发之后，以 2009 年召开的 G20 峰会为标志，全球治理进入了一个全新的阶段。联合国在后千年发展议程中重新获得主导地位，发展中国家在国际货币基金组织等国际机构的代表性与投票权得到提高，特别是新兴大国成立了"金砖国家"组织等重要的新机构。其中，"一带一路"倡议的提出以及亚投行等机构的成立，代表着中国参与全球治理达到了新的高度。

中国在不同领域全球治理中的表现是非常不同的。新加坡学者吴逢时也曾经较为系统地梳理了中国在不同领域参与全球治理的情况。他发现，在许多领域的多边合作和全球治理格局中，中国的参与并不完整，也没有成为核心成员。他认为，中国在经济发展和大部分的环保领域的全球治理中相对而言是一个"履约者"，尽管程度有所不同；而在人权领域基本是一个"摇摆不定者"和"旁观者"；在能源领域几乎没有加入任何权威组织；在安全领域，中国参与模式最为复杂，履约与隐性抗拒并存。[①]

中国社会科学院何帆等学者将中国参与的全球治理机制主要分为

---

① 吴逢时：《中国与全球治理：跨越门槛的四种路径》，《战略与管理》2016 年第 2 期。

三类：（1）主要由发达国家主导的机制，比如联合国和布雷顿森林机构；（2）发达国家和新兴国家共同主导的发展演进中的机制，比如G20；（3）主要由新兴国家倡建和参与的新机制。他们认为对于上述三种机制，应该分别遵循权责相适原则、利益包容原则和有区别的共同责任原则等不同的原则。① 这种分类有一定的参考价值，但似乎并不准确和全面。比如其中认为联合国也是发达国家所主导，并将其与布雷顿森林机构归为一类。

类似的，上海社会科学院张幼文研究员把中国参与的全球治理机制主要分为四类。一是现有的合理体制，如联合国和世界贸易组织，中国要积极维护其权威性和各种职能。二是现有体制中不尽如人意的机制，比如国际货币基金组织在维护世界金融稳定中具有重要作用，但在表决权份额等方面不能反映世界的发展和变化。他认为中国需要推动其改革。三是现有全球治理体制的能力不足的机制，比如世界银行等国际发展援助机构作用重大，但与全球发展需要相比资金远远不足。他认为中国的角色是提供补充，通过倡导建立金砖银行、亚投行等发挥作用。四是新领域的新机制，比如气候变化和全球环境治理体制，中国需要创新治理模式以适应新发展需要。② 在这里，联合国和 WTO 被单独列出来，而布雷顿森林机构也被进一步细分，应该更为准确。不过他同样没有提到世界经济中还广泛存在的各种西方跨国公司和非政府组织主导的非正式的治理机制，对于这类机制中国应该采取何种态度也没有得到讨论，因此也并不完整。

### （二）对"一带一路"与全球治理关系的类型学分析

"一带一路"以基础设施的互联互通和经贸合作为主要内容，以实现"五通"作为目标，但是涉及国际合作的内容非常广泛。正如西

---

① 参见何帆、冯维江、徐进《全球治理机制面临的挑战及中国的对策》，《世界经济与政治》2013 年第 4 期。
② 张幼文：《"一带一路"建设：国际发展协同与全球治理创新》，《毛泽东邓小平理论研究》2017 年第 5 期。

班牙中国问题专家胡利奥·里奥斯所说,"其影响力已大大超越了贸易和经济领域,延伸到环境、文化、社会等层面,从而形成了一个完整的综合计划"①。正是因为如此,"一带一路"也将不断涉及全球治理各个领域的正式制度和非正式的规范与机制,二者互动的情况错综复杂。正如中国参与全球治理存在不同的路径,"一带一路"与全球治理的关系也必然是因议题而异,不可一概而论。

我们可以使用权力结构和制度形态两个变量来建立一个二维分析框架,以更好地分析其中的复杂关系(见表6-2)。其中,权力结构是指现有治理体系中的权力分配情况,权力较为集中的治理机制往往是俱乐部式和排他性的,往往是西方发达工业化国家所控制的机构或制度,比如国际货币基金组织(IMF)和经济合作与发展组织(OECD)。权力较为分散的组织则是包容性较强,贯彻多边主义原则较为彻底,比如联合国和世界贸易组织(WTO)。制度形态是指现有治理体系的发展阶段,涉及涵盖范围、规则形式、合法性等方面,但是其中最为重要的是其约束性,这对于成员进行成本收益分析更为关键。正式制度和非正式制度(比如原则和规范、非政府的倡议等)的区别可以大致体现这个变量的两个方向。国外学者比如 Injoo Sohn 发现,中国在参与国际金融治理时对不同规则的吸纳和遵守情况不同,部分原因是源于其中治理结构的松散以及不同规则的监管程度的差异。② 国外一项对13个国际组织容纳新兴国家参与情况的比较研究发现,决定参与效果的最重要因素之一在于现有国际组织本身对新兴发展中大国的排斥性(或包容性)。③

---

① [西]胡利奥·里奥斯:《"一带一路"成全球议程一部分》,《参考消息》2018年7月28日。相关观点也可以再参考[西]胡利奥·里奥斯《中国推动全球治理实质性变革》,《参考消息》2018年7月23日;新华社《综合消息:"一带一路"倡议是探索全球治理模式的新平台——海外人士谈"一带一路"倡议提出5周年》,新华网,http://www.xinhuanet.com/world/2018-10/03/c_1123517242.htm。

② Injoo Sohn, "Between Confrontation and Assimilation: China and the fragmentation of global financial governance", *Journal of Contemporary China*, Vol. 82, No. 22, 2013, pp. 630-648. 转引自吴逢时,2016。

③ D. Lesage, TVD Graaf, *Rising Powers and Multilateral Institutions*, London: Palgrave Macmillan, 2015.

表6-2　"一带一路"与不同领域全球治理的关系类型

| 权力结构制度形态 | 权力集中 | 权力分散 |
| --- | --- | --- |
| 约束性的正式制度 | 潜在的竞争，有限合作，提供补充（比如金融领域、发展援助） | 合作（比如联合国和WTO） |
| 非约束性的非正式制度 | 竞争为主；或创新标准（比如投资、反腐败、环境和劳工标准问题） | 创新、领导（比如防灾减灾、低碳经济、可再生能源和绿色金融） |

资料来源：笔者自制。

在不同的情况下，中国和"一带一路"面临的制度环境和权力格局不同，得到的反应也会不同。在其中权力更为集中、现有规则和机制更加完善的领域，"一带一路"面临的反弹会更大。比如布雷顿森林机构和OECD往往会认为"一带一路"对其规则规范构成一定的挑战，相关的合作也比较有限。相反在权力更为分散和更加支持多边主义的领域，"一带一路"所体现出来的良性竞争就会更受宽容。比如联合国相关机构以及世界贸易组织总体上都支持和肯定"一带一路"的贡献。而在西方主导的非约束性的机制和倡议方面，"一带一路"的许多实践会影响到其中规范和机制的运作效果，因此容易受到较大反弹。其中在投资和发展援助方面，目前只有一些非正式的规则或者是OECD的DAC这种少数国家适用的规则，中国作为新的信贷提供者进入世界市场，会削弱这些机制原有规则和规范的效果，自然会引起较大的反应。尽管中国因为没有加入相关机制并不受其约束，但是其中的张力也会维持下去，需要得到释放。

随着"一带一路"实践的不断推进，中国参与全球治理的深度会大大加强，相关互动的问题会更加深化。比如国外学者通过对中国在多个治理领域的参与案例比较研究发现，中国游离于治理进程之外的选择和成本以及中国的不可或缺性这两个因素可以较好地解释中国参与全球治理的程度。[①] 根据这一逻辑，"一带一路"建设将会使得中

---

① Scott L. Kastner, Margaret M. Pearson & Chad Rector, Invest, "Hold Up, or Accept? China in Multilateral Governance", *Security Studies*, 2016, Vol. 25, Issue 1, pp. 142–179.

国更多地参与诸多领域的全球治理。因为这会使得中国融入世界经济的程度更深，届时游离其外的选择空间会更少，中国的不可或缺性将会加强，因此更有意愿去投资和影响全球治理进程。

通过这一类型学分析，我们也许可以更好地理解"一带一路"何以在不同的治理领域会得到不同程度的反应，"一带一路"是在何种层面上可能做出贡献以完善全球治理体系，以及可以在哪些方面避免冲突和更好地发挥补充作用。

## 四 "一带一路"对完善和补充全球治理的贡献

全球治理并不应该只是西方世界的治理，其目标是实现更加公正合理的国际政治经济新秩序，应该通过"共商、共建、共享"的方式来实现。20世纪90年代初"全球治理委员会"在发表的报告中正是基于这种思想提出了一系列新理念和政策建议，不过可惜几乎没有被采纳。"一带一路"继承了其中的思想，并以"人类命运共同体"作为指导理念，把推动更多国家实现经济社会发展作为目标，对于现有的新自由主义全球治理将形成重要的完善和补充作用。

### （一）中国和沿线国家通过"一带一路"加强国际合作，共同成为全球治理的积极主体

自二战结束以后，发达工业化国家一直主导着重要的国际组织，并对世界经济具有举足轻重的影响力。在这种背景下，发展中国家倡导建立国际政治经济新秩序的呼声不可能得到积极回应，全球治理的资源和话语权始终被西方国家所掌控。特别是20世纪80年代以来，西方国家一直在积极推动以"华盛顿共识"为代表的发展模式。西方发达国家推动国际货币基金组织、世界银行以及OECD等国际组织以所谓"善治"（good governance）作为提供援助的前提，导致许多发展中国家被迫陷入了新自由主义改革的方向，经济增长没有取得预期

的发展，反而发生危机而陷入混乱和停滞。① "全球治理委员会"发表的报告，很大程度上是因为高度重视提高新兴工业化发展中国家崛起的意义以及国际机构改革的必要性，但是全球治理体系改革的核心议程长期没有得到西方发达国家的重视。直到 2008 年国际金融危机之后，新自由主义发展模式走到尽头，世界经济进入重要的转型阶段，全球治理成为国际社会的重要议题。

在这种背景下，中国作为世界第二大经济体和第一大贸易国在 2013 年正式提出"一带一路"倡议，对于推动全球治理的转型具有重要意义。② 美国经济学家、诺贝尔经济学奖获得者迈克尔·斯彭斯（Michael Spence）认为，亚洲基础设施投资银行（AIIB）和"一带一路"倡议代表着中国提出了自己的国际发展规划。他认为，中国在过去 35 年来大部分时间专注于国内经济，可是现在中国形成了"增长和发展战略的外部新定位"，出台了"让邻国确信自己可以从中国的经济转型中获利的战略"。③ 在这个意义上，中国开始有能力和意愿成为全球治理的积极参与者，对于纠正原有全球治理体系的扭曲将发挥积极作用。

中国已经明确定位自身要作为全球发展的贡献者，"一带一路"是中国体现大国责任担当和推动解决全球发展问题的重要载体。在 2015 年 9 月 28 日联合国大会的演讲中，习近平主席明确提出："中国将始终做全球发展的贡献者，坚持走共同发展道路，继续奉行互利共赢的开放战略，将自身发展经验和机遇同世界各国分享，欢迎各国搭乘中国发展'顺风车'，一起来实现共同发展。"④ 随后在 9 月 26 日召开的

---

① Walden Bello, *Dark Victory: The United States and Global Poverty*, Pluto Press, 1999; Alice H. Amsden, *Escape from Empire: The Developing World's Journey through Heaven and Hell*, Cambridge, Massachusetts: The MIT Press, 2007.

② 谢来辉：《从"扭曲的治理"到"真正的治理"：全球发展治理的转变》，《国外理论动态》2015 年第 12 期。

③ Michael Spence, "China's International Growth Agenda", *Project Syndicate*, June 17, 2015, https://www.project-syndicate.org/commentary/china-international-growth-agenda-by-michael-spence-2015-06. [美] 迈克尔·斯彭斯：《中国国际发展战略让世界受益》，《参考消息》2015 年 7 月 9 日。

④ 习近平：《携手构建合作共赢新伙伴 同心打造人类命运共同体——在第七十届联合国大会一般性辩论时的讲话》，《人民日报》2015 年 9 月 29 日。

联合国可持续发展峰会上,习近平强调:为了推进全球发展事业,中国"愿意同有关各方一道,继续推进'一带一路'建设,推动亚洲基础设施投资银行和金砖国家新开发银行早日投入运营、发挥作用,为发展中国家经济增长和民生改善贡献力量"。习主席提出,"一带一路"是中国"继续秉持义利相兼、以义为先的原则,同各国一道为实现2015年后发展议程"而做出的诸多努力之一。① 在2015年10月16日召开的"2015减贫与发展高层论坛"上,习主席再次强调:"一带一路"是中国致力于为发展中国家改善国际发展环境的重要努力。他指出,"中国提出共建丝绸之路经济带和21世纪海上丝绸之路,倡议筹建亚洲基础设施投资银行,设立丝路基金,就是要支持发展中国家开展基础设施互联互通建设,帮助他们增强自身发展能力,更好融入全球供应链、产业链、价值链,为国际减贫事业注入新活力"。② 在2017年5月召开的"一带一路"国际合作高峰论坛上,习主席再次强调"推进'一带一路'建设,要聚焦发展这个根本性问题,释放各国发展潜力,实现经济大融合、发展大联动、成果大共享"。③

中国作为全球发展的贡献者,可以在相当程度上提供出口市场和弥补资金缺口,将为全球发展注入新动力。长期以来,西方发达国家都是国际资本和发展援助的主要来源,在很大程度上主导了第三世界国家的外部发展环境。中国在2001年加入WTO之后,进出口规模迅速攀升,成为全球180多个国家的重要贸易伙伴。2010年以后,中国的发展援助贷款超过了世界银行的贷款总额。2017年6月,联合国贸发会议发布的《2017年世界投资报告》显示,2016年,中国对外投资飙升44%,达到1830亿美元,首次成为全球第二大对外投资国。中国经济的崛起,有利于世界经济和全球治理摆脱过分依赖少数西方

---

① 习近平:《谋共同永续发展 做合作共赢伙伴——在联合国发展峰会上的讲话》,《人民日报》2015年9月27日。
② 习近平:《携手消除贫困 促进共同发展——在2015减贫与发展高层论坛的主旨演讲》,《人民日报》2015年10月17日。
③ 习近平:《携手推进"一带一路"建设》,《习近平谈治国理政》(第二卷),外文出版社2017年版,第512页。

发达国家的局面。

在国际金融危机爆发于发达工业化国家的背景下,"一带一路"对于纠正全球发展失衡和改善全球经济治理具有重要的意义。希腊前总理乔治·帕潘德里欧曾在接受采访时公开表达对"一带一路"倡议的感激之情。他回忆说:"在我们面临金融危机的情况下,在欧盟面临更广泛的挑战之时,中国帮助了我们。……中国是少数几个购买我们国债的国家之一。这是一种重要的信任投票。接着,中国开始投资比雷埃夫斯港,现在该港已经成为新的海上丝绸之路的主要组成部分。这些投资显示出了对我国能够克服危机的极大信任,很少有国家会这么做。"另外在非洲,据美国约翰斯·霍普金斯大学中国非洲研究计划负责人德博拉·布罗伊蒂加姆的研究,自 2000 年以来,中国已经通过国有银行向非洲发放了约合 1000 亿美元的贷款,"这几乎赶上了世界银行的贷款量"。吉布提总统顾问亚丁·艾哈迈德·杜阿勒说:"没有基础设施,就不可能有贸易往来。欧洲国家不愿帮助非洲国家发展基础设施和经济,只有中国人愿意。现在,这对欧洲很不妙,但对中国有利,对非洲有利。"

**(二)"一带一路"把发展议题作为治理的主要对象,纠正全球治理体系的扭曲**

在冷战期间,第三世界的发展问题一直无法得到足够重视,受制于美苏争霸对峙的危险局面。冷战结束以后,广大发展中国家迫切希望把发展问题重新作为全球议程的核心议题。"全球治理委员会"也在报告中专门建议联合国成立更加权威的经济理事会,以统筹推进全球发展议程。

但是,现有的全球治理体系受到西方国家国内价值偏好的影响,许多机制或者倡议往往把人权、环境和气候变化等议题或者规范放在更加突出的位置,试图通过大量输出国内的治理模式来解决当地问题。它没有切实根据第三世界国家的现实需要来制定治理议程,而是根据主导国家自身的战略偏好和国内利益推广价值观和拓展资本主义经济体系。例如,美国对于全球治理的概念一直持抵制态度,美国总统都极少使用这个概念。另外，由于缺乏足够的支持，联合国的千年发展目标实现的程度严重低于计划的目标。因此，英国学者托尼·麦克格鲁批评当前存在的全球治理只是一种"被扭曲的治理"，而不是"真正的治理"。① 荷兰学者亨克·奥弗比克更加直言不讳："在过去的20多年里，所谓的全球治理实际上是新自由主义的全球治理，服务于资本在全球范围内积累的自由。"②

正是因为原有的全球治理体系一直没有把第三世界的经济发展置于全球治理的核心议程，亚欧非广大地区的基础设施严重不足的问题长期没有得到关注，尽管它已经成为严重制约区域经济一体化和社会发展的瓶颈。相比之下，"一带一路"基于中国自身的经验，把基础设施建设、互联互通放在突出位置，与沿线国家平等对话，以发展战略对接的方式共同推动经济一体化合作，可以更好地解决发展中面临的问题。正是因为如此，联合国秘书长古特雷斯指出，"一带一路"倡议和联合国2030年可持续发展议程方向一致，有助于推动经济全球化更加平衡、包容、和谐发展，对于通过国际合作解决当今世界面临的诸多挑战具有重大意义。

**（三）"一带一路"尊重各国主权平等，通过推动共同发展解决各种非传统安全问题，可以纠正和弥补全球治理体系的缺陷**

"一带一路"基于和平共处五项基本原则，奉行"相互尊重、平等互利、合作共赢"的新型国际关系理念，遵循"共商、共建、共享"的全球治理新理念。中国倡导的这些基本规范有利于捍卫主权原则和形成更加稳定和平的国际关系，得到了联合国和大多数沿线国家的支持和欢迎。人们注意到，国家要求维持领土完整的权力与一些少数族裔要求民族自决的权利之间存在明显的冲突。像美国等现有西方大国经常随心所欲地推动一些新的价值规范，使其超越其他规范（比

---

① ［英］托尼·麦克格鲁：《走向真正的全球治理》，陈家刚编译，《马克思主义与现实》2002年第1期。
② ［荷］亨克·奥弗比克：《作为一个学术概念的全球治理：走向成熟还是衰落？》，谢来辉译，《国外理论动态》2013年第1期。

如人权高于主权），但是这往往又不能获得国际层面的共识，从而导致一种含混不清的国际秩序，导致冲突频繁发生。因此，有国外学者认为，中国领导的国际秩序将会更加积极捍卫领土完整和主权，从而形成更好的国际秩序。①

"一带一路"通过推动共同发展，消除恐怖主义的土壤，弥补全球治理体系的不足。"一带一路"不少沿线国家是参与全球化程度较低的国家。特别是亚洲的许多内陆国家，也是基础设施较差的国家，长期以来因为不能从全球化中受益，导致发展水平较低。正如有南亚学者指出的，"国家的比较优势，如果不能与地区优势，如地区内连接程度相结合，就很可能会被完全抹杀。目前，由于完整的区域性连接尚未成形，亚洲仍然处在一个重要的转折点上"。② 全球化导致的发展不均衡产生的薄弱环节也成为全球治理的脆弱环节，不少国家反复陷入国内冲突，被称为"失败国家"或"危险国家"。美国战略学者托马斯·巴尼特（Thomas Barnett）指出：美国军方参与反恐战争的人士越来越认识到，与全球化脱节的国家是最脆弱最容易爆发冲突的国家，而这类国家很多集中在亚洲地区。相比于西方发动战争推动政权更替或者推广民主的方式，巴尼特认为，将这些国家纳入全球化进程中是解决全球安全问题的治本之策。③ 如果获得区域一体化力量的支持，较落后的国家特别是所谓的"失败国家"可以有机会参与全球分工，最大限度地发挥其增长潜力，分享全球化的成果。在这个意义上说，"一带一路"推动共同繁荣发展对于应对恐怖主义等各种全球性问题也许是更为根本性的解决方案。

中国明确提出要把"一带一路"建设成为"和平之路""文明之路"，要有助于从根本上解决全球面临的诸多现实挑战。在 2018 年 9

---

① Ryan D. Griffiths, "States, Nations, and Territorial Stability: Why Chinese Hegemony Would Be Better for International Order", *Security Studies*, Volume 25, Issue 3, 2016, pp. 519–545.

② Prabir De, Biswa N. Bhattacharyay,《重修丝绸之路：迈向亚洲一体化》，刘小雪译，《当代亚太》2009 年第 3 期。

③ [美] 托马斯·P. M. 巴尼特：《五角大楼的战略新地图：21 世纪的战争与和平》，王长斌、汤学武、谢静珍译，东方出版社 2007 年版；[美] 托马斯·P. M. 巴尼特：《大视野，大战略：缩小断层带的新思维》，孙学峰、徐进译，世界知识出版社 2009 年版。

月召开的中非合作论坛上,习近平主席表示中国将扩大对非洲在安全方面的援助:中国将"支持非洲落实'消弭枪声的非洲'倡议,愿为促进非洲和平稳定发挥建设性作用,支持非洲国家提升自主维稳维和能力"。①

### (四)"一带一路"探索全球环境治理的新模式

环境保护是"一带一路"建设的重要议题。相关的挑战更多源于沿线国家和地区经济发展任务繁重与生态环境先天脆弱之间的矛盾。仅仅依靠单个国家或地区的某一倡议与行动,均不足以应对"一带一路"建设所面临的跨国环境风险。② 这需要中国与沿线国家共同提升对环境保护议题的重视,合作构建新型的环境治理体系。

中国政府高度重视绿色"一带一路"的建设,提出要将"一带一路"建设为"绿色之路"。在2015年3月发布的《共建一带一路的愿景与行动》文件中提出,要建设绿色"一带一路",并且专门发布了《关于推进绿色"一带一路"建设的指导意见》。2017年5月,环境保护部发布《"一带一路"生态环保合作规划》(以下简称《规划》),为我国当前和今后一段时期推进"一带一路"生态环保合作工作明确了"行动方案"。③ 在2017年5月召开的"一带一路"国际合作高峰论坛上,习近平主席又提出"设立生态环保大数据服务平台,倡议建立'一带一路'绿色发展国际联盟"。因此,"一带一路"试图纠正像贸易自由化加剧环境污染等这类新自由主义经济全球化所导致的问题。尽管"一带一路"强调市场运作的基本原则,但同时强调市场的作用还要受到许多约束。④ 这也是政策沟通和民心相通作为

---

① 习近平:《携手共命运 同心促发展:在2018年中非合作论坛北京峰会开幕式上的主旨讲话》,《人民日报》2018年9月4日。
② 王洛忠、张艺君:《"一带一路"视域下环境保护问题的战略定位与治理体系》,《中国环境管理》2016年第4期。
③ 程翠云、翁智雄、葛察忠、段赟婷:《绿色丝绸之路建设思路与重点任务——〈"一带一路"生态环保合作规划〉解读》,《环境保护》2017年第18期。
④ 根据卡尔·波兰尼(Karl Polanyi)提出的双重运动理论,这意味着自由市场的力量必须被重新"嵌入"新发展理念和社会规范之中,"嵌入"新型国际关系之中。[英]卡尔·波兰尼:《大转型:我们时代的政治与经济起源》,冯钢、刘阳译,浙江人民出版社2007年版。

"一带一路"重要内容的意义所在。为此，习近平主席特别强调："我国企业'走出去'既要重视投资利益，更要赢得好名声、好口碑，遵守驻在国法律，承担更多社会责任。""要规范企业投资经营行为，合法合规经营，注意保护环境，履行社会责任，做共建'一带一路'的形象大使。"①

西方学者和媒体经常批评中国通过"一带一路"框架下的产能合作是对外输出污染，其实根本站不住脚。比如中国企业投资为沿线发展中国家建设了许多燃煤电厂，为这些国家摆脱能源短缺危机提供了重要帮助。满足发展中国家的合理能源需要也正是2030年可持续发展目标的一项重要内容。而且，根据《巴黎气候协定》，"一带一路"多数沿线发展中国家并没有强制约束排放的承诺和责任。但是，"一带一路"的相关实践经常被批评增加了沿线国家的碳排放，而且削弱了OECD国家禁止成员国向外输出燃煤电厂的实际效果。因为OECD为了促进减排应对气候变化，在2015年设置了对外援建和运营燃煤电站的能效和排放标准。但是，中国因为不具备成为OECD成员的资格，不受相关规定制约，因此这种批评是不能成立的。比如2017年12月26日日本《读卖新闻》的报道，据统计，截至2015年，中国在国外投资的计划中的燃煤电站项目涉及资金已经高达720亿美元。尽管该报对于中国向亚非国家出口碳排放量较高的燃煤电站颇有微词，指责中国享有作为非经合组织成员国不受约束的竞争优势，但是又不得不承认："中国所提供的廉价设备和资金支持正好是亚非发展中国家迫切需要的。"在巴基斯坦，中巴经济走廊计划项目中有三分之一与煤炭发电相关，当地政府对于通过成本低廉的燃煤发电解决缺电危机非常感兴趣。其中也提到，负责与中国谈判的非洲国家马拉维的财政部长古多尔·贡德伟表示："没有（中国以外的国家）提出帮助我们，我们没有其他选择，对于中国在电力方面的贡献我们深表感谢。"

---

① 习近平：《推进"一带一路"建设，努力拓展改革发展新空间》，《习近平谈治国理政》（第二卷），外文出版社2017年版，第501页。

当前西方发达国家在处理跨境投资贸易带来的环境问题时主要有四种治理模式，都存在明显的局限。这四种环境治理模式分别是：（1）按国内标准对进口产品设置要求，施加关税或者非关税壁垒；（2）通过在双边或者区域贸易协议中设置专门的环境条款，强制其他成员国接受某种环境标准或者实施环境协定；（3）通过跨国公司和非政府组织开展"民间治理"（private governance），建立行业性的治理体系或者认证程序（比如赤道原则，RSPO 和 FSC 都是典型的例子）；（4）欧盟内部成立专门的委员会，在成员国统一进行环境政策和标准的协调。这四种模式都体现出发达国家的治理理念，没有考虑东道国政府本身的政策，而且往往过于滥用强权，在实践中也大多效果不佳，总体上并不适用于"一带一路"的实践。

"一带一路"更为推崇的似乎是"政策沟通"的方式，通过以政府间政策对话交流和能力建设来处理相应的问题，同时吸纳企业和社会组织的参与。这种模式更加重视东道国政府的核心作用，尊重其能动性。沿线发展中国家的治理能力对于"一带一路"建设具有至关重要的作用。① 目前，"一带一路"建设实践过程中已经涌现出许多环境治理的最佳实践和创新模式，值得深入总结。比如文献中已经有案例研究发现，在肯尼亚国家铁路项目（Standard Gauge Railway，SGR）的实施过程中，肯尼亚政府、中国政府、中国进出口银行、中国路桥集团以及第三方评估机构就环境与社会影响评价项目（Environmental and Social Impact Assessment，ESIA）开展了很好的合作，可以作为模式进行推广。②

此外，西方发达国家在环境管理和技术方面具有优势，如果能够放弃战略竞争加入"一带一路"建设，将会有利于形成全新的环境治理模式，对于全球环境转型具有重要意义。美国学者加德尔斯提出，对于

---

① 刘铭赜：《"一带一路"：中国特色的全球治理之路》，《江苏师范大学学报》（哲学社会科学版）2017 年第 6 期。

② Bingyu Liu, "Regulation of Chinese Infrastructure Companies' Environmental and Social Impacts in Host Countries Overseas: a Study of the Chinese-built Standard Gauge Railway Project in Kenya", *South African Journal of Environmental Law and Policy*, Volume 23 Number 1, 2017, pp. 101 – 141.

"一带一路"倡议,"西方采取的正确立场应该是:加入中国的全球发展努力,……有许多西方国家加入'机构精简、廉洁和绿色'的亚投行的经验表明,如果西方是正在形成的新秩序的参与者而不是旁观者,就可以实施高标准"。① 2017年2月美国《福布斯》双周刊网站的文章认为,"一带一路"能从多个方面给西方企业带来好处。其中的一个方面就是西方专业服务公司,包括会计、咨询、银行、保险等领域的专业公司,可以发挥优势解决良好管理和透明度的问题,另外,西方非政府组织可以在"一带一路"的清洁能源与可持续发展项目获益。②

**(五)"一带一路"可能以非西方的新理念与规范为反腐败治理做出贡献**

目前,中国和西方国家对于"全球治理"的内涵和定义仍然存在差异。中国有自己的发展模式和治理模式,对于"全球治理"、"法治"、"公民社会"等概念有自己的理解。这种差距可能会体现为话语权之争,在不断扩大。③ 比如美国中国问题专家柯庆生(Thomas J. Christensen)也指出,中国对于国际政治有自己的理解,一直不愿意按照西方的人权标准行事,所以在援助和投资其他发展中国家时并没有遵照西方的标准,而是根据自己的传统方式来行事。④

"一带一路"倡议下的融资计划用于支持相关国家的具体发展项目,尤其是大型基础设施开发项目,会给沿线国家带来实实在在的包容性经济增长。这与20世纪西方国家的援助资金进入少数精英囊中

---

① [美] 内森·加德尔斯:《中国正在为后美国世界秩序奠定基础》,美国《华盛顿邮报》网站,2018年7月27日,转引自《参考消息》2018年7月27日。加德尔斯和尼古拉斯·伯格鲁恩在2013年合作出版著作《智慧治理:21世纪东西方之间的中庸之道》(*Intelligent governance for the 21st Century: A Middle way between West and East*,中文版为朱新伟译,上海人民出版社2013年出版),其中主张综合东西方特别是中美两国的治理模式,以应对全球化带来的共同挑战。
② 《西方可以从"一带一路"中获益》,美国《福布斯》双周刊网站,2017年2月25日,转引自《参考消息》2017年2月27日。
③ Alice Ekman, "China and the 'Definition Gap': Shaping Global Governance in Words", November 4, 2017, http://www.theasanforum.org/author? user_ id =9192334.
④ Thomas J. Christensen, *The China Challenge: Shaping the Choices of a Rising Power*, W. W. Norton & Company, 2015, pp. 163 – 164.

的历史经验应该存在根本的不同。现在，西方国家的学者和媒体宣称，这也可能导致沿线国家发生在历史上发生过的类似危机，显然是忽视了二者的根本性差异。

在冷战期间，西方国家和国际融资机构大量资助第三世界的专制政权，导致了严重的债务危机。其中的关键问题在于相关借贷并没有用于东道国的经济发展，而是流入了少数统治者的私人腰包。美国著名哲学家乔姆斯基在20世纪90年代就批评西方国家和国际债权人在制造第三世界的债务危机时负有重要责任，他指出债务问题的关键在于相关债务并不用于举债国的发展，而是用于少数统治者的挥霍以及"存入瑞士银行"。他说："和几乎所有的第三世界一样，巴西的将军、他们的心腹和超级富豪们大肆举债并存在到国外。清偿债务的需要成了一道绞索，勒在它的脖子上，使它无力解决自身的问题。清偿债务的需要还限制社会支出、社会公平和持续性发展。""如果我大肆借钱，再把它存入瑞士银行，那我肯定无法偿还债权人。这是你的问题，还是我的问题？住在贫民窟里的人没有借钱，失去土地的工人也没有借钱。依我之见，即使月球上的人负债累累，百分之九十的巴西人也不欠人分文。"①

当前关于中国通过"一带一路"产生"债务陷阱"的批评是缺乏根据的。美国约翰斯·霍普金斯大学中非研究项目的一份报告调查了17个存在严重债务问题的非洲国家的情况。结果显示，该报告指出："根据调查，中国提供的贷款目前并未显著加剧非洲的债务危机。"中国贷款与其中8个国家的债务问题完全无关，在大多数非洲国家，战争、腐败和原材料价格下跌是债务风险的主要原因。该大学的研究人员认为，中国在北京峰会承诺提供的新贷款可能会考虑到非洲日益增长的债务负担。

西方国家在过去数十年的历史经验基础上建立了发展援助委员会（DAC）以及巴黎俱乐部等机制，来处理对外援助和投资的信息共享

---

① ［美］诺姆·乔姆斯基：《世界秩序的秘密：乔姆斯基论美国》，季广茂译，译林出版社2015年版。

和债务处理的相关问题。中国也以观察员的身份加强了与巴黎俱乐部的互动，二者的合作有望提高中国对"一带一路"相关投资和债务管理的技术能力。但是，这不意味着西方国家可以根据自身的价值观和政策偏好来对"一带一路"的投资和援助妄加指责。西方国家往往以非黑即白的二元论来看待第三世界国家的政体形式，并且随意大加制裁。在现实中往往是西方的霸权主义行径导致了许多发展中国家厌恶西方的情绪，但是往往因为对外部经济环境的依赖而不得不忍气吞声。在未来更加完善的全球治理体系中，西方国家的优势地位不再，可能不得不越来越面对发展中国家的批评。

中国近年来积极加强反腐败国际合作的重要议程，提出要把"一带一路"打造成为"廉洁之路"。2014年4月APEC第26届部长级会议通过了《北京反腐败宣言》，成立了APEC反腐执法合作网络。2016年9月在G20杭州峰会上，中国推动通过了G20反腐败追逃追赃高级原则。习近平在2017年"一带一路"国际合作高峰论坛开幕式演讲中首次指出，要加强国际反腐合作，让"一带一路"成为"廉洁之路"。2017年9月，厦门金砖国家领导人会晤就加强反腐败合作达成重要共识并写入《金砖国家领导人厦门宣言》，同年11月第20次中国—东盟领导人会议发表《中国—东盟全面加强反腐败有效合作联合声明》。2018年7月3日，在北京召开的"一带一路"法治合作国际论坛发表共同主席声明，将廉洁之路纳入其中。声明提出："呼吁'一带一路'参与方携手加强'一带一路'廉洁建设，鼓励以《联合国反腐败公约》等国际公约和相关双边条约为基础开展反腐败合作，将'一带一路'建成廉洁之路"；"支持'一带一路'参与方深化司法执法领域合作"。

"一带一路"倡导的这种以《联合国反腐败公约》等国际公约和相关双边条约为基础的反腐败治理，重视提高中国和沿线各国的治理能力，加强企业自律和腐败风险防控，将为全球反腐败治理提供重要的新方法新路径。2017年9月，在世界银行与中央纪委监察部共同举办的加强国际合作共建廉洁之路研讨会上，世界银行副行长杜波伊斯表示，世界银行支持"一带一路"倡议，将在打击商业欺诈和贿赂、促进企业合规经营和构建廉洁营商环境方面，同中方及其他参与方分享经验。①

自 2013 年提出倡议以来，中国与沿线国家在"一带一路"框架下积极建立了各个领域的诸多合作机制（见表 6-3）。这些机制以政府间的合作为主，既有正式的多边国际制度，也有非正式的规范和规则。其中的一个突出特点就是中国并不在其中寻求获得主导权，而是遵循"和平合作、开放包容、互学互鉴、互利共赢"的丝路精神，循序渐进。

表 6-3 "一带一路"新设立的部分主要治理机制

| 领域 | 名称 | 时间 |
| --- | --- | --- |
| 金融 | 亚投行（AIIB） | 2015 年 12 月 |
| | 丝路基金 | 2014 年 12 月 |
| 贸易 | "一带一路"自由贸易网络 | 2017 年 5 月 |
| | 澜沧江—湄公河对话合作机制 | 2016 年 3 月 |
| | 中国进口交易博览会 | 2018 年 11 月 |
| 投资 | "一带一路"投资争端解决机制 | 拟议中 |
| | "一带一路"融资指导原则 | 2017 年 5 月 |
| 生态环保 | "绿色丝绸之路"倡议 | 2015 年 3 月 |
| | "一带一路"绿色发展国际联盟 | 2017 年 5 月 |
| | 上合组织成员国环保合作构想 | 2018 年 6 月 |
| | 《"一带一路"生态环保合作规划》 | 2017 年 5 月 |
| 社会 | 丝绸之路沿线民间组织合作网络 | 2017 年 5 月 |
| | 丝绸之路新闻合作联盟、音乐教育联盟 | 2017 年 5 月 |
| | 丝路国际智库网络 | 2015 年 10 月 |

资料来源：笔者自制。

## 五　结论

当前的全球治理体系是一个复杂的正式制度和非正式制度组成的

---

① 《让廉洁为"一带一路"保驾护航——加强国际合作共建廉洁之路研讨会侧记》，《中国纪检监察报》2017 年 9 月 24 日第 1 版。

网络。其中存在能力与合法性不足的缺陷和扭曲，也存在新兴领域亟待发展的新机制。"一带一路"倡议着眼于世界发展不平衡的根本问题，致力于通过国际合作解决各种全球性挑战，将对解决"治理赤字"的局面发挥重要作用。我们也发现和认识到，"一带一路"与全球治理体系之间的关系存在丰富的多样性。不同的制度形态和权力结构在很大程度上影响着这种关系。我们看到，联合国体系对于"一带一路"高度赞赏，布雷顿森林体系机构的态度有所分化，西方国家主导的非正式规范和倡议存在较大的反弹。

基于上述研究，我们关于"一带一路"与全球治理的关系问题可以得到以下一些结论。

第一，中国基于对全球治理的理解，提出的"人类命运共同体"的理念契合全球治理委员会提出的"全球成比邻"精神的本意。"一带一路"作为中国积极参与全球治理的重要实践，有利于打破历史上少数西方国家垄断全球治理体系的局面，推动更加平衡、更加包容的世界发展和全球治理体系。毕竟只有反对霸权统治，才能实现真正的全球治理。

第二，"一带一路"致力于基础设施的互联互通，着眼于解决全球发展的薄弱环节，把解决全球发展问题作为推动力。这有利于把全球治理的议程重新引导到关注全球发展问题和实现联合国 2030 年可持续发展议程，对于实现国际合作和应对各种非传统安全问题具有重要意义。

第三，"一带一路"在处理腐败和人权等问题上没有完全遵循西方的标准，但是并不意味着反西方，因此不应该被视为威胁和挑战。相反，这同样应该得到尊重。尊重多样性，也是全球治理的价值要素之一。

第四，"一带一路"积极探索全球治理新模式，遵循"共商、共建、共享"原则，需要中方、沿线国家和域外国家特别是美国等西方国家的共同支持。这有助于解决各种全球问题，实现全球治理的目标，才是真正的全球治理和善治。比如未来在防灾减灾、能源利用、环境和气候变化等问题上，中国、沿线发展中国家与域外西方大国应该积极探讨三方共同合作治理的可能性。

  第五，促进与协调"一带一路"和全球治理的关系，需要处理好现在已经存在的各种批评和质疑。其中，"一带一路"要实现与现有全球治理体系的兼容和缓和潜在的冲突，关键是需要西方特别是美国避免恶意攻击和抹黑以及恶性竞争，减少冲突的风险，加强对话。当前，美国对于"一带一路"的态度仍然摇摆不定，还值得观察。2017年5月，美国派出正式代表团参加了"一带一路"国际合作高峰论坛。2018年9月，美国提出要新设立"美国国际开发金融公司"（IDFC），以成为"一带一路"的明确替代方案。日本和欧盟的态度可能发生较大变化，因为已经发出不少积极信号要加强与中国合作。此外，多边开发银行将在很大程度上与中国合作，也值得关注。世界主要多边开发银行都支持"一带一路"。世界银行尤其支持，亚洲开发银行和欧洲复兴开发银行同样寻求在"一带一路"上与中国合作。

# 第七章 "一带一路"与新型国际发展合作

2013年，中国国家主席习近平在访问哈萨克斯坦和印度尼西亚时，提出了建设"丝绸之路经济带"和"21世纪海上丝绸之路"的设想。随后，中国共产党十八届三中全会通过了《中共中央关于全面深化改革若干重大问题的决定》，指出"加快同周边国家和区域基础设施互联互通建设，推进丝绸之路经济带、海上丝绸之路建设，形成全方位开放新格局"。①2014年11月，习近平主持召开中央财经领导小组第八次会议，强调"丝绸之路经济带"和"21世纪海上丝绸之路"倡议顺应了时代要求和各国加快发展的愿望，提供了一个包容性巨大的发展平台，具有深厚历史渊源和人文基础，能够把快速发展的中国经济同沿线国家的利益结合起来。②

至此，外国开始了"一带一路"的研究，但是不少解读是从地缘政治角度来看待"一带一路"的战略意图。Shannon Tiezzi认为"一带一路"就是中国版的"马歇尔计划"，是中国利用其经济实力寻求对外政策影响的手段。③ Jacob Strokes则认为，中国推动"一带一路"旨在解决国内过剩产能，同时希望加强与主要发展中国家的

---

① 《中共中央关于全面深化改革若干重大问题的决定》，人民网，http：//finance.people.com.cn/n/2013/1115/c1004-23559387.html。

② 《习近平主持召开中央财经领导小组第八次会议》，人民网，2014年11月6日，http：//politics.people.com.cn/n/2014/1106/c70731-25989646.html。

③ Shannon Tiezzi, "The New Silk Road: China's Marshall Plan?", *The Diplomat*, November 6, 2014.

联系，重塑以中国为中心的国际体系。① 美国彼得森国际经济研究所对"一带一路"的解读更为经济视角，他们的研究认为中国的"一带一路"有助于降低贸易成本，降低中国经济对基础设施投资的依赖，推动中国的基础设施走向海外；伴随着基础设施互联互通的实施，增强沿线国家对中国商品和服务的需求；保障了中国的能源通道和安全；等等。②

中国学者对"一带一路"的研究视角更加丰富和多元化，既有从中国国家安全战略、地缘政治平衡、能源安全、对冲"亚太再平衡"战略等角度的研究，也有构建经贸合作、加强中国的区域战略，③ 也有从文化、历史等角度多个方面的研究。专门从基础设施和增长的关系角度来解释"一带一路"的研究尚比较有限，有研究从基础设施、产业关联和市场制度三个基础外部条件来解释区域经济增长机制，同时认为东亚生产网络的"西扩"主要受制于基础设施，需要将基础设施联通作为构建亚洲增长机制的主导路径。④ 也有研究从公共产品理论出发，认为"一带一路"实施过程中的重点环节是促进区域和区域间合作，中国通过主导沿线地区公共产品的提供，推动沿线国家发展战略的对接和耦合，形成以中国为中心节点的合作体系网。⑤ 而从全球价值双环流视角下的研究，从价值链角度印证上述研究，该研究认为，中国处于全球经济承上启下的位置，通过与发展中经济体和发达经济体的贸易分工，带动更大区域的资源优化配置，为全球经济特别是发展中经济体的发展带来了新的动力。⑥

---

① Jacob Strokes, "China's Road Rules: Beijing looks West Toward Eurasian Integration", *Foreign Affairs*, April 19, 2015.
② Simeon Djankov and Sean Miner, China's Belt and Road Initiative Motives, Scope, and Challenges, PIIE Briefing 16-2, 2016, pp. 7-8.
③ 李晓、李俊久：《"一带一路"与中国地缘政治经济战略的重构》，《世界经济与政治》2015年第10期。
④ 朴光姬：《"一带一路"与东亚"西扩"——从亚洲区域经济增长机制构建的视角分析》，《当代亚太》2015年第6期。
⑤ 黄河：《公共产品视角下的"一带一路"》，《世界经济与政治》2015年第6期。
⑥ 张辉、易天、唐毓璇：《一带一路：全球价值双环流研究》，《经济科学》2017年第3期。

尽管研究视角不同，但是多数研究肯定了基础设施互联互通的重要性，有研究以跨国主义为方法，构建国家发展战略对接、基础设施建设突破等循环链接，指出基础设施互联互通可以作为区域合作理论的内核。① 在推动开拓周边国家市场中，历史上曾出现四种模式，其中以英国、德国和日本为代表的市场开拓模式都是脆弱的，只有以美国代表的基于国内开发的市场开拓模式是稳固的，该模式让经济外围国家国内出现日益依赖美国的产业集团，为美国撬动海外市场提供了强大的战略工具和更大的回旋余地，该模式正是中国"一带一路"获得成功的重要基石。②

## 一 基础设施互联互通有助于降低贸易成本

国际贸易对于一国经济增长的重要性已经得到了广泛认可，而国际贸易直接受到贸易成本的影响。广义贸易成本包括商品从产地到送达最终用户或者消费者手上所发生的全部成本。这些成本包括关税和非关税壁垒等政策法规成本，运输时间、运费等运输成本，储存、销售等物流成本，信息成本，合同履行成本等一系列相关成本，这些广义贸易成本如果折算成从价税，甚至高达170%。③ 最新的研究表明，货物贸易中，运输成本占全部广义交易成本的比重最大，高达37%，信息和交易成本约占全部广义贸易成本的23%，物流成本占全部广义贸易成本的11%，关税和非关税壁垒等贸易政策壁垒占11%，源于时间延误等造成的跨境成本占5%—6%。④ 从这个角度，包括自由贸易协定甚至世界贸易组织在内的传统国际贸易安排或协定，大多只是

---

① 吴泽林：《亚洲区域合作的互联互通：一个初步的分析框架》，《世界经济与政治》2016年第6期。
② 黄琪轩、李晨阳：《大国市场开拓的国际政治经济学——模式比较及对"一带一路"的启示》，《世界经济与政治》2016年第5期。
③ James E. Anderson and Eric van Wincoop, "Trade Costs", *Journal of Economic Literature*, Vol. 42, 2004, pp. 691–751.
④ 世界贸易组织：《2018年世界贸易报告》，中国世界贸易组织研究会译，上海人民出版社2018年版，第48—49页。

涉及削减关税或者非关税壁垒等传统贸易成本，但是对包括运输物流成本在内的其他广义贸易成本涉及很少或基本未触及，而这些非传统贸易成本已经构成了当前广义贸易成本的主体。事实上，包括运输成本、物流成本、信息成本等非传统贸易成本与基础设施高度相关，研究表明，通信、运费、物流等直接货币成本受到基础设施质量和相关服务的成本和质量的影响；国际货物贸易运输时间更易受到地理和基础设施质量的影响；基础设施条件越高，货物受损的风险及其由此产生的损失和保险成本越低；运输和通信不足将导致很高的机会成本，从而限制市场准入和进行贸易的机会。[1]

得益于世界贸易组织的推动，全球的关税水平和非关税壁垒都有大幅下降。当前广大发展中国家的国际贸易更受制于基础设施发展不足。研究显示，基础设施显著影响一国的贸易能力，根据 WTO 统计的 103 个国家的公路、铁路和电话线覆盖率设计了基础设施质量指数，排名该指数第 75 百分位国家的运输成本比中位数国家高 12%，国际贸易则减少了 28%，基础设施成为影响最不发达国家贸易和经济发展的最大制约瓶颈。[2] 美洲开发银行的研究表明，交通运输成本每下降 10% 对拉美国家出口部门的拉动作用，是同等水平关税减让引发的拉动作用的 5 倍。[3] 而非洲的公路运输费用是其他国家的 4 倍，多年来影响了非洲国家参与国际分工和经济发展。[4] 而基础设施的质量也可能通过时间延误或不确定性等影响广义贸易成本，相关研究就量化了时间延误的成本，每额外增加一天的运费相当于 0.6%—2.3% 的从价关税。[5] 相类似的，联合国贸发会议的研究也表明，延长运输时

---

[1] Nordas, H. K. and R. Piermartini, "Infrastructure and Trade", World Trade Organization Staff Working Paper, ERSD – 2004 – 04, 2004.

[2] Nuno Limão and Anthony J. Venables, "Infrastructure, Geographical Disadvantage, Transport Costs and Trade", *World Bank Economic Review*, Vol. 15, 2001, pp. 451 – 479.

[3] 转引自芦思妲《拉美基础设施问题与中拉合作》，《社会科学战线》2015 年第 10 期。

[4] David Atkin and Dave Donaldson, "Who's Getting Globalized? The Size and Implications of International Trade Costs", NBER Working Paper, No. 21439, 2015.

[5] David L. Hummels and Georg Schaur, "Time as a Trade Barrier", *American Economic Review*, Vol. 103, No. 7, 2013, pp. 2935 – 2959.

间的额外转运会降低双边出口贸易额约40%。①

与沿海国家相比,内陆国家和地区受到基础设施的影响更为显著,特别是内陆发展中国家进入国际市场的能力受到了基础设施瓶颈的严重制约。例如阿富汗、亚美尼亚、阿塞拜疆、不丹、哈萨克斯坦、吉尔吉斯斯坦、老挝、蒙古国、尼泊尔、塔吉克斯坦、土库曼斯坦、乌兹别克斯坦等12个亚洲内陆国家,其中大部分内陆国家距离最近的港口700—1000千米,而吉尔吉斯斯坦、乌兹别克斯坦、塔吉克斯坦、哈萨克斯坦远离海洋3000多千米。② 有研究表明,一个典型的内陆国家的运输成本要比沿海国家的运输成本高50%,贸易量则低60%,运输成本每降低10%即可提高贸易量约25%。③ 再如非洲的马拉维、卢旺达、乌干达等内陆国家,货物运输成本占其零售价格的50%—75%。来自中国的一辆汽车运至印度洋沿岸的坦桑尼亚需要运费4000美元,而从坦桑尼亚运至乌干达的运费则高达5000美元。④ 正是受制于天然的地理条件和落后的基础设施,广大内陆发展中国家的货物贸易运输成本、通信成本等广义贸易成本居高不下,削弱了这些货物商品的竞争力,甚至在一些极端案例中,基础设施成为一国贸易能力的关键决定因素。

事实上,世界银行、联合国亚太经济社会委员会、亚洲开发银行等国际组织都对亚洲地区基础设施建设需求进行过研究和评估。例如亚洲开发银行和亚洲开发银行研究院对亚洲地区30个发展中国家的基础设施需求进行了评估,研究显示,2010—2020年,亚洲地区包括交通运输、能源、通信、供水和环卫设施等在内的全部基础设施总需求约为8万亿美元,其中能源基础设施需求占51%,交通运输基础设

---

① United Nations Conference on Trade and Development (UNCTAD), *Maximizing the Development Gains from E-commerce and the Digital Economy*, Geneva: UNCTAD, 2017.

② UNESCAP, "Trade Facilitation in Selected Landlocked Countries in Asia", Studies in Trade and Investment No. 58, Trade and Investment Division (TID) UNESCAP Reference No. ST/ESCAP/2437, 2007.

③ Christopher Wiloloughby, "How Important Is Infrastructure for Achieving Pro-Poor Growth?", *Room Document*, No. 1, 2004, p. 6.

④ "Get a Move on", *The Economist*, February 16, 2013.

施需求占 31%。① 2017 年，亚洲开发银行在原有研究基础上，对亚洲地区全部 45 个发展中国家的基础设施建设需求再次进行了评估，该研究表明，2016—2030 年，亚洲地区的基础设施总需求达 22.6 万亿美元，如果考虑气候变化因素，那么亚洲地区的基础设施总需求将高达 26.2 万亿美元，年均基础设施投资需求约为 1.7 万亿美元，其中能源和交通仍是最大的基础设施投入领域，分别占 56.3% 和 31.9%（见表 7-1）。从地域分布角度，东亚地区的基础设施需求约为 16.1 万亿美元，南亚约 6.3 万亿美元，东南亚约 3.1 万亿美元，中亚 0.6 万亿美元，太平洋岛国约 460 亿美元。②

表 7-1　　　　2016—2030 年亚洲国家基础设施投资需求

单位：10 亿美元，%

| 部门 | 投资需求 | 年均投资 | 比重 |
| --- | --- | --- | --- |
| 能源（电力） | 14731 | 982 | 56.3 |
| 运输 | 8353 | 557 | 31.9 |
| 电信 | 2279 | 152 | 8.7 |
| 供水和环卫设备 | 802 | 53 | 3.1 |
| 总计 | 26165 | 1744 | 100.0 |

资料来源：Asian Development Bank, Meeting Asia's Infrastructure Needs, Mandaluyong City, Philippines: Asian Development Bank, 2017, pp. 44-47。

正是意识到了基础设施建设和互联互通在提高亚洲地区贸易水平方面的重要性，众多的多边开发机构和合作机制加强了基础设施互联互通方面的投入。亚洲开发银行从 2001 年设立了中亚区域经济合作项目（CAREC），通过基础设施和政策沟通实施区域经济合作，截至 2016 年，亚洲开发银行和各国政府等在交通运输、能源和贸易便利化方面实施了 176 个项目，共计 294 亿美元，其中资金最主要的投入

---

① 亚洲开发银行研究院编：《亚洲基础设施建设》，邹湘、智银凤等译，社会科学文献出版社 2012 年版，第 110—115 页。
② Asian Development Bank, *Meeting Asia's Infrastructure Needs*, Mandaluyong City, Philippines: Asian Development Bank, 2017, pp. 39-45.

方向就是交通基础设施。在大湄公河次区域合作（GMS）中，截至2016年，亚洲开发银行共投入项目73亿美元，其中55亿美元集中在交通运输领域。另外，2001—2016年，亚洲开发银行向南亚次区域经济合作（SASEC）支持了46个项目，投入共计91.7亿美元，其中绝大多数资金流向了交通基础设施领域，例如2016年，共计20亿美元的项目资金中，约15亿美元是交通基础设施项目资金。① 与此同时，APEC也加强了全方位基础设施和互联互通建设，2013年APEC制定了《APEC互联互通框架》和《APEC基础设施建设和投资多年期计划》两项战略规划文件，初步明确了APEC互联互通合作的原则指针和行动纲领。此外，APEC还实施了《APEC供应链联通性框架行动计划》，力争于2015年实现在时间、成本和不确定性方面将亚太地区的供应链绩效改善10%的目标。2014年，APEC又积极推进制定了《APEC互联互通蓝图》，旨在构建基础设施、制度和人文交往三位一体，涵盖整个亚太地区的全方位、多层次的复合型互联互通格局。②

其他地区，例如拉丁美洲地区，2000年南美国家领导人发起了南美洲区域基础设施一体化倡议，2005年设立了"结构趋同基金"以及当前的两洋铁路都旨在加强基础设施建设。2012年，非洲联盟通过了《非洲基础设施发展规划》，整合了2012—2040年非洲现有各类跨国、跨区域基础设施发展规划，确定了7个跨国跨区重点项目。2015年又通过了"2063议程"，并将基础设施建设作为优先项目。③ 与此同时，全球层面上，二十国集团组织成立为期4年的全球基础设施中心，首次将基础设施合作提高到全球治理的高度。

## 二 东亚外向型经济发展模式的回顾

历史上，国际贸易是东亚地区多数经济体实现经济增长的发动

---

① ADB, *Asian Economic Integration Report 2017*, 2017, pp. 66 – 78.
② 刘晨阳：《APEC与互联互通》，《中国经济周刊》2014年第Z2期。
③ 吴泽林：《亚洲区域合作的互联互通：一个初步的分析框架》，《世界经济与政治》2016年第6期。

机。第二次世界大战后，日本依靠"贸易立国"的出口导向型发展战略，通过生产廉价的最终消费品实现了经济崛起，直至20世纪60年代，成为东亚地区第一代出口国。随后，20世纪70年代，日本逐渐转变生产资本密集型的中间品和资本品，而以中国香港、中国台湾、韩国和新加坡为代表的亚洲"四小龙"也开始进入地区生产分工链条，"四小龙"经济体承接了发达经济体的部分劳动密集型产业制造工序，利用来自欧洲、美国和日本的外资进行组装和生产。进入20世纪80年代和90年代，伴随着"四小龙"经济体的"毕业"，以泰国、马来西亚、菲律宾和印度尼西亚为代表的亚洲"四小虎"和中国以及东盟其他国家，也通过为欧洲、美国和日本的公司提供分包服务，纷纷加入全球贸易体系，随后在垂直分工的专业化生产过程中，后进的经济体也实现了中间产品和零部件的生产和出口。

（一）贸易成本未对国际贸易构成显著障碍

在此过程中，"出口导向"型的东亚生产链条能够得以顺利运行取决于多个因素或条件，如果只考虑外部发展环境，那么起码涉及如下几个层面。

第一，贸易成本未对本地区贸易构成显著障碍。理论上，在封闭经济条件下，商品的生产和消费是不可分离的，生产、流通、交换和消费是一条完整的闭合链条。在开放经济条件下，生产有可能与消费分离，例如国内生产不足导致的需求可以通过进口得以满足，而部分国内生产的产品也可通过出口来满足外部需求。但是，进出口涉及的包括关税、基础设施在内的广义贸易成本对于整个生产—消费链条起到了至关重要的影响，即贸易成本条件是与外部市场衔接的必要条件，也是出口导向或者外向型经济的必要条件。

然而在东亚经济体发展过程中，非常幸运地规避了或者说部分地规避了贸易成本对国际贸易的约束。具体而言，包括日本、韩国、新加坡、中国台湾和中国香港在内的"亚洲四小龙"等经济体都是岛屿或者半岛型经济体，基本不涉及内陆或者内陆经济纵深有限，这些经济体的对外经济联系特别是货物运输主要依靠海运，包括运输和能源在内的基础设施也基本位于沿海地区，这样东亚生产网络的雏形就确定在沿海地区。重要的是，受益于第二次世界大战后国际海运业的发展，其运输成本呈冰山成本式的下降，与此同时，这些经济体在发展初期也不必承担内陆经济发展所必需的陆路交通基础设施投入的负担，这使得相比非洲或者拉丁美洲而言，东亚经济体能够顺利借助更低廉的运输成本来推动国际贸易发展经济。①

表7-2　全球运输成本比较（运输成本占进口价值的比重）　　单位:%

| 年份 | 非洲 | 美洲 | 亚洲 | 欧洲 | 大洋洲 |
| --- | --- | --- | --- | --- | --- |
| 1980 | 13.42 | 8.85 | 10.41 | 8.23 | 12.84 |
| 1985 | 11.03 | 8.46 | 8.91 | 8.31 | 12.30 |
| 1990 | 11.05 | 8.17 | 8.19 | 8.96 | 12.26 |
| 1995 | 11.44 | 7.89 | 8.03 | 8.45 | 12.39 |
| 2000 | 12.97 | 8.58 | 8.51 | 8.92 | 11.94 |
| 2004 | 9.90 | 4.30 | 6.50 | 2.80 | 15.40 |

资料来源：UNCTAD, Review of Maritime Transport, Geneva: United Nations, various years。

值得注意的是，伴随着日本经济的起飞和"雁行模式"的不断传导，理论上贸易成本将会不断提高。特别是在东亚生产网络地区，外包生产对贸易成本的影响尤为敏感，交易成本的细微变化就可能对国际贸易有很大的冲击。一些跨国公司的研究认为，跨国公司分支机构进口中间品与贸易成本存在很强的负相关，贸易成本与中间投入品贸易量之间的弹性在2—4之间，也就是贸易成本每提高1%，可能会减少最多4%的贸易量。②

---

① 朴光姬：《"一带一路"与东亚"西扩"——从亚洲区域经济增长机制构建的视角分析》，《当代亚太》2015年第6期。
② ［印］印德尔米特·吉尔、［印］霍米·卡拉斯等：《东亚复兴：关于经济增长的观点》，黄志强等译，中信出版社2008年版，第108页。

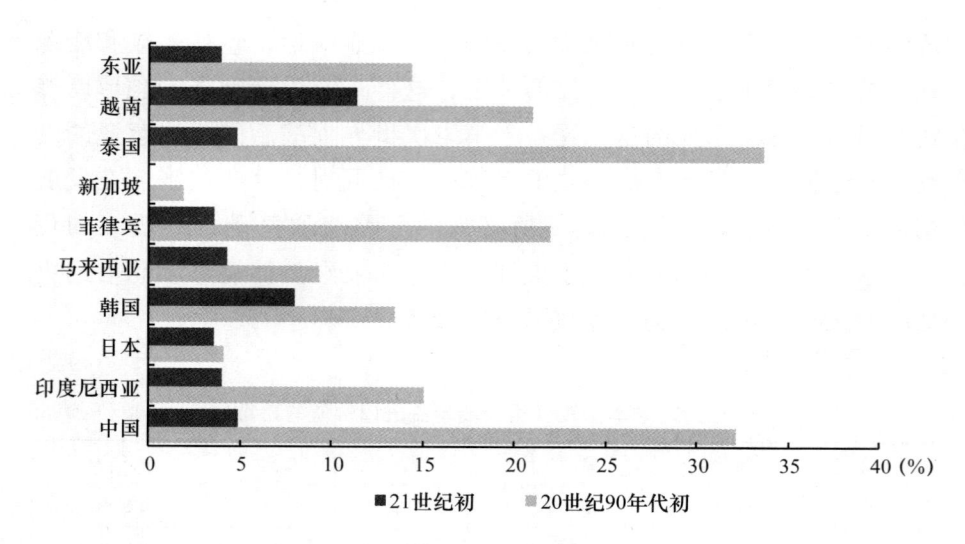

图 7-1　东亚经济体进口加权平均关税

资料来源：世界银行"世界发展指数"（WDI）数据库历年数据。

但是东亚地区经济体的地理临近和东亚经济体采取措施控制贸易成本，使得东亚生产网络得以实现并深入发展。天然的，东亚经济体地理临近使得各经济体之间的运输成本较低，这使得东亚经济体政府在基础设施互联互通方面的投入压力相对较小；另外，伴随着东亚生产网络的深化，中间品多次往返的贸易客观要求东亚经济体特别是东盟国家和中国，进一步对包括基础设施在内的广义贸易成本进行控制。20世纪90年代开始，区域内各经济体通过削减国内规制，实行友好的外资政策，加强港口、交通等基础设施建设，以及简化通关手续等国内政策，为贸易提供便利并吸引外资，[①] 与此同时，不断削减对发展出口导向型经济至关重要的中间投入品等关税，进一步实施税收返还等鼓励出口的措施，使得东亚地区广义贸易成本维持在较低水平，生产网络能够比全球其他地区更发达。例如，从20世纪80年代早期到90年代，东亚发展中经济体通过降低税率和减少非关税壁垒

---

[①] Nathalie Aminian, K. C. Fung, and Francis Ng, "Integration of Markets vs. Integration by Agreements", *The World Bank Policy Research Working Paper*, 4546, 2008, pp. 2-3.

的方式对其进口体制进行了自由化改造。特别是中国香港和新加坡，采取了完全自由化的贸易政策，中国和印度尼西亚在此期间显著地降低了平均关税水平。与此同时，众多的东亚发展中经济体，非关税壁垒都有所下降，其中印度尼西亚的非关税壁垒下降幅度最大，从1984—1987年的15%降至1991—1993年的3%。① 根据研究，尽管东亚生产网络延伸至中国和东盟国家，但是基础设施的有效投入和提高，使得运输成本对中间品贸易的影响减弱了，这表明东亚垂直分工体系内，包括运输成本在内的广义贸易成本在下降。② 值得注意的是，伴随着生产网络的不断外延，当关税和非关税壁垒等制度性成本削减至较低水平后，运输成本等基础设施发展新瓶颈也会再次成为影响各国比较优势的重要因素。为此2010年东盟通过了《东盟互联互通总体规划》，强调基础设施互联互通等的重要性，与此同时，中国不断加强内地的基础设施建设，都反映了基础设施对于国际分工和区域经济增长的重要性。

受益于出口导向型发展模式和东亚生产网络，1980年东亚地区的区域内贸易比重就已经达到35%，进入21世纪以来，该比重更长期维持在50%左右。如果对东亚地区的内部贸易进行产品贸易分解，不难发现，中间产品内部贸易比重越来越高，从1980年的15.6%上升至2012年的31.7%；而初级产品内部贸易比重却逐渐降低，从1980年的10.9%逐渐下滑至2012年的2.7%；最终产品内部贸易比重则稳中有升，从1980年的8.9%逐渐提高至2012年的15.1%（见图7-2）。毫无疑问，以中间产品为主的东亚地区内部贸易受益于本地区的低关税和低运输成本，长期以来对广义贸易成本的有效控制令本地区的中间产品内部贸易得以顺利发展，其内部贸易比重在1995年前后就稳定提高至50%左右的高位水平。

---

① ［美］约瑟夫·E. 斯蒂格利茨、［美］沙希德·尤素福编：《东亚奇迹的反思》，王玉清等译，中国人民大学出版社2013年版，第338页。
② 彭支伟、白雪飞：《服务联系成本、基础设施建设和东亚垂直分工：1992～2006》，《世界经济研究》2010年第6期。

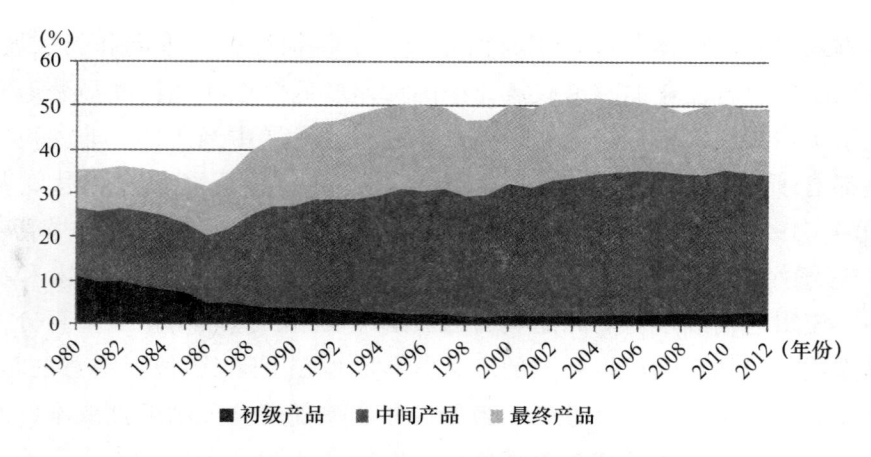

图 7-2　1980—2012 年东亚内部贸易产品分解

资料来源：国际货币基金组织世界经济展望（WEO）数据库。

## （二）生产—消费循环的实现倚赖充足的最终产品市场

在开放经济条件下，东亚生产网络是不平衡的生产—消费关系，这是指东亚生产网络生产的产品严重依赖外部消费。无论是日本最初依托"出口导向"实现经济起飞还是以中国为代表的东亚生产网络的成功运行，都离不开以美国为代表的域外发达国家消费市场。1955—1971 年，日本维持了高达 17% 的出口增速，是同时期日本产出增速的 1.5 倍；特别是 1959—1969 年，日本的出口额增长了 4 倍，随后的两年里又增长了 1/3。与此同时，美国全部进口总额中，日本产品所占的比重不断提高，从 20 世纪 50 年代的 3.9%，不断提高至 60 年代的 10.8%，70 年代的 13.3%，直至达到 80 年代的 18.5%。① 相对应的，20 世纪 60 年代末日本经济起飞结束时，美国市场在日本出口中所占份额为 70%，而同期刚进入经济起飞阶段的"亚洲四小龙"的全部出口中，美国市场所占比重高达 40%—50%。②

与此同时，"亚洲四小虎"、东盟各国和中国等经济体，其经济起

---

① ［美］巴里·艾肯格林：《全球失衡与布雷顿森林的教训》，张群群译，东北财经大学出版社 2013 年版，第 66 页。

② 张蕴岭主编：《亚洲现代化透视》，社会科学文献出版社 2001 年版，第 174—175 页。

飞也基本沿用了出口导向战略，这些经济体经济起飞和发展的最直观的表现——各经济体的贸易盈余，归根结底都或多或少来自美国。事实上，自进入21世纪以来，中国越来越成为多数东亚经济体的贸易顺差来源地，例如韩国对中国的贸易顺差已经增至2012年的798亿美元，东盟对中国的贸易顺差也已提高至235亿美元，等等，这些顺差并不表明中国已经成为该地区的消费大国。

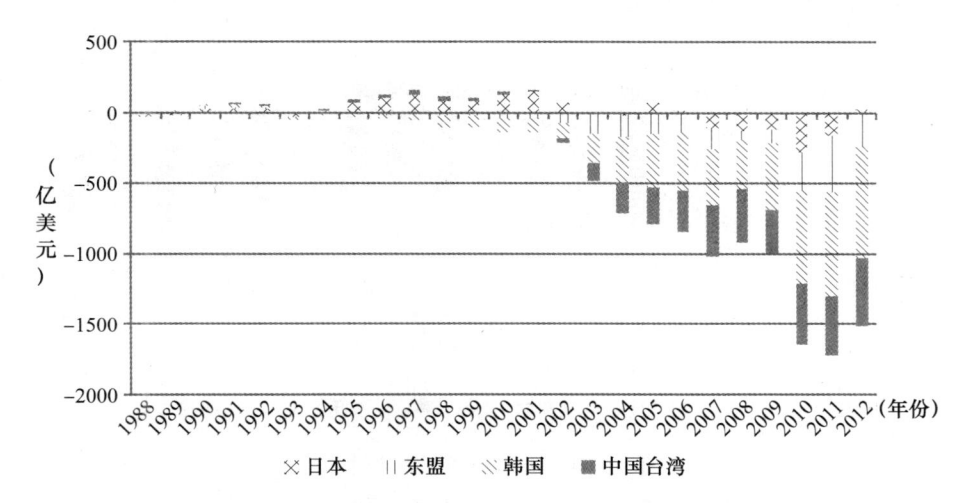

图7-3　亚洲经济体对中国（含台湾地区对大陆）顺/逆差结构

资料来源：国际货币基金组织世界经济展望（WEO）数据库。

恰恰相反，中国对处于生产网络中的其他经济体的逆差主要来自中间产品，这可以理解为中国已经成为整个东亚生产网络的中心，包括日本在内的周边经济体将包括电力设备、办公和通信设备、纺织服装产品等的原材料、半成品、零部件等出口至中国，中国对其加工和组装并出口至美国和欧盟，进而形成了所谓"三角贸易"的循环。至此，从20世纪90年代进入东亚生产网络，到21世纪初中国取代日本成为亚洲对美出口第一大国，进而又成为全球范围内美国最大的贸易逆差来源国。

事实上，以东亚生产网络为代表的整个东亚地区作为一个整体尚未实现经济自我循环，对外部消费市场的依赖表明了整个地区对最终产品消费不足,东亚生产网络更多地反映的是一种生产型的合作机制。亚洲开发银行对亚洲的货物贸易出口进行分解分析发现,约71.1%的出口产品最终流向欧美等域外市场,仅美国一国就占全部最终需求的23.9%。与此同时,虽然东亚生产网络使得亚洲经济体之间的经济联系日益紧密,并使得区域内贸易比重稳步提高至45.5%,但这其中大部分为中间品贸易,全部亚洲地区的最终需求仅占该地区出口的28.9%(见图7-5)。

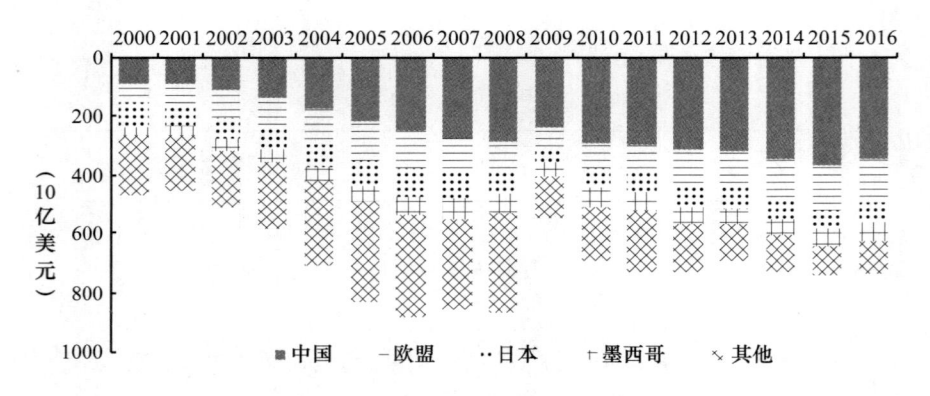

图7-4 美国的逆差来源结构

资料来源:国际货币基金组织世界经济展望(WEO)数据库。

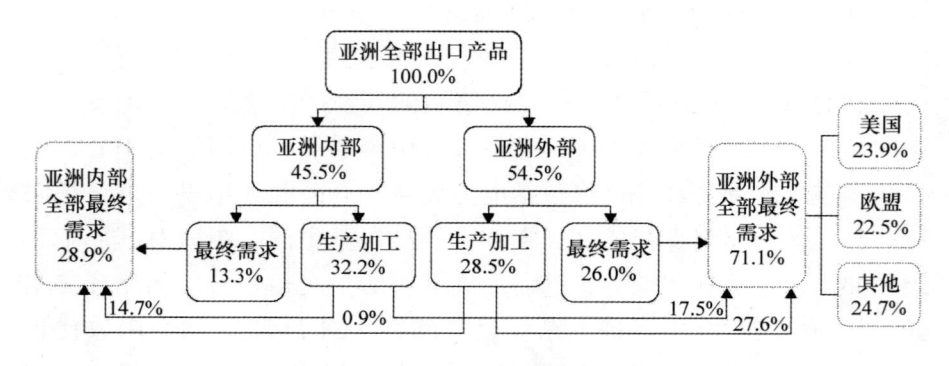

图7-5 亚洲出口产品分解

资料来源:Asian Development Bank, *Institutions for Regional Integration: Toward an Asian Economic Community*, Mandaluyong City: Asian Development Bank, 2010, p. 33。

可见，东亚生产网络或者东亚地区的经济增长，从需求端来看，是依赖以美国为代表的外部市场需求以实现本地区生产与消费的平衡。回顾东亚经济的发展历史，东亚经济体普遍体量偏小，经济起飞前国民经济结构中投资不足。因此，借助出口导向战略，东亚经济体一方面获得了急需的外国直接投资，更依靠向美欧出口克服了自身经济体量较小导致的国内需求不足的限制，成功地实现了规模经济和经济发展。从这个意义上来说，美国的贸易赤字可以说是美国向国际社会提供的一种公共产品，其他地区的生产经营活动通过以美国为销售市场而得以支撑，美国事实上是为国外经济体充当了一种"最后买家"的角色。① 亚洲出口的产品分解表明，美国为东亚的经济发展提供了消费市场这一最为重要的区域性公共产品。

## 三 "一带一路"推动新型国际发展合作机制

当前，世界经济发展正处于结构变化和发展方式调整的重构期，不少新兴经济体实现了经济崛起，更多的发展中国家步入了起飞门槛，如何实现经济发展是当今世界最重要的主题。面对世界发展难题，全球治理的根本目标就是要顺应一大批发展中国家的发展需求。因此，实现发展的启动，营造发展的条件，解决贫困和社会稳定等约束发展的问题是全球治理最紧迫的任务，而国际合作的首要主题则是顺应发展中国家的发展需求。② 历史经验表明，发展中国家发展需求受制于两大条件，其一即改善自身的发展环境，特别是基础环境；其二则是开放的国际经济体系。③ 事实上，推动基础设施建设解决发展瓶颈，参与国际分工和贸易启动发展，不仅事关一国经济发展，更是对全球治理关切的回应。

---

① 郭定平主编：《东亚共同体建设的理论与实践》，复旦大学出版社2008年版，第283—284页。

② 张幼文：《"一带一路"建设：国际发展协同与全球治理创新》，《毛泽东邓小平理论研究》2017年第5期。

③ 张蕴岭：《以"共建"推进"一带一路"建设》，《社会观察》2015年第12期。

面对当前全球性问题治理不力，发展失衡和世界失序等问题，需要新的思路、倡议和作为来加以应对。"一带一路"作为一种创新思路和倡议，其目的在于推动新型发展合作，搭建合作平台，推动项目规划，解决基础设施建设和综合环境改善的融资问题，调动"一带一路"国家资源，使得众多发展中国家逐步具备加快发展的综合能力。① 具体来看，通过基础设施建设加强经济合作，既是中国经济成功发展的重要经验，也代表了当前中国的比较优势，特别是基础设施建设本身不涉及规则制定，无关意识形态，② 与此同时，基础设施作为具有部分竞争性和排他性的区域性公共产品，能够得到有效供给或相应资金的支持。③ 从构建区域经济发展的条件角度，以基础设施互联互通为基础的"一带一路"既满足了必要性，且具有可行性。

另外，"一带一路"强调发展中国家经济增长的重要途径是实现工业化，"一带一路"主张的产能合作和区域产业链塑造就是创造发展的机会。④ 而事实证明工业化对中国经济发展发挥了显著的推动作用，中国通过"一带一路"将自身发展经验推广至广大发展中国家，这有利于完善战后美国主导下，以"华盛顿共识"为核心的全球经济治理体系，而该体系显然与世界经济的实际越来越脱节。当然，改善综合发展环境不仅限于生产层面的产业合作，还需要解决最终产品的消费问题，而伴随着产业转移和中国在全球价值链地位的提升，为其他发展中国家让出了发展空间，通过构建新南南合作，带动"一带一路"发展中经济体实现经济发展。⑤

包括了"丝绸之路经济带"和"21世纪海上丝绸之路"的一带一路倡议，其最突出的特征就是发展导向，⑥ 准确来看，"一带一路"

---

① 张蕴岭：《"一带一路"需要有大视野》，《财经问题研究》2018年第10期。
② 黄益平：《中国经济外交新战略下的"一带一路"》，《国际经济评论》2015年第1期。
③ 黄河：《公共产品视角下的"一带一路"》，《世界经济与政治》2015年第6期。
④ 王芊霖、程大为：《一带一路倡议对全球贸易治理的贡献》，《政治经济学评论》2017年第3期。
⑤ 张辉、易天、唐毓璇：《"一带一路"背景下的新型全球化格局》，《政治经济学评论》2018年第5期。
⑥ 李向阳：《"一带一路"：区域主义还是多边主义？》，《世界经济与政治》2018年第3期。

是以发展为导向的新型国际发展合作机制。即"一带一路"没有准确、有约束性的准入条件,具有开放性特征;没有统一、有约束性的规则体系,而是以互联互通为基础构建能够促进共同经济发展的合作机制;"一带一路"合作机制是多元化的,以适应不同国家和地区的发展需要;"一带一路"目标体现了共赢特征。① 可见,"一带一路"是以互联互通为基础的新型国际发展合作。

### (一)"一带一路"以基础设施互联互通为基础

传统上,成功实现经济起飞的经济体大多出现在沿海地带,特别是那些同时具备港口和内陆交通线的地区,正如东亚生产网络最初出现在日本和"亚洲四小龙",其天然的运输成本优势是重要决定因素之一。而随后的生产网络的延伸和发展,也离不开东亚各经济体天然的地理临近和后期的基础设施投入,这也是为什么现有区域经济合作通常是地理上相互毗邻、经济联系较为紧密的经济体之间首先形成的,互联互通本身是一种天然的前提。相反,经济带或者增长极的辐射能力随着地理距离的加大而减弱,在远离增长极的地区,往往会出现发展洼地。② 缺乏互联互通,也使得众多发展中经济体无法开展区域经济合作,而基础设施落后又是制约互联互通和经济发展的瓶颈。③ 可见,基础设施涉及的广义贸易成本构成了影响区域经济合作和区域增长的重要前提和基础。

伴随着"一带一路"建设的推进,沿途大多是发展中国家,特别是不少内陆国,这些发展中经济体要实现经济起飞亟须改善自身的综合发展环境,④ 以基础设施为前提的"一带一路"新型国际发展合作成为区域经济合作的起点。事实上,长期以来部分经济体经济落后和

---

① 李向阳:《跨太平洋伙伴关系协定与"一带一路"之比较》,《世界经济与政治》2016年第11期。
② 中国社会科学院数量经济与技术经济研究所课题组:《"一带一路"战略:互联互通共同发展——能源基础设施建设与亚太区域能源市场一体化》,《中国石油经济》2015年第8期。
③ 李向阳:《"一带一路"面临的突出问题和出路》,《国际贸易》2017年第4期。
④ 张蕴岭:《以"共建"推进"一带一路"建设》,《社会观察》2015年第12期。

难以实现起飞，表明仅仅依靠内生力量无法打破原有的恶性循环，只有引入外生动力才有可能打破这种循环。这种创造性的"打破"，意味着一个经济体在外部的帮助下能够创造出新的比较优势并以此参与区域合作，而在此过程中，政府间的合作，特别是互联互通的引入是打破恶性循环的突破口。①

表7-3 各国家/地区基础设施指数
（2012年、2014年、2016年、2018年综合）

| 国家/地区 | 基础设施指数 | 国家/地区 | 基础设施指数 |
| --- | --- | --- | --- |
| 德国 | 4.38 | 柬埔寨 | 2.26 |
| 新加坡 | 4.14 | 哈萨克斯坦 | 2.59 |
| 美国 | 4.10 | 斯里兰卡 | 2.39 |
| 日本 | 4.19 | 俄罗斯 | 2.64 |
| 中国香港 | 4.02 | 尼泊尔 | 2.20 |
| 澳大利亚 | 3.92 | 孟加拉国 | 2.36 |
| 中国台湾 | 3.67 | 塔吉克斯坦 | 2.17 |
| 韩国 | 3.75 | 阿塞拜疆 | 2.69 |
| 新西兰 | 3.79 | 亚美尼亚 | 2.39 |
| 马来西亚 | 3.30 | 乌兹别克斯坦 | 2.44 |
| 中国 | 3.73 | 老挝 | 2.23 |
| 泰国 | 3.17 | 蒙古国 | 2.14 |
| 越南 | 2.92 | 土库曼斯坦 | 2.23 |
| 印度尼西亚 | 2.81 | 不丹 | 1.98 |
| 印度 | 3.01 | 缅甸 | 2.11 |
| 菲律宾 | 2.67 | 吉尔吉斯斯坦 | 2.23 |
| 巴基斯坦 | 2.43 | 阿富汗 | 1.83 |

注：分值范围在1—5，1为最低分。
资料来源：The World Bank, *The Logistics Performance Index and Its Indicators. In Connecting to Compete* 2018: *Trade Logistics in the Global Economy*, Washington, D.C.: World Bank, 2018, pp. 47–50.

---

① 李向阳：《构建"一带一路"需要优先处理的关系》，《国际经济评论》2015年第1期。

"一带一路"相关国家涵盖中亚、南亚、西亚、东南亚和中东欧等地区，多属于新兴经济体和发展中国家，区域内多数国家和地区的基础设施建设供给不足和运营效率不高，成为制约中国与这些经济体深度合作与共同发展的薄弱环节。① 例如苏联解体时，俄罗斯铁路营运里程 8.8 万千米，自 2000 年以来一直徘徊在 8.5 万—8.6 万千米；1968 年印度铁路营运里程 6 万千米，自 2000 年以来一直徘徊在 6.3 万—6.4 万千米；中亚国家的铁路发展更是长期滞后。而"一带一路"地区内五大铁路轨距差异不仅影响了运输效率，也增加了运输成本。② 以基础设施互联互通为基础的"一带一路"倡议，有望为沿线众多发展中经济体提供极为重要的公共产品，③ 降低这些发展中经济体参与国际贸易的广义贸易成本，使得沿线经济体有机会参与新型发展合作，进而实现经济增长。例如，2008 年 1 月首次运行的北京—汉堡集装箱快速铁路，仅用 15 天就完成了 1 万多千米的行程，而如果使用海运，则需要约 30 天。作为"一带一路"基础设施建设重要组成部分的亚欧铁路和以中泰、中老铁路为代表的泛亚铁路网，将极大地缩短亚洲内陆国家的货运路程，降低贸易成本。例如截至 2018 年，中欧班列累计开行 10000 列，年运送货物总值达 160 亿美元，其中国内段运行时间压缩 24 小时，宽轨段运营时间最快压缩 135 小时，费用下降 30%。④ 研究表明，内陆国家基础设施贸易成本每降低 10%，其出口将增加 20%。⑤ 而欧洲智库的相关研究更表明了基础设施对"一带一路"和沿线国家经济发展的重要作用，其研究表明，交通成本下降对国际贸易具有显著的正面影响，控制了第三国效应等变量

---

① 黄河、贺平主编：《"一带一路"与区域性公共产品》，上海人民出版社 2018 年版，第 188 页。

② 刘卫东、田锦尘、欧晓理等：《"一带一路"战略研究》，商务印书馆 2017 年版，第 50—52 页。

③ 徐惠喜：《全球基础设施建设迎来发展新机遇》，中国经济网，2015 年 1 月 9 日，http://intl.ce.cn/specials/zxgjzh/201501/09/t20150109_4301994.shtml。

④ 《"一带一路"这五年：互联互通交出亮丽成绩单》，一带一路网，2018 年 10 月 6 日，https://www.yidaiyilu.gov.cn/xwzx/gnxw/67936.htm#p=4。

⑤ 转引自亚洲开发银行研究院编《亚洲基础设施建设》，邹湘、智银凤等译，社会科学文献出版社 2012 年版，第 40 页。

后,"一带一路"沿线铁路、航空以及海上运输成本每降低 10%,将能分别提高国际贸易约 2%、5.5% 和 1.1% 的水平,而同水平的削减关税也就能提高贸易约 1.3%,值得注意的是,在"一带一路"建设中,包括塔吉克斯坦、缅甸、泰国、越南、俄罗斯、阿尔巴尼亚等国的贸易水平都会得到相当程度的提高。① 可见,基于基础设施的"一带一路"有助于帮助沿线落后国家,特别是内陆国家获得宝贵的贸易参与能力,通过降低广义贸易成本,使这些欠发达国家能够大幅提高参与国际分工的能力和水平,带动这些国家进一步参与区域经济合作并推动经济发展。

事实上,根据世界银行的估计,发展中国家年均基础设施投资需求达到了 1 万亿—1.5 万亿美元,但是实际基础设施投资仅达到 50% 的水平,基础设施供需缺口巨大。长期以来受制于金融抑制和缺乏资本积累,长期处于发展外围的发展中经济体难以完成基础设施的初始投资,而且,仅凭市场配置资源的作用,这些国家升级基础设施的努力也很难获得国际资本的青睐。②

"一带一路"沿线国家多数为发展中经济体,经济发展、制度建设均比较落后,当地金融发展水平不高,企业融资渠道不丰富,而且融资成本较高,难以通过当地金融体系为基础设施项目提供低成本的融资。而包括世界银行、亚洲开发银行在内的现有多边发展机构投向基础设施建设的资金有限,例如亚洲开发银行 2014 年仅提供全部 229.3 亿美元贷款,很难满足庞大的资金需求。③ 在此困境和需求之下,为构筑基础设施所必需的资金池,中国一方面出资 400 亿美元成立丝路基金为"一带一路"倡议提供基础设施建设资金,并于 2017 年再次增资 1000 亿元,目前该基金已签约 19 个项目,承诺投资 70

---

① Alicia Garcia Herrero and Jianwei Xu, "China's Belt and Road initiative: Can Europe Expect Trade Gains?", Bruegel Working Paper, Issue 5, 2016.
② 杨怡爽:《跨界发展:从 21 世纪海上丝绸之路到亚洲生产网络的边界扩展》,《当代亚太》2017 年第 1 期。
③ 沈铭辉:《构建包容性国际经济治理体系——从 TPP 到"一带一路"》,《东北亚论坛》2016 年第 2 期。

亿美元，支持项目涉及总金额达到 800 亿美元；另一方面积极倡议发起亚洲基础设施投资银行，截至 2018 年 7 月底，亚洲基础设施投资银行成员达 87 个，其中"一带一路"成员超六成，目前亚洲基础设施投资银行在 13 个国家开展了 28 个项目，总金额超 53 亿美元。① 作为对现有多边发展机构的补充，这些新多边开发机构通过与沿线国家的规划对接，将这些国家和地区的财政资金以及社会资本调动起来，为"一带一路"基础设施建设提供资金支持和融资服务。通过丝路基金和亚洲基础设施投资银行的带动，以及世界银行、亚洲发展银行等多边发展机构和发展援助（ODA）等共同作用，"一带一路"基础设施互联互通建设获得了更好的资金保障，这也为广大的"一带一路"沿线发展中经济体克服基础设施瓶颈、降低广义贸易成本、优化综合发展环境提供了机遇。

### （二）"一带一路"打造完整的生产—需求循环

构建新型国际发展合作，需要让"一带一路"沿线经济体参与到国际分工合作链条中，使得这些经济体能够获得长期发展的机会，也就是说"一带一路"经济体如果能够参与到东亚生产网络或者中国的价值链上，那么"一带一路"新型国际发展合作机制是能够被建立起来的。世界银行指出，需要化解距离、密度和分割对发展的约束，推动经济地理重塑实现发展中国家的经济起飞。具体而言，缩短距离，通过加大基础设施投资降低交通运输成本，促进生产要素流动，缩短经济发达地区和落后地区之间的距离；提高经济密度，推动产业园和城镇的建设，提高经济活力；减少分割，即减少政策造成的经济壁垒，获得世界市场准入机会，实现规模经济和专业化分工。② 回顾东亚经济体的经济起飞，最初大多依靠建立出口加工区和实施优惠政策吸引外资，以此解决生产端的基础设施瓶颈和资本积累不足的制约；

---

① 《"一带一路"这五年：互联互通交出亮丽成绩单》，一带一路网，2018 年 10 月 6 日，https://www.yidaiyilu.gov.cn/xwzx/gnxw/67936.htm#p=4。

② 世界银行：《2009 年世界发展报告：重塑世界经济地理》，清华大学出版社 2009 年版，第 30 页。

更重要的是，美国市场准入优惠待遇为当时的日本和"亚洲四小龙"的出口导向型发展模式的顺利进行起到了至关重要的作用，[①] 毕竟拥有了美国的巨大市场才使得这些国家能够摆脱自身经济狭小的限制，实现生产的规模经济，至此东亚地区实现了经济地理重塑，一个完整的生产—消费循环得以实现。

亚洲开发银行针对亚洲的跨国经济走廊进行了案例研究，该研究认为，经济走廊从低级到高级的发展过程一般包括四个阶段，首先推动基础设施投资，降低交通运输成本；其次，以城镇化、更新城乡基础设施、促进工业发展、改善中小企业投资环境、增加旅游基础设施投资等方式实现"地区发展计划"，拓宽经济走廊；再次以贸易便利化为核心，促进跨境商品、服务、人员的流动；最后需要协调不同国家区域发展的计划与政策，形成真正意义上的跨境经济走廊。[②] 事实上，该研究已经表明，通过基础设施互联互通和产业园区的结合，有助于将"一带一路"发展演化为拉动周边经济体发展的经济走廊，[③] 而这种演变就是一个经济体从封闭的不发达经济向开放经济的发展过程，与此同时，这有助于该经济体创造出自身的比较优势，实现经济的可持续发展。

当前，伴随着中国劳动力成本上升，中国已经进入产业转移阶段，全球价值链和产业结构的变化和重新平衡，为"一带一路"沿线的广大发展中经济体提供了发展机遇。从生产端来看，积极推动在"一带一路"沿线打造以交通基础设施建设和产业园为基础的经济走廊具有极其重要的经济意义。一方面，以基础设施投资和充分的政策优惠和服务，打造贸易成本优势，构建新的比较优势，以非均衡的发展方式推动个别经济走廊优先建立起来。另一方面，推动大型机械设备的出口，通过在海外建厂生产并实现出口，在一定程度上能够减少

---

[①] 张蕴岭：《亚太经济一体化与合作进程解析》，《外交评论》2015 年第 2 期。

[②] Pradeep Srivastava, "Regional Corridors Development in Regional Cooperation", ADB Economics Working Paper Series, No. 258, 2011. 转引自李向阳《构建"一带一路"需要优先处理的关系》，《国际经济评论》2015 年第 1 期。

[③] 李向阳：《论海上丝绸之路的多元化合作机制》，《世界经济与政治》2014 年第 11 期。

目前中国面临的贸易摩擦和壁垒。与此同时，这种产业园模式有利于广大的中小企业利用现成的基础设施和服务，有利于获得规模效益。①因此，推动合理设计的产业园区是构筑新型国际发展合作的必要内容。

从需求端来看，美国从东亚的进口自20世纪60年代起急剧上升，1962年，东亚在美国进口中的比重约为13%，到1985年达到了36%，此后上升趋势迅速减缓，1995年以后开始缓慢下降，21世纪后停留在35%左右。②这表明美国为东亚提供的域外最终产品消费市场也是有限的，过度的生产显然是美国难以消费的，正如20世纪80年代美日贸易战和后来的"亚洲四小龙"经济上"毕业"，都表明了美国作为最终消费市场的有限性。另外，2008年国际金融危机后，美欧经济下滑并长期拖累亚洲经济的事实，也说明了长期依赖外部消费市场引发的经济脆弱性。从这个角度，通过"一带一路"建设，在实施多元化合作机制的同时，适时推进包括自由贸易协定在内的高质量、机制化的合作机制，以更大范围、更多成员的区域合作机制创造出新的消费市场，进一步补充传统生产—消费循环中内部消费不足的困境。

在新型国际发展合作中，对"一带一路"国家进一步开放中国国内市场可能具有更为重要的意义。以美国为例，美国优先开发和开放国内市场，由于美国市场巨大，对其他国家而言进入美国市场极为重要，美国依靠控制本国巨大的国内市场进而获得了对外经济谈判的实力。③也就是说，美国为其他国家提供了巨大的国内市场，其利用巨大的国内市场作为权力工具，通过改变市场开拓目标国家的国内偏好结构，获得了其国内产业利益集团支持，有效避免了来自市场开拓目标国家国内的反对与阻碍，为崛起时期的美国提供了更大的回旋余

---

① 曾智华：《经济特区的全球经验：聚焦中国和非洲》，《国际经济评论》2016年第5期。
② 周小兵主编：《亚太地区经济结构变迁研究（1950~2010）》，社会科学文献出版社2012年版，第151页。
③ [英] 苏珊·斯特兰奇：《国家与市场》，杨宇光等译，上海世纪出版集团2006年版，第195—196页。

地，也为美国开拓全球市场奠定了基础。① 可见，在构建"一带一路"新型国际发展合作过程中，以开放国内市场的方式实现"一带一路"合作生产—消费循环的效应更为显著，不仅可以进一步克服传统上最终消费市场不足，更重要的是，以此为杠杆更有助于广大的"一带一路"沿线市场，完善生产—消费循环，真正意义上实现新型国际发展合作。

从最终产品出口角度的研究表明，虽然多数国家向中国出口最终产品比重在15%以下，但是向中国出口最终产品的比重在该国全部出口市场中排名第一的国家有9个，排名第二的国家11个，排名第三的国家13个，排名第四的国家15个，排名第五的国家12个，合计60个，占全部样本188个国家总数的比重接近1/3，中国已经开始成为全球重要的最终产品消费国。② 2016年以来，最终消费支出对中国GDP贡献率达到64.6%，特别是伴随着中国人均收入和中产阶级比重进一步提高，亚洲开发银行估计，2030年中国的中产阶级人数将达到11.2亿人左右，③ 中产阶级占总人口比重甚至可以达到74%，其消费支出将高达12.8万亿美元，④ 未来中国的消费水平是有保障的，中国将进一步为"一带一路"更多国家提供最终产品消费市场。尽管目前有研究表明，中国对"一带一路"沿线经济体产品的消费仍比较有限，但是中国与这些经济体的分工合作正在发生积极转变，中国作为"一带一路"沿线经济体的初级产品消费市场规模仍在上升阶段，这对于处于经济起飞前的众多发展中经济体显然不是坏事；而中国作为最终消费品市场规模也在上升中，这表明中国有能力承接部分

---

① 黄琪轩、李晨阳：《大国市场开拓的国际政治经济学——模式比较及对"一带一路"的启示》，《世界经济与政治》2016年第5期。

② 国家开发银行、联合国开发计划署、北京大学：《"一带一路"经济发展报告》，中国社会科学出版社2017年版，第63—67页。

③ ADB, *Asia 2050: Realizing the Asian Century*, Mandaluyong City: Asian Development Bank, 2011, p. 24.

④ Homi Kharas and Geoffrey Gertz, *The New Global Middle Class: A Cross-Over from West to East*, 2010, pp. 6 – 7, http: //www.brookings.edu/~/media/files/rc/papers/2010/03_ china_ middle_ class_ kharas/03_ china_ middle_ class_ kharas.pdf.

最终产品的消费，这将为不平衡的地区生产—消费循环提供保障；最后，从中间品角度看，中国作为"一带一路"沿线经济体的中间产品市场提供者的地位将进一步上升，这表明部分沿线经济体可能正在被纳入"一带一路"新兴发展合作机制中，也就是全球价值链正在延伸至部分"一带一路"沿线国家，① 中国产业升级与"一带一路"沿线国家融入国际分工实现了良性互动，伴随着中国经济发展和"一带一路"建设，新的生产—消费循环和国际生产网络将逐步实现。

## 四 进一步完善新型国际发展合作的建议

"一带一路"已经成为今后相当长时期内中国开展内政外交的一个大战略，"一带一路"的重要意义在于地缘政治经济战略的重构，就是中国向沿线国家供给包括稳定的货币秩序、开放的市场环境、可靠的发展援助等在内的区域性公共产品，将"一带一路"地区构建成可以支撑中国长期可持续发展的国际体系和与沿线经济体的新型国际关系。② "一带一路"的建设，基础设施网络建设是重点，实现互联互通是关键，创建产业园区、构建产业链是亮点，从经济合作的角度来看，构建可持续发展的新兴发展合作是实现人类命运共同体的有力支撑。

### （一）合理规划基础设施互联互通，探索完善融资机制

长期以来，基础设施建设受制于投资额度大、建设周期长、回报率低等原因，私人部门进入该领域比较有限，而处于经济外围的发展中经济体或者多边开发机构对于基础设施的投入远不能满足需求。"碎片化"的投入和薄弱的互联互通，与一个具有不可分性质的基础设施支持系统之间存在显著差距，特别是在跨文化、跨制度的国际环

---

① 冯永琦、黄翰庭：《"一带一路"沿线国家对中国产品市场的依赖度及中国的对策》，《当代亚太》2017 年第 3 期。
② 李晓、李俊久：《"一带一路"与中国地缘政治经济战略的重构》，《世界经济与政治》2015 年第 10 期。

境下，要解决这一矛盾非常困难。① "一带一路"建设初期的大型基础设施建设项目，更多地需要双方或者多方政府的共同投入，共同采用一揽子财政刺激方案加速和增加投资。同时，需要在基础设施建设时，充分考虑产业园或者产业链的规划，保障基础设施的投入能够对经济走廊的形成和发展产生正向影响。总的来看，政府间跨国行政合作是建设"一带一路"基础设施的重要机制化手段。②

"一带一路"相关国家普遍处于经济发展上升期，基础设施建设正进入加速期，投资总规模或高达6万亿美元，探索设计合理的融资方式是推进"一带一路"基础设施建设的重要环节。③ 除了已有的亚洲基础设施投资银行、金砖开发银行、丝路基金、国家开发银行、上海合作组织银联体以及其他国家新开发国际多边开发机构等政策性、开发性金融资金来源外，面对"一带一路"巨大的项目融资需求，投资、贷款、债券等融资渠道也可以发挥积极作用。例如风险较大而预期收益较高的项目可以吸引各类投资基金参与，具有政府背景的基金及私人股权投资基金都可以发挥积极作用；风险较低的项目可以依靠贷款；债券作为直接融资的重要手段，在调动分散私人资金投入稳定收入预期的项目上有优势，在融资领域正在发挥越来越重要的作用。④ 而且债券市场参与主体多元化、定价机制市场化、信息披露透明化等特点契合了"一带一路"融资对以企业为主体、市场化运作的倡议，有利于保证投融资的可持续性。因此在"一带一路"倡议背景下加快"一带一路"债券市场的机制建设可以破除阻碍市场发展的障碍，提高金融业整体运行效率，更好地支持"一带一路"基础设施建设。目前，中国在推

---

① Biswa Nath Bhattacharyay, "Institutions for Asian Connectivity", ADBI Working Paper Series No. 220, 2010. 转引自杨怡爽《跨界发展：从21世纪海上丝绸之路到亚洲生产网络的边界扩展》，《当代亚太》2017年第1期。

② 吴泽林：《亚洲区域合作的互联互通：一个初步的分析框架》，《世界经济与政治》2016年第6期。

③ 中国社会科学院数量经济与技术经济研究所课题组：《"一带一路"战略：互联互通共同发展——能源基础设施建设与亚太区域能源市场一体化》，《中国石油经济》2015年第8期。

④ 胡晓炼：《共同推进"一带一路"基础设施建设的思考》，商务部国际贸易经济合作研究院：《中国"一带一路"贸易投资发展研究报告（2014—2017）》，2018年9月，第141页。

进"一带一路"债券市场建设中，已经取得了阶段性的进展，主要集中在试点"一带一路"债券，通过境内外债券市场拓展"一带一路"项目资金，以及"一带一路"债券市场机制建设等方面。2018年3月2日，上海证券交易所公布了《关于开展"一带一路"债券试点的通知》，"一带一路"债券试点规则落地，将有助于打造中国与"一带一路"沿线基础设施建设和区域合作的新格局。①

**（二）以产业园区建设助推塑造新区域价值链**

"一带一路"的核心内容是构建新的区域价值链或国际生产网络实现经济发展，从生产层面，需要根据各国的工业化阶段进行产能合作和产业整合。研究表明，"一带一路"涉及的65个国家工业化水平差异巨大，处于工业化前期的国家1个，处于工业化初期的国家14个，处于工业化中期的国家16个，处于工业化后期的国家32个，而进入后工业化阶段的国家2个。② 其中处于工业化初期和中期的国家将是中国"一带一路"产业合作的重点对象，而各类型的境外产业园区则成为加强"一带一路"国际产业合作的重要平台，也是项目落地、产业集聚、培育贸易竞争新优势的重要载体。一旦"一带一路"沿线上的产业园区甚至经济走廊顺利发展起来，将会为沿线新市场带来源源不断的投资和贸易，进而将在"一带一路"沿线上以点带面式地带动产业链甚至新的国际生产网络构建，推动"一带一路"经济体的经济发展。

当前我国产业园区建设还没有成熟模式可以复制，特别是"一带一路"沿线国家工业化阶段和发展水平差异较大，面临的风险和问题各不相同，境外产业园建设开发模式还需要不断探索。但为了推动企业和沿线国家进一步参与并在国际价值链分工体系中占据更加主动的地位，有必要进一步探索完善"一带一路"产业园区建设。具体而

---

① 张中元、沈铭辉：《"一带一路"融资机制建设初探——以债券融资为例》，《亚太经济》2018年第6期。
② 黄群慧主编：《"一带一路"沿线国家工业化进程报告》，社会科学文献出版社2015年版，第10—29页。

言，首先，强化政府在园区规划和统筹方面的功能。尽管"一带一路"园区建设以企业为主体，但是园区建设重点大多在比较落后的发展中国家，企业面临着经济风险、制度风险、基础设施风险、宗教文化风险等系列风险，中央政府需要加强部门协调，统筹规划，根据不同国别和产业实施分类分级指导，完善综合服务体系。同时，进一步加强与东道国政府政策沟通，明确落实入区企业优惠政策实施细则，解决双边投资保护协定、解决双重征税、劳工签证及许可管理、投资争端解决、园区土地、基础设施配套等问题，① 明确境外产业园区建设的权利义务，为园区建设和发展提供政策指导和机制化支持。其次，加强对园区建设的资金支持。推动国家开发银行、进出口银行以及亚洲基础设施投资银行、世界银行等开发机构，支持"一带一路"园区项目融资，会同各方研究制定园区建设融资指导原则。例如，2013年12月，商务部、国家开发银行联合印发《关于支持境外经济贸易合作区建设发展有关问题的通知》，明确指出支持境外园区建设，在符合优先融资的基本条件下，为园区企业提供融资服务。与此同时，发挥对外援助功能，加强对园区所在地区的援助，完善园区内基础设施建设。统筹考虑我国对外援助，将对外援助与加强对园区所在地区的交通、水电、通信等经济基础设施建设联系起来，便利我国企业的对外投资。最后，强化风险管理。商务部和中国出口信用保险公司联合发布了《关于加强境外经济贸易合作区风险防范工作有关问题的通知》，共同建立了园区风险防范保障机制。下一步有必要根据不同国别和不同产业，完善风险保障服务，对特定地区和产业给予补贴，推动企业进一步参保，保障"一带一路"园区企业利益。

### （三）加大自主开放力度，适时推进"一带一路"国家非互惠贸易安排

"一带一路"沿线国家的差异性较大，因此并不要求统一的区域

---

① 曾刚、赵海、胡浩：《"一带一路"倡议下中国海外园区建设与发展报告（2018）》，中国社会科学出版社2018年版，第74—75页。

合作机制，正因为如此，多元化合作机制成为"一带一路"特别是海上丝绸之路的典型特征。为了实现"一带一路"生产—消费循环，中国市场的进一步开放已成为必要的环节。2018年4月，中国国家主席习近平在博鳌亚洲论坛上宣布，中国将采取重大举措扩大开放，大幅度放宽金融业和汽车等行业市场准入；修订外商投资负面清单，全面落实准入前国民待遇，进一步改善投资环境；加强知识产权保护；加快申请加入政府采购诸边协定进程，举办中国国际进口博览会等，主动扩大进口。习近平主席在2018年博鳌论坛上的讲话以及随后中国发布的具体措施，已经表明了中国以自主开放大力推动经济发展的决心。以此轮自主开放为契机，将进一步提高中国作为最终消费品市场的地位。

另外，当前"一带一路"沿线国家经济发展情况各不相同，特别是并非所有沿线国家都能一次性全部参与经济走廊等发展导向型区域合作进程，因此适当地加以区别是有必要的。例如在建设经济走廊地区，可以学习美国的非洲增长与机遇法案（AGOA），针对不同的国家给予非互惠式的贸易安排，特别是对处于产业链上相关的产品，予以"早期收获"式的市场开放，将有助于构建更完善的价值链和产业链。值得注意的是，这种非互惠贸易安排，可以根据对象国经济发展水平考虑实施年度评估，根据实施情况予以升级或暂停。对于工业化中期的产业合作国家，则可以考虑特惠贸易安排，仅对双方都关心的产品或者贸易议题进行谈判。对工业化后期的产业合作国家则可以考虑谈判双边自由贸易协定，在自由贸易基础上相互开放国内市场。

# 第八章 "一带一路"与构建亚洲区域经济增长机制

## 一 国际区域经济增长机制的界定与架构

### (一) 问题的提出

中国提出共同构建"丝绸之路经济带"和"21世纪海上丝绸之路"(简称"一带一路")倡议后,首先涉及和响应的大部分是亚洲国家,尤其是"一带一路"以中国为起点,直接面对的基本上是亚洲中低收入的发展中国家。从区域经济发展的视角看,"一带一路"倡议包含三个要点,一是以中国周边的亚洲发展中国家为重点推进地区;二是以地缘通道的利用或建设完善为实施手段与路径;三是以中国为主要推动力量。

"一带一路"的实施和推进将对地区经济增长产生重大影响,同时很可能会改变地区的增长机制。东亚地区①在近半个世纪的经济快速发展中形成了较特殊的区域增长机制,中国的加入已使东亚增长机制发生显著变化。现在,中国主导推动"一带一路"的实施,其周边目标区域远超出东亚范围,其实施路径也不同于原有的东亚增长机制,因而"一带一路"很可能不会重复东亚原有的增长机制。由于中国在已有的东亚增长机制和"一带一路"实施的周边目标区之间的衔接作用,"一带一路"的推进有可能将已发生变异的东亚增长机制继续扩展变化为亚洲区域经济增长机制,其过程有可能产生更适于这一

---

① 本章的东亚地区包括东北亚和东南亚,大致为中日韩以及东盟国家。

时期亚洲发展中国家的经济增长道路与环境。

因此,本章以国际区域增长机制的形成和演变为出发点,分析"一带一路"对东亚—亚洲区域增长机制转型的影响与作用渠道,由此一方面可以了解"新常态"下中国经济对周边地区经济增长机制的可能影响途径,另一方面也是对"一带一路"倡议的性质与内涵的探讨。

### (二) 国际区域经济增长机制的内涵与界定

作为分析的基础和前提,首先需要界定国际区域经济增长机制。

在一个特定国际区域内,实际经济活动中流动的经济要素是包括资本、劳动力以及包括货物和服务在内的商品,[①] 同时存在对这些要素的流动具有激励或抑制作用的多种条件,这些条件可以影响要素在区域内的流向分布与速率,从而影响区域的经济增长,即构成了要素在区域内流动的基本运行环境,本章将此影响要素流动的条件组合界定为国际区域经济增长机制(以下简称区域增长机制),其不包括流动中的要素。根据《辞海》的释义,"机制"原指机器的构造与动作原理,[②] 现引申为系统内各组成部分的结构、各自影响系统运行的功能及其相互关系。本篇基于此而认为,区域增长机制的内涵包含三方面内容:一是机制由具备影响要素运行功能的基本条件组合而成;二是基本条件之间的相互关系;三是基本条件各自在区域增长机制构建过程中的作用,这些相互作用导致增长机制的差异。

从具体国家和国际区域来看,能够影响要素配置并使其发挥作用的一些基本条件的完备程度,在各国以至各区域之间是有很大差别的。由于这些基本条件十分庞杂,为便于分析,本篇将其大致归类。

---

[①] 经济增长要素的涵盖范围已从资本、劳动、技术扩展到制度等,其分析定义思路源于对索洛余值的分解(参见黄少安等《合作与经济增长》,《经济研究》2011年第8期),不过本篇的着眼点是要素在国际区域内的流动性特征,显然制度类可影响增长的因素在区内流动能力要远低于资本、劳动以至技术,因而本篇将制度等能够影响增长的因素界定为要素运行环境因素。

[②] 《辞海》编辑委员会编:《辞海》(1979年版),上海辞书出版社1980年版,第1250页。

归类是从与区域增长相关理论的研究对象出发,因为这些研究对象都对要素运行有不同的影响作用而可以被视为区域增长机制的基本条件,将这些研究对象根据其本质特征可归为三类。①

第一类是地区内的基础设施,包括交通和通信等物理联通条件。相关理论分析以新经济地理学、空间经济学或区域经济学等为代表,涉及的研究包括企业在地理和资源分布环境条件下的区域空间布局及其对国际区域经济增长的影响。从理论分析的角度看,地理和区位空间对区域经济增长的最直接影响是由之产生的运输成本,②它在实际经济运行中就是指有关的基础设施,特别是交通通信等设施的完备程度,这些设施构成了区域经济增长机制的最基本的物理基础,即"硬件"条件。

第二类是地区内的国际经济制度安排,包括贸易、金融和投资等诸多领域的跨境交易制度体系。相关理论分析以国际经济学以及国际经济合作(一体化)理论等为代表,涉及的研究包括贸易和金融等相关国际经济领域和区域市场制度体系的建立、演化及其对区域经济增长的影响。③这些制度包括区域内相关经济体的对外贸易、金融、货币以至产业等诸多涉外经济政策,近年来的发展还包括各自的部分宏观经济政策、劳工政策以至环境政策等,这些政策法规构成了区域经济增长机制的制度联通条件,即"软件"条件。

第三类是地区内的经济技术发展与联通。相关理论分析以产业经济学为代表,从产业组织、产业结构、产业关联以及产品生命周期等角度研究其发展对产业空间布局的影响,以及对国际区域经济增长的影响。④产业技术关联是区域产业分工的基础,这些产业关联关系构成了区域经济增长机制的产业技术联通条件。由于技术发展有自己的

---

① 应说明的是,这一分类并不涉及相关理论的交叉、分类和研究深度等,只是将涉及的主要研究对象根据其性质特征分类,并以此分类作为本书分析的起点。
② 胡志丁、葛岳静:《理解新经济地理学》,《地理研究》2013 年第 4 期。
③ [美]保罗·克鲁格曼等:《国际经济学》(第四版)(中文版),中国人民大学出版社 1998 年版。
④ 赵秀丽、纪红丽:《产业经济理论的回顾与发展》,《税务与经济》2011 年第 2 期。

规律与阶段，有可能对区域经济关系产生相对独立的影响，并不等同于上述影响区域经济关系的"软件"或"硬件"条件，因而将其单列。

从商品循环的生产、流通、交换和消费这四个基本环节看，区域内的产业技术联通、地缘物理联通和市场制度联通为商品在消费前的各循环阶段提供了国际生产、流通和交换的基本条件，从而影响区域内增长要素的配置，这些基本条件构成了区域增长机制的重要组成部分。

上述界定与分类将区域增长机制内涵中的基本条件确定为三类，而已有相关理论分析了三类基本条件各自对经济增长所起的作用，本篇对此不再赘述。本章重点是将这些基本条件的相互关系及其在区域增长机制构建中的作用作为研究对象，继而以此为基础分析框架，探讨"一带一路"倡议在构建亚洲区域增长机制中的作用。

### （三）相关文献分析

1. 关于区域增长机制的讨论

对区域经济增长的研究已有很多，其主要目标为经济增长，因而大多数相关研究将经济增长要素作为讨论的重要内容或条件，没有将其与要素运行环境加以分离讨论。实际上，目前学界对区域增长机制并没有一个完整、明确的定义，比较接近的概念是区域经济增长模式，典型的例子是世界银行对东亚增长的考察，将东亚的持续高速增长及主要原因归结为"东亚模式"，其原因中就包括高储蓄支持的高投资；[1] 经济增长方式也是常用的概念，主要指依靠提高效率的"集约型"增长方式或是依赖扩大资源使用的"粗放型"增长方式，典型的例子是克鲁格曼（Paul Krugman）在涉及东亚增长的讨论中认为东亚是靠高投入实现高增长。[2] 涉及区域增长机制的讨论多为国内区

---

[1] 世界银行：《东亚奇迹——经济增长与公共政策》，财政部世界银行业务司译，中国财经出版社1998年版。

[2] Paul Krugman, *The Myth of Asis's Miracle*, *Foreign Affairs*, No. 11/12, 1994, p. 78.

域问题的研究,① 对国际区域增长机制所涉及的问题研究大都包括在区域经济一体化理论和区域合作理论中,讨论的重点是相关的制度体系发展进程,如自由贸易区、关税同盟、共同市场和货币联盟等。② 而大致包括本章对区域增长机制三类基本条件的区域增长问题研究是阐述发展中国家经济一体化的"综合发展战略理论",其主要思想包括不限于市场的统一,生产和基础设施是经济一体化的基本领域,通过区域工业化来加强相互依存性,强调有效的政府干预,等等。③

有关影响区域内要素运行的基础条件之间关系的研究非常多,这类研究的特点之一是较偏重微观且多为单向影响,研究对象选择区域也多为发达国家。例如,新经济地理学对区域一体化和产业区位的大量讨论,其模型主要分析发达国家贸易自由化等制度条件下产生的产业区位效应。④ 而有关基础条件对经济增长的影响研究则相对宏观一些,因其涉及的往往是国家以至国际区域的增长,这类研究的结果显示,基础条件的改善对经济增长大致是正向影响,如基础设施对增长的影响,⑤ 区域合作等制度建设对区域增长的影响等。⑥

总的来看,已有的国际经济区域增长问题研究大多没有从区域整体的宏观角度严格区分要素与其运行环境,相应地,也没有给予国际区域经济增长机制明确的界定。

2. 关于"一带一路"倡议的研究与讨论

关于"一带一路"倡议的研究与讨论可依其视角或涉及范围大致分为三类。

---

① 关于经济增长机制的讨论大多没有对经济增长机制有清晰明确的定义,而直接使用这一概念。例如魏婕、李勇的《中国经济增长的新机制:基于文献综述的思考》,《经济与管理评论》2013 年第 1 期。

② 梁双陆、程小军:《国际区域经济一体化理论综述》,《经济问题探索》2007 年第 1 期。

③ 同上。

④ 李欣红:《区域经济一体化与产业区位:一个理论和实证综述》,《经济问题探索》2007 年第 12 期;邓炜:《深度一体化的产业区位效应——基于新经济地理模型的理论框架》,《首都经济贸易大学学报》2012 年第 5 期。

⑤ 范九利等:《基础设施资本与经济增长关系的研究文献综述》,《上海经济研究》2004 年第 1 期。

⑥ 参见黄少安等《合作与经济增长》,《经济研究》2011 年第 8 期;陈欣烨《国际经济区域化的理论与实践分析》,《辽宁工学院学报》2002 年第 4 期。

第一类是更多地着眼于国家的战略和安全利益来看"一带一路"，认为其"是对中国国家战略利益的概括性表述"，"是对近代以来西方霸权设计的政治地理的根本性重塑"。对其主要发展方向有不同解读，基本上是面向美国、欧洲或中国的大周边地区。相应目标对美是解决"陆上及海上战略空间的权力分享甚至势力划分"；对欧洲是要将中欧"两大市场、两大力量、两大文明联接在一起"；对中国大周边地区是建设周边命运共同体以构建战略依托带。①

第二类是将"一带一路"视为推动中国与周边地区合作的新路径。认为"一带一路"的战略重心"是促进互联互通的基础设施建设"，②"通过基础设施建设加强经济合作与发展，可以算是中国政府在国际经济政策领域的一个贡献"。③"传统的从自贸区建设开始的一体化模式并不适应内部经济发展水平差异巨大、地缘上分散隔绝的亚洲"，"互联互通一体化模式是亚洲一体化的一条出路"。④

第三类是将"一带一路"视为国内相关区域的重要发展机遇，边境省份的建设同样成为战略的重要内容。"2015 年已经有 20 个省份在政府工作报告或高层会议中明确各自在'一带一路'中的定位及发展重点。"⑤

显然，第一类视角偏重于国家的战略和安全利益，第三类视角偏重国内相关地区的发展机遇，并不适于本章的讨论。第二类视角则与本章的讨论范围基本吻合，其中以基础设施建设为路径重构区域经济关系这一思路对本章提供了重要启迪。

本章以下内容将从区域经济增长机制演变的视角切入，首先以基础设施联通、市场制度体系和产业技术关联等三个基本条件构成区域

---

① 储殷、高远：《中国"一带一路"战略定位的三个问题》，《国际经济评论》2015 年第 2 期。
② 林毅夫：《"一带一路"需要加上一洲》，观察者网，2015 年 1 月 19 日，http://www.guancha.cn/LinYiFu/2015_01_19_306718-shtml。
③ 黄益平：《中国经济外交新战略下的"一带一路"》，《国际经济评论》2015 年第 1 期。
④ 王玉主：《"一带一路"与亚洲一体化模式的重构》，社会科学文献出版社 2015 年版。
⑤ 储殷、高远：《中国"一带一路"战略定位的三个问题》，《国际经济评论》2015 年第 2 期。

经济增长机制为基本分析框架，以目前最大的北美、欧盟、东亚等三个区域经济集团的形成演变为起点，分析区域增长机制中三个基本条件的组合与变化及其对机制的影响；其次以此为基础考察东亚区域经济增长机制的形成与演化过程，明确其特点、缺陷与转型要求；而后引入中国的"一带一路"倡议，讨论其对东亚增长机制转型的意义与作用。

## 二 国际区域经济增长机制的结构与演变

### （一）不同国际区域经济集团增长机制的基础条件配置

在当前世界经济区域集团化以至一体化进程中，实际的国际区域经济增长机制大多外化为各种形式的区域经济合作或一体化机制，形成了众多规模不等的区域经济集团。根据区域经济一体化理论，可以从区域市场融合的角度将区域经济集团分为优惠贸易安排、自由贸易区、关税同盟、共同市场、货币联盟、经济联盟和完全经济一体化等不同层次的具体形态。而从区域发展和分工的角度看，区域经济集团可以分为水平一体化和垂直一体化。

在诸多经济集团中，欧盟、北美自贸区和东亚地区是三个最大的区域经济集团，三者在经济规模上十分接近，又都远远高于世界上其他的区域经济集团。不过，三者的社会经济发展水平和经济一体化程度并不相同，上述增长机制的基础条件配置也不同。

欧盟是第二次世界大战后世界上成立最早的区域经济集团之一，在60多年的发展历程中，经历了煤钢共同体、经济共同体、关税同盟和经济货币联盟等国际经济一体化发展阶段，成为目前世界上区域经济一体化程度最高的区域经济集团。同时，欧盟成员从最初的6个扩展到目前的28个（含英国），2017年经济规模为17.28万亿美元。[①]欧盟在21世纪以来的东扩是其发展的重要分水岭，东扩前的欧盟经

---

[①] 世界银行《世界发展指标》数据库，https://databank.shihang.org/data/source/world-development-indicators/preview/on#。

济发展水平较高，区域内基础设施完备，产业体系呈网络化分布。从经济发展水平看，欧盟在东扩前大致为水平一体化。东扩后的欧盟掺入了垂直一体化成分，新成员发展水平与老成员差距较大，且基础设施和产业体系水平要低于老成员。不过，由于新成员的经济总量在欧盟中所占比重只有8.6%（2017年），因而从总体看，欧盟区域经济增长机制的基本条件是比较好的，特别是其制度体系完备，区域经济一体化程度已达经济货币联盟的水平，远高于其他地区。

北美自贸区已从1989年生效的美加自贸协定发展到1994年生效的美加墨北美自贸协定（NAFTA），2017年经济规模为22.19万亿美元，其中美国占87.4%、加拿大占7.4%、墨西哥占5.2%。北美自贸区是世界上第一个发达国家与发展中国家共同参与的自由贸易协定，由此出现了制度化的垂直一体化区域经济合作进程。从发展水平看，同为发达国家的美、加两国经济联系十分密切，基础设施完备，特别是美国经济规模巨大，基本左右了北美区域经济的发展。而墨西哥发展水平远逊于美加，北美自贸区形成的区域经济增长机制刺激了墨西哥面向美国市场的组装或外包型"客户工业"的迅速发展，这些产业大部分向墨北部集聚，[①] 这显然是与运输条件和产业关联条件直接相关。美国在北美自贸协定生效后，即于1994年年底正式提出建立美洲自贸区，共包括34个美洲国家，2005年完成谈判，实际上是以北美自贸区为先导，经过其逐步南扩而完成。不过此设想不断受到拉美部分国家的抵制，因此尚未实现。

东亚地区一直没有建立起涵盖整个地区的契约化的地区经济合作机制，2017年经济规模为22.38万亿美元。东亚之所以被认为是一个区域经济集团，主要是因为存在被广泛认同的、形象地被称为"雁行模式"的区域经济发展机制。其基本模式为日本是主要资本和技术来源、"亚洲四小龙"[②] 为中转、中国和东盟为接收资本技术的

---

① 谌园庭、冯峰：《北美自由贸易协定对墨西哥经济的影响》，《拉丁美洲研究》2005年第2期。
② 包括韩国、新加坡、中国香港特别行政区、中国台湾地区。

大规模生产地区,由此形成区域性的增长机制。这一机制从增长要素看,是充分地将本地的劳动力资源与外来资本和技术相结合。而从基础条件看,制度联通主要靠相关经济体的吸引外资和鼓励出口的经济政策以及"关贸总协定"等多边国际协定;地缘物理联通主要靠海上通道,各经济体的本地参与地区基本上是沿海地区;产业技术联通主要靠地区各经济体之间有序的产业升级和产业转移所形成的产业关联关系,这种产业关联构成了地区内以垂直分工为基本特征的产业链。需要特别指出的是,上述模式主要是从生产角度或供给角度出发,若从需求角度看,东亚地区的商品循环并不完整,因为其产品的重要市场是美国市场,特别是在相关经济体参与东亚产业链的初期,对美出口是影响本地经济发展的重要因素。东亚的"雁行模式"在20世纪70—80年代形成,90年代以后向东盟和中国延伸,由此形成了以东亚模式为联系纽带的东亚区域经济增长机制的第一阶段"西扩"。不过,区域经济的持续增长也使东亚各国逐步寻求建立覆盖全区域的经济合作机制,现有以东盟为平台的区域合作机制探索已从中国—东盟自贸区("10+1")逐步向由东盟首倡,包括中、日、韩、澳、新和印度在内的"区域全面经济伙伴关系"(RCEP)等区域合作机制设计发展。

从分析区域经济增长机制的角度看,欧盟、北美和东亚这三大区域经济集团的发展具有较强的代表性。一方面,它们的经济规模占世界生产总值(GDP)的76.6%(以2017年时值美元计);另一方面,它们又有较充分的多样性,既包括欧盟这样的目前最高层次的区域经济合作形式,也包括北美这样的具有垂直一体化成分的一般自贸区合作形式,还有东亚这样的虽无整体契约化制度却有密切产业关联的区域经济增长机制。

### (二)区域增长机制的基本结构类型

显然,三大区域各自的区域增长机制基础条件的配置是有不同侧重的。欧盟和北美自贸区都是以发达国家为主要成员,它们的基础设施完善、产业关联紧密,因而将对区域经济增长机制的基础条件配置调整重点放在市场制度体系的构建上。对于发达国家来说，商品供应链的两端，即设计研发与市场是控制整个供应链的关键环节，随着产业分工的发展，生产环节在很大程度上已经不是关键。从控制整个供应链的角度看，前端核心的设计研发一般控制在本国国内，后端的市场则包括了国内和国外两个市场，因而构建可控的国外市场制度体系就成了其国际区域经济政策的首选。图 8-1 是欧盟区域经济增长机制的基础条件关系示意图，三个基础条件基本均衡配置，区域经济发展条件相对稳定。

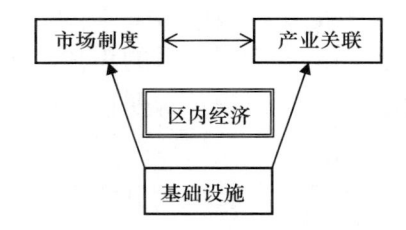

**图 8-1　区域经济增长机制的基础条件关系（欧盟模式）**

资料来源：笔者自制。

由于欧盟和北美自贸区的示范效应和发达国家在理论和实际上的强势推行，当前世界上大多数区域经济增长机制以自贸区或自贸协定起步，但与之相关配套的基础设施和产业关联多显发展不足。由此形成的区域经济发展机制的三个基础条件配置相对不均衡，市场制度体系构建领先于产业关联和基础设施，区内产业对市场制度建设的支持不足。也就是说，尽管有自贸区等制度支持，但区内产业供给不足，需要从区外进口产品以满足区内需求。区域增长机制的基础条件关系变为图 8-2，它在表面上与欧盟相同，都重点着眼于构建区域经济制度体系，但因缺乏区内产业支持而成为仿欧模式，其特点是市场制度建设超出区内产业关联程度，区内产业不能满足区内消费需求，表现为区内贸易水平较低，需要进口外部产品支持。由此形成了以市场制度为主导构建的区域经济增长机制。

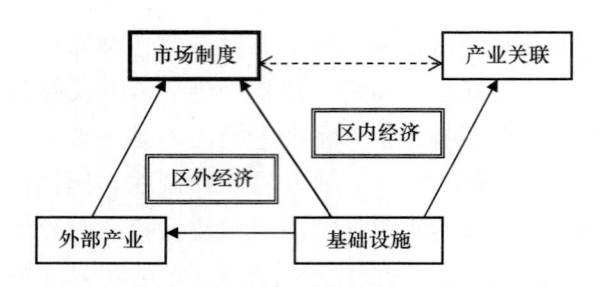

**图 8-2　区域经济增长机制的基础条件关系（仿欧盟模式）**
资料来源：笔者自制。

东亚地区则不同。由于其终端市场主要是美国和欧洲，因此东亚并不能控制与美欧相关的市场机制体系的构建，相应地，东亚区域内市场机制体系的构建在区域经济增长初期也就缺乏紧迫性。东亚多数经济体是在经济起飞初期依靠建立沿海出口加工区以解决基础设施与外向通道问题，同时以优惠政策鼓励吸引外资以解决资本和技术的短缺问题。因而东亚的产业关联发展相对密切，大量产能面向以美国为首的发达国家市场，区内市场需求相对不足，区内贸易以中间产品为主，最终消费品比重较低，由此形成了较特殊的东亚区域增长机制的基础条件配置（见图 8-3）。由此形成了以产业关联为主导构建的区域经济增长机制。

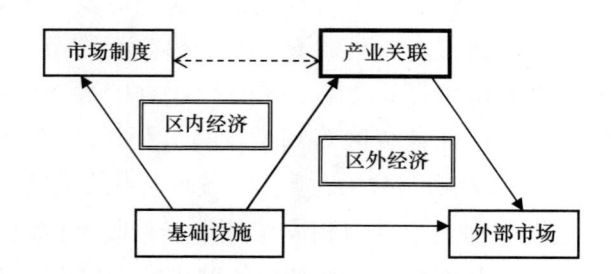

**图 8-3　区域经济增长机制的基础条件关系（东亚模式）**
资料来源：笔者自制。

### （三）基础条件的调整升级与内在矛盾

上述三个基础条件构成的区域经济增长机制为增长要素提供了支

持增长的环境,这是由每个基础条件对经济增长都有影响能力所决定的。因此,如果这一环境向有利于增长的方向变化时,要素适应这些变化就可能带来区域经济新的增长。不过,此后增长环境变化的新生刺激作用会逐步降低甚至消失,因而其对经济增长的增量刺激会逐步转化为常量支持。可见,为保持对经济增长的持续激励,调整和改善增长环境是必要的,这就意味着有必要持续升级构成经济增长机制的基础条件。也就是说,区域经济增长机制的影响力是具备动态变化的可能性与必要性的。在实际运行中,这些调整常常表现为质量上的自我升级或数量和规模上的向外扩展。当然,也存在抑制或阻碍升级扩展的内在困难与问题,使机制的升级扩展不会随时发生,只有在条件具备时才有可能发生,从而升级呈现不同程度的阶段性。

1. 基础条件的调整升级

首先,从制度体系的调整升级看,改善制度体系环境有两条主要途径,一条是在平均水平一致时提高制度质量,实例是欧盟从关税同盟向经济货币联盟的持续升级。另一条是向非制度覆盖区扩展,相对降低制度平均水平从而为制度发挥作用提供新的空间,实例是欧盟自其前身共同体成立后就不断地扩展其成员,且扩展进程仍未停止。实际上,美国主导的北美自贸区也有很强的扩展与升级倾向,表现为北美自贸区向构建美洲自贸区设想的扩展努力,以及美国重新包装并一度着力推行的、被称为新一代自由贸易规则的跨太平洋战略经济伙伴关系协定(TPP)。

其次,从产业关联的调整升级看,其调整途径是以提升质量为目标的产业升级和以扩展规模为目标的产业转移,实例是东亚地区持续数十年的群体性先后接替的高增长历程。东亚地区先行工业化的经济体在区内后发经济体的竞争压力下尽力完成自我产业升级,同时将其失去竞争力的产业向区内后发经济体转移,由此形成区域内联系较为密切、不断调整升级且扩展延伸的产业关联关系。

最后,从基础设施的调整升级看,调整的重点是完善和补充地区性的基础设施。在以发达国家为主的欧美地区,区域性的基础设施联通往往排不进区域经济政策调整的前列。但在以发展中国家为主的地区，区域性基础设施的完善和补充很可能在一个区域经济高速增长时期之后出现，此时相关国家具备了一定的经济实力，有需要也有可能增加对基础设施的投入。例如，东盟（ASEAN）为支持其共同体建设[1]而提出的《东盟互联互通总体规划》，就将交通和能源等基础设施的物理联通作为重要的基础条件。[2]

　　制度体系和产业关联的调整见效快且本身就有升级和扩展压力，因而会有较强的向外扩展的主动性，易形成支持区域相关基础条件扩展升级的区域性公共产品，即提供升级路径设计及所需资源。其主要原因是地区内具有主导地位的国家政府（或企业），它们有实力支持和推行区域制度体系（或产业关联）的升级和扩展。因而可将这种区域性公共产品视为由主导力量（区域大国）提供的公共产品。反观基础设施条件，则因其投资规模大、回报慢而不易形成对区域基础设施环境进行完善和补充的区域性公共产品，在一般情况下，地区内的基础设施联通往往需要各经济体自行筹措资源增加投入来补充完善。不过，在区域有向外扩展的要求时，有可能对扩展对象地区的基础设施给予区域性的联合投入，即基础设施条件领域在特定时期内也可能出现区域性公共产品。

　　2. 基础设施瓶颈：功能优先性与实践中的政策滞后性矛盾

　　从一国封闭的商品循环看，商品的生产与消费是不会分离的，生产是源头，而后是流通、交换和消费。但在开放的环境中，生产和消费就有可能分离，本国对部分商品的需求可以由进口解决，而对本国生产的部分商品的需求可以由出口解决。不过，进出口的基础设施是必需的。这样看，基础设施条件是与外部市场衔接的必要条件，同时它是外向型商品生产的必要条件；但本地市场与本地生产在一定程度上并不一定是相互间的必要条件。也就是说，在三个基础条件中，基础设施因其具有物理联通的基本功能而具有优先地位。由于在开放的

---

[1] 东盟在 2003 年通过的《东盟第二协调一致宣言》首次明确提出建设东盟共同体，并宣布将于 2020 年建成以安全共同体、经济共同体和社会文化共同体为三大支柱的东盟共同体。

[2] "Master Plan on ASEAN Connectivity", Jakarta: ASEAN Secretariat, December 2010.

环境中，市场制度体系和生产关联之间不必相互匹配而可能会选择单项相对发展，例如东亚地区选择在沿海地区优先发展出口加工工业，而东亚区域性的市场制度建设相对滞后（见图8-3）。此时真正具有优先地位的基础设施实际上是涉及外向经济的部分，这部分的基础设施并不一定能与当地的内向经济完全衔接，因而具有"飞地"性质。这就使外向基础设施在一国经济决策中的地位并不一定是绝对优先的，只有在迫切开放且经济实力较充足时才可能优先发展。

如前所述，制度体系和生产关联具有自我升级与扩展的主动性，基础设施的改善升级则相对处于被动地位。由于能够影响区域经济中各成员政策选择的区域性公共产品主要在区域经济的制度体系建设和区域生产关联的构建两个方面，而来自区域基础设施建设的区域性公共产品较少，因而区域经济增长机制的调整改善多从区域制度体系的建设起步，罕有从区域基础设施联通起步者。从前述三大区域经济集团的发展过程看，欧盟和北美自贸区都是将建设地区的市场制度体系作为构建区域经济增长机制的初始重点，东亚则是建立以"雁行模式"为名的区域产业关联为主导，三大地区都没有将完善区域基础设施联通作为构建区域增长机制的初期首选。

由此形成了在区域经济增长机制的建设或调整过程中，基础设施条件的功能优先性与政策选择滞后性的失衡甚至矛盾。这一矛盾对区域增长机制建设的负面影响在发展中国家为主的地区尤为突出，而基础设施的滞后会影响制度体系或产业关联等基础条件能力的发挥，从而形成基础设施"瓶颈"或"短板"，最终影响经济增长。

## 三 东亚区域经济增长机制的形成与"西扩"

东亚地区成员构成复杂，成员间经济规模、经济发展水平和经济制度体系等都有较大差异。东亚在近半个世纪的经济增长过程中，形成了一套较世界其他地区不同的区域经济增长机制，这一被称为"雁行模式"的机制支持了地区经济的持续增长和扩展，但也存在愈益扩大的隐患，即对外部市场的过度依赖而缺乏缓解和摆脱机制。

### （一）东亚区域经济增长机制的形成

东亚区域经济增长机制的突出特征是在发展过程中各经济体之间形成了相互衔接并可以延伸的产业链，其形成期在20世纪70—80年代，主要包括日本和"亚洲四小龙"。

1. 东亚区域增长机制的从属型制度体系

日本是东亚地区最先完成工业化的国家，在其经济增长进程中，对外贸易特别是出口占有重要地位，并被称为"出口导向型"经济。在其出口中，美国市场占有重要地位，20世纪60年代经济起飞期结束时，美国在日本出口中所占份额为31%（1970年）。而同时刚开始经济起飞的"亚洲四小龙"的出口中，美国所占份额更高达40%—50%（新加坡为17%）。[①] 美国在地区战略格局中的盟主地位和市场的重要地位使其对东亚具有构建制度关系的主导地位。以对日贸易摩擦谈判为例，美国迫使日本签订了棉纺品、彩电、轿车和半导体等贸易协议，重点是在日本生产能力上升后限制其对美的出口。从地区角度看，日本和"亚洲四小龙"之间并未形成区域性的制度体系，相互间的经济联系依从国际市场规则，但实质上是美国主导的规则。例如，20世纪80年代后期美国对"亚洲四小龙"取消给予发展中国家或地区的优惠待遇（即从发展中国家"毕业"）后，迅即引发了它们的经济减速和产业转移。

2. 区域生产关联的形成

20世纪70年代，日本在"石油危机"的冲击下经济开始减速并转型，逐步将一些劳动密集型产业向"亚洲四小龙"转移，此时的区域经济特征为：一是日本制造业在经济中的比重开始下降，"亚洲四小龙"制造业开始上升并保持在高位；二是日本、"亚洲四小龙"和美国之间形成了逐级放大的贸易顺差，即"亚洲四小龙"从日本进口资本品和中间产品，加工增值后出口到美国市场。由此开始了以日本为起点的区域内产业转移，"四小龙"承接这些转移产业加入地区分

---

[①] 张蕴岭主编：《亚洲现代化透视》，社会科学文献出版社2001年版，第174—175页。

工，形成了区域内垂直分工产业关联体系的雏形。

3. 区域基础设施保障

日本和"亚洲四小龙"都是岛屿或半岛型国家或地区，内陆经济纵深很小或基本没有。对外经济联系特别是货物运输主要靠海运，包括运输和能源保障等在内的相应的基础设施也基本放在沿海，因而经济重心和增长重心都在沿海地区。这样它们在发展初期就没有内陆经济发展所必需的陆路交通建设投入负担，而这一时期国际船运业的迅速发展也为东亚提供了相对廉价的基础运输条件，特别是这些东亚经济体都是自然资源极贫乏地区，发展所需资源严重依赖进口。

4. 东亚形成"外、海、链"区域增长机制

综上所述，东亚自20世纪70—80年代开始形成特殊的区域经济增长机制，其市场规则由外部市场主导，基础设施以连接海路通道的沿海港口地区为基础，产业关联以垂直分工的产业链主导，这是一个充分利用外部条件、与外部环境衔接的区域增长机制，其最终市场、基本制度规则、资本以及技术等主要源于美国，因而可以说这一时期形成的实际上是美国主导的东亚区域经济增长机制。若将这一机制简捷描述，可以"外、海、链"（外部市场主导、海路联通为主、垂直分工型产业链）称之。

日本以及之后的"亚洲四小龙"在此期间充分利用这一外向型增长机制，迅速完成社会经济的工业化发展，从而成为世界级的制造业中心，并以此带动经济的持续高增长，并被称为"东亚奇迹"[①]。

### （二）东亚区域增长机制的缺陷与"西扩"

东亚外向型经济增长机制受外部环境变化的影响很大，主要影响显然来自美国市场。当源于美国市场的较大负面影响施加于东亚相关国家和地区时，会引起东亚增长机制的相应调整，调整的代价是东亚

---

① 世界银行：《东亚奇迹——经济增长与公共政策》，财政部世界银行业务司译，中国财经出版社1998年版。

相关成员普遍经济增长减速、停滞甚至衰退，后果是东亚产业链的延伸和增长机制的"西扩"。

1. 美国市场对东亚的抑制

美国从东亚的进口自20世纪60年代起急剧上升，1962年，东亚在美国进口中约占13%，到1985年达到36%，此后上升势头迅速减缓，1995年以后开始缓缓下降，21世纪后停留在35%左右。[①] 这一变化过程表明，东亚在美国市场中的空间是有限的，即美国市场主导的东亚区域经济增长机制提供的利益也是有限的，美国不可能对东亚无限制地开放市场，这也是其通过1985年的"广场协议"迫使日元大幅度升值以及对日本出口进行限制、其后宣布"亚洲四小龙""毕业"等制度层面着手限制的基本背景和结果。这实际上就是美国主导的市场规则发生了变化。

2. 东亚产业链的延伸与东亚增长机制的"西扩"

美国对东亚的日本和"四小龙"的抑制降低了后者在美市场上的竞争力，迫使东亚部分生产能力开始较大规模地向成本较低的东盟以至中国转移。中国在20世纪90年代迅速接入东亚产业链，到21世纪初取代日本而成为东亚在美进口中份额最大的经济体，而后又成为美国在东亚获有最大逆差的贸易伙伴。至此，中国成为以逐级放大的贸易顺差为显性特征的东亚产业链对接美国市场的最后环节。也就是说，东亚产业链从90年代开始向东盟以至中国延伸，到21世纪初期已完成这一延伸过程。从地域方向看，初期以日本、"四小龙"形成的东亚区域经济增长机制已向其西面的中国和东盟扩展，即东亚增长机制已完成了其初步"西扩"。

3. 东亚增长机制的缺陷

东亚产业链延伸的过程对东亚相关经济体来说并不是一个皆大欢喜的过程，尽管各自经济都有自己的问题，但从区域角度看，由机制引发的问题更为明显。日本经济自20世纪90年代起即进入长期的低

---

① 周小兵主编：《亚太地区经济结构变迁研究（1950—2010）》，社会科学文献出版社2012年版，第151页。

增长甚至停滞状态，至今仍未明显摆脱；"四小龙"在 80 年代末 90 年代初的产业转移时期经济增长率下降并低于同期东盟的水平；东盟则在 1997 年爆发金融危机，而这时正是中国接入东亚产业链的起步时期。由此可见，自 80 年代后期美国市场开始对东亚设限以后，东亚产业链的延伸过程就是一个痛苦的蜕变过程。东亚产业链与美国市场对接的末环经济体会出现明显的经济增长减速甚至衰退，而后向前面环节的经济体逐级传导，其方向恰与产业链的技术、资本和产品的基本流向相反，由此引发区域性的经济衰退，1997 年的亚洲金融危机正是这样一个"逆传导"过程。

如前所述，东亚区域经济增长机制是以美国市场为基础形成的，实质是以外部市场规模解决本地区生产与消费关系的协调平衡问题。因而可以说这一机制的市场制度是由美国控制的，对东亚区域经济增长机制来说，则是个难以管控的重大缺陷。东亚增长机制使地区的部分生产能力与消费分离，当外部市场足够大时，东亚只要扩大生产即可实现经济增长，基本不用考虑生产与消费的平衡问题以及产业链的协调管控问题。外部市场一旦饱和就必然要限制进口以求平衡，而东亚区域内生产大于消费是区域增长机制造成的结构性问题，区内市场不能在短期内吸收无法出口的区内产品，只能以抑制生产求平衡，由于生产是以垂直分工为基础的产业链形式完成，抑制生产就会导致全产业链的衰退，居于产业链末环与美国市场直接对接的经济体就会首当其冲。

### （三）中国加入导致东亚增长机制的变化

1. 东亚经济规模急剧扩大

中国经济在 20 世纪 90 年代进入持续稳定的高增长阶段，仅在 1997 年的亚洲金融危机冲击下增速从高速降为中高速，到 2010 年中国 GDP 超过日本，成为世界第二大经济体。中国与东亚产业链的衔接使中国逐步被纳入东亚增长机制，相应迅速扩大了东亚增长机制的覆盖规模，而 21 世纪以来北美和欧盟的经济增长先后出现减速，特别是在 2008 年国际金融危机后更是连续下降，致使 2012 年东亚（东北亚和东南亚）GDP 开始超过欧盟（28 国），2017 年超过北美，成为实际上的世界第一大区域经济集团。① 东亚经济规模的迅速扩大也为扩展区域市场提供了巨大的潜力，为东亚区域内调整平衡生产与消费关系提供了更大空间，区域市场的潜力使东亚越来越强烈地寻求建立独立的区域市场体系，尽管各成员间龃龉不断且有区外力量的掣肘与羁绊。

2. 东亚开始向内陆扩展基础设施网络

中国在接入东亚产业链的同时，开始大规模改善基础设施条件。以高速公路建设为例，1988 年中国建成第一条高速公路，2001 年年底高速公路里程超过加拿大居世界第二，2012 年超过美国居世界第一。而铁路运输则是一方面新建，一方面提高，1997—2007 年，铁路运输完成了 6 次大提速。目前，中国铁路的运输效率和完成的运输工作量已居世界第一，而且是世界上高速铁路运营里程最长、在建规模最大的国家，高速铁路总体技术水平位居世界前列。②

从东亚地区角度看，中国和东盟加入东亚产业链后，东亚增长机制已大幅向西扩展，更重要的是，中国以及中南半岛的内陆地区相应也涵盖在内，这就使原有的优先利用海路作为区域增长机制的外向基础设施条件开始转变为需要大幅度增加和改善内向的陆路基础设施条件。这一转变是拓展东亚区域内市场的重要选择，中国已取得重大进展的基础设施扩建和东盟在共同体建设规划中的完善东盟物理联通等都是这一转变的内容。

3. 东亚有可能形成区域性的全产业生产网络

东亚的链型产业关联关系为东亚后发经济体提供了快速工业化的捷径，通过接收前端经济体的转移产业，后发经济体可以节省技术研发和市场开拓等方面的时间和费用，但相应可能会在一定时期内降低企业的自主研发能力、提升企业对外部的依赖性，这种产业内的依赖

---

① 世界银行《世界发展指标》数据库，https://databank.shihang.org/data/source/world-development-indicators/preview/on#。

② 《铁总：今年高铁运营里程将达 1.9 万公里》，《广州日报》2015 年 8 月 14 日。

关系因此成为东亚相关经济体密切联系而形成区域经济集团的内在纽带。不过，由于受以日本为首的东亚产业链前端经济体的市场规模和资源优势等条件的约束和对技术垄断的要求，以及以美国为主的外部市场主要只进口东亚劳动密集型产品而形成对东亚的进口结构约束，这些转移产业基本上是以劳动密集型产业、消耗资源多且环境污染较重的重化工产业为主，从建立一个完整的区域经济循环的角度看，这些产业部门相对狭窄，不足以形成基本覆盖全产业的区域产业网。

中国经济规模与发展潜力巨大，在几乎所有重要产业部门和科技领域都有自己的实力与潜力，尽管目前它们多数与发达国家的相应产业和领域有不等的差距，但就覆盖面的完整程度和规模潜力来看只有美国能够超出，世界上其他各国都没有中国这样的完整性与规模潜力。① 以此为基础，中国的持续发展具有为东亚，以至更大范围的周边区域提供完整市场的技术供给与市场需求潜力，相应可能为建立区域生产网络提供更广阔的市场空间和产业技术支持，从而提升区域经济的相对独立性。

## 四 "一带一路"与东亚区域增长机制的转型

中国经济与美国主导的东亚增长机制全面接轨后，已使该机制的缺陷充分显现，美国、中国和东亚都在寻求该机制的转型途径与方向。

### （一）东亚增长机制的转型与相关问题

东亚增长机制面临的直接问题是对以美国为主的外部市场的严重依赖。由此一方面导致区域经济增长极易受到外部冲击的负面影响，另一方面使区内难以形成完整的市场制度体系以及相对独立的生产关联体系，缺乏相应的区域内的自主稳定能力，在发生外部冲击时不具

---

① 参见袁岚峰《中国科技实力正以多快的加速度逼近美国》，观察者网，2015年8月12日，http://www.guancha.cn/YuanLanFeng/2015_08_12_330260_1.shtml。

备区域层面的自我调整和缓冲的能力与机制。

东亚需要构建相对独立的区域市场体系以解决上述对外部市场过度依赖的问题。其途径之一是"补课",即补建东亚区域市场制度体系;另一途径是"扩容",即向周边的中亚和南亚等区域扩展,或可称为东亚第二次"西扩",以区域市场扩容来相对降低对外部市场的依赖性。

这样,东亚就有可能将以"外、海、链"(外部市场主导、海路联通为主、垂直分工型产业链)为特征的东亚区域增长机制,向以"内、陆、网"(区内市场主导、陆海联通保障、区域全产业生产网络)为特征的亚洲区域增长机制转型。

不过,区域市场的扩展将遇到传统的基础设施瓶颈问题。前述东亚增长机制向中国和东盟的第一次"西扩"时,就已开始出现这一问题,其突出表现为,中国国内从沿海向内地发展时的大规模基础设施建设,以及东盟"共同体"新规划中强调的物理联通。当东亚再向中亚和南亚扩展,以期作为构建相对独立的亚洲区域市场的增量组成部分时,新纳入的中亚和南亚地区有庞大的内陆部分,而它们又都是实力较弱的发展中国家,因而以东亚区域的力量提供基础设施建设领域的相关规划、资源等公共产品以帮助这些地区克服基础设施瓶颈,将是构建新的区域增长机制时优先于市场制度体系和产业关联体系的首要任务。

### (二) 现有可以转变东亚增长机制的相关设计

1. 美国主推的 TPP 以及"新丝绸之路"

东亚原有的增长机制因中国的加入而超出了美国的控制范围,后者已表现出不愿继续支持这一增长机制的态度,更不愿看到这一机制的扩容。美国一度推行 TPP,利用其政治经济影响力,选择性地吸收成员以建立更高层次的区域经济一体化设想,其目的既有利用并维护自身与东亚地区的经济联系、提振国内经济的考虑,也有遏制中国经济增长及中国对东亚事务影响力的区域战略企图。

特朗普政府上台后,美国更是退出 TPP,直接启动对中国的贸易战,明确要抑制中国影响能力的上升。2017年10月,美国国防部长马蒂斯与印度官员会晤后不久,在美国参议院听证会上说,"在全球化的世界中,有很多带很多路,不应由一个国家主导'一带一路'"。"多带多路"论的意图是将其他国家倡议的经济走廊和投融资来源,与"一带一路"对立起来。①

美国也曾在力推TPP的同时,于2011年推出"新丝绸之路"(第三版),拟以印度为中心将中亚和南亚整合为一个被其称为"大中亚"(实际应是大南亚)的相对独立的经济发展区域。不过,美国并不准备对此构想提供大量资本与市场等方面的经济支持,而是利用其政治经济影响力号召国际上各种可资利用的资源辅助这一构想,使该地区逐渐具备自我增长的能力。或者说,美国实际上对中亚、阿富汗和南亚地区的经济"帮助"是有限的,更多起到的是一种召集人的作用。②

可见,美国对东亚、中亚和南亚区域发展的基本构想核心是在保持并延伸自身对这些地区影响的同时,尽量阻滞和分离这些地区融合的可能,特别是要将中国和印度这样的具有巨大发展潜力的地区大国分隔开来。

2. 东盟"主导"的RCEP

近些年在谈判中的RCEP意在结束东亚地区没有自己主导的区域市场制度的窘境,同时将原有的东亚区域经济范畴整合扩大,期望经过制度化扩展的区域市场在一定程度上可以缓冲源于美国等外部市场的压力或冲击。因此,RCEP是对已有东亚区域增长机制发展进程的"补课",是补齐区域市场制度体系的重要组成部分。

不过,RCEP并不一定能够承担起以制度建设作为转变东亚区域增长机制的先导作用,因为一些重要参与者的目的不是建立相对独立的区域市场。从东亚区域制度体系的建构过程看,中国曾主张只包括东

---

① 赵海:《"一带一路"倡议五周年:进展与挑战》,载张宇燕主编《国际形势黄皮书:2019年全球政治与安全报告》,社会科学文献出版社2019年版,第203页。
② 赵江林:《战略方向与实施路径:中美丝绸之路倡议比较研究》,《战略决策研究》2015年第3期。

盟和中日韩（即"10+3"），而日本为降低或稀释中国的影响力提出"10+6"，即"10+3"再加上澳大利亚、新西兰和印度，显然这种成员结构与目前的 RCEP 相同。可见，"10+3"扩充到 RCEP 的初衷并不是为了东亚增长机制的扩容转型，反而有抑制中国影响扩展的意图。实际上，RCEP 大部分成员与美国有很深的政治、经济以至战略和安全关系，它们支持东亚建立相对独立的区域增长机制并不是要摆脱美国市场的影响，而是要寻求弥补东亚增长机制中制度缺失的途径。

3. 中国倡议的"一带一路"

中国首倡的"一带一路"包括建设以中亚为主要方向的陆上"丝绸之路经济带"，以及以南亚为主要方向的"21世纪海上丝绸之路"。当然，对其众多解读和设想已延伸到欧洲、非洲和中东等更广泛的地区，但真正能够对区域经济增长机制转型产生影响的是与其相关的基础设施建设构想。"一带一路"具有以中国为起点的发散性质，基本发展方向和途径是支持中国西向的中亚和南亚地区的基础设施建设并以此带动经济增长，对可能参与合作的区域内外各方都提供了获得经济利益的机会。

"一带一路"与现有的众多区域合作机制的突出不同在于其具有充分的开放性。表现在以下几方面：一是不设置完整的制度框架设计，即没有要建成自贸区之类的整体制度安排约束，参与者可利用已有和新建多形式、多层次的制度安排；二是不设置明确的地缘边界限制，欢迎各地区国家以双边、多边以至国际机构等方式参与；三是不设置部门或领域限制，参与者可在各产业领域以不同形式、不同程度地进行。

"一带一路"的充分开放性源于合作主导领域的基础性。在区域增长机制中，基础设施的联通条件是最基础也是最必要的，没有基本的互联互通，许多制度合作和产业关联等无法实现。"一带一路"将对中国西向的发展中国家提供优先解决基础设施瓶颈的机会，从而以区域基础设施联通这一最基础层面起步，为这些参与的发展中国家提供进一步的各种制度合作和产业合作所需的硬件支持，以此带动区域的经济增长。

正因有了充分的开放性和基础设施联通的必要性，"一带一路"得到了亚洲和其他地区一些国家的积极响应，尽管不少参与国对中国的主导地位和意图还存有不同程度的疑虑。重要的原因是基础设施联通在区域增长机制中的基础性使其与制度联通有一定层次上的距离，令一些成员和势力有可能在之后的制度体系建设进程与方向选择中发挥影响作用，因而可以在初期基础设施联通的建设中不采取反对态度，甚或会参与合作。

### （三）东亚区域增长机制的转型与"一带一路"

如前所述，东亚面向中亚和南亚的第二次"西扩"是东亚区域增长机制转型的重要途径，借此次扩容将构成覆盖范围更大的亚洲区域增长机制。不过，构成亚洲增长机制的三个基本条件中，能够起先期主导作用的条件将不是世界上现有多数区域增长机制中的市场制度体系建设或东亚原来特有的产业技术关联，而是基础设施联通，这也正是"一带一路"的重要功能所在。

1. 从市场制度体系建设看，缺乏愿意推动的主导力量

首先，美国主导又退出的 TPP 和其对"新丝绸之路"的设计等系列动作表明，美尽管可能愿意参与亚洲成员经济有所增长，但从亚洲区域经济整合的角度看，美国的设想显然是要将东亚、中亚以及南亚分化，不会促使亚洲形成相对独立的区域增长机制。

其次，RCEP 可以说是对东亚增长机制中的区域市场制度体系的"补课"，使原有依靠互相间密切产业关联而形成的东亚区域经济集团，有了全区域范围市场制度联通的可能。不过，尽管 RCEP 由东盟主导并获得了其他成员的认可，但东盟在区域内的市场规模、推动区域增长机制对外扩展的资源投放能力等方面都显不足，实际上是为区域内制度体系建设提供了一个缓冲矛盾的平台，并非东亚区域内真正的主导力量。在外部力量的干扰下，RCEP 对东亚区域内建立相对独立的市场体系以完成其支持东亚区域增长机制转型的任务面临诸多困难，难以为东亚增长机制的扩容提供市场制度体系的支持。

最后，中国更直接表明并不准备借"一带一路"主导建立新的区

域市场制度体系，各参与者可沿用已有的制度安排或制定双边或多边制度安排。

上述情况使亚洲区域增长机制在建设初期既缺乏外来的主导力量，又缺乏区内的主导力量。

2. 缺乏建立完整区域生产网络的合力

如前所述，RCEP 是最有可能推动东亚以产业链为特征的区域产业关联关系向区域生产网络转型的机制，但其主导者东盟并无向东亚以至亚洲其他地区大规模输出技术和资本品的能力，也无吸收制成品的市场潜力。其他成员中，日本有技术实力、中国有市场潜力，但因双方互相牵制和防范而不能形成合力。因此，目前在东亚以至亚洲地区没有能够独自或合作推动并完成区域生产网络建设的主导力量，也就难以形成以区域生产网络为特征的产业关联关系，从而无法以产业关联关系为主导建设新的区域增长机制。

3. 中国主导推动基础设施建设以形成新的区域增长机制

中国"一带一路"倡议的核心是建设与利用区域内外通道来带动相关区域的经济增长，这实际上是为以基础设施建设为主导路径建构亚洲新的区域增长机制提供了可能性。这种以改善基础设施条件作为形成区域增长机制的主导路径在已有的诸多区域增长机制中比较少见，但可能是目前亚洲区域内外环境下调整增长机制的有效路径。

如前所述，以建设区域市场制度体系和产业关联关系这两条基本途径来构建东亚（亚洲）新的区域增长机制遇到了很大障碍，其焦点在于如何应对中国的崛起，即如何抑制或利用中国迅速上升的实力与影响。在区域市场制度体系和产业关联关系这两方面，能够真正起主导作用的是在区域内有重大利益的发达国家，在东亚原有增长机制无法容纳中国的上升时，在新机制形成过程中抑制中国的影响就是主要发达国家的基本战略方针。但是在区域的基础设施条件方面，越是发展迟滞的地区，对解决基础设施瓶颈的要求越迫切，而发达国家在这方面的投入和利益却相对较小，因而在此利用中国的实力与影响发展基础设施是多方都能接受的选择。

中国的"一带一路"倡议将带动周边地区众多发展中国家的经济

增长，以此作为东亚区域增长机制向亚洲区域增长机制扩容的"早期收获"。从国别发展的角度看，长期获益的重点将是这一地区众多的发展中国家，区域基础设施的联通可以使它们融入范围更广的区域增长机制，并有可能在其中获得相对稳定和明确的区域分工位置，据此加速其工业化进程，而不仅是基建本身形成的短期经济增长。而在"一带一路"众多设想中，无论通道设计的距离有多远，特别是"一带"所设想的陆路联通欧洲市场，实际上的着眼点一方面是贸易市场多元化的市场开拓问题，另一方面是中国周边发展中国家的基础设施建设问题，两者比较，后者对中亚以至南亚区域增长及其与东亚的经济融合更为直接与现实，从这一角度看，没有周边地区基础设施的建设和联通，则"一带一路"就只剩下市场多元化，那对中国以至相关地区的增长和增长机制的调整转型都缺乏实质性的新意。

**（四）"一带一路"推动亚洲区域增长机制扩容转型的可行性**

1. "一带一路"符合亚洲区域增长机制扩容转型的要求

如前所述，美国对亚洲区域经济的基本意图、东盟主导的 RCEP 等至少在初始设计思路中就没有将其作为亚洲区域增长机制的考虑，而各有较明确的地缘局限，这就可能会抑制东亚增长机制向建立相对独立的亚洲区域市场机制转型和扩容的内在要求。实际上，各种制度化的区域经济组织都有不同程度的排他性，"一带一路"不设置边界限制则可以尽量降低这种排他性，让众多的亚洲发展中国家可以进行双向选择以决定是否加入或接纳，特别是与东亚相邻的中亚和南亚等地区能够获得更多的机会进行相互间的开放融合和共同发展。

不同发展水平的国家所形成的新的区域市场也有助于亚洲区域全产业生产网络的构建。东亚原有的以垂直分工为主的产业链是在美国等发达国家市场的主导下形成的，东亚各经济体之间的产业分工关系是各自依据其在美国市场上的竞争优势确定的，因而实际的产业领域较狭窄，主要集中在劳动密集型产业。当区域市场拓宽并逐步转向以本区域市场为主导时，市场覆盖领域和层次都会有所扩展，可以为本地区更多的优势要素提供竞争机会，有利于区域内以水平分工为主的全产业生产网络的形成与发展。

　　"一带一路"没有明确的区域制度框架设计，而是以基础设施联通为主要手段重新构建区域经济关系，这已是在为构建区域增长机制寻求新的主导路径。目前世界上已有的以区域通道建设为纽带的区域经济增长机制，一般要有明确的地域范围和制度框架设计，机制形成后才有项目推进，如东亚的大湄公河次区域经济合作。"一带一路"则以充分的开放性起步，由于所涉及成员在政治、经济、文化、社会和历史等诸多方面存有巨大差异，短期内要形成区域内统一且有强约束性的制度设计显然十分困难，可能在合作发展中逐步形成较稳定的成员范围，也可能根据不同领域或不同阶段逐步形成具有一定弹性的成员选择机制。这种开放性的机制确立过程并不影响具体项目的推进实施，因为每一个具体项目并不一定会影响所有成员，因而也可以说，这是一种以项目推进的机制建立过程，实际启动的速度较快，[①]不会因制度体系的选择和建立周期过长而延缓经济增长。

　　2. 中国成为东亚转型扩容的主导力量

　　首先，中国可以作为促动东亚向亚洲区域增长机制转型和扩容的主导力量。根据对欧盟、北美自贸区和东亚等三大区域经济集团的外扩进程分析，它们在向外扩展时都有由居主导地位大国为主提供的区域性公共产品，这种公共产品实际上是区域扩展的基本路线图和相关资源，以此向扩展目的地区施加影响，引导并推动区域增长机制的扩展进程。目前东亚已有进一步扩展的需要，中国此时提出以基础设施建设为核心的"一带一路"倡议，使其成为东亚机制进一步向亚洲扩展转型的主导大国，中国提供的重视和加强基础设施建设的路径设计与资源则成为这一时期的区域性公共产品，或者说是提供了"升级软件包"。由此可以认为，中国主导东亚的进一步扩展符合上述三大区域经济集团扩展时展现的大国主导原则，即外部或大国向新扩地区提供公共产品。

---

　　① 因此，外交部部长王毅在2014年表示，"一带一路"提出一年即已从理念设计、总体框架到完成战略规划，开始进入务实合作阶段。

其次，中国的发展进入改变外部环境的新时期。自 20 世纪 80 年代以来，中国对周边经济环境，经历了改革开放初期的外部环境适应期、90 年代接入东亚增长机制的外部环境利用期，以及 21 世纪以来的对外部环境产生影响时期，目前以"一带一路"的提出为标志，则已进入改变外部环境时期。前两个时期是适应和利用东亚增长机制的第一次"西扩"而接入这一机制，以此带动自己的经济增长，其后的影响时期是中国接入东亚增长机制改变了后者的结构，导致包括美国在内的相关国家和经济体调整其对东亚区域经济以至战略方向。目前的"一带一路"则是中国对今后周边环境的战略设想，以此为蓝图规划设计了中国周边经济环境的基本结构、走向与实施路径，其中的要点是将中国的经济"新常态"阶段所要求的国内经济结构调整、发展路径设计与中国周边地区的结构调整和经济发展相结合，指导思想则从适应和利用外部环境发展自身转为调整和改变外部环境以共同发展。因此，"一带一路"可被视为中国国内经济"新常态"的涉外部分，而从东亚的角度看，则是东亚增长机制以中国为起点向亚洲增长机制的转型与第二次"西扩"。

最后，中国已具有推动"一带一路"建治的实力。中国经济在持续的高速增长后开始放慢步伐，大量资本从产业部门中游离出来，形成规模日益庞大的对外投资能力。当前中国已成为世界资本输出大国，对外直接投资能力已超过每年千亿美元水平，2018 年为 1298 亿美元（全行业）。① 同时，中国是世界上钢铁、水泥和大型工程机械设备等基础设施建设所需设备材料的生产大国，在之前大规模基础设施建设需求的拉动下，中国有关产品的生产能力急剧增长，但在经济进入"新常态"阶段则成为庞大的过剩产能。相应地，中国的交通和通信等方面的技术水平也大幅度提升，在复杂地形和气候环境下的建筑施工水平都已达到世界先进水平。因此，中国在推动"一带一路"的基础设施联通项目时，具备对所需资本、技术、设备和材料等资源

---

① 《2018 年我国对外投资 1298.3 亿美元　保持平稳健康发展》，人民网，2019 年 1 月 17 日，http://world.people.com.cn/n1/2019/0117/c1002-30560724.html。

的充分供给能力，也有在这些领域与发达国家正面竞争的实力。

同样重要的是，中国经济的巨大规模和增长潜力可以为东亚向亚洲区域增长机制的转型和扩容提供有力的市场需求支撑。而有能力引导地区市场走向的东亚地区的重要市场中，日本持续的低增长已很难提供更大的新增市场规模，美国的"新丝绸之路"则将其设想的"大中亚"定位为依赖印度市场，① 表明美国并不愿为中亚和南亚提供新增市场。由于东亚增长机制转型和扩容的重要目标是依靠亚洲区内市场的发展来降低对外部市场的依赖，中国作为区域内最大的市场在很大程度上能够影响区域市场的走向，因而中国经济"新常态"要扩大内需的调整方向与区域增长机制的调整方向相近，中国的调整实际上已成为东亚区域调整的重要组成部分，而"一带一路"的基础设施联通则将进一步通畅周边地区连接中国市场的通道。

3. 利益共享原则使"一带一路"获得广泛支持

中国发出"一带一路"倡议已有 6 年多，已有超过 130 个国家和国际组织与中国签署了合作协定，将其视为新的经济增长机遇并给予积极响应，而中国倡建的"亚洲基础设施投资银行"（亚投行）也有数十个国家参与并成为创始成员。这些国家之中既有发展中国家，也有发达国家，它们支持的原因显然是感到能够从中获益。

中国周边许多发展中国家正处于工业化的初期或前半期，不仅面临资本、技术、设备与基础设施等供给方面的短缺，而且即使在工业生产发展后也将面临本国市场需求方面的短缺。"一带一路"为解决这些国家供求两方面的短缺提供了体外循环的解决方案，而相关区域内的基础设施建设则使这些解决方案能够具有实际运行的物质平台。对于这些发展中国家来说，这种利用外部资本技术资源和外部市场来加速本国发展的路径与东亚增长机制十分相近，因而容易得到认同。而"一带一路"的不同之处在于有中国这样的地区大国倡导，并首先将着眼点放在打通区域内基础设施瓶颈上，不仅将其作为推动地区增

---

① 赵江林：《战略方向与实施路径：中美丝绸之路倡议比较研究》，《战略决策研究》2015 年第 3 期。

长的基础条件，而且是最有可能见效的新的增长点，这对地处内陆的发展中国家和有较广泛内陆地区的发展中国家尤其重要。

对于发达国家来说，"一带一路"的充分开放性和依据市场规律运作、互利共赢的原则使它们在不考虑政治和战略安全等非经济因素时都可以直接获得经济回报，因而在东亚并不具有直接地缘战略利益关系的欧洲发达国家纷纷同意成为亚投行的意向创始成员国，显示出欧洲作为"一带一路"最重要的陆上终端对更为紧密的亚欧陆上连接的浓厚兴趣和支持，希冀直接从相关的基础设施建设中获益，更希望从与亚洲市场更大规模和更为密切的对接中分享亚洲未来发展带来的利益。即使与中国有地缘战略利益冲突的美国和日本，对"一带一路"展现的和平、发展、共赢等非对抗性理念和发展中国家急需的基础设施建设需求也不好直接反对，表现在美国对欧洲发达国家同意加入亚投行的态度从反对转为接受。

## 五　结语

本章从区域增长机制形成与发展的角度考察"一带一路"倡议对东亚向亚洲增长机制转型扩容的影响，认为"一带一路"为区域增长机制的发展提供了新的解决方案，并可为东亚增长机制向亚洲区域增长机制的转型扩容提供了相关的公共产品。

本章将市场制度体系、产业技术关联和基础设施联通作为构成区域增长机制的三大基础条件，认为已有的区域经济集团多以市场制度体系作为建立区域增长机制的主导基础条件；东亚以产业技术关联为主导基础条件形成区域增长机制是特殊案例，其虽然使东亚区域经济有较大增长，但内含的缺陷也使其必须转型和扩容，而选择已有的以市场制度或产业关联为主导的区域增长机制调整路径并不通畅。此时中国首倡的"一带一路"提供了以基础设施联通为主导、调整区域增长机制的新解决方案，并相应设计了以中国为主导的相关公共产品。

"一带一路"新方案的关键是提供公共产品解决地区增长的基础设施"短板"，从而促进区域增长。"一带一路"以解决基础设施瓶颈为先导，旨在改善地区最基本的发展环境条件，使地区拥有可以长期发展和参与区域分工的物质基础。而东亚此前以产业关联为主导的区域增长机制着眼点在于如何利用当地的优势资源，由此很可能产生许多"飞地"经济，一旦优势资源丧失就会发生资本流动停滞甚至转移，导致对当地经济的负向冲击。显然，"一带一路"是选择补齐"短板"，而原有路径是利用"长板"（即所谓比较优势），从地区选择的角度看，两者间的关键差别在于公共产品的投入，若公共产品充足可以支持补"短板"，其对区域的长期均衡增长十分有利；反之，若公共产品投入不足，则是利用"长板"对短期内催动特定区域快速增长效果明显。中国目前已进入资本输出阶段且有大量过剩产能，因而具有启动"一带一路"的实力，若能够得到其他力量的支持与配合，沿此途径完成东亚向亚洲区域增长机制的转型与扩容是可能的。

随着中国经济规模超过日本而稳居世界第二位，世界与周边国家对中国崛起的认知也越来越清晰一致，不过对中国和平发展的影响和发展方向的认知却是大相径庭。或者说都承认中国的和平发展，但对中国的影响则认识不同，也就是存在对其负向认知：或是认为中国将会争夺霸权，或是认为中国因能力不足而错误使用力量导致对外产生负面影响。根据本章分析，中国的"一带一路"倡议包含了对东亚向亚洲区域增长机制转型与扩容的路径设计，以及中国能够提供的相关资源等公共产品，这一设想若能逐步实现，不仅可以推动东亚向亚洲增长机制的扩容转型，实现东亚的第二次"西扩"，并使亚洲获得新的有利增长环境，而且有助于将部分周边国家对中国和平发展的负向认知转为正向认知。

# 第九章 "一带一路"的融资问题研究

"一带一路"倡议提出六年多取得了大量成就，也遇到了一些挑战，其中，如何突破"一带一路"的融资瓶颈成为亟待解决的问题。对此学术界和政策界尚无系统的解决思路。本章立足于"一带一路"经济外交的战略定位，回归中国提出"一带一路"倡议的初衷，重新思考融资问题，既从经济视角思考，又不局限于经济思维。经验告诉我们，回归问题本源，重新审视，有助于我们把准方向，找到问题的解决方案。

## 一 问题的提出

"一带一路"建设需要大量的资金支持。据测算，2016—2020年，"一带一路"沿线国家（除中国）基础设施建设资金需求在10.6万亿美元以上，仅交通基础设施一项，"一带一路"沿线国家资金需求就高达2.9万亿美元。[①] 同时，贸易合作是"一带一路"建设的重要内容，2018年中国与"一带一路"沿线国家货物贸易进出口总额1.3万亿美元，未来十年，中国与"一带一路"沿线国家的年均贸易

---

[①] 世界银行官网，亚洲开发银行研究院：《亚洲基础设施建设》，社会科学文献出版社2012年版；国务院发展研究中心课题组：《"一带一路"基础设施投融资需求及中国角色》，《调查研究报告》，2017年第17号；IWEP：《"一带一路"投融资机制研究报告》，中国社会科学院世界经济与政治研究所课题组，2017年；徐奇渊：《"一带一路"沿线国家交通基础设施融资需求测算》，《开发性金融研究》2018年第6期；张丽平：《"一带一路"基础设施建设投融资需求及推进》，《中国经济时报》2017年4月18日；袁佳：《"一带一路"基础设施资金需求与投融资模式探究》，《国际贸易》2016年第5期。

增长率将在20%—30%，这其中也蕴含海量贸易融资需求。长期来看，"一带一路"的资金缺口巨大，资金融通问题成为推进"一带一路"倡议的重点所在。

目前为"一带一路"提供资金的机构主要有传统和新兴的国际多边金融机构、中国主权财富基金和专门成立的丝路基金、政策性和开发性金融机构、商业银行等商业性金融机构。但现有"一带一路"融资主体资金支持具有局限性。

第一，传统国际多边金融机构资金援助有限。为"一带一路"基础设施建设提供资金的国际多边金融机构主要有世界银行、亚洲开发银行、欧洲复兴开发银行。总体来说，这些传统国际金融机构的贷款无法满足"一带一路"相关国家的基础设施需求。世界银行、亚洲开发银行以及欧洲复兴开发银行的宗旨是致力于全球或区域范围内的经济发展，基础设施领域贷款是其众多业务中的一部分。过去几年，世界银行和亚洲开发银行对亚洲的贷款支持规模，对于"一带一路"相关国家上千亿美元的资金需求来说，远远不够。

第二，亚投行定位于国际多边金融开发机构，并非专为"一带一路"服务。2016年1月，亚投行正式成立。亚投行成立之时，面临外界提出质疑：亚投行是不是专为"一带一路"建设的"提款机"？中国政府明确表态，亚投行定位为新型国际多边金融开发机构，并非专为"一带一路"创办，其关注于所有的发展中成员国，包括那些不在"一带一路"上的成员国。尽管过去两年亚投行为"一带一路"的建设项目提供了资金支持，但长期来看，它的定位是一个独立的国际金融机构，不是按照中国政府意志服务于"一带一路"的融资工具。中国不具有决策权。

第三，丝路基金是市场化运作的投资基金，讲求风险收益，使得资金支持有限。丝路基金的投资类型有股权投资、债券投资、基金投资和资产受托管理、对外委托投资等，以股权投资为主，为共建"一带一路"提供资金支持，总体投资期限较长。相对亚投行来讲，中国对于丝路基金具有决策权，但丝路基金需要市场化运作，需要对股东负责。这样其投资既要讲求效益又要避免风险。"一带一路"建设项目风险大，回收期长，丝路基金的市场化运作必然使它所提供的资金支持有限。

第四，政策性金融机构和开发性金融机构在"一带一路"建设中积极发挥引导带动作用，但资金实力有限。政策性金融机构参与"一带一路"倡议主要表现为提供融资及财务咨询服务，通过商业贷款（单个银行授信/银团贷款）、优惠买方信贷、援外贷款、出口信用保险、设立国别/产业基金等为境内外企业、大型项目等提供低成本融资支持。在许多基础设施项目中，国开行或进出口银行在单个项目中的支持力度往往超过80%。① 截至2018年年末，国开行在"一带一路"沿线国家的国际业务余额为1059亿美元，累计为600余个"一带一路"项目提供融资超过1900亿美元；截至2019年4月18日，进出口银行在"一带一路"中执行项目超过1800个，贷款余额超过一万亿元。截至2019年4月，中国信保支持我国企业向"一带一路"沿线国家出口和投资达到7124.3亿美元，业务覆盖沿线所有国家和地区，为"一带一路"出具保单2300多张，累计向企业赔付27亿美元。② 开发性和政策性金融在"一带一路"倡议中发挥引领作用非常重要：一方面有助于国家战略发展方向的准确把握，另一方面，单纯的市场化融资也无法满足"一带一路"基础建设资金的需求。但是，仅仅依靠政府财政支持，或者依靠国开行和进出口银行目前的发债融资等方式，也无法满足巨大的资金需求，必须引入市场资金。如何有效地将市场资金和政策性金融机构结合起来，既确保实施方向的准确性，又有足够的资金来源，是我们目前面临的重要问题。

第五，商业性金融机构和企业在"一带一路"资金支持中，面临较高风险和制约，投资意愿不强。中国商业银行和企业响应国家战略，支持"一带一路"建设。截至2018年年底，中国企业对"一带一路"沿线国家直接投资超过900亿美元，年均增长5.2%。在沿线

---

① 《"一带一路"建设融资难如何破解》，《上海金融报》2018年7月3日。
② 资料来源于国家开发银行、中国进出口银行、中国出口信用保险公司官方网站。

国家新签对外承包工程合同额超过 6000 亿美元，年均增长 11.9%。①但从可持续性方面讲，商业性机构和企业更多关注收益和风险的问题。"一带一路"建设因为涉及的沿线国家数量众多，政治经济情况差异较大，复杂的国别环境和参差不齐的发展水平使市场资金进入面临一些问题。

当前的融资现状表明，融资是"一带一路"发展的关键环节，也是重要瓶颈。在资金融通的方面，如何拓展融资渠道、创新融资方式、降低融资成本，成为亟待解决的问题。

## 二 研究综述

自"一带一路"倡议提出以来，关于资金融通问题的研究即成为学术界广泛关注的话题。首先在性质上，国内学术界认为"一带一路"倡议是中国国际合作模式的探索，与旧的区域合作机制不同，"一带一路"是以发展为导向的、多元化的、新型区域合作机制，是中国在美国主导的国际经济秩序下谋求发展的全新探索和现实路径，是中国实现民族复兴和崛起的经济外交战略。因此，"一带一路"既不是单纯的经济合作机制，也不是对外援助项目，现有的融资机制无法完全适应它的要求。②从过去五年多的融资情况和呈现的问题看，"一带一路"建设遭遇资金瓶颈，现有融资渠道无法满足资金需求。沿线各国经济风险、主权信用风险、政治安全风险、项目建设风险、资金进入障碍等多种风险并存，国别情况复

---

① 资料来源于商务部官方网站。
② 李向阳：《"一带一路"面临的突出问题和出路》，《国际贸易》2017年第4期；李向阳：《"一带一路"建设中的义利观》，《世界经济与政治》2017年第9期；李向阳：《"一带一路"：区域主义还是多边主义？》，《世界经济与政治》2018年第3期；卢锋等：《为什么是中国——"一带一路"的经济逻辑》，《国际经济评论》2015年第3期；黄益平：《中国经济外交新战略下的"一带一路"》，《国际经济评论》2015年第1期；宋国友：《"一带一路"战略构想与中国经济外交新发展》，《国际观察》2015年第4期；高程：《从中国经济外交转型的视角看"一带一路"的战略性》，《国际观察》2015年第4期；门洪华：《"一带一路"规则制定权的战略思考》，《世界经济与政治》2018年第7期；梅冠群：《积极构建"一带一路"国际规则体系》，《宏观经济管理》2018年第9期。

杂。单靠政策性金融机构的资金则可持续性不足，而商业资金出于对风险、成本收益等的综合考虑，进入意愿不强。① 巴曙松、尹志锋、王志峰等曾分别就商业银行在"一带一路"沿线国家进行投资的环境和风险进行评估，认为面临投资风险较多，情况较复杂，而中资银行自身在应对风险方面仍存在管理差距。② 这也是商业银行有所顾忌的原因。

在"一带一路"金融支持方面，学者们普遍认同不能仅仅依靠政府的资源，要加强政府和市场的分工合作，市场化运作是"一带一路"融资可持续的根本保证。③ 在此基础上，学者们从不同视角对融资问题进行探讨。部分学者提出，谋求国际金融合作解决融资困境，难点在于沿线各国金融发展不平衡、沿线国家主权信用等级跨度较大、金融合作缺乏合理的规划和协调机制、金融合作可能会形成新的风险；④ 较多学者认为，应当根据"一带一路"基础建设的需求特点，构建全方位、多层次、中长期的国际金融支持新框架，加强政府间的战略对接，分阶段设计融资渠道和融资模式，建立符合"一带一路"特征的可持续发展评价体系，推动建立全球基础设施投融资框架机制，建立金融协调合作机制，

---

① 张丽平：《"一带一路"基础设施建设投融资需求及推进》，《中国经济时报》2017年4月18日；沈梦溪：《"一带一路"基础设施建设的资金瓶颈和应对之策》，《国际贸易》2016年第11期；翁东玲：《"一带一路"建设的金融支持与合作风险探讨》，《东北亚论坛》2016年第6期；贾儒楠、韦娜：《金融支持"一带一路"建设的现状、问题与建议》，《国际贸易》2016年第5期；宋爽、王永中：《中国对"一带一路"建设金融支持的特征、挑战与对策》，《国际经济评论》2018年第1期。

② 巴曙松、王志峰：《"一带一路"沿线经济金融环境与我国银行业的国际化发展战略》，《兰州大学学报》2015年第5期；王志峰、张凯博、刘冬：《"一带一路"沿线经济体银行业整体发展环境及风险评估》，《国际金融》2015年第5期。

③ 周小川：《市场化运作是"一带一路"投融资可持续性的保证》，《金融时报》2017年5月15日；周小川：《共商共建"一带一路"投融资合作体系》，《中国金融》2017年第9期。

④ 朱苏荣：《"一带一路"战略国际金融合作体系的路径分析》，《金融发展评论》2015年第3期；夏彩云、贺瑞：《"一带一路"战略下区域金融合作研究》，《新金融》2015年第7期；保健云：《"一带一路"国家间金融合作的规则供给与规则体系构建》，《中国高校社会科学》2019年第1期；董哲：《"一带一路"背景下金融合作的非政府组织路径研究——以亚洲金融合作协会为例》，《经济问题探索》2018年第9期。

加强顶层设计。① 还有的学者提出建立"一带一路金融+"战略机制,以期实现"一带一路"国家金融制度一体化,具体说就是建立"一带一路"国际债券市场体系,"一带一路"股票市场体系,"一带一路"保险体系,"一带一路"金融合作体系。② 也有学者提出借鉴"马歇尔计划"融资模式;③ 还有一些学者分别从PPP融资模式、供应链金融、债券融资、产业合作金融支持、金融创新等方面对"一带一路"的资金融通进行研究提出建议。④

---

① 张茉楠:《搭建长期国际金融支持新框架》,《中国金融》2017年第9期;张丽平:《"一带一路"基础设施建设投融资需求及推进》,《中国经济时报》2017年4月18日;温灏、沈继奔:《"一带一路"投融资模式与合作机制的政策思考》,《宏观经济管理》2019年第2期;简练、陈硕颖:《"一带一路"的金融支持与反金融霸权》,《世界社会主义研究》2017年第6期;中国人民银行课题组:《"一带一路"战略实施与国际金融支持战略构想》,《国际贸易》2015年第4期;宋爽、王永中:《中国对"一带一路"建设金融支持的特征、挑战与对策》,《国际经济评论》2018年第1期;袁佳:《"一带一路"基础设施资金需求与投融资模式探究》,《国际贸易》2016年第5期;宋立义、李世刚:《构建"一带一路"中长期投融资机制研究》,《开发性金融研究》2018年第6期;王石锟:《发挥中国金融软实力 构建"一带一路"立体金融服务体系》,《国际金融》2015年第8期;张红力:《金融引领与"一带一路"》,《金融论坛》2015年第4期;蒋志刚:《"一带一路"建设中的金融支持主导作用》,《国际经济合作》2014年第9期;沈铭辉、张中元:《探索中的"一带一路"融资机制》,《国际融资》2018年第7期;仲鑫、冯桂强:《构建"一带一路"倡议实施的多元融资机制研究》,《国际贸易》2017年第4期;林楠:《"一带一路"金融运作的核心精神》,《中国外汇》2015年5月1日;蒋志刚:《"一带一路"建设中的金融支持主导作用》,《国际经济合作》2014年第9期;曹凝蓉、李伟平、张瑞怀:《金融支持一带一路设想》,《中国金融》2015年第21期;段瑶:《"一带一路"建设的金融支持研究》,《金融经济》2018年第20期。

② 杨枝煌:《加快全面建立"一带一路金融+"战略机制》,《国际经济合作》2015年第6期。

③ 徐奇渊、杨盼盼、肖立晟:《"一带一路"投融资机制建设,中国如何更有效地参与》,《国际经济评论》2017年第5期;洪邮生、孙灿:《"一带一路"倡议与现行国际体系的变革——一种与"马歇尔计划"比较的视角》,《南京大学学报》2016年第6期。

④ 杨丽花、周丽萍、翁东玲:《丝路基金、PPP、"一带一路"建设——基于博弈论的视角》,《亚太经济》2016年第2期;张茉楠:《亚投行应为推进"一带一路"PPP融资模式发挥先导作用》,《中国经济周刊》2015年7月20日;张中元、沈铭辉:《"一带一路"融资机制建设初探——以债券融资为例》,《亚太经济》2018年第6期;周宇:《以人民币国际债券支持"一带一路"基础设施投资:基于美元、日元国际债券的比较分析》,《世界经济研究》2017年第10期;涂永红、白宗宸:《"一带一路"产业合作金融支持体系》,《中国金融》2019年第3期;中国人民银行课题组:《"一带一路"战略实施与国际金融支持战略构想》,《国际贸易》2015年第4期;张春宇、朱鹤、刘桂君:《"一带一路"的金融创新:现状、特点、问题及建议》,《国际税收》2018年第4期;王一鸣:《"一带一路"离不开金融创新》,《学习时报》2015年8月6日;邓海清:《兵马未动,粮草先行:"一带一路"与金融基础设施建设》,《国际经济评论》2015年第4期;贾康:《"一带一路"的多元投融资机制创新》,《经济》2015年第12期。

总体来看，学者们对"一带一路"融资问题的研究，主要是从经济思维、金融视角考虑如何融来资金，这当然无可厚非。但笔者认为，对资金融通问题的思考，不能囿于成本收益的经济思维，还需立足于"一带一路"的定位，回顾我们提出倡议的初衷和想法是什么，我们本阶段和未来想要实现什么目标，是仅仅源于与沿线国家的经济合作获取经济收益吗？正如本章第一部分所言，相关国家国别风险很高，这也是商业资本不愿大量介入的原因。如果没有国家间政治互通和顶层设计的保驾护航，单纯靠投资，能否获得如期的收益？因此，本章针对当前融资困境的现实，借鉴了当年美国"马歇尔计划"和日本海外经济援助时的融资经验。当然，"一带一路"与美日的经济外交背景和目的有很大不同，因此，笔者又重新对"一带一路"官方文件仔细研读思考，希望融资体系的设计，能够从"一带一路"倡议提出的国际背景和终极诉求有所把控，不至于偏离方向。

## 三 美日经济外交的经验借鉴

"一带一路"作为包括基础设施、贸易、产业、能源和金融的全面经济合作计划，我们在推进过程中既要考虑经济效益，又要考虑外交收益；既要着眼长远，又需考虑现实可行性。作为中国实现崛起和民族复兴的大战略，"一带一路"是中国经济外交模式调整的产物，其超越了经济为外交服务或者外交为经济服务的狭隘视野，力图共同实现经济和外交目标。美国和日本在过去有着丰富的经济外交经验，虽然"一带一路"绝不是"中国版的马歇尔计划"，但并不妨碍我们从美日的经济外交活动中借鉴经验和吸取教训。

### （一）美国"马歇尔计划"的经验借鉴
1. 马歇尔计划的背景和内容

1947年6月5日，美国国务卿马歇尔在哈佛大学发表演说，提出"欧洲复兴计划"，即马歇尔计划。马歇尔计划是美苏冷战的产物，目的是增强欧洲国家恢复经济和稳定社会的能力，遏制苏联共产主义思想；长远目标是为美国主导下的多边自由贸易体系的自由运转创造条件。[1] 第二次世界大战后西欧经济实力下降，贸易条件恶化，美国最初通过世界银行和国际货币基金组织提供贷款和援助，效果不显著，导致马歇尔计划的出台。

从 1948 年 4 月到 1952 年 6 月，美国国会为马歇尔计划拨款 131.5 亿美元。马歇尔计划的内容包括美元援助（Dollar Aid, Including Commodity Assistance and Project Financing）、对等基金（Counter Fund）、技术援助（Technical Assistance）（如表 9-1 所示）。其计划附加了苛刻的条件，受援国只能无条件接受。马歇尔计划的援助资金，欧洲国家首先用于进口生活必需品，以稳定社会政治经济秩序；其次将大量资金用于购买工业原料和制品，帮助恢复发展战后的工农业；而后将大量资金用于重建欧洲各国军备。其资金的具体运作模式如表 9-1 所示。

表 9-1　　　　　欧洲复兴开发计划援助项目与金额[2]

| 援助项目 | 金额（十亿美元） |
| --- | --- |
| 总体获得 | 11.11 |
| 项目融资 | 0.56 |
| 技术援助 | 0.03 |
| 前三项总计 | 11.70 |
| 贷款 | 1.14 |
| 保证金 | 0.03 |
| 对等基金 | 8.60 |

资料来源：笔者自制。

2. "马歇尔计划"的运作模式及启示

第一，美国设立专门机构经济合作署（Economic Cooperation Ad-

---

[1] Charles Kindleberger, *Marshall Plan Days*, Boston: Allen &Unwin, 1987, p.130.
[2] Curt Tarnoff, "The Marshall Plan: Design, Accomplishments, and Relevance to the Present", CRS Report for Congress, January 6, 1997.

ministration，ECA)。由于援助项目任务艰巨，需要高度的行政灵活性，美国专门成立经济合作署来推行欧洲复兴计划。经济合作署常组织政府、工商业人士和劳工代表组成磋商小组，决定援助资金的具体流向。作为一个独立的机构，经济合作署豁免于政府的很多规定，具有高度的灵活性，其署长与国务卿保持充分的沟通和密切的合作关系。① 在巴黎设立 600 人的办公室，专门负责与参与国沟通，与当地政府官员保持密切联系，并在不触及国家主权敏感性的情况下判断援助效果。中国提出的"一带一路"倡议则尚无专门机构负责，仍由多个部委多头管理。

第二，欧洲国家设立欧洲经济合作组织 (The Organization for European Economic Cooperation，OEEC)。欧洲经济合作组织成立的目的是引导成员国履行它们的多边保证。为了推进援助计划，欧洲经济合作组织分析经济情况和需求，从而影响投资的方向，并且鼓励有助于区域联合的改革，如消除欧洲内部的贸易壁垒等。

第三，设立对应基金账户 (Counterpart Funds) 和欧洲复兴计划基金 (European Recovery Program Funds)。为了配合美国的资金援助，欧洲国家也成立了欧洲复兴计划基金，将美国提供的美元援助资金转化为当地货币。具体操作过程是：美国将美元援助资金提供给欧洲复兴计划基金，然后美国向欧洲受援国提供物资，受援国以欧洲复兴计划基金内的美元支付，而后欧洲进口商向欧洲复兴计划基金支付当地货币，并将该款项计入本国对等基金账户，最终由各受援国通过财政预算向美国还款。美国对等基金账户的资金 25% 以上用于帮助英国减少债务，剩下的 70% 用于帮助受援国的公共事业和交通 (39%)、农业 (14%)、制造业 (16%) 和低成本住宅设施建设 (12%) 等。

第四，对受援国的援助资金金额受到受援国国际收支情况、人口数量和地缘政治因素的影响。马歇尔计划确定受援国援助金额时，美

---

① "The Original Administration Proposal Would Have Given State Almost Total Control over the ECA", U. S. Senate. Committee on Foreign Relations, *European Recovery Program*, Report 935 on S. 2202, February 27, 1948.

国认为几个大工业国的复兴对整个欧洲的经济恢复起着关键作用,因此它们获得的援助比较多(具体比例如图 9-1 所示)。英、法两国共获得近 59 亿美元,占比 45.7%。中国在推进"一带一路"时,也应当针对不同性质的双边关系以及对方对中国的态度和利益诉求,采取有差异的灵活的经济外交。目的主要有二:其一既要考虑受援国的利益,也要考虑中国的长期战略目标和经济利益;其二防止部分国家利用中国快速发展和谋求稳定的期望进行利益勒索。

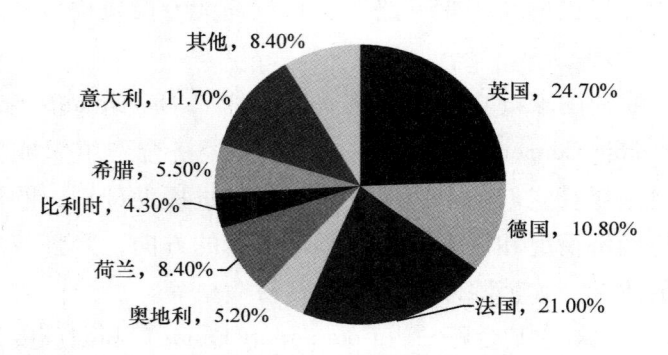

图 9-1 欧洲复兴计划受援比例

资料来源:Curt Tarnoff,"The Marshall Plan: Design, Accomplishments, and Relevance to the Present", CRS Report for Congress, January 6, 1997。

第五,马歇尔计划为受援国经济可持续发展创造了制度条件。西欧国家战时实行管制,"二战"后不但管制没有减少,反而出现了管制和利益集团增加的态势。"马歇尔计划"要求受援国做出许多有关市场化的保证,例如,放松价格管制、平衡政府预算、保持金融稳定、保持汇率在合理水平、降低和消除配额和各种贸易管制。强制打破了西欧国家管制增强和计划经济的惯性,为西欧经济发展创造了良好基础。

第六,"马歇尔计划"实行利益捆绑机制。美国要求受援国每接受 1 美元的援助,就要在其对应账户中存入相应规模的本币,这些资金通常用于帮助受援国进行基建项目,但每一个基建项目必须取得美国经济合作署署长的同意。这种规定,使得美元提供 1 美元援助,但有 2 美元资金的支配权，将美国与受援国的资金利益更加紧密地绑定在一起，是一种利益捆绑机制。例如，法国和德国政府都曾经受到美国限制，延期动用该对应账户资金，直至它们实施的政策得到美国同意。"一带一路"资金的使用过程也可实行利益捆绑机制，将受援国的资金和援助国的资金进行利益捆绑，进一步约束受援国政府实现其双边承诺，避免道德风险，有助于实现双边共同利益。

第七，通过有条件援助，确立美元国际结算地位。有条件援助是指：当西欧一国向另一国提供货物而后者缺乏支付手段时，美国则给予前者相当于后者赊款数额的美元贷款予以结算，后者则与美国在各自的对等基金账户上记账。1948 年 10 月，欧洲受援国在美国提议下缔结了多边的欧洲支付协定，美元成为主要结算货币。1950 年 9 月，欧洲支付同盟（EPC）宣告正式成立，成员国在同盟内部有债权和债务地位，差额用美元或黄金清算，美元成为等同黄金的欧洲国家间的结算货币。①

第八，"一带一路"的资金筹集和使用需尊重当地实际情况。"马歇尔计划"被称为帮助战后西欧实现经济增长的经典案例。实际上，战后以美国为首的西方国家对发展中国家投入了超过 2 万亿美元的发展援助，但接受援助的大部分国家没有因此发展起来。世界银行前顾问、非裔女经济学家丹比萨·莫尤认为，这些援助之所以失败，主要是因为它们都是由西方国家发起并主导的，受援国的具体国情被忽视。② 因此，中国在"一带一路"推进过程中，不管是资金的筹集还是使用，需依据不同国家的具体情况采用不同的方式，因地制宜。

## （二）日本海外援助的经验借鉴
### 1. 日本海外援助发展背景和机构设置
20 世纪 50—70 年代，日本先后与 11 个国家签订协议，以美元、

---

① 徐奇渊、杨盼盼、肖立晟：《"一带一路"投融资机制建设：中国如何更有效地参与》，《国际经济评论》2017 年第 5 期。

② ［赞比亚］丹比萨·莫尤：《援助的死亡》，王涛、杨惠译，刘鸿武审校，世界知识出版社 2009 年版。

商品输出、劳务输出等形式向对方进行战争赔偿。这就是日本海外援助的开端。20世纪70年代以后，日本开始设立专职机构，修订专门法律，将海外援助体系打造成经济外交工具，以服务日本战略利益、提升国际形象和影响力、帮助企业占领海外市场为目的。60多年来，日本海外援助体系经历战争赔款、开发援助、战略援助等不同阶段，先后向190多个国家和地区提供过海外援助，援助区域覆盖亚洲、非洲、拉丁美洲、大洋洲、中东、欧洲等地区。日本海外援助体系如今已形成将政治、外交、金融、贸易、民生、环保、文化等融于一体、布局全球的立体式海外战略。

日本海外援助的执行机构目前主要是商业性日本国际协力银行（Japan Bank for International Cooperation，JBIC）和公益性日本国际协力机构（Japan International Cooperation Agency，JICA）。

日本国际协力银行于1999年10月1日由日本进出口银行和海外经济协力基金合并成立，是当时日本官方出口信贷机构和日本官方发展援助（Official Development Assistance，ODA）主要执行机构。目前该行隶属于日本金融公司，由日本政府全资拥有并由日本财政部管理，其预算和经营是由日本国际协力银行的法律监管。2008年10月，日本政府将ODA业务从原日本协力银行剥离并由日本国际协力机构承办，自此协力银行定位更加明确，不再执行日本政府的援助性任务，确定了不与商业金融机构竞争的原则。协力银行主要通过信贷、投资、担保等融资形式，扶持日本企业及日本政府海外机构贷款，为日本培植海外市场。2011年5月2日，《株式会社国际协力银行法》公布并开始实施。2016年，协力银行海外投资贷款实际总额达22004亿日元（具体金额见表9-2）。

日本国际协力机构成立于2003年，其前身是成立于1974年的日本国际协力事业团。日本国际协力机构以技术合作、无偿援助、贷款援助、人才培养、志愿服务、基础设施建设等方式为发展中国家提供协助及合作。协力机构资金来源除了政府直接拨款之外，其绝大部分资金来自低利率的政府借款和政府担保海外债券，并享有税收优惠和风险补偿。日本国际协力机构在全球150多个国家和地区开展工作，有100多个海外事业所。①

表9–2　2014—2017年日本协力银行贷款投资计划和实际支出额

单位：十亿日元

|  | 2014 财年 | | 2015 财年 | | 2016 财年 | | 2017 财年 | |
| --- | --- | --- | --- | --- | --- | --- | --- | --- |
|  | 计划 | 实际 | 计划 | 实际 | 计划 | 实际 | 计划 | 实际 |
| 出口贷款 | 200 | 112.5 | 200 | 148.8 | 290 | 227.2 | 315 | 279.4 |
| 进口贷款和海外投资 | 1900 | 2071.2 | 1450 | 1867.9 | 1560 | 1922.4 | 2115 | 1357.2 |
| 固定贷款 | 50 | 64.3 | 70 | 44.5 | 90 | 32.2 | 50 | 50.3 |
| 股权参与 | 100 | 30.9 | 100 | 42.4 | 120 | 18.5 | 130 | 39.8 |
| 总计 | 2250 | 2278.9 | 1820 | 2103.6 | 2060 | 2200.3 | 2610 | 1726.7 |

资料来源：日本协力银行2018年年报。

2. 日本海外援助机构的资金来源及启示

第一，日本协力银行的资金来源，一是日本政府依据协力银行的业务规模发展不断追加资本金；二是除政府拨付资本外，日本协力银行绝大部分资金来源于日本财政投融资计划（Fiscal Investment and Loan Program，FILP）②中财政贷款部分获得的借款、外汇基金特别账户借款、政府担保的外国债券（参见表9–3和图9–2）。根据规定，日本协力银行可以从政府、银行和其他金融机构借入资金，但从后两者借入的资金仅限于满足资金周转和特定用途的短期借款，并必须在

---

① 田志、刘硕：《日本海外援助机制对我国"一带一路"战略的启示》，《环球财经杂志》2017年第4期。

② 日本的"财政投资与贷款计划"（FILP）又称财政投融资计划，是银行和财政预算之外的第三大资金渠道。最初其资金来源是：财务省资金运用部的资金，简易保险资金构成的"政府资金"，用政府保证债、政府担保借款方式筹措的"民间资金"，特别会计上的产业投资。在四项资金来源中，只有特别会计上的产业投资一项是无偿付的，可以用于投资；其他三项则只限于融资。2000年在通过《财政投融资制度的根本性改革方案》后，对FILP项目的资金来源，取消了原来主要依靠邮政储蓄和养老金储蓄的强制性规定。改以通过发行FILP机构债券、政府担保债权、FILP债券来重构资金来源。即对于政府投融资项目，以政府投融资项目或国家对政府投融资项目的增信（国家主权级信用发债）来保证项目筹资，但对于项目后续运行等实行商业化管理。FILP自创立以来，始终坚持把资金主要投放于社会经济发展需要，而民间金融机构因为周期长、风险大、收益低等原因不愿进行投资的领域。

同一个经营年度内偿还。

表9-3　　　　2013—2018年日本协力银行资金来源数据　　单位：十亿日元

| | 2013财年（实际） | 2014财年（实际） | 2015财年（实际） | 2016财年（实际） | 2017财年（实际） | 2018财年（计划） |
|---|---|---|---|---|---|---|
| FILP工业投资中注入的资本金 | — | 31.0 | — | 142.0 | 82.2 | 62.4 |
| FILP中财政贷款部分获得的借款 | 555.1 | 239.7 | 244.9 | 530.5 | 209.5 | 290 |
| 外汇基金特别账户借款 | 1581.3 | 1273.2 | 1595.8 | 1142.7 | 854.4 | 800 |
| 政府担保的长期外汇融资 | — | — | — | — | — | 40 |
| 政府担保的外国债券 | 658.6 | 374.8 | 419.0 | 1106.2 | 1629.7 | 1680 |
| FILP机构债券 | — | 10.0 | — | — | 60.0 | 60 |
| 其他融资（包括回收贷款） | (345.9) | 349.8 | (155.9) | (721.0) | (1108.9) | (675.5) |
| 总计 | 2449.1 | 2278.5 | 2103.8 | 2200.4 | 1726.9 | 2256.9 |

资料来源：日本协力银行2018年年报。

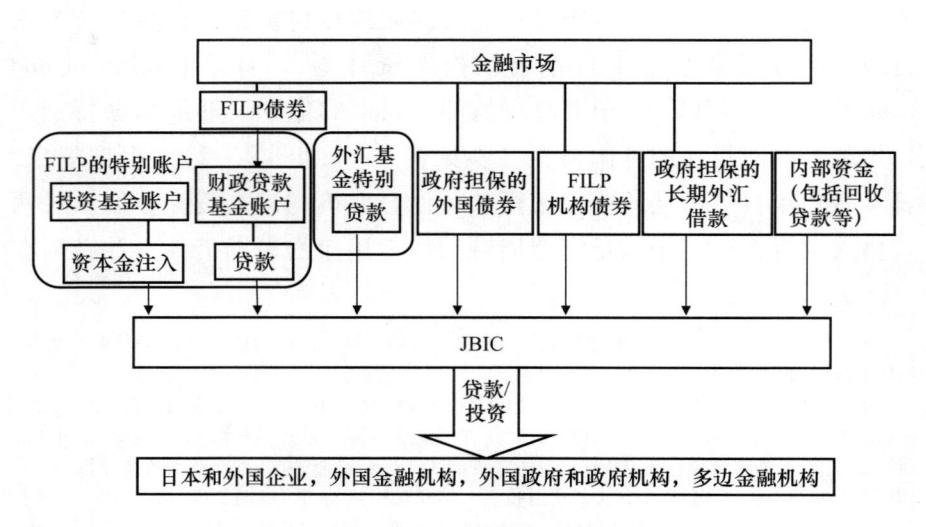

图9-2　日本协力银行资金来源结构

资料来源：日本协力银行官方网站。

第二，日本国际协力机构的资金来源主要是政府的资本金投入、财政投融资计划和自有资本（具体金额见表9-4）。FILP机构债券在日本国内资本市场以日本国际协力机构自身信用为基础发行，无政府担保的债券。

表9-4　　　　　　日本国际协力机构资金来源数据　　　　单位：亿日元

| 日本政府的资本金（GOJ） | 460 |
| --- | --- |
| 日本财政投融资计划（FILP）借款 | 6184 |
| 自有资金 | 6986 |
| FILP机构债券 | 800 |
| 总计 | 14430 |

资料来源：日本国际协力机构2018年年报。

第三，金融市场的低利率为日本海外援助资金的获取提供了有利条件。日本市场借贷资金长期处于低利率状态，2008年次贷危机之后，日本的隔夜拆借利率基本稳定在0—0.1%。低利率有利于日本协力银行和日本国际协力机构在本国金融市场筹措低成本资金，再以较低贷款利率支持商业性、援助性的海外战略性项目。

第四，资金的使用上，以贷款为主，无偿赠予比例较低。由于日本国内融资成本低，贷款利率接近于零，减轻了由于成本高要求、高回报方面的压力。同时其海外援助性贷款主要集中在硬件设施上，如建设道路、桥梁、铁路、电站等，既能帮助发展中国家发展经济，也给众多日本企业创造了大量商机，有助于日本企业占领国际市场。

## 四　回归倡议初衷思考融资问题

"一带一路"的融资问题仍需回归本源，立足"一带一路"的核心问题来谈资金融通。搞清楚中国倡议"一带一路"的背景是什么，初衷是什么，我们进行资金融通建设"一带一路"的最终目标是什么，这对于我们解决资金融通问题具有重要的方向性、指引性的作用。

近年来，中国在经济领域的实力和发展态势让美国备感压力，以 2012 年为例，中国 GDP 总量为 53.86 万亿元，美国 GDP 总量为 16.20 万亿美元，我们的经济总量超过美国的 50%，到 2018 年，我们的 GDP 总量达到 90.03 万亿元，已经超过美国经济总量的 60%。美国担心在这种发展态势下，其在经济领域龙头老大的位置会受到威胁，因此在汇率、贸易等国际问题上设置重重障碍。为了谋求在国际环境中更好地发展，也为了应对美国设置的"经济压力陷阱"，2013 年中国倡议成立了"一带一路"。我们寄希望于"一带一路"倡议，帮助中国在复杂的国际政治经济环境中，减少守成大国处处掣肘的影响，实现经济的顺利发展，提升自身的政治影响力。[①] "一带一路"既不是单纯的外交安排，也不是单纯的经济合作。我们在考虑融资问题时，也要立足于经济与外交的双重属性。如果单纯考虑外交，则可能出现过度牺牲自身经济利益换取政治影响力的做法，最后导致经济损失与政治收获的不对称。单纯从经济视角出发，必然以成本—收益的经济学思维去设计和推进"一带一路"，则可能出现过度强调经济效益来衡量"一带一路"成效的现象。这些想法都与我们提出倡议的初衷背道而驰。因此，经济利益与外交收益的双重考量，是我们在融通资金和使用资金时需要把握的根本准则，同时，鉴于"一带一路"沿线国家国别情况的复杂性，在资金使用的效率上，如果没有政府间沟通的保驾护航，可能也较难实现。

因此，我们在考虑融资机制的构建时，需要重新研读《推动共建丝绸之路经济带和 21 世纪海上丝绸之路的愿景与行动》和《"一带一路"融资指导原则》等官方文件，深入思考和体会"一带一路"的初衷，才不至于偏离我们的目标。

---

① 王国刚：《"一带一路"：建立以多边机制为基础的国际金融新规则》，《国际金融研究》2019 年第 1 期；高程：《从中国经济外交转型的视角看"一带一路"的战略性》，《国际观察》2015 年第 4 期。

（一）"'一带一路'建设要坚持共商、共建、共享原则"，"要打造利益共同体、命运共同体和责任共同体"

"一带一路"的建设目的是实现沿线国家共同发展，多方共赢。因此，在建设过程中要秉持互相尊重、互利共赢的原则，那么在资金融通方面，如何调动参与沿线各国的积极性，使各方资金自觉自愿地投放进来，真正体现出共同建设，也是我们应该考虑和努力的方向。当年美国的"马歇尔计划"中实施的"利益捆绑"是否可以为我们提供一点思路？但需要注意的是，沿线各国国情千差万别，资金的融通也不可能用同一个模式，还是要秉持互相尊重、多层次、差异性原则。

（二）"一带一路"要"重视公共资金在规划、建设重大项目上的引领作用"，要"确定重大项目识别和优先选择的原则"

在当前的国际经济形势下，"一带一路"的推进，不仅是经济合作，也要有战略考量。针对那些对中国自身经济发展有着重大战略意义的重要项目，公共资金还是要起到主要作用。除了对重要性的考虑之外，由政府作为主导，也有助于方向的把控和战略项目的实现。此时，应当主要由政策性金融和开发性金融提供资金支持。而对于重大项目的识别和选择，因为其关系到国家战略目标，也关乎多方利益，会受到优先考虑和重点扶持。那么在具体实施过程中，由哪个机构去负责，具体标准如何确定，这些是实践中需要审慎解决的问题。

（三）"一带一路"的融资指导原则指出：要"建设长期、稳定、可持续、风险可控的融资体系"，"坚持市场运作，遵循市场规律和国际通行规则，充分发挥市场在资源配置中的决定性作用和各类企业的主体作用，同时发挥好政府的作用"，"开放本币债券市场和股权投资市场，以扩大长期融资来源"

"一带一路"建设是一项长期系统工程，其资金支持必须是长期可持续的。单靠国家财政和政策性金融机构的财力，很难实现资金可持续的提供，因此必须引入大量市场资金，让市场机制发挥作用，让来自市场的资金发挥主要支撑作用。各类商业性金融机构，如商业银行、股权投资基金、保险、融资租赁公司、担保公司、养老基金、主权财富基金，以及债券市场、资本市场应当发挥市场融资主体的作用。

**（四）"一带一路"的融资指导原则提到："鼓励基于'一带一路'建设需求和沿线国家需求的金融创新，支持金融机构在风险可控前提下创新融资模式、渠道、工具与服务"**

"一带一路"是适应当今国际形势的全新国际公共产品，金融领域应当以全新的思维，设计出符合这个新的国际公共产品的融资模式和融资产品。历史经验表明：经济形势的转变常常会给金融创新提供新的契机，现今市场上盛行的金融产品、金融交易方式和服务方式都是在需求变化和监管变化的情况下产生的。"一带一路"的融资需求巨大，涉及的国家情况复杂，风险较多，这恰恰为金融创新提供了巨大的机会。

综上所述，"一带一路"的融资体系的设计需要明确以下几点。

第一，"一带一路"倡议是国家经济外交发展顶层设计，融资体系的设计要同时兼顾国家的政治外交诉求和经济效益。

第二，"一带一路"沿线国别风险大，资金需求多，需要整合各方力量，顶层设计必不可少，政府之间需要建立多边和双边沟通，没有政治上的保驾护航，单纯靠资金上的投入产出，经济效益可能很难保障。

第三，在关乎国家战略的重大项目时，需要考虑国家的整体利益布局，建立重大战略项目的识别筛选机制，政策性和开发性金融要发挥主体和引领作用，确保其发展方向的把控和资金需求的满足。

第四，对于一般项目，主要依靠市场资金进入，建立可持续性制度评估机制，可以在一定程度上减少市场资金的顾虑，调动市场力量，在符合风险收益考量的基础上，将商业金融机构和市场投资者的资金引入"一带一路"的建设中来，使其成为资金支持的主要来源。

第五，政府与市场在融资体系设计时要有机配合，分阶段设计，资金分阶段进入。

第六，不拘泥于现有融资模式、融资渠道和融资工具，以创新性思维，设计出符合新形势、满足"一带一路"资金需求的融资模式和产品。

## 五 对"一带一路"融资体系设计的建议

基于上述"一带一路"融资现状及问题的分析，借鉴美日经济外交的融资经验，立足"一带一路"的本质属性，笔者对融资体系的设计提出以下建议。

### （一）"一带一路"融资体系设计的原则和基础

1. 比较优势的原则

在比较优势原理的基础上，与东道国共商共建，打造利益共同体。"一带一路"的基础设施建设，最大受惠者是东道国，其域内基础设施得以完善。中国在基础设施建设方面有着更加丰富的经验和技术，在筹措资金方面要调动东道国的资金，依据东道国的国情和特点，设计使用不同的融资模式，以当地资金为主，也可以避免国际上所谓"债务陷阱"的构陷。

2. 政治协调为基础

建立政府间沟通协调机制，在政治上为"一带一路"建设资金保驾护航。"一带一路"沿线各国的政治制度、经济体制、发达程度、法律体系、宗教传统等存在明显差异，也不排除其内部存在不同利益集团之间的利益冲突，这些都使当地的基础设施建设充满不确定性。因此环境因素成为资金进入的一大顾虑。虽然金融机构可以建立环境影响评价机制尽可能降低风险，但合作国家间的政治沟通和政治影响力在投资后，对于项目建设和资金使用的保驾护航是十分必要的。

3. 经济外交兼顾的原则

"一带一路"倡议的提出，是基于我们所处的国际环境和自身发展的诉求，中国谋求的是经济崛起和民族复兴的长远利益。因此，我们在进行"一带一路"建设的时候，要始终不忘初心。对于重大战略项目，更多考虑的是其长远的战略意义，不能局限于经济收益；对于一般项目，则主要考虑经济效益。合作不是援助，自然要考虑收益。而且不计算成本收益的话，长远来看，其可持续性也会面临问题。

4. 差异化的融资原则

"一带一路"涉及沿线多个国家，各国国情千差万别；基础设施建设涉及不同类型项目，不同项目、不同阶段的风险程度和融资情况也有很大差异。因此，我们应坚持国别差异化、项目差异化、项目融资阶段差异化的设计原则。

国别差异化是指，"一带一路"涉及的65个国家经济发展水平存在明显差异，其中高收入国家共18个，人均GDP水平为25765美元；中高收入国家22个，人均GDP为6560美元；中低收入国家23个，人均GDP为2186美元；低收入国2个（阿富汗、尼泊尔），人均GDP只有661美元。高收入国家平均人均GDP是低收入国家平均人均GDP的39倍。[①] 这意味着，有的国家资金相对充裕，有的国家资金十分匮乏，因此不同国家的融资模式和融资渠道，也必然要因地制宜，不能套用同一个模子。

项目差异化是指，有些项目风险大回收期长，融资难度较大；而有些项目自身有可持续的收入来源，即使在信用评级不高的国家也可能具有可持续融资条件。根据不同项目与国家战略关系的紧密程度，以及不同项目自身的融资条件，融资模式也应当有所不同。最重要的是，对于战略项目和一般项目，以不同融资模式进行对接。

项目融资阶段差异化是指，项目建设之处风险较大，回收期长，影响未来收益的因素很多，主要由政策性和开发性金融机构牵头投入资金，项目建设中后期，回收期变短，可预见性增强，不确定因素减少，可更多引入市场资金来支持建设。不同融资阶段资金来源和融资形式应有所区分。

---

① 北京师范大学"一带一路"研究院：《"一带一路"沿线国家综合发展水平测算、排序与评估（总报告）》。

5. 创新性原则

"一带一路"是全新的区域合作机制，面临着千差万别的国别条件和各种各样的融资风险，传统的融资渠道难以满足其融资需求，需要有新的融资模式和工具来实现。在几千年的金融发展史中，不乏为了适应新的经济发展形势而进行金融创新的事例，有需求才有创新，"一带一路"特殊的融资条件和融资需求为金融创新提供了良好的时机。

### （二）"一带一路"融资体系设计的具体设想

基于以上所说的"一带一路"融资体系设计的基础和原则，笔者借鉴美日经济外交的融资经验，提出以下几点具体建议。

第一，设立"一带一路"金融支持专门机构，统筹规划协调"一带一路"融资问题。基于"一带一路"的重要性，为高效解决"一带一路"融资问题，借鉴美国"马歇尔计划"的对等基金模式，在国家"一带一路"领导小组之下，设立金融支持专门机构，一方面有助于对接国际多边金融机构和沿线其他国家金融部门，另一方面，在涉及关系国家战略的重大项目筛选和资金支持上，制定相关规则，执行重要职能。金融支持专门机构对"一带一路"领导小组负责，与相关国家部门协调，专门管理"一带一路"金融支持工作。

第二，增强与国际多边金融机构合作，建立全球基础设施投融资框架机制。国际多边金融机构有着丰富的贷款管理经验，增强与多家多边金融机构的合作，不仅可以学习其宝贵经验，也可以在一定程度上达到风险共担的效果。在多边金融机构基础设施领域投融资经验的基础之上，建议推动建立全球基础设施投融资框架机制，共同为现有融资机制进行创新和检验，[①] 这既有利于多边金融机制自身管理经验的机制化，也有利于全球基础设施建设和投资，更能助益"一带一路"倡议下的基础设施项目。

第三，建立"一带一路"沿线国家环境影响评价体系。世界银行

---

① 赵锡军：《"一带一路"融资风险及应对》，IMI 财经观察公众号，2019 年 5 月 29 日；张茉楠：《加快构建"一带一路"长期投融资框架》，《求知》2017 年 7 月。

和亚洲开发银行都有自己的有关环境评价的手段和措施。世界银行的相关保障政策包括对于自然条件、人文情况、地区争议等方面的环境评价；亚洲开发银行在1979年的贷款业务中就引入了环境影响评价，现在已发展成为综合性的环境管理和评价计划，包括减缓措施、监测程序、成本估算、实施机构等方面。"一带一路"沿线国家环境复杂，国别风险高，在极大程度上阻碍了资金投入的意愿，迫切需要建立一个环境评价体系。

第四，建立国际信息交流分享平台。信息交流分享平台可以帮助企业和金融机构更加了解市场和项目的具体情况，有助于投资者寻找更好的投资机会，有助于融资的实现。"一带一路"的相关信息不能仅靠中国政府和商会去搭建，更重要的是建立一个国际平台，实现信息的共同收集、提供和使用。比如国别风险方面，可以效仿国际货币基金组织的做法，建立对于"一带一路"沿线国家的动态的风险监测。中国信用保险公司成立的国别风险研究中心就是一个很好的参考。

第五，建立项目可持续性评估体系。基础设施建设本身就具有风险大、回收期长的特点，建立项目可持续评估体系，有助于帮助金融机构和企业做出是否投放资金的正确决策，既避免了选择项目的盲目性，也在一定程度上保障了资金收益，避免了遭受无谓的损失。

第六，建立"企业海外声誉"奖惩机制。"一带一路"是民族复兴战略，是经济外交战略。所以我们在建设"一带一路"时不能着眼于眼前的小利益，不能有损害国家形象的商业行为。建立一个"企业海外声誉"奖惩机制，对于在"一带一路"沿线投资建设的企业行为，进行观测评价，表现好的企业，可以通过税收优惠、贷款优惠、信誉表彰、国内商业领域的优先权等方面给予奖励，而对于表现不好的企业，则给予一定惩罚。敦促企业建立信誉意识，尤其是走出国门时，避免给东道国打下对中国企业行为甚至整个国家形象的不良印记。

针对"一带一路"融资体系中具体金融机构的资金来源和项目的融资模式，有以下几点建议。

1. "一带一路"融资体系中的政策性和开发性金融机构融资

政策性和开发性金融机构在"一带一路"建设中发挥重要的引领作用。目前，国家开发银行和中国进出口银行自身的资金实力，无法满足长期建设资金需求。

从经验来看，发行债券是基础设施项目常用的融资方式。与贷款相比，债券融资的优势在于融资期限较长（有时融资期限可长达几十年），利率水平较低。同时，债券市场采用市场化程度较高的注册发行管理机制、完善的信息披露机制和公开透明的市场定价机制，符合"一带一路"追求市场化运作的宗旨。

鉴于日本海外援助机构的融资经验，建议由政府发行"一带一路"专项国债、政府担保的长期外汇借款和金融机构自身发行的专项金融债，组成政策性和开发性金融机构的资金池，专门用来支持关系国家战略的重大项目。重大项目的筛选，可由"一带一路"金融支持专门机构，在"一带一路"领导小组的指导下，协调各国家部门，制定合理标准，专门负责审核批准工作（参见图9-3）。

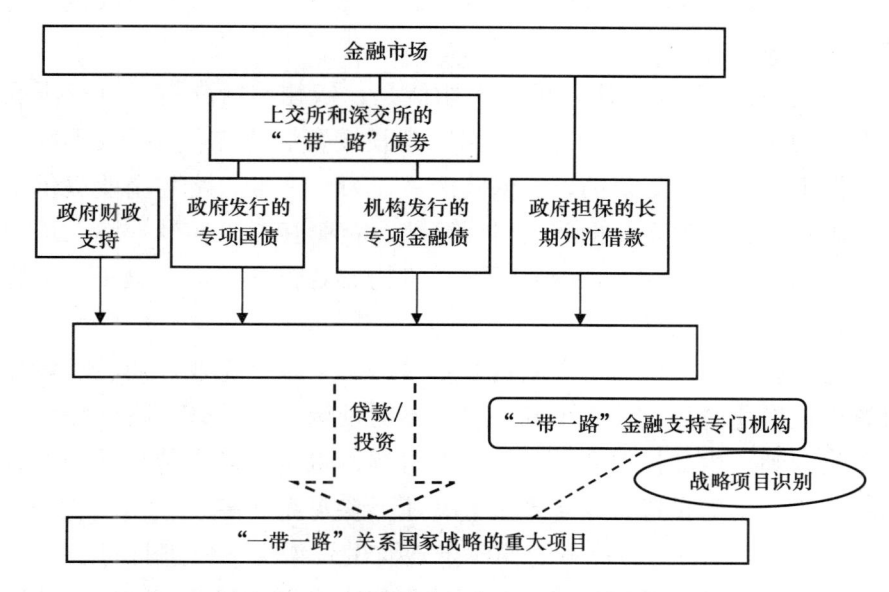

**图9-3 政策性和开发性金融机构资金结构**

资料来源：笔者自制。

中国已经尝试设立"一带一路"专项债券,为债券融资提供平台和运作机制。2018年3月,沪深交易所共同发布了《关于开展"一带一路"债券业务试点的通知》,各类主体可以在上交所和深交所发行"一带一路"债券融资,发行主体可以是"一带一路"沿线国家的政府类机构,可以是"一带一路"沿线国家注册的企业及金融机构,也可以是境内外企业,只要其募集的资金用于"一带一路"建设即可。"一带一路"专项债券为境内外企业参与"一带一路"建设提供了良好的渠道,有助于吸引其他国家的企业特别是"一带一路"沿线国家的企业参与"一带一路"建设。

2. "一带一路"建设中的市场资金

"一带一路"资金需求量巨大,市场资金必须发挥主要作用。可借鉴日本中小企业信用担保体系的成功经验,设立"一带一路"信用保险机构,增强投资者的信心。日本中小企业信用担保体系由信用保证协会和信用保险公库两个相互关联的子系统构成,信用保证协会对企业进行担保,而中小企业信用保险公库则对信用保证协会进行保险,是以政府信用为基础的基金担保制,资金来源以政府财政拨款为主,实行多元化投入。

"一带一路"信用保险机构的职能是:依托政府支持,自身不提供资金融通服务。根据"一带一路"建设投资活动特点,研发不同风险、期限、保费、保价的投资保险产品,为"一带一路"企业提供信用保险服务,投保企业向其支付保险费,企业有了"一带一路"信用保险机构的外部担保,在商业性金融机构或者资本市场上融资,更容易赢得投资者的信任。

商业性金融机构在将资金贷放给"一带一路"企业以后,可以通过资产证券化的形式,将不同项目、不同风险的"一带一路"贷款打包重组,利用内部担保和外部担保的机制,将贷款以有价证券的形式销售给市场上的投资者,实现多方共赢(参见图9-4)。

"一带一路"的融资不能拘泥于现有融资渠道,应进行符合"一带一路"建设特点的融资模式创新。例如,在资金相对充裕的沿线国家,可在当地采用PPP方式融资;从融资需求上看,PPP模式能够较

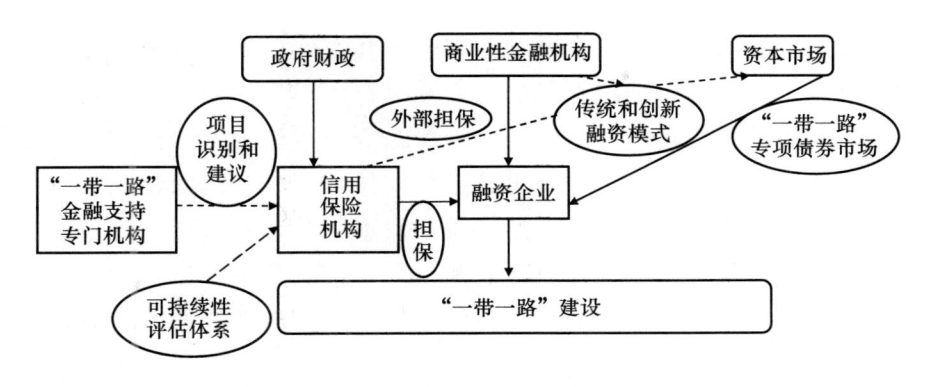

图 9-4 "一带一路"市场资金融资结构

资料来源：笔者自制。

好地满足"一带一路"建设项目资本密集的需求。PPP 项目与"一带一路"建设项目在项目属性上具有较高的同一性，均为资本密集型、长周期、高风险的大规模复杂项目。PPP 项目的规划、融资、建设、运营和管理将由社会资本方来完成，其管理方式符合"一带一路"倡议的利益共享、风险共担的合作原则。而在自身资金匮乏的沿线国家建设基础设施时，可将 PPP 和 BOT 结合起来进行项目融资。由中方或其他沿线国家政府和企业以 PPP 方式融资，进行项目建设，建设完毕运营获取一定利润后，再转交给当地国家政府。

3. "一带一路"项目分阶段融资设计

"一带一路"的项目总体上应当遵循分阶段融资设计原则。初期公共资金发挥引领作用，后期商业资金分阶段逐步进入。根据融资指导原则，"要确定重大项目识别和优先选择的原则"。[①] 关系到国家经济政治战略的重大项目，在项目整个建设过程中以政策性和开发性金融支持为主导，以保障其战略地位和资金供给。此时，政府财政、政府的专项国债、政府担保的外汇借款都可以作为资金的主要来源。而作为一般项目，则基于环境评价体系，对其风险进行评估，同时关注项目的可持续性问题，此时前期可发挥多边金融机构亚洲开发银行、

---

① 引自《"一带一路"融资指导原则》。

亚投行、金砖国家新开发银行的作用，与开发性金融和政策性金融一起进行金融支持，待项目状况稳定良好时，由国有商业金融机构做引导，后期由债券市场、股票市场、创新融资模式作为资金提供的主力军。对于风险较高的项目，需对其进行整体评价，从国家情况、行业未来发展、风险情况、可预估的收益和成本等综合角度进行评价，利用环境影响评价体系、国别风险监测情况、信息共享机制平台，设计高风险高收益的创新融资工具。我们在进行金融创新时要本着高风险高收益、投资时间阶段性衔接的方式，重点引进社会和私人资本。据统计，私人资本在投资基础设施项目的比例尚不足 0.8%，投资数量占总资金规模比重很小，① 和我们期望差距甚远。在进行融资工具和模式的创新时，需要把这个重点纳入进去（参见图 9-5）。

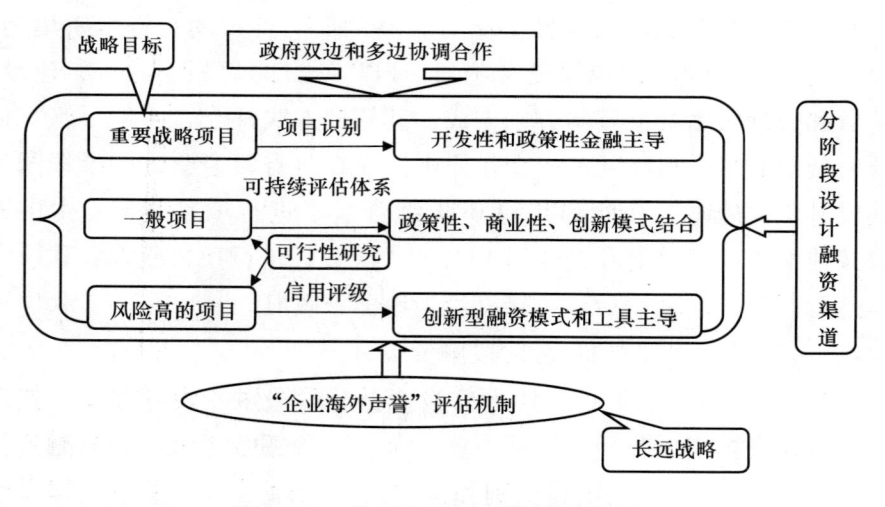

图 9-5 "一带一路"项目融资设计

资料来源：笔者自制。

### 4. "一带一路"国外金融市场融资

国际金融市场的资金来源主要有三种类型。一是多边或区域开发

---

① 赵锡军：《"一带一路"融资风险及应对》，IMI 财经观察公众号，2019 年 5 月 29 日；张茉楠：《加快构建"一带一路"长期投融资框架》，《求知》2017 年 7 月。

性金融，如国际复兴开发银行贷款、国际开发协会贷款、亚行贷款、亚投行贷款等。"一带一路"基础设施项目在符合条件的情况下，可以获得国际开发性金融的支持。二是各国或地区设立的主权财富基金，主权财富基金通常更加注重回报而非流动性，因此，较传统外汇储备具有较高的风险承受能力，可作为基础设施投资的重要融资渠道。三是跨国机构投资者，包括保险公司、养老基金、专门从事基础设施投资的投资基金等。

"一带一路"相关国家的金融市场，无论其发展水平如何，均拥有自己的储蓄、信贷，也有债券、股票等直接融资市场。这些国内金融资源是其发展国内基础设施的基础性资金来源。在对沿线国家基础设施建设投资过程中，可以借鉴"马歇尔计划"的利益捆绑机制，打造利益高度融合的命运共同体。多方利益绑定，既可避免道德风险，保证双方承诺事项得以顺利实现，也有利于"一带一路"建设项目的高效完成。

# 第十章　推进"一带一路"的认知风险及其防范

"一带一路"倡议于2013年下半年中国国家主席习近平访问哈萨克斯坦和印度尼西亚时首次提出。时隔一年半后，中国政府于2015年上半年公布了《推动共建丝绸之路经济带和21世纪海上丝绸之路的愿景与行动》，首次从原则、思路和机制等方面对"一带一路"倡议进行了系统性阐述。两年后的2017年5月，中国在北京举办了首届"一带一路"国际合作高峰论坛，论坛旨在展示"一带一路"早期合作成果，凝聚合作共识，共商下一阶段合作举措。论坛决定将在2019年召开第二届高峰论坛。

自"一带一路"倡议提出以来，倡议的整体理念在国际社会获得了越来越热切的回应，诸多合作项目得到落实，其中一部分项目已经产生了切实回报，成为"一带一路"倡议的名片，比如斯里兰卡的科伦坡港口城项目、巴基斯坦的瓜达尔港开发项目和设在泰国、埃及等国的产业合作园区等。经过五年多的探索和实践，"一带一路"已经从概念步入现实，成为建设人类命运共同体，践行中国外交正确义利观，塑造中国负责任大国形象，推动中国经济转型升级的关键实施手段。

正如习近平总书记所指出的，"中国坚持对外开放的基本国策，坚持打开国门搞建设，积极促进'一带一路'国际合作，努力实现政策沟通、设施联通、贸易畅通、资金融通、民心相通，打造国际合作新平台，增添共同发展新动力"①。"一带一路"倡议是前所未有的历史性工程，在"一带一路"建设过程中，必然会出现这样那样的问题，也会面临来自不同方面的风险。这些风险、挑战和问题，需要我们有针对性地加以研究和克服。对风险和问题进行充分的、开放式的分析和讨论。② 习近平总书记强调，当前中国"经济运行稳中有变、变中有忧，我们既要保持战略定力，推动我国经济发展沿着正确方向前进；又要增强忧患意识，未雨绸缪，精准研判、妥善应对经济领域可能出现的重大风险"③。在中国经济运行可能面临系统性风险、"一带一路"倡议推进所依赖的国际与地区形势日趋复杂的当今，加深对"一带一路"潜在风险及其防范的研究，具有突出的现实意义和理论意义。

本章力图以中国自身作为分析主体，对"一带一路"倡议的实施过程进行系统性的动态分析，着重分析中国在推进"一带一路"过程中对各个实施环节的判断和认识，试图建立一种基于实施过程的分阶段分析框架，从实施主体的预期与目标、实施主体采取的手段与行为、实施主体对信号的阅读与判断等三个环节对"一带一路"的主观认识方面的可能风险进行分析，并对风险的主要来源和整体水平做出判断与评估。

## 一 国内学术界对"一带一路"潜在风险的研究

学术界早已经认识到，在推进"一带一路"倡议的进程中，中国面临着各种风险，涉及经济、政治等多个领域。关于"一带一路"倡议实施中出现的风险，已经有不少学者专门著文进行了全面研究，涵盖了"一带一路"倡议的各个方面。既有对具体项目的讨论，也有从

---

① 习近平：《在中国共产党第十九次全国代表大会上的报告》，人民网，2017年10月28日，http://cpc.people.com.cn/n1/2017/1028/c64094 - 29613660 - 14.html。
② 周方银：《"一带一路"面临的风险挑战及应对》，《国际观察》2015年第4期。
③ 《习近平在省部级主要领导干部坚持底线思维着力防范化解重大风险专题研讨班开班式上发表重要讲话》，中国政府网，2019年1月21日，http://www.gov.cn/xinwen/2019 - 01/21/content_ 5359898.htm。

不同学科角度对风险的宏观研究。学者们对"一带一路"倡议面临风险的分析和讨论,并不是对倡议本身有所怀疑甚至持反对态度,而是要本着对倡议负责的原则,对倡议的各个环节进行基于现实和可能性的分析,以便提出有针对性的解决方案。

当前,中国学术界对"一带一路"倡议面临潜在风险的分析,主要从两个视角出发,一是从国家和地区层面,主要分析"一带一路"倡议包含的经济逻辑风险和非经济逻辑风险,非经济逻辑风险中又可以分为政治因素和其他因素;二是从国际体系层面入手进行分析,将"一带一路"倡议纳入大国博弈的分析框架。

在国家和地区层面,实施"一带一路"倡议存在着众多经济风险或潜在经济风险。目前较多研究关注的是"一带一路"蕴含的投资风险。"一带一路"倡议总投入高达数千亿甚至上万亿美元,而且很多项目要在不稳定地带和高风险国家落地。在这一过程中,如何预防中国投资面临的政治和安全风险,更好地保护中国在"一带一路"沿线国家的海外利益,这一问题具有突出的重要性和现实意义。蒋姮分析了我国企业在投资方面存在的五大脆弱性,主要包括海外投资产业结构、海外投资以国企为主体、大国崛起发展阶段、社会结构差异和企业国际化经验的脆弱性。① 冯雷鸣等人则进行了案例研究,以基础设施建设方面的投资为例,发现"一带一路"基础设施建设投资失败案例时有发生,投资风险较高。②

杨思灵从沿线国家经济社会发展状况的角度分析,认为"一带一路"沿线国家多为发展中国家与欠发达国家,经济社会发展较为滞后,政治与社会安全形势异常复杂,为中国与沿线国家关系治理带来严峻挑战。③ 马昀认为,"一带一路"倡议面临的经济风险至少包括以下几个方面:债务国违约风险、项目泡沫化风险、经济转型迟缓风

---

① 蒋姮:《"一带一路"地缘政治风险的评估与管理》,《国际贸易》2015年第8期。
② 冯雷鸣、李丛珊、李青原:《中国对外基础设施建设投资风险评价研究——以"一带一路"沿线10国为例》,《国际经济合作》2018年第3期。
③ 杨思灵:《"一带一路"倡议下中国与沿线国家关系治理及挑战》,《南亚研究》2015年第2期。

险、沿线国家运营环境风险。此外，企业还存在经营风险。中国在"一带一路"沿线国家资本输出的主要途径是海外基础工程建设，而基础建设存在着投入大、周期长、不确定因素较多等问题。① 薛力关注到了"一带一路"实施过程中的经济成本风险，而这种风险很大程度上来自对中国在倡议中所占地位的认识和判断，薛力提出"把沿线国的经济都带动起来超出了任何国家的能力与责任，中国所能做的不是替这些国家规划与实施基础设施与经济现代化计划，而是在这些国家提出要求的基础上，根据自己的能力给予配合，中国总体上是配角而不是主角"。②

除经济因素外，"一带一路"倡议在沿线国家的实施存在着其他性质的风险，主要是政治风险。政治因素是影响"一带一路"顺利实施的重要变量之一。李晨阳等人认为，周边国家与我国的政治互信不足，一些周边国家政局经常性波动，域内外大国动辄干预相关国家政局等。在这些国家，政局变动通常会导致政策调整，尤其是非正常途径的政府更迭发生后，往往内外政策变动明显。③

学者们还认识到了影响"一带一路"倡议顺利实施的其他因素，包括地缘风险、宗教风险、气候变化、道德风险和规则型风险等，并从各个角度进行了分析。凌胜利认为，"一带一路"带来了一系列地缘风险挑战，主要体现为大国周边地缘竞争加剧、周边沿线国家地缘风险传导增加和"疆独""藏独"分裂势力的内外联动增多。④ 郑筱筠分析了"一带一路"中的宗教因素，认为宗教本身不是风险，但在一定条件下宗教因素可能成为风险，在政治、经济、社会各种领域以不同形式体现。⑤ 王志芳关注了气候变化对中国的"一带一路"倡议产生的重大影响。"一带一路"倡议实施的重点区域，如东南亚、南

---

① 马昀：《"一带一路"建设中的风险管控问题》，《政治经济学评论》2015年第4期。
② 薛力：《中国"一带一路"战略面对的外交风险》，《国际经济评论》2015年第2期。
③ 李晨阳、杨祥章：《中国与周边国家互联互通建设的进展、挑战与前景》，《战略决策研究》2015年第4期。
④ 凌胜利：《"一带一路"战略与周边地缘重塑》，《国际关系研究》2016年第1期。
⑤ 郑筱筠：《"一带一路"战略与宗教风险研究——基于可能性和必要性视角》，《世界宗教研究》2016年第6期。

亚及中亚等地区，存在着一系列气候安全风险，如由气候变化所导致的贫困加剧、移民增加、社会动荡、跨界资源冲突、恐怖主义蔓延等。① 王义桅等人聚焦于"一带一路"的道德风险，道德风险来自国家、企业、个人三大层面，这要求相关主体能信守承诺，实事求是开展工作。② 马学礼认为，"一带一路"面临着极为复杂的"规则型风险"，即面临着复杂的制度环境和软约束规则等制度障碍导致的摩擦，它渗透在国际体系、跨国关系、企业经营三个层面。③

许多研究认识到，"一带一路"倡议中的可能风险并不建立在单一的经济逻辑或政治逻辑上，最严重的问题恰恰来自经济因素与非经济因素之间的失衡。李向阳认为，"一带一路"建设要高度重视义利观的平衡，风险既可能来自忽略利，也可能来自忽略义。在实践层面，存在片面强调利或义的倾向。义利观要求政府要以市场为基础，引导企业在实现利润最大化的前提下完成义的目标。④

孙灿等人则担忧"一带一路"倡议在国际体系内运行过程中，其经济和政治逻辑匹配失衡以及自由主义和现实主义取向对接失稳。经济和政治逻辑匹配的失衡，主要表现为政治逻辑干扰或者压制经济逻辑，也即中国在"一带一路"建设过程中需要花更多精力以维护国家政治和地缘安全，而相应地可能减少对国家、地区和世界经济互利式发展的投入，或者影响"一带一路"推进中经济逻辑效能的产生和溢出。⑤

从国际体系层面上入手进行的分析，更加关注大国博弈带来的风险。赵明昊考察了美国方面对"一带一路"的认知，认为美国方面明确将"一带一路"视为中国大战略的组成部分，日益担忧中国在全球

---

① 王志芳：《中国建设"一带一路"面临的气候安全风险》，《国际政治研究》2015年第4期。
② 王义桅、郑栋：《"一带一路"战略的道德风险与应对措施》，《东北亚论坛》2015年第4期。
③ 马学礼：《"一带一路"倡议的规则型风险研究》，《亚太经济》2015年第6期。
④ 李向阳：《"一带一路"建设中的义利观》，《世界经济与政治》2017年第9期；李向阳：《"一带一路"面临的突出问题和出路》，《国际贸易》2017年第4期。
⑤ 孙灿、洪邮生：《国际体系视野下的"一带一路"倡议——国家经济外交运行的"平衡术"视角》，《外交评论》2016年第6期。

范围内挑战和损害美方利益,"一带一路"成为美国战略界人士对华认知呈现"威胁膨胀"现象的重要推动因素。① "一带一路"倡议存在"地缘政治风险",即"一带一路"相关国家的政策制定者,在西方地缘政治想象影响下所采取的对中国可能产生负面影响的地缘政治实践。这意味着中国推进的互利共赢行为,很可能被一部分西方地缘政治精英所误读,被歪曲为怀有地缘政治和军事动机的战略举措,旨在打破当前陆权与海权之间的平衡,争取大陆主导权,进而引发地缘冲突。②

部分学者担心,"一带一路"倡议的提出会引发域外大国及沿线地区大国对中国行为与动机的猜忌与疑虑,增加地区和全球层面对抗与冲突的可能性。门洪华讨论了"一带一路"与主导国家维护现有国际规范产生冲突的可能性,认为从国际规则制定权的角度看,域内外国家对倡议存有疑虑和不安,将"一带一路"倡议视为中国试图改变秩序规则、获得地区和全球主导权的国家战略。相关国家对"一带一路"倡议存在担忧和战略摇摆,存在政治风险和政治挑战。③

总体而言,学术界的现有研究做出了许多有益探索,但也存在着一些不足。首先,多数文章仍然专注于某一特定领域的风险研究或者从特定视角看待问题,缺乏系统性和过程性的分析,对具体风险的评估容易使关注者产生认识偏差,较难帮助人们从宏观角度把握"一带一路"倡议的整体风险。其次,部分从特定视角看待问题则容易引发关于分析框架是否适用的逻辑争论。比如,有学者从道德风险的角度讨论了"一带一路"面临道德风险的各种表现④,但对所谓"道德风险"的认识,很大程度上同行为主体的意图与预期有关,一般意义上的经济人理性是否与中国在"一带一路"倡议中的角色和定位相适应

---

① 赵明昊:《大国竞争背景下美国对"一带一路"的制衡态势论析》,《世界经济与政治》2018 年第 12 期。
② [美]科林·弗林特、张晓通:《"一带一路"与地缘政治理论创新》,《外交评论》2016 年第 3 期。
③ 门洪华:《"一带一路"规则制定权的战略思考》,《世界经济与政治》2018 年第 7 期。
④ 王义桅、郑栋:《"一带一路"战略的道德风险与应对措施》,《东北亚论坛》2015 年第 4 期。

本身就是有争议的。最后，当前的研究主要讨论的是"一带一路"倡议落实过程中中国与外部伙伴或对手之间互动所产生的外部风险，如美国、印度如何解读"一带一路"及其应对，如合作伙伴的经济状况、法律体系、政治形势乃至文化环境对中国企业和投资的影响。这种讨论当然是必要的，却并不是充分的。这些外部风险的确存在，却不能被认为具有决定性的影响。毕竟，对于"一带一路"倡议而言，至少在当前的谋篇布局和早期收获阶段，其进展是否顺利主要取决于中国的意志、对策和资源投入情况。具有战略性质的形势判断、意图确定和策略选择仍然是倡议能否顺利展开的关键。

## 二 多轮多方博弈的认知与判断风险
### ——基于实施过程的分析框架

"一带一路"是中华人民共和国成立以来，中国酝酿和引领的规模最大、涉及范围最广的合作倡议，倡议源自中国领导人的顶层设计。从六年来"一带一路"的发展历程不难看出，"一带一路"如同1978年中国共产党的十一届三中全会召开后中国启动的改革开放进程一样，是一个边设计、边实践、边探索、边落实的过程，并不是——考虑到"一带一路"倡议的国际合作性质——也不可能是一个中国从顶层概念到实施细节都规划完善后再推出的严缜体系。在倡议的实施过程中，出现各种各样的风险，遭遇各种各样的质疑，是非常正常的。

现实也验证了这一点，随着"一带一路"倡议的逐步实施，一些在"一带一路"倡议提出之初不可能预想到的问题逐渐出现，其中有些涉及"一带一路"倡议的具体组成项目，也有些关系到"一带一路"倡议的整体实施。各种各样的忧虑和担心出现在中国国内，与此同时，"一带一路"倡议的合作伙伴以及部分西方国家也从各个角度提出了对"一带一路"倡议的质疑。"一带一路"倡议提出之初，国内学术界聚焦于论证"一带一路"倡议的重要意义，西方学术界主要讨论"一带一路"的性质和意图，参与伙伴国则普遍对中国资本和技术进入本国市场抱有期待,六年以后,应该承认,对"一带一路"倡议面临风险的担忧明显增加,当然,关注点各有不同。

"一带一路"倡议其他参与方主要从倡议给自己国家带来的政治、经济、社会乃至安全影响的角度思考问题,其思考范式是典型的外部因素影响评估,主要是进行成本收益和风险三者之间的比较和计量。对于西方国家来说,特别是对美国而言,对"一带一路"倡议所蕴含的风险的忧虑则主要是担心"一带一路"会改变现有的国际政治经济格局、影响西方制定和维护的国际规范的能力。而中国作为"一带一路"倡议成败的决定性因素,在评估"一带一路"倡议蕴含风险的时候,思考范式和关联参数要复杂得多。中国既要思考如何顺利推进"一带一路"倡议,又要在推进倡议所需要支付的成本与中国预期的收益之间进行计量,还要考虑"一带一路"倡议取得成功和中国国家利益得到扩展之间的关联,包括"一带一路"倡议的公共产品属性和中国自身战略诉求之间的关系。在上述问题当中,如何评估"一带一路"倡议的可能风险,并在正确认识相关风险的影响程度的基础上,分析风险形成的根本原因并提出有针对性的应对方案,是中国学术界、政策研究界乃至政府相关部门在"一带一路"倡议实施六年后所要仔细研究的重要问题。

基于学术界和政策界已经取得的研究成果,本书更加专注于中国在推进"一带一路"倡议过程中在主观认识层面可能产生的风险。这既是因为对"一带一路"倡议所面临的客观环境风险,学术界已经进行了非常富有成效的研究,而对中国在落实"一带一路"倡议过程中可能面临的主观认知与判断风险,学术界的研究相对比较缺乏;也是因为至少在当前阶段乃至未来很长一段时间,中国的政策及其实施是"一带一路"倡议成败的决定性因素。

正如周方银所说,如果"一带一路"的定位和路径不是十分清晰,特别是如果"一带一路"的诸多参与方对其定位和战略路径不能形成较高程度的共识,就容易导致战略方向的迷失。① 而要保证诸多

---

① 周方银:《"一带一路"面临的风险挑战及应对》,《国际观察》2015年第4期。

参与方达成共识,首先要做到的是中国自身对"一带一路"倡议目标、路径、阶段的正确界定。中国能否制定得当的目标预期,采取与目的相适应的行动策略、正确判断倡议推进过程中外部力量做出的反馈,客观评估倡议的阶段性实施效果,将决定"一带一路"倡议的实施前景。如果在上述问题上认识出现偏差,其后果对于中国以及"一带一路"倡议本身,都将是非常严重的。

在分析方法的选择上,本章主要应用行为体在多轮多方博弈中的策略选择范式,从战略目标的确定、实施、信号反馈到成果评估进行研究。这是因为尽管不能认为"一带一路"是中国主导的一项对外战略,然而,就"一带一路"倡议推进过程中需要考量的各要素及其内在关联性而言,推进"一带一路"倡议要比许多具有明确目标和实施步骤的战略或策略性任务复杂得多,具有较为明显的多轮多次博弈特征。

首先,"一带一路"倡议作为中国提出的规模最大、范围最广的合作规划,在目标设定上涵盖了外交、经济以及安全等多个领域,各目标之间关联复杂,且并不总能够相互支撑,且倡议意图实现的目标具有动态特征,需要根据实施效果不断做出修正;其次,"一带一路"倡议对于中国而言,是前所未有的"走出去"行动,对中国持续了数十年的对外工作思维模式提出了空前的挑战,既呼唤大量的创新行为,又不能像处理国内事务那样凭借政府强大的资源掌控能力进行反复试错;再次,"一带一路"倡议的实施是一个在主要推进者中国和数十个参与伙伴之间展开的涵盖双边、多边乃至全球维度的相互建构过程,对中国在信号释放的一致性、连贯性以及解读反馈信号的精确性和及时性方面,提出了其他对外战略任务很难比拟的高要求,具有典型的信息不对称博弈特征;最后,"一带一路"注定是一个长期工程,既要有计划、分步骤地不断取得阶段性成果,又要始终坚持倡议的长期发展方向,对倡议不断进行评估,并根据评估结果适时适度做出调整。这种推进方式持续考验着中国决策者、政策界乃至学术界的认识能力和决策水平。综上,应用多轮多方博弈范式检验中国在"一带一路"倡议实施过程中的策略选择是有价值的。

通过多轮多次博弈才能实现的战略,行为体的每一轮博弈过程大体上可以分为三个阶段，首先是战略目标的确定，继而是战略行为的推进和手段的实施，然后是对其他博弈方所做出的反应进行研判，根据其他博弈方的反应，对战略手段以及必要时对战略目标进行修订。之后，进入下一个战略博弈循环，直至目标达成。在这一过程中，每一个环节都要求行为主体不断做出判断，认识主客观各要素的状态及其相互关联，力争避免因任何环节出现判断失误而影响整个战略的顺利推进。

## 三 中国推进"一带一路"倡议可能的认知和判断风险

如前文所述，学术界不但应该关注"一带一路"倡议推进过程中可能遇到的外部风险，也应该关注中国作为"一带一路"倡议的核心，应该如何避免出现主观认识层面的风险，保证"一带一路"倡议战略发展方向的正确和实施过程的得当。本节即从以下三个环节对中国在推进"一带一路"倡议过程中可能出现的主观认知与判断风险展开讨论。

### （一）倡议目标设定过程中的认知和判断风险

"一带一路"倡议的长期和根本目标，按照中国政府于 2015 年公布的《推动共建丝绸之路经济带和 21 世纪海上丝绸之路的愿景与行动》，是要"打造政治互信、经济融合、文化包容的利益共同体、命运共同体和责任共同体"，以实现"区域基础设施更加完善，安全高效的陆海空通道网络基本形成，互联互通达到新水平；投资贸易便利化水平进一步提升，高标准自由贸易区网络基本形成，经济联系更加紧密，政治互信更加深入；人文交流更加广泛，不同文明互鉴共荣，各国人民相知相交、和平友好"。[①] 不难理解，这既是一个具有理想主义色彩的宏大目标，也是针对当前国际社会政治经济发展不平衡现状

---

① 《推动共建丝绸之路经济带和 21 世纪海上丝绸之路的愿景与行动》，人民网，2017 年 4 月 25 日，http://ydyl.people.com.cn/n1/2017/0425/c411837 - 29235511.html。

提出的具有可行性的愿景预期。"一带一路"倡议的目标具有动态和分阶段性质，涉及了经济、政治和人文等各领域，灵活而多元的目标设置既为"一带一路"倡议的实施提供了分阶段实现收获的可能性，但也不可避免地会导致风险，主要包括以下几方面。

第一，目标多重性导致的风险。这一风险主要指由于倡议提出的目标涵盖各个领域，不同领域中的目标既可能相互促进，但也有可能相互干扰，彼此牵制。在人类的战略实践过程中，很少同时追求多个目标的战略能够取得成功。当然，可以争论说，如果某个战略的多个目标彼此之间存在着因果联系，某个目标是另一个目标得以实现的条件，那么同时追求多个目标的战略是可以实现的。但这种论断存在一个逻辑上的问题，那就是对于战略来说，假如某个目标只是另一个目标的实现条件，那么这个目标充其量只是总目标的阶段性成果，与战略目标是无法并列的。"一带一路"倡议希望从政治、经济和文化三个方面打造利益、命运和责任共同体。这一根本目标本身就是多重的，对于中国来说，到底是深化同伙伴国家之间的政治互信重要，还是加强彼此之间的经济联系进而实现经济一体化重要，抑或密切民众之间的往来和接触，做到民心相通、民意相交更加重要？

当前学术界和政策界的表述往往将这三者直接并列，默认为可以同时实现的目标或者相互促进的任务。这种观点在学者们讨论如何应对"一带一路"倡议的风险时尤其常见，建议深化经济合作，加强民间交往，以弥合政治分歧；或者主张加强高层接触，呼唤双方着眼双边关系大局、妥善处理贸易纠纷等，已经成为许多学者在讨论相关问题时的"标准化"表述。然而在学理上政治关系的密切和经济联系的加强乃至人文交往的普遍是否互为条件甚至存在关联是需要论证的。正如阎学通所指出的那样，"经济利益只是众多国家利益中的一种，安全利益、政治利益和文化利益都是国家利益。务实外交很可能是为了其他的利益而不是经济利益"。[1] 经济目标既不是对外战略的唯一

---

[1]《中国周边外交正面临重大战略机遇——专访清华大学国际关系研究院院长阎学通》，《南风窗》2017年第24期。

目标，也不是对外战略的总目标或者根本目标，国家利益同样不能简化为经济利益。

而在近年来中国外交的实践中，也不难找到经济利益和国家安全利益、经济利益与国家尊严存在冲突的案例，比如美国对中国企业的长臂管辖问题。至于密切人员往来和深化政治互信，其逻辑关联更加薄弱，人们同样可以找到不止一个国家和中国之间的人员往来越来越密切，反而导致双边关系出现波折的案例，比如中国与泰国、中国与缅甸之间。这虽然不能证明外交的政治目标、经济目标和文化目标之间存在矛盾，但起码能证明"一带一路"的多重对外目标之间并非简单的并行关系或者存在因果联系，其存在矛盾甚至互相抵消的风险是客观存在的。例如，在某些情况下，双边政治关系走强，可能需要中国在经济上做出更多让步，以平复对方政府和民众对贸易不平衡状况的不满，促使对方国家在涉及中国的重大政治问题上支持中国的立场。这种情况下如何平衡多重的对外目标，至少不能简单地将深化政治互信、密切经济合作、加强人员往来并列在一起来解决。如何在特定的情境下，有针对性地在政治目标、经济目标乃至文化目标当中做出选择和排序，随之成为中国在"一带一路"框架下确定与具体伙伴的合作目标时需要思考的重要问题。

第二，目标与满足实现目标的条件之间的异化风险。如果多重目标带来的风险仅仅是中国可能会在对多个目标排序时出现判断失误，那么这种风险的程度是非常低的，毕竟即使排序错误，可能造成的最严重后果无非是资源的错误配置，从而导致资源浪费，并不会造成进一步的附加损失。但是，必须看到，多重目标带来的挑战并不只是优先次序上的，也可能造成另外一种风险，即某个可能只是并行但无必然关联的目标可能被误判为实现其他目标的必要条件，从而出现目标与实现目标的条件之间的异化。

在"一带一路"倡议框架下，中国追求政治、经济和文化目标，稳定的外部环境都只是一个有利的客观条件，不是必要条件，也不是充分条件，更不能被异化为"一带一路"倡议的目标本身。换言之，通过"一带一路"倡议，构建有利的周边与国际环境，这种表述及其相应的政策建议是可取的，但不能被理解为用"一带一路"倡议构建中国稳定的周边环境，更不能将稳定的国际环境作为推行"一带一路"倡议的基本条件。中国需要认识到，持续了70多年的雅尔塔体系虽然依旧存在，但体系的稳定性已经远远无法和美苏两极格局以及后冷战时代美国一超独大时期相比，在变动迅速的国际格局中推行"一带一路"倡议，在逻辑上，无法将稳定的外部环境作为实施要件，在实践中也不支持先实现环境稳定再推行"一带一路"倡议的行动模式。实际上，中国在"一带一路"倡议框架下目前取得的诸多早期收获结果，恰恰是在一些地缘政治不稳定、地区矛盾尖锐的地方取得的，比如中巴经济走廊的早期收获，以及中国与中东土耳其、以色列围绕"一带一路"倡议开展的务实合作。如果机械地将稳定的外部环境作为"一带一路"倡议推动的条件，既轻视了"一带一路"倡议对所在区域地缘环境和态势的塑造能力，也会显著增大"一带一路"倡议在部分地区的推行难度。正确判断"一带一路"倡议的环境要求，对中国有针对性地确定"一带一路"倡议下双边和小多边合作的目标，具有重要意义。

第三，不同实施对象目标相互冲突的风险。"一带一路"倡议目前有100多个国家和国际组织宣布支持，数十个国家成为参与伙伴。中国与这些国家共建"一带一路"，虽然在发展方向和总体原则上，中国与参与伙伴具有广泛共识，但参与伙伴之间的差异之大是"一带一路"倡议共有的发展理念很难弥合的。正如李向阳所分析的那样，"一带一路"成员既有发达国家，又有最不发达国家；既有资本主义国家，又有社会主义国家；既有儒教文化，又有伊斯兰教文化、基督教文化。正是因为这种多样性，长期以来这些国家才难以真正建立起统一的区域经济一体化机制。"一带一路"以发展为导向，不拘泥于合作机制的统一，体现了共商、共建、共享的原则，是"摸着石头过河"模式的国际样板[①]。基于发展的合作理念，保证了参与伙伴寻求中国支持、参与"一带一路"建设的共同意愿，却无助于将合作伙伴

---

① 李向阳：《"一带一路"面临的突出问题和出路》，《国际贸易》2017年第4期。

各自的目标与意图整合为"一带一路"倡议共有的建设目标。建设命运共同体的理念为参与各方提供了道义上的合作基础，但很难帮助它们将各自的合作设想拼接为一个真正跨地区的、能够为困难重重的全球化进程的改善与巩固提供支持动力的整体规划。

**（二）倡议落实手段与行为中的风险**

从改革开放之初到中国经济总量跃居全球第二位之前的数十年间，中国往往倾向于强调外交应该为经济建设服务，外交工作的任务是为国内经济建设保障良好的地区和国际环境。近年来，中国同样强调经济因素在对外战略中的作用，但侧重点有所调整。中国日渐希望凭借不断增大的经济影响力帮助中国稳定与周边国家的政治和安全关系，用经济手段帮助中国实现周边外交目标、稳定大国关系、贯彻全球性主张的做法越来越常见。中国对外战略在现阶段很少强调涉及权力、安全、威望的内容，仍然主要追求经济发展所需要的外部环境，可以说中国外交为经济建设服务的基本指导思想并未改变。

对于中国对外战略来说，经济目标和外交目标之间的关系正在变得复杂，这种复杂性在"一带一路"倡议的实施过程中也在不同方向得到了程度不同的体现。

第一，经济利益缺乏安全手段支撑的风险。2019年1月，习近平总书记强调："要加强海外利益保护，确保海外重大项目和人员机构安全。要完善共建'一带一路'安全保障体系，坚决维护主权、安全、发展利益，为我国改革发展稳定营造良好外部环境。"[①] 六年来，越来越多的"一带一路"倡议相关项目签署合作协议，或者从协商阶段进入施工阶段，保证"一带一路"项目以及中国资本、人员安全的压力随之增大。

当前，涉"一带一路"项目海外安全保卫主要包括两方面的工

---

① 《习近平在省部级主要领导干部坚持底线思维着力防范化解重大风险专题研讨班开班式上发表重要讲话》，中国政府网，2019年1月21日，http://www.gov.cn/xinwen/2019-01/21/content_5359898.html。

作。一是防止相关项目遭遇非传统安全威胁，特别是恐怖主义威胁。在部分国家已经发生了恐怖分子袭击"一带一路"项目及中方人员的案例。如2018年巴基斯坦瓜达尔港口中方项目经理遭遇恐袭。虽然截至目前，针对"一带一路"项目和中国相关资产及人员的威胁，主要属于连带袭击，且袭击的风险仍属于可控状态，但是不可低估在"一带一路"项目初始阶段，类似的偶发事件对投资者及金融行业造成的负面心理影响。中国当前主要依赖与驻在国的合作来确保中资机构和人员的安全。针对恐怖主义袭击的海外安保力量建设无论在法理上还是在技术上都还处于理论探索和政策研讨阶段。

二是确保项目不受当地政治局势变化包括政府更迭等因素的冲击。实际上，相对于应对非传统安全威胁，保证项目在政局不稳定的国家和地区可持续运行的难度更大，风险也更高。2018年后，多个"一带一路"项目因参与国政局变化而出现波折，如在马来西亚、斯里兰卡及孟加拉国。这种现象的出现很大程度上与中国自我克制的外交传统和"一带一路""走出去"带来的新挑战、新机遇不相适应有关。

不论是用经济力量为国家对外战略服务还是外交服务于经济建设，中国很少愿意以包括军事力量在内的国家硬实力维护自身的经济利益，特别是维护海外经济利益。"一带一路"项目已经在亚洲、非洲、欧洲等多个大陆的数十个国家落地生根，中国在海外的常设性军事设施却只有近年来兴建的吉布提补给基地。近年来在中国舆论场持续引发热议的人民解放军海外军事行动几乎是中国海外经济利益因驻在国政局变动而遭遇严重损失后，针对驻外人员和海外侨胞的应急性救援行动。海外安全利益保护还远远没有达到预防性止损的地步。相对于中国军事力量的建设速度和力度，海外安全利益保护机制的滞后显然不是能力问题，而是认识水平和意志问题。

第二，个案方式和整体手段关联性不足的风险。到目前为止，除丝路基金外，中国落实"一带一路"倡议的方式主要是在双边或者区域小多边合作框架以项目进行，正如John Seaman所描述的那样，"一带一路"倡议的实现方式并不是多边合作，而主要是以中国为辐射中心的"多重的双边结构"(multiple bilateral structure)。①"一带一路"倡议的诸项目之间并不存在共生关系,也往往不产生相互支持、相互配合的正面溢出效果。不仅如此,还要看到,不同合作伙伴对"一带一路"倡议的诉求是不一样的,有些国家寄希望于参与"一带一路"倡议实现基础设施水平的提升,也有些国家更倾向于借助"一带一路"加速本国工业化进程,还有国家希冀经济收益的同时,获得外交和安全领域的增进利益。

差异化的诉求基于参与伙伴在经济发展阶段、地缘政治环境的区别,这使得参与伙伴很难接受一套适用于所有伙伴的均等化的参与条件。中国以双边和小多边框架按项目推进"一带一路"倡议,益处在于能够成熟一个项目推进一个项目,避免陷入冗长的多边磋商旋涡,但由此也可能导致某种弊端,即不同个案参与者的预期、启动条件和合作样式,有可能在参与伙伴之间形成攀比,不利于能够产生范例效应的整体性、系统性合作范式在广大合作伙伴当中获得认同。

第三,不同实施主体行为不协调的风险。"一带一路"倡议和中国政府以往推出的几乎所有对外合作规划相比,存在着一个显著的差异,那就是"一带一路"倡议不仅仅涉及中国中央政府的相关责任部门,也成为中国几乎所有省级地方政府肩负的重要任务。在2015年中国政府发布的《愿景与行动》白皮书当中,绝大部分省、自治区和直辖市参与"一带一路"倡议的方式和任务得到了原则性阐述。这一方面体现了中国集中力量办大事的制度优势,但另一方面为部分地方的机会主义行为创造了条件。李向阳分析了"一带一路"与地方政府的机会主义行为之间的关联。②

虽然在2017年5月的"一带一路"国际合作高峰论坛之后,许多地方政府在参与"一带一路"倡议方面的态度渐趋理性和务实,中央与地方就相关问题的协调能力也明显增强,但形形色色的打着参与

---

① John Seaman 是法国国际问题研究所(FIIR)研究员,有关观点笔者引自他在2018年布达佩斯一次国际会议上的发言。
② 李向阳:《"一带一路"面临的突出问题和出路》,《国际贸易》2017年第4期。

"一带一路"倡议旗号、向中央索要优惠政策的概念性项目仍时而见诸报端。如何在鼓励和保持地方政府以及中央相关职能部门参与"一带一路"倡议、落实中央决议精神方面的热情与积极性，同时避免"一带一路"倡议被某些地方或某些部门用作实现本地方、本部门利益的工具，使中国用于"一带一路"倡议的资源得到最理想的配置。这将始终考验中国政府在"走出去"时代的协调能力和治理能力。

### （三）倡议实施过程中信号传递与信号反馈研判中的风险

对于任何体现为多轮多方博弈形式的战略过程而言，博弈中如何释放信号以及研判对手或伙伴反馈的信号，都是至关重要的技术问题。"一带一路"倡议需要大量伙伴的参与和支持，同时要尽量降低当前国际体系主导国家及其联盟集团对"一带一路"倡议的怀疑。准确传递希望传递出的信号，避免对手及伙伴产生误判；精确研判对手及伙伴发出的反馈信号，自身不产生误判，这是战略活动中信号传递与反馈过程的核心任务。在推动"一带一路"倡议的类似过程中，中国需要警惕如下三种可能出现的风险。

第一，信号传递过程中话语不对称的风险。需要注意的是，这里所说的话语不对称，并不指博弈论中常用的信息不对称概念，指的是中国与其他参与伙伴之间在概念表达以及理念说明方面叙述方式上存在差异可能导致的误判。因话语不对称而产生的误判既有可能只是因为中外话语环境不同而对概念的使用和理解有所差别，比如中国一度经常在对"一带一路"倡议进行理念阐述时使用提供公共产品这一概念，但很快就做出了修正和调整。部分原因在于中国意识到，中国使用提供公共产品这一说法，很大程度是为了减轻引起外部世界对中国是否试图修订国际规则、谋求更大国际责任的疑虑——在国际关系的话语体系中，国际责任这个概念清晰地指向了国际地位和国际权利。在中国的一部分学者和新闻媒体的话语当中，提供公共产品是一个相对柔和的概念。然而，在西方传统的现实主义国际关系理论中，不和国际权利与国际地位相匹配的公共产品提供是不存在的。当然，这并不意味着中国不应该继续在阐述"一带一路"倡议的合作理念时使用公共产品概念，而是说中国应该认识到，仅仅使用提供公共产品而放弃使用履行国际责任、践行大国权利的表述并不能消弭外部伙伴特别是对手的疑虑。

除因对特定词汇的理解差异会导致误判以外，信号传递过程中被误判还可能来自使用者国内话语体系和国际话语表达之间的差异或者矛盾。"一带一路"倡议提出之初，国内许多学者甚至政府部门在阐述"一带一路"倡议时大量使用过剩产能输出、过剩产能转移等概念，后来被修订为产能合作。正如张明所注意到的那样，通过"一带一路"倡议来输出过剩产能的提法是非常不恰当的，这很容易引发东道国的反感情绪。① 实际上，过剩产能输出之类的提法，在中国国内话语环境中的表述并不涉及概念的理解歧义，但不管过剩产能输出在"一带一路"倡议下产能合作是否具有经济学的合理性，这个概念都是不适合对外公开表述的。在对外话语中使用这一概念，只能被理解为使用者对国际交流话语的不熟悉和不适应。

第二，应激反应与长期信号传递之间的断层风险。"一带一路"倡议是中国具有创新性的对外合作实践，遭遇各种意外事件是非常正常的。由于"一带一路"倡议的推行过程类似于多轮多方博弈的战略实践过程，中国在遇到意外时所采取的反应以及为说明反应合理性所进行的对外阐述，其效果具有连续性和累积性。中国在进行相应阐述时必须考虑对具体个案进行说明时所使用的话语表达方式是否与中国围绕"一带一路"倡议所展开的长期对外信号释放存在逻辑自洽。在这方面，尤其需要警惕自相矛盾现象的出现，例如，在长期信号表达中强调互利共赢和"一带一路"倡议的公共产品性质，但在具体项目出现分歧和争议时，又转而强调项目合作的市场原则。

当然，这绝不是主张中国在推进"一带一路"相关项目时应该放弃或降低对市场导向原则的坚持，恰恰相反，"一带一路"倡议行稳致远，相关项目的生存和可持续能力是至关重要的。中国在长期信号释放和传递过程中，恰恰应该强调市场原则的重要性，不可

---

① 张明：《直面"一带一路"的六大风险》，《国际经济评论》2015年第4期。

为了取得一时的公共外交效果而刻意回避中国必须坚持的基本原则。稳定而连贯的表达对于消除误判、建立互信的重要性是毋庸置疑的。

第三，信号反馈判断不准确的风险。上述两个风险主要来自中国对外信号传递的过程中，而在接收对手或者伙伴做出的反馈信号时，如何避免出现误判，考验的并不仅仅是中国的信息搜集能力。胡俊超、王丹丹认为，"一带一路"倡议涉及国家众多、投资周期长，各国国情也不尽相同，其推进过程中面临着严峻的挑战，国别风险成为"一带一路"战略推进过程中最大的风险。[①] 作为将影响世界政治经济格局的大规模合作倡议，"一带一路"自然面临着来自国际体系主导国家的疑虑、拒斥甚至破坏企图，这是"一带一路"倡议面临的巨大外部风险质疑。近年来，国际舆论在西方特别是美国的把持下，对"一带一路"倡议的质疑有所增多。与此同时，"一带一路"倡议的项目在一些对象国内也先后遭遇舆论的反弹，包括缅甸、斯里兰卡、马来西亚乃至东欧部分国家等。不能否认，在西方集团掌控国际话语权的当今，对"一带一路"倡议的质疑，包括炮制中国"掠夺资源"、诱使合作伙伴陷入"债务陷阱"等论调，很大程度上是受控的国际话语在配合美国遏制中国，制衡"一带一路"倡议的企图。但是，能否认为"一带一路"倡议目前在国际社会特别是原本进展顺利的一些地区遭遇的非议，都是西方煽动和挑唆的结果，这是中国在"一带一路"倡议起步阶段接收外部信号反馈并做出研判时必须厘清的关键问题之一。

很多案例都能验证部分合作伙伴对"一带一路"倡议及具体项目的质疑和西方话语的刻意操纵密切相关。但即便如此也要承认，中国资本、技术以及服务在"一带一路"倡议的框架下，进入其他国家，对这些国家造成的心理冲击是一个客观存在。有关国家做出的反应并不完全受制于西方媒体，质疑声音来自这些国家对于强大的新兴经济

---

[①] 胡俊超、王丹丹：《"一带一路"沿线国家国别风险研究》，《经济问题》2016年第5期。

力量将会如何改变国际规则并影响它们自身的天然怀疑。不一定所有的质疑都有其依据，但存有疑虑本身是合理的。即使是相关国家出现的对西方言论的机械重复也不能简单地判断为这些国家的舆论已经被西方所收买或控制。它们也可能是在自身话语能力较弱的情况下借用强势的西方话语来表达其真切忧虑。

2018年下半年南亚多个国家的媒体出现了一波关于"中国债务陷阱"的炒作浪潮，不同国家的媒体甚至采用了同样的表述方式。虽然有证据表明，这轮炒作是外部力量刻意营造和灌输的结果，但不能由此否认相关国家对本国经济发展未来可能依赖中国资本的忧虑情绪的存在。学术界已意识到这个问题，正如张明所提出的，中国海外投资的增加，"可能加深而非缓解沿线国家对中国崛起的疑虑与抵制情绪。大量的国际经验表明，获得投资的东道国未必会对投资来源国感恩戴德，而是会加剧对来源国的疑虑与抵制。出钱未必能办好事，这是中国政府应该高度重视的问题"①。

实际上，越是在强势的西方话语体系下，中国越应该重视合作伙伴国家的主体和独立意识的作用。王义桅等人高度强调民心相通在"一带一路"建设中的作用，"当一个政策具有了民意基础，无论是何种风险，地缘风险、安全风险、经济风险抑或（本文所论述的）道德风险，都将迎刃而解"②。要做到这一理想状态，中国不能将这些国家出现的质疑和忧虑一概定性为西方的挑唆，在遭遇质疑时应该本着耐心和诚心坦率地回应哪怕是这些国家媒体对西方炮制舆论的重复性提问。简言之，围绕着"一带一路"的话语交锋是国际性的，但交锋的战场是本地化的。如果不能精确地判断参与对象对"一带一路"倡议的真实态度，中国所采取的跟进措施，很难产生增信释疑的效果，更难以为中国根据合作伙伴反馈出的信号做出调整，启动又一轮实践环节提供决策参考。

---

① 张明：《直面"一带一路"的六大风险》，《国际经济评论》2015年第4期。
② 王义桅、郑栋：《"一带一路"战略的道德风险与应对措施》，《东北亚论坛》2015年第4期。

## 四 坚持长期思维，冷静看待推进"一带一路"倡议的风险水平

在"一带一路"倡议的推进过程中，中国作为居于核心地位的主导力量，如何设立目标，以何种手段落实，如何与合作伙伴及相关力量对话交流，对"一带一路"倡议的前景具有决定性的影响。中国的认知和判断，以及所采取的相应行动，既关乎"一带一路"倡议的成败，也影响到中国经济发展和对外战略调整的前景。具有多轮多方博弈特征的"一带一路"倡议实践是一个非常复杂的历史进程，在这个过程中，不论是在目标的设定环节还是在手段的选择和运用环节，进而在信号传递与反馈过程中，中国都面临着需要不断根据形势变化做出正确判断的挑战，考验的不仅是中国的信息搜集能力，更是中国对外战略指导思想与现实环境和任务需求相适应的能力。

多年来，中国外交指导思想的一个鲜明特色是高度强调构建稳定的大国关系及和谐的周边环境的重要性。党的十九大报告指出，中国外交"构建总体稳定、均衡发展的大国关系框架，按照亲诚惠容理念和与邻为善、以邻为伴周边外交方针深化同周边国家关系，秉持正确义利观和真实亲诚理念加强同发展中国家团结合作"。① 确保国际环境整体友好，包括实现与大国关系及与周边关系的稳定，在中国看来，是外交工作的核心任务。对于正处于崛起关键阶段的中国而言，寻求稳定的外部环境是对外工作的题中之义，这一点无须讳言。中国推进"一带一路"倡议，既希望在一个相对稳定的外部环境中展开，也希望"一带一路"倡议的日渐深入能够帮助中国营造一个更加有利于中国发展和转型的外部环境。

在中国看来，"一带一路"倡议不是用来修订国际规则的，也不是用来改变国际秩序的，实际上，正如习近平总书记在党的十九大报

---

① 习近平：《在中国共产党第十九次全国代表大会上的报告》，人民网，2017年10月28日，http://cpc.people.com.cn/n1/2017/1028/c64094-29613660-14.html。

告中所指出的那样，中国始终做世界和平的建设者、全球发展的贡献者、国际秩序的维护者。① 中国不打算凭借日益壮大的经济实力挑战现有的国际秩序。对于中国来说，即使中国对外战略中的经济要素已经不仅仅是外交工作需要为之服务的对象，同时成为维护国家利益、对外贯彻意志的工具，比如在黄岩岛事件前后，对菲律宾的经济反制措施和近年来对紧跟美国试图遏制中国的"五眼联盟"其他成员采取的反制手段。但这绝不意味着中国以经济建设为核心的内外工作总体思路出现了变化，调整的只是外交与经济手段的配合方式和经济手段的应用方式而已。这意味着在未来相当长的一段时间里，中国对外战略的风险厌恶偏好将会是一直存在的，对稳定的外部环境有着近乎本能的追求倾向。

然而，需要认识到，稳定的外部环境只是实现中国对外目标的一个客观条件，而不是也不应该是目标本身。中国加深与其他国家的联系与合作，固然需要维护基本外部环境的稳定，但基本稳定和绝对稳定是完全不同的概念，追求基本稳定更不意味着要将无争议状态作为对外工作的任务。国际关系舞台上的很多范例表明，有效的危机管控往往比刚性的稳定状态更易于国家在动态中维护和扩展国家利益。如果将刚性的稳定状态作为维护和扩展国家利益的必要条件，则不可避免地会导致成本投入过高、战略决心不够坚定、风险抗御能力不足等各种问题。同样的，如果希望实践"一带一路"是在排除了一切至少是绝大部分可能的风险之后，在一个稳定且友好的环境中顺利展开，这是不现实的。"一带一路"倡议作为崭新的实践进程，不能预先设定启动条件和环境需求，而只能在实践中摸索。未来很长一段时间里，"一带一路"倡议都将不断面临各种争议。

还需要认识到，引领"一带一路"倡议的落实本身就是中国发展道路上一个充满风险和不确定因素、挑战与机遇并存的历史进程。风险是客观存在的，中国越是希望在发展的道路上排除风险因素的干

---

① 习近平：《在中国共产党第十九次全国代表大会上的报告》，人民网，2017年10月28日，http://cpc.people.com.cn/n1/2017/1028/c64094-29613660-14.html。

扰，越应该以积极主动的态度和富有创造性的思维去主导"一带一路"倡议的实施进程。前文曾论述，由于"一带一路"倡议主要在海外展开，中国"摸着石头过河"的探索—实践—验证—推广模式面临前所未有的压力，试错机制的成本极高，正因为如此，中国更加需要强化风险管理和风险抗御意识，在风险、成本和预期收益三大要素中建立更加平衡、更加合理的权衡体系。海外活动的试错难度不可避免地要大于国内活动，相应地，对海外项目的论证及管理和审批权限也应该更加严格。

要正确认识"一带一路"倡议建设的长期性，"一带一路"关系到中国经济发展的转型和对外战略的调整，可能影响中国在国际体系中的定位，其实践注定是一个长期过程。自2013年9月起到现在，从理念阐释到项目实施，过去了不到六年时间。这一过程中出现的所有问题都是在起步阶段发生的，尚不足以作为重新思考"一带一路"倡议走向的论据，"一带一路"仍需较长时间继续探索。

在这一过程中，中国需要格外警惕急于求成的短期心态，避免将"一带一路"倡议的实践和摆脱中国目前面临的发展困境和外交难题联系在一起。不论是指望"一带一路"倡议及其关联项目能够立竿见影地为中国经济表现增添光彩，还是试图通过大幅度调整"一带一路"的力度和布局回应国际体系主导国家对中国施加的压力，这两种急于求成的想法都是很不现实的。"一带一路"着眼于长远，其成本、风险、预期计量应纳入长时间维度考量，不应作为解决现实问题的应急手段。

应该看到，尽管自2013年到目前，中国与美国的关系包括经济联系发生了很大变化，中国原有的经济增长模式亟待调整，然而"一带一路"倡议所需要的外部环境要素并没有发生根本变化。中国仍然处于发展的战略机遇期，实际上，"一带一路"倡议从一开始就不是以美国支持或容许为条件的，恰恰相反，中美经贸关系的长期变动趋势更加彰显了"一带一路"倡议在亚洲、非洲以及欧洲的非美国势力核心区域努力推进的必要性。而不断强化的中国与周边国家以及远周边发展中国家的经贸联系，则从另一个角度证明了落实"一带一路"

倡议，促进中国摆脱经济上的对美依赖思维，更加全面地参与和引领去全球化进程的重要性。当前中美关系的变化和这六年间中国经济发展转型与对外战略调整期间出现的所有内外风险一样，只是"一带一路"倡议需要面对和解决的问题。

"一带一路"要重视风险防范研究，特别是参与部门要强化其科学决策程序和战略思维意识，其中非常重要的一点是要认识到"一带一路"倡议所面临的主观决策风险和客观环境风险仍处于可控状态，随着"一带一路"的推进，中国应对"一带一路"主客观风险的认识水平会不断提高，管控能力会不断上升，支配力量调控资源使用以化解风险的技能也会逐步加强。发展战略本身具有长期性和稳定性的特征，就此而言，中国推动"一带一路"倡议可能面临的最大认识风险是对倡议的前景产生动摇。

# 调研报告篇

# 第十一章　中巴经济走廊报告：
## 进展与前景

巴基斯坦是中国传统朋友和长期战略合作伙伴，是中国南亚战略的关键支点，是中国与印度洋沿岸国家构建共赢合作格局，反制美国印太战略构想的重要前沿，是中国以陆制海战略对抗美国以海制陆战略的战略要冲。

中巴经济走廊是"一带一路"倡议的旗舰项目，为"一带一路"倡议中陆海互动的关键节点之一。中巴经济走廊建设是当前中巴两国战略合作的核心内容，走廊的发展走向，不但关系到中巴全天候全方位合作伙伴关系的稳定，也关系到中国落实南亚周边战略乃至经略印度洋的成败，并是全世界对中国负责任大国地位和能力是否认可的关键参数。

走廊建设启动以来，取得了令人瞩目的成果，有力地证明了中国与伙伴国家实现互利共赢的良好意愿和强大行动能力，为中巴关系的稳定和健康持续发展注入了强大的积极要素。同时也要看到，中巴经济走廊建设过程中也遇到了来自巴基斯坦国内外的各种各样的问题和挑战，巴基斯坦脆弱的国内政治格局始终困扰着走廊建设行稳致远，2018年的政府更迭为中巴经济走廊增添了新的不确定因素。而传统的老大难问题，如巴国内地方势力相互敌对和争斗；金融体系脆弱，财政支付能力低下；安全形势严峻，恐怖主义活动猖獗；地缘和国际环境复杂，美印对巴政策渐趋强硬，等等，一个都没有解决。

面对这种形势，作为中巴关系当中优势一方的中国，既需要保持对巴政府的战略信任，坚定信心，加强沟通与协调，共同致力于推动中巴经济走廊建设，也需要从实际形势与需求出发，精准判断中巴经济走廊面临的风险与挑战，制定既积极又稳妥的政策策略，在追求走廊规划整体和长远目标的同时，切实维护自身的现实利益。为了更好地评估中巴经济走廊建设的成果，厘清存在的问题和面临的挑战，并提出相关政策建议，中国社会科学院亚太与全球战略研究院派出调研组，对中巴经济走廊相关项目进行调研，并在调研基础上形成了本报告。调研期间，中国驻巴外交代表机构和新闻机构、中国在巴企业、巴方政府和商会以及巴方研究机构提供了大力协助与支持，工作组深表谢意。工作组声明，基于调研得出的结论，如有错漏，均由调研组负责。

## 一 中巴经济走廊建设初步成果

2015年，中巴两国以中巴经济走廊为引领，以瓜达尔港、能源、交通基础设施和产业合作为重点，形成了"1+4"经济合作布局。

### （一）瓜达尔港建设取得重大成效

瓜达尔港位于巴基斯坦俾路支斯坦省西南部，毗邻连接亚非欧的红海、霍尔木兹海峡、波斯湾，是通往东亚、太平洋地区数条海上重要航线之一，距霍尔木兹海峡400公里。全面建成后，将为中国以及阿富汗、乌兹别克斯坦、塔吉克斯坦等中亚内陆国家提供一条最短且最安全的出海口，同时连接斯里兰卡、孟加拉国、阿曼、阿联酋、伊朗和伊拉克等国，成为地区转载、仓储、运输的海上中转站。

2013年，中国海外港口控股有限公司在巴基斯坦卡拉奇同新加坡国际港务集团和巴基斯坦AKD、NLC三家公司正式签署瓜达尔港经营权转让协议，并全部接手所有股份，瓜达尔港运营权就此完全归属中国公司。巴方于2015年11月正式向中方移交自由区923公顷的土地，并给予中方99年使用期；自由区内享有23年的免税政策，自2016年起生效；中国港控的运营公司、承包方和转包方在建设瓜达尔港和自由区时进口的设备和其他材料将享受长达40年的免关税优惠政策；中方独资的瓜达尔自由区有限公司有权自主制定自由区内的各项优惠政策。

2017年11月，由新疆克拉玛依市政府援建的中巴经济走廊首座多要素自动气象站在瓜达尔建成并投入使用。气象站不仅将为瓜达尔港区提供实时气象服务，还将为后期开展海运、航空、环境等全方位气象服务奠定基础。当月，瓜达尔港东湾快速路启动仪式顺利举行。该项目将有助于便利港口货物运输，增强港口同其他区域的联通，提高进出口物流能力。

在促进民心相通方面，瓜达尔港当地百姓已从港口建设中直接受益。中国公司安装的日处理能力达550万加仑的海水淡化设施，不仅能满足港口内生产和生活的需要，每月还能向附近居民提供免费淡水。在支持当地教育发展上，2013年中国港控为瓜达尔小学捐献3辆校车，并于2014年设立奖学金资助当地学生来华学习、研修；2015年中国和平发展基金会在瓜达尔建设中巴法曲尔小学。2017年5月，中巴急救走廊首个急救单元——瓜达尔中巴博爱医疗急救中心在瓜达尔顺利落成，急救中心所需医疗设备及急救车辆已运抵瓜达尔港，并完成设备安装和调试。同时，中国红十字援外志愿医疗队12名队员已入驻瓜达尔港，开展为期两年的医疗服务。

### （二）能源领域建设取得明显进展

电力短缺一直是制约巴基斯坦经济发展的难题，能源领域因此成为中巴经济走廊建设的重中之重。

萨希瓦尔燃煤电站是中巴经济走廊框架内首个全面建成并实现投产发电的大型能源项目。该电站于2015年7月31日开工建设，2017年6月8日顺利完成电站两台机组全面建成投产目标，成为迄今为止中巴经济走廊建设速度最快、装机容量最大、技术领先、节能环保的高效清洁燃煤电站，被巴基斯坦政府誉为"巴电力建设史上的奇迹"。

2015年2月6日，三峡发展公司、中国机械设备进出口股份有限公司与卡洛特电力有限公司签订了卡洛特水电站的总承包合同。卡洛特水电站位于巴基斯坦吉拉姆河，规划装机容量72万千瓦，年发电

32.13亿度，总投资金额约16.5亿美元。卡洛特水电站是中巴经济廊优先实施的能源项目之一，计划采用"建设—经营—转让"（BOT）模式运作，计划于2020年投入运营，运营期30年，到期后无偿转让给巴基斯坦政府。

2017年11月29日，由中国电建和卡塔尔王室基金AMC公司共同投资建设的卡西姆港燃煤电站首台机组发电仪式隆重举行，自此该项目进入实质性生产阶段。电站两台机组全部实现商业运行后，年均上网发电量约90亿千瓦时，能满足当地400万户家庭用电需求。卡西姆港燃煤电站将为巴人民提供充足低价的清洁能源，并创造大量就业岗位。

能源领域建设是中巴经济走廊进展最快、成效最显著的领域，极大缓解了巴基斯坦电力供应不足的局面，并对巴基斯坦调整电力能源结构、降低发电成本等方面产生深远影响。

**（三）交通基础设施领域建设积极展开**

经济发展，交通先行。喀喇昆仑公路升级改造二期（塔科特至哈维连段）、卡拉奇至拉合尔高速公路（苏库尔至木尔坦段）及拉合尔橙线项目等一批重点项目的上马，促进了中巴经济走廊的发展。

喀喇昆仑公路（Karakoram Highway，简称KKH），北起中国新疆喀什（Kash），穿越喀喇昆仑山脉、兴都库什山脉、帕米尔高原、喜马拉雅山脉西端。经过中巴边境口岸红其拉甫山口，南到巴基斯坦北部城市塔科特（Thakot），公路全长1032公里，其中位于中国境内416公里，位于巴基斯坦境内616公里。

卡拉奇至拉合尔高速公路（苏库尔至木尔坦段）于2016年5月6在巴南部信德省苏库尔市举行了开工仪式，这项工程是中巴经济走廊最大道路基础设施建设项目。该项目建成后，将极大改善巴国交通状况，不仅有利于促进地区经济发展，还有望成为中国经由巴基斯坦连接印度洋的陆上交通干线。

拉合尔轨道交通橙线项目是中巴经济走廊早期收获和示范性项目，是由中国铁路总公司和中国北方工业联手承建的中巴经济走廊框架下首个正式启动的大型轨道交通项目。橙线项目正线全长约25.58公里，全线共设车站26座。同时，双方就1号铁路干线升级改造、新建哈维连陆港项目（ML1）签署了有关协议，完成了初步设计，并将加快推进实施。

在通信网络基础设施建设方面，中巴首条陆上跨境光缆项目建成开通仪式于2018年7月13日在巴基斯坦首都伊斯兰堡举行，标志着两国通信网络基础设施互联互通建设取得重大进展。中巴跨境光缆项目全长820千米，南起伊斯兰堡附近的拉瓦尔品第，北至中巴两国边境红其拉甫口岸，并与中国境内的光缆相连。经过两年多的建设，该项目已全线贯通且系统初步测试运行良好，具备开通条件，预计今年内正式投入商用。中巴跨境光缆项目将实现两国陆路战略通信设施的连通，对于完善巴电信基础设施、推动信息技术发展、促进巴中乃至本地区信息互联互通等具有重要意义。

### （四）产业合作前景广阔，逐步推进

2107年11月21日，中巴经济走廊联合合作委员会第七次会议在巴基斯坦伊斯兰堡召开，就中巴经济走廊各领域产业合作进行深入研究。

中巴经济走廊的产业合作，近期系以瓜达尔港自贸区为合作平台，在推动基础设施建设的同时发展转口贸易，通过发展港口运营快速消费品的展销，以建设"中巴南方商品展示交易中心"为切入点，逐步加大货物运输量，将瓜达尔港自贸区建设成为集商品展示、运输、仓储、配送、信息处理流通加工为主导的商贸物流园区。在卡拉奇重点开展纺织、医药、汽车等领域产业合作，在费萨拉巴德开展纺织服装、矿产资源加工、化工、食品加工等行业产业合作。

中期待瓜达尔港疏港公路和国际机场等基础设施完善后，产业合作的重点将由卡拉奇转向瓜达尔港，借鉴上海自贸区的经验积极建设瓜达尔港自贸区，重点从轻工产业入手，积极加强农产品加工、纺织服装、日用消费品和家电组装领域的产业合作，构筑瓜达尔港自贸区的工业基础，并推动卡拉奇港的部分产能向瓜达尔港转移。随着木尔

坦交通条件的进一步改善，在中部地区以木尔坦为重点地区开展产业合作，并在雅各布阿巴德和苏库尔建设物流基地，为瓜达尔港建立至腹地城市如费萨拉巴德、木尔坦、拉合尔的物流中转站。

中远期积极推动瓜达尔港自贸区临港产业园区建设，并推动产业合作重点由轻工业向重化工业转变，开展石化、钢铁、家电、建材和能源等领域合作，建设以石化、钢铁、水泥等为主的临港产业集群，并在雅各布阿巴德和苏库尔建设支撑瓜达尔港和腹地城市产业关联的加工贸易基地，为费萨拉巴德、木尔坦等重点工业城市运输矿产、纺织、化工、肥料等工业品开辟经瓜达尔港出口的物流通道。远期在瓜达尔港积极培育以汽车及零部件制造、装备制造、战略性新兴产业为重点的制造业集群，同时吸引科研人才和要素建设临港科技产业园区。

当前，中巴经济走廊项目所涉及的各产业园区正在建设或规划过程中，各项目均有一定程度进展。

## 二　中巴经济走廊建设中存在的问题和风险

在过去六年中，中巴经济走廊在安全、能源、经济合作等领域取得了世人瞩目的成绩，成为落实和丰富"一带一路"倡议的核心亮点之一，然而必须承认，走廊建设过程中也存在大量的问题和风险。对于这些问题和风险的充分认识是进一步制定正确对策，实现深化合作的基础。中巴经济走廊建设现存的问题和风险集中体现在四个"不足"上。

### （一）中巴双边合作机制有待完善，领导力和执行力不足

首先，中巴经济走廊缺少中央级别的对接、管理机构。尽管巴基斯坦中央政府对于中巴经济走廊的政治、经济意义有着相对清醒的认识，但在其中央层面难以适应中国节奏。巴基斯坦国内政策（比如，经济特区和特区优惠政策）的出台和国内职能部门的分工也备受政府行政效率掣肘，很难有效地将中巴经济走廊的地位提至中央战略层

面。由于缺少巴方协调有力地响应和配合，中国也难以从中央的高度与巴方共同进行顶层设计。然而，一些重要的能源、交通、科技项目如果没有中央政府牵头、推动并负责，便很难高效展开，中央级别统筹合作的缺失可能损害中巴经济走廊的建设效率与战略定位。

其次，中巴经济走廊的具体项目缺少地方横向的执行、协调机构。在具体操作层面，中巴经济走廊的数十个项目仍然要依托两国，尤其是巴基斯坦地方政府的辅助执行，中国地方政府在巴基斯坦发挥建设性作用的主要抓手应该是同一层面的行政单位，或者双方共建的执行、协调机构。但是，目前中巴双方的具体项目合作仍然主要通过北京和伊斯兰堡之间的中央政府间合作渠道推动，这一方面使合作规划与落地实施之间出现错位，另一方面也使双方项目实施的交易成本上升，为企业投资、施工、回收成本造成心理压力。中国实力省份的支持难以精准对接巴基斯坦地方，中国企业参与项目难以做到因地制宜，都和横向合作网络的缺失有关。

最后，中巴双方缺少灵活解决具体问题的合作小组制度。在更加微观的项目层面，中巴双方的直接参与者都会随时面对前所未有的新生问题，需要及时的信息反馈与实用对策。这对于双方合作机制的灵活性提出了很高的要求，需要在双方政府的监管下，针对具体问题成立各种长期性或临时性的工作小组。但目前中巴合作机制中的主干问题尚未解决，很难深入细腻的合作小组问题。

### （二）中国对巴基斯坦国内重要关系的处理能力不足

首先，中国对巴基斯坦政治力量格局存在一定的认知偏差。自从印巴分治以来，中国在习惯性地将巴基斯坦归入权威政体国家，将巴基斯坦的治与乱和军人政权与党派执政交替相关联。但是，这种认知越来越难以适应形势的发展和需要。一是因为军人政权在世界发展大势中不占主流，军人利益集团的根本利益与巴基斯坦国家发展的需要并不完全重合；二是因为目前巴基斯坦军方的国家控制理念出现了新的变化，即在内忧外患的情况下暂居幕后，依靠民选政府落实军人集团的治国理念。基于这两点现实，那种认为军方可以直接解决中巴走廊面临问题与挑战的观念和思路需尽快调整。

其次，中方缺少与巴基斯坦利益集团的充分联系与协调，在面临巴内部集团利益冲突时缺乏足够的协调能力。巴基斯坦国内形势复杂，但整体而言仍属精英治国，其中，亲英、亲美、亲沙特三派精英鼎足而立，虽然巴主要利益集团都强调和中国的战略关系至关重要，但这是基于国家利益立场的。这种情况下，如果中巴经济合作不符合某些精英、地主利益时，存在巴少数地方性集团利用中巴经济走廊追求巴国家利益以外的小团体利益的可能。同时，在中巴经济走廊建设中，一些可以通过当地关系迅速解决的问题，也会因为这一环节上的缺位而不得不牺牲执行效率甚至项目收益。

最后，中国对巴基斯坦民众的正面接触不足。从便民角度来看，中巴经济走廊工程主要集中在大型基础设施建设，虽然这为巴基斯坦解决了很大一部分就业问题，但是其经济、金融作用方式相对间接，民间影响力十分有限。巴基斯坦人民对中巴经济走廊的支持、信任与参与尚未达到应有的高度。仅仅依靠公共外交和精英层面的交往合作，对于夯实中巴经济走廊的民意基础尚显不足。同时，西方国家对于巴基斯坦民间的意识形态渗透也对中巴民间外交产生了一定的消极影响。

### （三）巴基斯坦本国经济建设方案的可行性与可持续性不足

首先，巴基斯坦的经济、金融基础薄弱，经济发展结构失衡。巴基斯坦目前仍处于从农业国向工业国过渡阶段，第二产业在GDP中比重较低（2013年，巴基斯坦工业增加值仅占GDP总额的22%），且发展相对停滞，虽有资源，无力使用。经济发展对于外来援助依赖过大，外债负担重（2013年外债总额存量占其GDP的24%）。财政赤字居高不下（2016至2017财年，巴基斯坦经常项目赤字达到121亿美元）。与此同时，巴基斯坦的主要货币卢比甚至没有与相对坚挺的物资储备相绑定，通货膨胀严重，金融改革乏力，而巴基斯坦外汇储备常年维持在100亿美元左右的水平，缺乏金融信誉。

其次，巴基斯坦在本国经济发展规划中存在泛理想化问题。在上述现实基础上,巴基斯坦一部分政要和集团却提出了不切实际的经济发展预期,试图追求跨越式发展。一些短期内无法实现的政策目标不仅会伤害巴基斯坦的政府信誉,也会使中巴经济走廊陷入"市场规律与项目进度不可兼得"的两难境地,从长远而言,这对于巴基斯坦的产业升级和经济修复是一种伤害。同时,中巴双方都存在一些在宏观层面偏离客观规律的主观期许(比如,实现中巴贸易平衡),这些期许既没有理论论证,也没有经验支撑,更不是当务之急,执着于某些表面现象反而会占用本该用以巩固经济根本的资源和时间。

最后,巴基斯坦经济发展的外部环境不理想。目前,巴基斯坦进行经济、金融改革的外部条件相对恶劣,美国在中巴关系中持续发挥破坏作用,不仅在阿富汗加强了军事力量,而且持续借反恐名义对巴基斯坦进行外交施压;印度试图弱化瓜达尔港的战略地位,与日本乃至欧洲合作,进行新港口建设;一些海湾国家对于巴基斯坦的国内建设以及中巴关系心存疑虑,不希望巴基斯坦具有经济竞争能力和占据印度洋的重要战略地位。在这种地缘政治和外交格局的影响下,巴基斯坦处于东印度洋矛盾的聚焦点,国内经济改革有可能被分化掣肘。

### (四)中国涉巴话语体系科学性不足,存在境内外双重误导效应

首先,中国在话语使用中理想主义色彩过重。中国媒体因为语言运用问题具有相对封闭性且长期以国内舆论导向为主要任务,时常会出现国际表达国内化,甚至舆论宣传与国家利益脱节的情况。中国在宣传解释具体政策过程中可能出现一些偏差,导致境外过度解读,给巴基斯坦释放了误导性的信号,以致于巴方的某些部门和人员提出不合理要求,也容易导致中巴经济走廊的地区环境复杂化。

其次,国内媒体对于中巴关系进行极端性解读。国内一些传统媒体和新媒体以博取眼球,扩大盈利为目的,过分夸大或放大了中巴关系的一些事实。例如,"巴铁"的说法高估了感情因素在中国外交中的作用,而另一些对巴基斯坦极少人在华行为的质疑又低估了中国在对巴外交中的双赢收益。这些非理性的极端化解读增加了国内民间力

量对支援和建设巴基斯坦的疑虑,亟须廓清。

最后,非传统安全问题会在话语传播中外溢至中巴关系。由于一系列国内外原因,巴基斯坦存在一定的宗教极端主义问题。在中国国内宗教极端主义问题升温时,巴基斯坦会连带受到宣传上的负面影响。而中国国内与极端主义斗争的努力也会产生外溢效应,引起巴基斯坦国内民众特别是宗教力量的关注,有可能干扰双方聚焦走廊建设的努力。

以上问题和风险都是中国扩大和深化中巴经济走廊成果必须要面对和克服的障碍。尽管存在这些问题,但从中长期来看,中国仍然应对中巴经济走廊抱有信心,积极作为,让中巴经济走廊真正发挥"一带一路"倡议的旗舰作用。

## 三 积极稳妥推进中巴经济走廊建设的若干思考

为积极稳妥推进中巴经济走廊建设,中国应在客观评价中巴经济走廊已有早期成果,坚定信心、保持合理预期的基础上,从弥补前述四个"不足"为切入点,根据实际情况,制定有针对性的具体策略,抓住巴新政府组成、即将调整内外政策的契机,下先手棋,顺势主动而为,提升对巴影响力,把握中巴经济走廊话语主动权,与巴政府和社会各界相向而行,确保中巴经济走廊行稳致远。

### (一)建立分工明确、层级清晰的中巴经济走廊统筹机制,强化项目领导力和执行力

1. 完善好两国政府中央级别的中巴经济走廊顶层管理和统筹机制,是双方共同的责任,也是提高中巴经济走廊行政效率的必要之举。当前中巴经济走廊在相关机制完善方面仍有很大的提升空间,如将中巴经济走廊联委会升格为副总理级别,确定定期会晤机制,并在联委会下设立具体的执行机构,负责评估、审查、监督中巴经济走廊项目的进展。

2. 中国各省市对口援疆援藏的方式可以为中巴经济走廊建设提供

借鉴，考虑对巴基斯坦的六个行政区域进行定点对接工作，会同巴方在巴各省政府框架内建立联系巴经济走廊具体项目的相应协调机构。比如，中国的一个或两个省区对接巴基斯坦的一个行政区域：由新疆在江苏的支持下对接巴方北部的吉尔吉特巴尔蒂斯坦地区以及"自由克什米尔"，主要考虑为确保安全而非实现快速发展；中国两个经济发达或者较为发达的省，如广东、湖北，对接巴方旁遮普省，重点落实产业园区、交通基础设施建设以及农业合作；上海和浙江对接信德省，重点推动交通基础设施和卡拉奇港及附属经济区建设；陕西和山东对接俾路支斯坦省，重点推动能源合作和农业合作；四川和云南对接开普省和联邦直辖部落区，重点发挥该两省的清洁能源（水电）优势，推动开普省的能源开发，并发挥川滇两省与南亚地区人文交流的优势和特长。

### （二）加强对巴社会各阶层工作，在尊重巴内政的前提下，加强与巴各利益集团的交往与协调

加强对巴影响力建设，存在整体印象和具体对象两个发力方向。首先在整体印象上，中国要精心维护中巴传统友谊的强大民意基础，从战略高度认识到巴基斯坦民众对华亲近感的来之不易和蕴含的巨大价值。中国首先应加大对巴基斯坦的外交支持力度，在国际舞台上主动替巴基斯坦发声辩护。中巴关系密切尽人皆知，中国支持巴基斯坦并不会引起中国国际道义形象受损，反而有助于中国战略可信度的提升，增大"一带一路"沿岸国家对中国的信任与亲近。

与此同时，中国在美巴关系、印巴关系上要在平衡外交的基础上，适当照顾巴基斯坦关切和情绪，避免巴基斯坦产生对华疑虑和失望情绪。中国在对印度开展增信释疑工作时，需要客观评估印度对华政策的心理基础，避免刺激印度使之产生当中国遭遇印度的强硬政策时会倾向于妥协的误判，更要避免包括巴基斯坦在内的南亚中小国家加深对中国的不信任情绪。

中国在处理涉美巴关系事务时，应认识到中国优先考虑美国的要求并不会换来美国对华的善意——对于美国来说，遏制中国是不变的

战略目标，中国是否替巴基斯坦辩护或庇护巴基斯坦不是也不可能是美国调整对华政策的考量因素。中国保护不保护巴基斯坦，都不影响美国遏制中国，但中国为巴基斯坦提供支持，则会显著提高中国在巴基斯坦民众心目中的好感度以及中国在自己战略合作伙伴当中的可信度。

在多数巴基斯坦民众和社会力量看来，中国作为巴基斯坦的传统朋友，应该在印美面前为巴基斯坦提供道义支持。这是巴社会各界对华亲近感的重要心理预期，这种情绪有正反两面作用，有必要适度照顾巴基斯坦情绪，避免巴产生对华整体上的失望情绪。

在具体人群方面，中国要有针对性地制定影响力强化策略，主要对象是巴基斯坦影响力巨大的豪门力量以及依附于他们的工商业阶级。巴基斯坦虽然执行西方式的民主制度，但各民族、各地方之间矛盾重重，控制地方的地主豪强势力和工业贵族披着各种外衣进行利益斗争。巴基斯坦的豪强体制是中国推进中巴经济走廊绕不开的社会现实。

当前，巴方精英群体在中巴经济走廊做蛋糕和分蛋糕过程中欠缺广泛和深度参与，应加强与地方实力派关于利益分配方面的沟通协调。在这一过程中，应加强与社会力量，如媒体、知识精英和专业人士的沟通与接触。

此外，中国还要高度重视巴基斯坦军队和宗教力量的能力。巴军既是保护中巴经济走廊安全责任的主要承担者，也是这个国家为数不多的具有强烈国家观念和使命感的政治集团。目前，巴军希望暂居幕后，支持伊姆兰·汗民选政府，依托民选政府落实治国理念。在巴民选政府和军队关系融洽的这一窗口期，中方有理由借此双管齐下，与军方和民选政府携手推进中巴经济走廊建设。

对于宗教阶层，中方应该给予客观评估。巴宗教力量有输出意识形态的倾向，但整体上并不支持极端主义。以伊促会为代表的巴宗教政党实际上也很忧虑宗教极端主义对它们政治号召力的冲击。巴基斯坦相对温和的宗教力量是可以被正确认识并且应该为中巴经济走廊贡献力量的。

### （三）对巴支持以加强巴造血能力为主，提升巴参与中巴经济走廊建设的主动性和积极性

注意对中巴经济走廊具体项目的精确定性问题，并加强国内项目审批的监督管理以及项目的对外解释和说明工作，对加强巴造血能力是至关重要的。加强对假项目的清理工作，防止中巴经济走廊成为漏税、避税窗口，财政金融纪律整顿亦不可少；防止产业园区沦为替巴方打工之所；慎用"企业责任"等概念，援助不是企业"应该"做的事，企业帮助巴方建设小学、医院等基础设施，应为中方慈善，需要得到感激与回馈，不能人云亦云地统称为"企业责任"，避免巴方某些地方提出不适当的要求。

针对巴外汇储备薄弱，债务严重问题，若在巴试点人民币与巴卢比直接结算，巴基斯坦则可以减少对美元体系的依赖，同时也有利于人民币发挥减少巴方债务风险、稳定巴方经济的影响作用。但在这一过程中，要注意现在大规模推行人民币结算的时机并不成熟，应缓步推进。巴基斯坦货币卢比是劣质货币，既无稳定外储保障，也无坚挺物资支撑，巴国库长年维持100亿美元左右外汇储备，在此条件下使之与人民币挂钩结算，是加剧人民币风险之举。

针对因中巴经济走廊建设而造成巴基斯坦赤字增大的情况，中巴两国应有足够的智慧认识到，中巴体量和发展阶段差距过大，"实现贸易平衡"不应该成为中国和巴基斯坦的政策目标。促进巴基斯坦长期健康发展的关键在于将中巴经济走廊的辐射范围扩大到周边，帮助巴基斯坦开辟新市场，优化整个市场环境，而非平衡双边贸易。在中国的帮助下，只有巴基斯坦对第三方市场的出口能力增强，中巴经济走廊对巴基斯坦的造血功能才真正具有意义。

在产业园区建设方面，产业园区比"高大上"的科技园区更适合巴基斯坦地方经济发展。产业园区的规划一是要有顶层设计，权力不宜过分下放；二是可以考虑从低端农副产品入手，依托当地资源，进行农业、渔业产品深加工，实事求是，做符合巴方发展阶段的事，让巴方企业和利益集团真正感受到中巴经济走廊的实惠。

**（四）加强涉中巴经济走廊媒体管理，提升舆论合作水平，发挥媒体促进中巴两国友谊良性发展的桥梁作用**

中国一向特别重视中巴双方媒体交流和民间往来，关注并支持巴基斯坦国内媒体的友好声音。加强对中巴经济走廊舆论管理，首先需做好对巴基斯坦国内媒体生态的调研工作，分辨媒体所依附的政治势力和经济阵营，以便有针对性地开展工作。同时有必要对中国媒体特别是自媒体具有误导性的报告进行有效干预，消除国内不适当的对巴浮躁甚至傲慢心态，引导民众实事求是地认识中巴关系的性质和战略定位。

要重视对涉中巴经济走廊项目的公共认知的塑造。就巴基斯坦媒体而言，大部分为私营媒体，受利益集团操控。中国有关部门和具体媒体应该更关注其媒体持刀人，而中巴经济走廊项目负责部门则应该更加关注持刀人背后的力量，因人制宜，制定不同的合作策略，避免眉毛胡子一把抓，将媒体看成一支单独的社会力量。就中国媒体而言，国内官方媒体要有意识地进行接地气的报道，可以考虑借助自媒体力量发挥对中巴经济走廊的正面引导作用。

就中巴两国舆论合作而言，发布事实清楚、立场明确的皮书有利于为国内媒体提供口径，如编写《中巴经济走廊白皮书》，可以回顾总结中巴经济走廊五年来的发展成果，并在时机成熟的时候，与巴方共同推出《中巴经济走廊》英文版，加强对国际媒体的宣传和说明力度。另外，在瓜达尔港举办中巴经济走廊合作高层论坛也是提升舆论合作水平的一种有效方式，可以邀请巴政军高层以及国际舆论代表参加，在瓜达尔港现地对中巴经济走廊项目进行推介。

尽管就目前而言，巴基斯坦政府、军方和民间仍然对中国怀有较高的正面情绪，然而，要特别重视防止巴对华负面情绪滋生和蔓延。切不可认为巴基斯坦对华的友好心态以及相关政策是天然形成的，不受地缘形势和国际格局变化的影响，也不可认为只要有了中巴经济走廊，巴基斯坦就对华产生了经济甚至政治依赖，中国可以在巴基斯坦所关注的问题上自由行事，更不可认为中巴关系是单向度的支持与被支持、保护与被保护关系，要认识到巴基斯坦对中国的周边战略以及"一带一路"倡议的实施具有至关重要的影响，中巴关系是中国不可放弃的战略资产，而巴基斯坦对华的正面心态是这一资产的关键组成部分。

# 第十二章 中柬合作报告:"一带一路"建设的减贫效应

## 一 引言

以减贫为核心的发展问题是国际社会长期关注的重大问题。2015年9月,联合国发展峰会通过"联合国2030年可持续发展议程",以承接于2000年提出的"联合国千年发展目标"。以减贫为核心的"联合国千年发展目标"和"联合国2030年可持续发展议程"的提出,代表了当今世界谋求和平、合作与发展的主流。作为世界上最大的发展中国家以及世界上贫困人口最多的国家,中国是联合国"千年发展目标"的积极践行者。[①] 随着经济发展与综合国力的迅速提升,中国不仅在国内提前实现了联合国减贫目标,[②] 积累了极为丰富的减贫经验,还日益承担着国际社会减贫的历史使命与责任担当,尤其是"一带一路"倡议的提出以及与沿线国家一系列共建项目展开,中国在推动"一带一路"沿线国家减贫目标的实现上发挥着重要的作用。

就"一带一路"相关国家而言,如何实现本国经济稳定与快速增

---

① 20世纪80年代以来,随着改革开放的推进和大规模扶贫开发计划的实施,中国减贫取得了重大成效,绝对贫困人口比重从1990年的61%下降至2002年的30%,2011年又降至世界平均水平以下,按照现行国家贫困标准,中国贫困发生率2017年已降至3.1%。按照每人每年2300元(2010年不变价)计算,数据来自国家统计局《2017年国民经济和社会发展统计公报》。转引自张原《"一带一路"倡议下的中国对外合作减贫——机制、挑战及应对》,《当代经济管理》2019年第41卷。

② 根据联合国《2015年千年发展目标报告》显示,中国对全球减贫贡献率超过70%。

长,削减国内贫困问题,是"一带一路"沿线多数国家政府与社会重点关注的发展目标。"一带一路"沿线国家多数是发展中国家,人均国内生产总值(GDP)远远低于世界平均水平,仅为该指标的42.3%,其中的27个中等偏下和低收入国家的人均GDP仅为全球平均水平的18.3%。上述国家在经济发展与减贫目标实现上,面临基础设施落后、政府财政能力有限、高素质人力资源不足等多重因素的制约,单纯依靠自身国家禀赋与政策,难以有效实现经济发展与减贫的目标。因而,大量有效的国际援助,成为助推这些国家经济发展,实现减贫目标的关键性外部因素。

传统上,国际援助长期受西方国家主导,援助规模相对国际社会发展需求来说显著不足,而且发展中国家或者不发达国家在接受西方国家援助的同时,深受西方国家各种前提条件和政治约束限制。不仅如此,西方国家的发展援助经验与模式,基于其国内自由民主价值观念与长期殖民思维,与广大发展国家现实国情并不相符,多有"淮南为橘,淮北为枳"之情形。2013年9月,中国提出与"一带一路"相关国家共建"一带一路"倡议以来,逐渐开拓出"南南合作",实现互利共赢发展的新模式,对于沿线国家实现减贫目标发挥着重要的作用。

## 二 贫困概念界定与减贫理论文献综述

贫困是阻碍发展中国家以及不发达国家发展的重要原因之一。贫困人口过多会直接影响扩大国内消费的效果,抑制潜在的投资创造力。经济贫困还可能引发一系列社会问题,甚至危害社会稳定。[①] 广大发展中国家以及不发达国家如何减少贫困,实现经济可持续发展成为国际社会各国政府亟须解决的重大经济、政治问题,也是发展经济学、政治经济学、社会学等学科研究的重点问题。

---

① 顾清扬:《中国减贫堪称发展中国家楷模》,人民网,2015年12月4日,http://politics.people.com.cn/n/2015/1204/c1001 - 27890359.html。

### (一) 贫困概念及界定

贫困问题是复杂的政治、经济和社会问题，其本身是一个抽象的概念，对于贫困的理解和界定，不同的学科领域和行为主体会呈现出显著的差异。就学术研究而言，1809 年英国社会学家首次提出贫困概念，社会学范畴的贫困则指物质资源处于匮乏或遭受剥夺的状态。① 经济学范畴的贫困指物质生活的匮乏。福利经济学将贫困定义为"一个人缺少通常的或社会可接受的货币量或物质财富的状态"。② 经济学上关于贫困的定义最先可以追溯到斯密和李嘉图，③ 但斯密和李嘉图主要从价值和使用价值的角度，通过财富的多寡来阐述贫富，因而关于贫困的界定比较模糊。现行国际流行的对贫困进行界定的基本工具——"贫困线"最初来自朗特里对贫困的定义，即"家庭总收入不足以支付仅仅维持家庭成员生理正常功能所需的最低量生活必需品开支"，并根据最低生活必需品的数量、价格划分收入标准，也即"贫困线"。④ 诺贝尔经济学奖获得者森（Sen）则从自由的角度出发，认为自由需满足基本潜在能力，即能够免受饥饿、营养不良、早亡等困苦，以及能够识字、享受政治参与等自由，并综合经济学、社会学等学科，对贫困的概念做了具有革命性意义的阐释，在他看来，"有很好的理由把贫困看作是对基本可行能力的剥夺，而不仅仅是收入的低下"。⑤

---

① 文雁兵：《包容性增长减贫策略研究》，《经济学家》2015 年 4 月。
② 转引自姜安印等《中国减贫经验在"一带一路"建设中的互鉴性》，《中国流通经济》2016 年第 4 期。
③ [美] 保罗·萨缪尔森：《经济学》，人民邮电出版社 2004 年版；[英] 亚当·斯密：《国民财富的性质和原因研究（上卷）》，商务印书馆 1972 年版，第 26 页。
④ [英] 西博姆·朗特里：《贫乏研究》，长泽弘毅译，东京株式会社千城 1975 年版，第 1—2 页，转引自施锦芳《国际社会的贫困理论与减贫战略研究》，《财经问题研究》2010 年第 3 期。
⑤ [印] 阿马蒂亚·森：《以自由看待发展》，中国人民大学出版社 2002 年版，第 42—236 页。

表 12 – 1　　　　　　　开发援助委员会关于贫困的定义

| 能力（Capability） | 内容（Substance） |
| --- | --- |
| 政治能力（Political Capabilities） | 个人的人权在获得保障的情况下，在社会的政治、政策参与、决定方面所发挥的作用 |
| 社会能力（Socio-cultural Capabilities） | 作为人类的一员所应该得到的尊严、社会地位 |
| 经济能力（Economic Capabilities） | 人类生活所必需的收入、所应该保障的消费及所拥有的资产 |
| 人类能力（Human Capabilities） | 获得保健医疗的途径；具备读写能力所应该接受的教育；所应该摄取的充分的营养；获得安全饮用水及卫生的居住环境的途径 |
| 保护能力（Protective Capabilities） | 由于粮食不足、疾病、灾害、犯罪、战争等导致的脆弱性，使得自我保护能力难以保障 |

资料来源：施锦芳：《国际社会的贫困理论与减贫战略研究》，《财经问题研究》2010 年第 3 期。

从国际组织视角来看，（1）国际劳工组织从满足人类基本需要探讨贫困，认为人类基本需要主要包括家庭所需最低消费（例如：适当的粮食、住房、被褥以及一定程度的家庭财产、家具）、由社会提供的不可缺少的公共服务（例如：安全的饮用水、下水道、公共交通、医疗、教育及文化基础设施）以及人权、雇用机会、参与社会决策过程等非物质要素。[①] 国际劳工组织将与贫困相关的减贫范围从满足基本生活资料扩充到提供基本公共服务以及满足基本劳动、人权等权利。（2）世界银行从 1977 年起，每年发布一份《世界发展报告》，评述重大发展问题，依据其在 1990 年、2000 年/2001 年、2004 年版报告对贫困理论的阐述，可以发现世界银行认为贫困不仅包括低收入、消费，也包括低水平的教育、健康和营养等。（3）联合国计划开发署自 1990 年起，每年发布《人类发展报告》，提出了人类发展指数[②]和人类贫困指数（2010 年被多维贫困

---

① 转引自施锦芳《国际社会的贫困理论与减贫战略研究》，《财经问题研究》2010 年第 3 期。

② 人类发展指数主要通过健康状况、教育普及水平和经济发展水平三项来衡量。

指数①取代）等概念，在分析方法上，力求摆脱收入贫困的局限，从人的全面发展出发，将关于人类剥夺的讨论提升到权利、过上体面及健康长寿生活以及获取知识能力等方面。（4）经济合作与发展组织（OECD）下的开发援助委员会重点从政治能力、社会能力、经济能力、人类能力和保护能力五个方面来定义贫困。

综上概念，尽管贫困概念较为抽象，且定义复杂多样，不同的学科领域和国际行为体对于贫困的定义有所不同，但也存在着相同之处。贫困的首要表现是收入低下，以致缺乏有效的物质资源保障生活，具体体现为营养、健康、教育等诸多方面。因此，收入水平是界定贫困简洁有效的指标。当前，国际社会广泛采用世界银行在2011年提出的每人每天生活费为1.9美元（购买平价）的标准，低于这个标准即为贫困。本课题研究的核心问题是"一带一路"的减贫效应，本部分旨在对于"贫困"的抽象概念做出概括性的描述。涉及"一带一路"沿线国家贫困问题，本章注重将理论与国际实践的贫困概念与相关国家的贫困问题相结合，具体问题具体分析。

### （二）减贫理论

围绕贫困问题，关于减贫的研究大多集中于贫困的原因，减贫的路径和减贫效果、经验等方面。② 本课题将基于文献回顾和理论综述提出，"一带一路"减贫效果的分析框架。

#### 1. 发展经济学相关的减贫理论

贫困一直是发展经济学领域关注的重要问题，发展经济学认为，经济不发达、教育水平低下、基础设施落后等因素是造成一国出现贫困的重要原因，因此通过促进经济增长调节收入分配成为缓解甚至解决贫困的重要方式。例如，Datt 和 Ravallion 的研究表明，影响发展中国

---

① 多维贫困指数则使用十项指标来反映家庭在健康（营养状况、儿童死亡率）、教育（儿童入学率、受教育程度）和生活水平（饮用水、电、日常生活用燃料、室内空间面积、环境卫生和耐用消费品）方面所遭受的严重剥夺。

② 姜安印等：《中国减贫经验在"一带一路"建设中的互鉴性》，《中国流通经济》2016年第4期。

家的贫困变化有两条渠道：经济增长与收入分配，若保持贫困线不变，经济增长和收入分配状况改善均有助于减少贫困率。① 国内学者胡鞍钢等人认为，中国减贫的成功经验向世界证明：经济高速增长与全面减贫是可以并行实现的。只有实现经济持续增长，才能大幅减少贫困人口。② 此外，国外学者，如纳克斯（Ragnar Nurkse）提出"恶性循环"理论③，纳尔逊（Richard Nelson）提出"低水平均衡陷阱"理论④，缪尔达尔（Karl Myrdal）等人提出"循环累积因果关系"理论⑤，舒尔茨提出"人力资本理论"⑥，等等。这些研究多数集中于经济领域中的某一特定的要素，探究产生贫困的原因，以及就此提出减贫的路径。

2. 政治经济学相关的减贫理论

政治经济学或者国际政治经济学则强调本国政府、援助国家和国际组织等在减贫过程中发挥的作用，主要包括以下三方面。

第一，不同国家在生产力、制度和历史背景、贫困的表现形式、产生的原因以及减贫措施及效率等方面都存在差异，因而聚焦国家类型、研究减贫实践，通过比较法探讨减贫特征、策略以及借鉴意义成为研究的一大重点。例如闫坤、孟艳通过比较研究发达国家和发展中国家贫困问题。⑦ 第二，援助国提供的各项发展援助，对于受援助国减贫发挥着重要外部作用。发展中国家摆脱贫困，实现经济可持续发展面临资金困乏、技术落后、高素质人力资源不足等困境。依靠自身力量难以短期内有效解决这些困难。因此，外部援助发挥着十分重要的作用。对外援助通常是指"一个国家以优惠或者无偿形式向另一个国

---

① 文雁兵：《包容性增长减贫策略研究》，《经济学家》2015年4月。
② 胡鞍钢、王洪川：《中国减贫方案为世界树标杆》，光明网，2017年5月27日，http://theory.gmw.cn/2017-05/27/content_24618226.htm.
③ ［美］纳克斯：《不发达国家的资本形成问题》，商务印书馆1996年版，第6—8页。
④ Richard Nelson, "A Theory of the Low-Level Equilibrium Trap in Undeveloped", *The American Economic Review*, 1956, Vol. 46, No. 5, pp. 894–908.
⑤ ［瑞典］缪尔达尔：《世界贫困的挑战：世界反贫困大纲》，顾朝阳等译，北京经济学院出版社1991年版，第3—15页。
⑥ ［美］舒尔茨：《论人力资本投资》，吴珠华等译，北京经济学院出版社1990年版，第17—43页。
⑦ 闫坤、孟艳：《反贫困实践的国际比较及启示》，《国外社会科学》2016年第4期。

家提供资金、货物或者技术等方面的援助"。① 例如，Collier 和 Dollar 的研究发现，援助能够减少具有良好政策和制度国家的绝对贫困和累计贫困水平。② 第三，国际发展援助组织在减贫方面同样发挥着重要的作用。作为国际社会减贫事业最为重要的推动者，联合国将减贫作为全球治理的核心内容，构建出新的全球可持续发展治理框架。该组织通过先后实施的四个"发展十年计划"、"千年发展目标"和"2015 后可持续发展议程"，均把消除贫困和反饥饿作为主要目标。③ 尤其是"2015 后可持续发展议程"旨在通过一系列有效的手段，解决贫困等涉及发展中国家人民基本生存的问题。作为重要的国际发展援助提供者，世界银行建立了相对完整的扶贫知识体系，该减贫战略体系包含多项维度：（1）通过改革制度设计，让更多贫困人口获得平等参与机会；（2）通过健全社会保障体系，降低社会的脆弱性；（3）通过给贫困人口充分赋权，使其加入整个发展的决策中来；等等。④

3. 特定领域的减贫效果研究

也有学者结合具体领域与区域研究，研究特定领域的减贫效果。（1）基础设施建设及产业转移对于发展中国家减贫效果显著。例如，Datt 认为，基础设施对于亚洲地区特别是东南亚国家的减贫的直接促进作用同样十分显著，还有学者在针对印度和中国的研究中指出，公路运输和电力基础设施的改善，有效地减少了亚洲发展中国家的贫困人口数量。⑤ Meltem Şengün Ucal 认为，发展中国家产业转移与贫困减

---

① 宋新宁、田野：《国际政治经济学概论》，中国人民大学出版社 2015 年版，第 197 页。
② Collier, Dollar, "Aid Allocation and Poverty Reducation?", *European Economic Review*, 2002, Vol. 46, No. 8, pp. 1475 – 1500. 熊青龙等：《发展援助对撒哈拉以南非洲减贫影响的实证分析》，《国际商务研究》2018 年第 6 期。
③ 吴华：《减贫的实质是什么?》，光明网，2016 年 11 月 7 日，http：//theory. gmw. cn/2016 – 11/07/content_ 22857025. htm。
④ 世界银行：《2013 年世界银行发展报告——没有贫困的世界》，经济科学出版社 2014 年版，第 7—23 页。
⑤ 例如 Datt G., Ravallion M., "Why Have Some Indian States Done Better Than Others at Reducing Rural Poverty?" *Economica*, Vol. 65, No. 257, 1998, pp. 17 – 38, 以及 Fan Shenggen, Zhang Linxiu, Zhang Xiaobo, "Reforms, Investment, and Poverty in Rural China", *Economic Development and Cultural Change*, Vol. 52, No. 2, 2004, pp. 395 – 421。

缓两者之间存在密切关系，并且产业转移明显促进了承接地贫困现象的转变。①（2）财政金融政策对于减贫发挥着积极的作用。高远东等认为，财政金融政策对于本区域贫困人口有显著的作用，但空间外溢性并不显著，通过特定的金融政策，有助于贫困片区贫困程度的减少。②（3）FDI（外商直接投资）在东道国减贫方面起到促进作用。葛顺奇等认为，FDI能够提高贫困人口的生活水平，对贫困发生率的降低有重要作用，尤其是对于避税地区和内销型贫困地区的作用更加显著。③此外国内外学者还研究了旅游业、国际贸易等领域对于减贫的积极作用。国内学者张原研究中国通过"一带一路"对外开展减贫合作的机制、挑战等。④

### （三）减贫理论研究的评价

既有国内外减贫理论以及相关政策实践研究，针对贫困国家、地区以及人群、援助国家、国际组织等不同行为主体，围绕贫困的原因、减贫路径以及减贫效果、经验等方面进行了较为丰富和完善的理论与政策实践研究。其研究成果表明：发展中国家贫困原因有着复杂的经济、政治、社会、制度等多重内生性因素，不同的国家或者地区、民族等贫困原因也有着不同原因。探究贫困产生的原因是实现减贫的重要前提，也是寻求减贫路径的必然途径。既有研究很好地揭示了贫困原因，为减贫路径指明了大的方向与经验，为本课题"一带一路"研究提供了诸多理论依据与实践经验层面的借鉴。

与本课题相关的既有减贫相关的研究成果的基本结论可以概括

---

① Meltem Şengün Ucal, "Panel Data Analysis of Foreign Direct Investment and Poverty from the Perspective of Developing Countries", *Procedia-Social and Behavioral Sciences*, 2014, 109: pp. 1101 – 1105.

② 高远东等：《中国财政中金融支农政策减贫效应的空间计量研究》，《经济科学》2013年第1期。

③ 葛顺奇等：《外商直接投资的减贫效应：基于流动人口的微观分析》，《国际贸易问题》2016年第1期。

④ 张原：《"一带一路"倡议下的中国对外合作减贫——机制、挑战及应对》，《当代经济管理》2019年第41卷。

为：（1）一国经济增长以及拉动收入增长对于减贫发挥积极作用；（2）基础设施建设、FDI、旅游业、国际贸易、财政金融政策等方面对于减贫在不同层面上起到了重要作用；（3）来自援助国家和国际组织的多种形式的援助对于受援国减贫有着积极效果。但是也存在着一些不足，集中体现为多数研究成果多局限于宏观层面，较为缺乏具体案例的经验研究。

## 三 "一带一路"与减贫合作

改革开放以来，中国国内减贫的成功实践，不仅使得国内摆脱贫困，还为其他国家减贫事业提供了宝贵的中国经验，提出了中国方案，贡献着中国力量。随着 2013 年"一带一路"倡议的提出，中国与沿线国家共建"一带一路"推进六年多来，掀起了中国国际减贫合作的新篇章。

### （一）中国减贫经验与对外减贫合作

1978 年中国实施改革开放以来，中国减贫事业取得显著成就，到 2018 年年初，近 8 亿农村贫困人口脱贫，对全球减贫贡献率超过 70%。[①] 同时，中国政府宣布将于 2020 年实现现行标准确保农村贫困人口实现脱贫，解决区域性整体贫困，提前 10 年实现"联合国 2030 年可持续发展议程"确定的减贫目标。中国国内减贫的成功实践，不仅使得国内摆脱贫困，还为其他国家减贫事业提供了宝贵的经验。总结中国国内的减贫经验主要包括：2015 年联合国开发计划署认为中国以经济增长为根本动力，积极主动、发展导向的政府为领导核心，制定国家层面的减贫目标并付诸实施，以多种方式调动各类资源，加大对基础设施和社会项目的投入。[②] 联合国秘书长古特雷斯等认为，

---

[①] 《谭卫平：减贫合作是中国—东盟重要合作内容》，2018 年 3 月 6 日，https://baijiahao.baidu.com/s?id=1594168444818751489&wfr=spider&for=pc。

[②] UNDP, "Report on China's Implementation of the Millennium Development Goals (2000 – 2015)", United Nations Development Program China, 2015.

从中国国内发展经验来看,发挥政府主导作用,弥补市场失灵是减贫成功的重要原因。①

中国致力于消除国内贫困的同时,积极开展"南南合作",参加双边和多边减贫合作,建立以合作共赢为核心的新型国际减贫伙伴关系,实施对外援助,成为国际社会减贫的积极倡导者和有力推动者,在国际减贫合作中,分享中国经验、提供中国方案、贡献中国力量。例如,从2005年开始,中国积极开展扶贫减贫培训,邀请来自世界各地的学员来学习,分享中国发展经验,截至2018年5月,已经举办121期培训班,共有来自129个国家的3230名官员参与培训。1949年以来,中国总计向166个国家和国际组织提供了累计近4000亿元援助,为120多个发展中国家落实"千年发展目标"提供帮助。②

长期以来,通过与相关国家签署一系列涉及或者包含援助协议,建立双边减贫合作机制,是中国开展国际减贫合作的主要机制。近年来,随着中国经济迅速发展,综合国力的显著提升,通过构建东盟"10＋3"、中非合作论坛、中国—拉美共同体等多元化的多边机制,中国逐渐扩大援助规模、领域与区域。例如,通过东盟"10＋3"机制,开展东亚减贫合作。把消除贫困作为"10＋3"优先合作领域,实施"东亚减贫合作倡议",开展乡村减贫推进计划,建立东亚减贫合作示范点,③ 推动老挝、柬埔寨、缅甸等东南亚国家减贫。

### (二)"一带一路"开启减贫合作新篇章

2013年9月和10月,中国国家主席习近平访问哈萨克斯坦、印

---

① 《"中国式减贫":世界减贫史上最大贡献》,中国新闻网,2017年6月14日,http://www.chinanews.com/gn/2017/06-14/8250922.shtml.

② 罗建华:《携手合作 中国力量托起全球减贫事业》,南方网,2018年6月25日,http://opinion.southcn.com/o/2018-06/25/content_182340737.htm.

③ 《李克强出席第十七次东盟与中日韩领导人会议时强调加强10+3务实合作 朝着东亚共同体的目标稳步迈进》,外交部网站,2014年11月13日,https://www.fmprc.gov.cn/web/gjhdq_676201/gjhdqzz_681964/lhg_682542/xgxw_682548/t1210671.shtml.

度尼西亚时分别提出"丝绸之路经济带"和"21世纪海上丝绸之路",即"一带一路"倡议。"一带一路"倡议以"合作共赢"为核心的新型国际关系的具体实践,倡导"开放合作,和谐包容,市场运作,互利共赢"的基本原则,秉持"共商、共建、共享"的合作精神,在共建"一带一路"过程中致力于构建全方位、多层次、复合型的互联互通网络,实现沿线各国多元、自主、平衡、可持续的发展。①

中国提出共建"一带一路"倡议有着多重的国内、国际目标,且具有重大的战略意义。考察其能否取得成功,关键在于沿线国家经济能否实现可持续发展。当前,多数"一带一路"沿线国家面临最为严峻的可持续发展问题,重要表现是贫困问题,以及贫困所衍生的相关问题。通过共建"一带一路"推动沿线可持续发展,关键是与相关国家开展减贫合作,推动其减贫目标的实现。"一带一路"倡议的提出以及相关建设项目的展开,开启了中国与"一带一路"沿线国家在减贫合作领域的新篇章。

尽管全球极度贫困的人口已经从1990年的19亿下降至2015年的8.36亿,减少了超过50%,但是广大发展中国家和最不发达国家的贫困人口仍然众多,其最基本的生存需求得不到满足,消除一切形式的贫困仍然是人类面临的最为艰巨的挑战。减贫是联合国"2030年可持续发展议程"的首要目标。② 为实现联合国到2030年消除一切形式的贫困的目标,需要通过加强发展合作充分调集资源。在经济全球化大背景下,"一带一路"是中国发起的促进区域互利共赢发展的重要国际合作平台,致力于改善人类社会的整体福利水平。③ "一带

---

① 国家发改委等:《推动共建丝绸之路经济带和21世纪海上丝绸之路的愿景与行动》,中国政府网站,2015年3月28日,http://www.gov.cn/xinwen/2015-03/28/content_2839723.htm。

② 《联合国:2030年可持续发展议程(目标1:无贫穷)》,http://www.cn.undp.org/content/china/zh/home/sustainable-development-goals/goal-1-no-poverty.html。

③ 赵嘉政:《中国理念引领人类共同发展——访波黑前外长兹拉特科·拉古姆季亚》,《"一带一路"为波黑发展提供"加速器"和"稳定器"——访波黑"一带一路"建设与促进中心主任波利斯·法鲁克》,《光明日报》2018年2月11日。

一路"倡议是中国参与全球治理的全新实践，是开放包容，互利共赢的国际合作平台，通过"一带一路"倡议，构建的一系列多元化的双边、多边合作机制，是中国提供的重要国际或区域性的公共产品，为沿线国家提供了重大的发展机遇与合作平台，其本身与沿线国家或地区的可持续发展内在逻辑相一致。

2013 年"一带一路"倡议提出以来，中国发起设立了亚洲基础设施投资银行、金砖国家新开发银行、丝路基金等开发融资机制，为"一带一路"沿线国家基础设施建设等项目提供资金支持，此外，中国利用已有的国内金融机构，如中国进出口银行、中国国家开发银行、中国出口信用保险公司等向"一带一路"沿线国家提供贷款。与此同时，中国还直接向发展中国家提供发展援助，2015 年 9 月，中国国家主席习近平出席联合国发展峰会期间宣布，"南南合作援助基金"首期提供 20 亿美元，支持发展中国家落实 2015 年后发展议程。同时，中国将继续增加对最不发达国家投资，力争 2030 年达到 120 亿美元。2017 年，在首届"一带一路"国际合作高峰论坛上，中国政府宣布向参与"一带一路"建设的发展中国家和国际组织提供 600 亿元建设民生项目，10 亿美元定向资金用于沿线国家合作减贫，农业、工业和贸易促进，构建中国与"一带一路"沿线国家的合作减贫机制。①

**（三）研究框架："一带一路"减贫合作**

"一带一路"建设开展六年多来，通过共建"一带一路"，中国与沿线国家围绕政策沟通、设施联通、贸易畅通、资金融通、民心相通等"五通"领域开展合作，从理念、愿景转化为现实行动，取得了举世瞩目的成就，超出预期。第一，政策沟通方面，中国与世界上 103 个国家和国际组织签署了 118 份"一带一路"方面的合作协议。"一带一路"国际合作高峰论坛成功举办，论坛成果得到落实。第二，

---

① 张原：《"一带一路"倡议下的中国对外合作减贫——机制、挑战及应对》，《当代经济管理》2019 年第 41 期。

设施联通领域，聚焦"六廊六路多国多港"主骨架，推动一批合作项目取得实质性进展。中巴经济走廊建设进展顺利，中老铁路、中泰铁路、匈塞铁路建设稳步推进，雅万高铁部分路段已经开工建设，瓜达尔港已具备全作业能力。第三，贸易畅通方面，在世界贸易下滑的背景下，中国同沿线国家贸易总额超过5万亿美元，年均增长1.1%，中国已经成为25个沿线国家最大的贸易伙伴，加快与沿线国家建设自贸区，已与13个沿线国家签署或升级了5个自贸协定。第四，资金融通方面，中国与17个国家核准了《"一带一路"融资指导原则》，加快推进金融机构海外布局，已有11家中资银行设立了71家一级机构。第五，民心相通领域，通过实施"丝绸之路"奖学金计划，在境外设立办学机构等，为沿线国家培育技术管理人才。2017年，来自沿线国家留学生达30万人，赴沿线国家留学的人数6万多人。预计到2020年，与沿线国家双向旅游人数将超过8500万人次，旅游消费约1100亿美元。[1]

"一带一路"建设能够推动沿线国家经济增长，增加就业，提高收入水平，推动沿线国家实现减贫目标。尽管"一带一路"相关国家经济发展差异较大，但仍然可以在经济和社会领域开展深度合作，实现互利共赢。"一带一路"倡议可以让沿线相关国家和地区从贸易、投资、出口多样化中获得更高的收益，尤为重要的是，获得知识和技术等，是提高生产力和促进增长的关键因素。[2] 因此，通过共建"一带一路"，推动沿线相关国家和地区的经济增长，就业与收入水平提高。例如，截至2018年6月，中国与沿线国家货物贸易累计超过5万亿美元，对外直接投资超过700亿美元。在沿线国家建设的境外经贸合作区总投资200多亿美元，创造的就业岗位数十万个，给当地创

---

[1] 参考《"一带一路"5年进展情况及展望》，商务微新闻，2018年8月30日，https://www.sohu.com/a/250863721_498798。

[2] 《联合国开发计划署与国家开发银行联合发布〈"一带一路"经济发展报告〉》，联合国开发计划署中文网，2017年12月11日，http://www.cn.undp.org/content/china/zh/home/presscenter/pressreleases/2017/12/11/undp-and-cdb-launch-report-on-the-economic-development-along-the-belt-and-road.html。

造的税收几十亿美元。①

柬埔寨作为发展中国家,贫困人口多,减贫是国内发展面临的重要问题。长期执政的洪森政府将减贫作为柬埔寨政府聚焦的中长期发展战略。柬埔寨贫困率已经从 2004 年的 53.2% 降低到了 2014 年的 13.5%,在减贫工作方面取得重大成绩。本课题选取柬埔寨作为研究案例国,探究"一带一路"建设对沿线发展中国家或者不发达国家的减贫效应。具体来看,本章下文主要研究框架包括:第一,运用比较研究等方法分析柬埔寨国内贫困现状以及原因;第二,系统梳理中国与柬埔寨"一带一路"合作进展与重点领域项目;第三,运用减贫相关的理论,分析中国对柬埔寨投资、援助以及其他领域推进"一带一路"建设,对于其国内的减贫效应;第四,以西哈努克港为具体案例,微观视角分析"一带一路"建设对于柬埔寨的减贫效应。

## 四 中柬"一带一路"减贫合作分析

尽管柬埔寨减贫事业取得重大成就,但国内仍然处于相对贫困状态,减贫依然是柬埔寨国内重大经济、政治与社会问题。随着中国"一带一路"倡议的提出,中柬双方在经贸投资、互联互通、能源资源等重点领域务实合作不断拓展,已成为推进"一带一路"建设的重要合作伙伴。中柬共建"一带一路"对柬埔寨减贫事业发挥了积极的促进作用。

### (一)柬埔寨贫困状况

虽然近几年柬埔寨的经济发展迅速,但是仍然摆脱不了它是一个贫穷国家的事实,尤其是在柬埔寨大部分农村地区,基础设施落后,教育普及匮乏,贫穷仍然是普遍现象。根据联合国 2016 年人类发展报告,2015 年柬埔寨在 188 个国家中排名第 143 位,在东盟国家中仅

---

① 参考《"一带一路"5 年进展情况及展望》,商务微新闻,2018 年 8 月 30 日,https://www.sohu.com/a/250863721_498798。

超过缅甸。

根据表12-2一些不连贯的数据以及与澜湄流域国家做对比,可以对柬埔寨的贫困状况有大致了解。在澜湄合作区域,柬埔寨总人口仅比老挝多,2017年为1544万人,人均收入1384美元,在澜湄国家中仅高于缅甸,依据2005年的每人每天1.25美元的购买平价标准,2012年老挝贫困距指数为1%。贫困距指数是指贫困人口收入与贫困线之间的差距比例,用于反映贫困人口的贫困程度,比例越大,说明该国贫困差距越大,贫困人口就越多。① 以贫困距指数衡量,柬埔寨在澜湄地区的贫困程度有所改善。依据每人每天1.9美元的生活标

表12-2　　　　　　　　澜湄合作国家贫困情况比较

| 国家 | 老挝 | 柬埔寨 | 越南 | 缅甸 | 泰国 | 中国 |
|---|---|---|---|---|---|---|
| 总人口（万,2017年） | 659 | 1544 | 9368 | 5301 | 6765 | 139008 |
| 人均收入（美元,2017年） | 2457 | 1384 | 2343 | 1264 | 6594 | 8827 |
| 贫困距指数（2012年） | 7.8 | 1 | 0.6 | —— | 0 | 2.7 |
| 基尼系数（2014年） | 37.9 | 30.8 | 37.6 | —— | 37.9 | 42.2 |
| 低于国际贫困线标准人口比例（%） | 22.7 (2016) | 33.6 (2012) | 2.6 (2014) | —— | 0 (2013) | 1.4 (2016) |
| 低于国家贫困线标准人口比例（%） | 23.2 (2016) | 14 (2014) | 7 (2015) | 25.6 (2015) | 8.6 (2016) | 4.5 (2016) |
| 失业率（%,2016年） | 0.7 | 0.2 | 2.1 | 0.8 | 0.9 | 4.7 |
| 居住在贫民窟的城市人口比例（%,2014年） | 31.4 | 55.1 | 27.2 | 41 | 25 | 25.2 |
| 每人每天花费低于1.9美元的就业人口比例（%,2017年） | 47.7 | 16.1 | 1.6 | 18.5 | 2.7 | 3.0 |
| GDP增长率（%,2017年） | 6.8 | 7.0 | 6.8 | 3.3 (2016) | 6.8 | 6.9 |

资料来源："Basic Statistics 2010-2018",ADB,https://www.Adb.org/publications/series/basic-statistics。

① 罗圣荣:《澜湄合作机制下的国际减贫合作》,载刘稚主编《大湄公河次区域合作发展报告（2016）》,社会科学文献出版社2016年版。

准，2012 年柬埔寨低于国际贫困线标准的人口比例为 33.6%，2014 年低于国家贫困线标准人口比例为 14%，在澜湄国家中贫困率处于较高的位置。

联合国发布的 2016 年人类发展指数报告，将人类发展水平分为极高人类发展水平、高人类发展水平、中等人类发展水平和低人类发展水平四类。根据该报告，柬埔寨处于中等人类发展水平，多维贫困人口的比例是 33.8%，多维贫困的剥夺强度（指多维贫困人口遭受剥夺的平均百分比）是 44.3%，严重贫困人口[①]占比是 11.4%，在澜湄国家中，这三项仅次于老挝，处于最高位置，说明依据多维贫困评价的十个指标，柬埔寨是澜湄国家中贫困程度非常严重的国家。而从各维度的剥夺占多维贫困的比重来看，生活水平占比最高为 42.8%，其次是教育为 30.8%，最后是健康为 26.4%，说明要降低柬埔寨的多维贫困人口，需要尤其加大对教育及生活水平的投资（参见表 12-3）。

表 12-3    澜湄合作国家人类发展指数

| 国家 | 人类发展指数（HDI,2015年） | 平均受教育年限（2015年） | 多维贫困人口 | | 严重贫困人口（%） | 各维度的剥夺占多维贫困的比重 | | |
|---|---|---|---|---|---|---|---|---|
| | | | 比例（%） | 剥夺强度（%） | | 教育（%） | 健康（%） | 生活水平（%） |
| 老挝 | 0.586 | 5.2 | 36.8 | 50.5 | 18.8 | 37.7 | 25.4 | 36.9 |
| 柬埔寨 | 0.563 | 4.7 | 33.8 | 44.3 | 11.4 | 30.8 | 26.4 | 42.8 |
| 越南 | 0.683 | 8.0 | 3.9 | 39.9 | 0.6 | 39.6 | 24.3 | 36.1 |
| 缅甸 | 0.556 | 4.7 | — | — | — | — | — | — |
| 泰国 | 0.74 | 7.9 | 1 | 38.8 | 0.1 | 19.4 | 51.3 | 29.4 |
| 中国 | 0.738 | 7.6 | 5.2 | 43.3 | 1 | 30 | 36.6 | 33.4 |

资料来源：2016 年人类发展指数报告。

---

① 严重贫困人口是指处于严重多维贫困（即剥夺分数为 50% 及以上）的人口所占的百分比。

## （二）中柬"一带一路"合作：领域与进展

柬埔寨是"一带一路"沿线重要的支点国家，2013年9月"一带一路"倡议提出以来，中柬共建"一带一路"取得诸多成就。我国在柬投资的西哈努克港经济特区、大型水电站等项目已经成为共建"一带一路"的样板工程。中柬合作共同推进"一带一路"建设具有积极的地区示范效应。2016年10月，习近平主席对柬进行国事访问期间，双方签署了《中柬关于编制共同推进"一带一路"建设合作规划纲要的谅解备忘录》等一系列协议。2017年5月，洪森对中国进行正式访问，进一步签署了《共同推进"一带一路"建设合作规划纲要》等协议。

### 1. 对柬经贸投资现状

贸易方面，近年来，中柬双边贸易额总体呈快速增长态势，增速同比最高时达到73.5%。2010—2017年，中柬贸易额分别为：14.41亿美元、24.99亿美元、29.23亿美元、37.72亿美元、37.57亿美元、44.3亿美元、47.6亿美元、57.9亿美元。自2012年开始，中国已连续4年成为柬第一大贸易伙伴，2017年双边贸易额超过50亿美元（具体数据，参见表12-4）。

表12-4　　　　2010—2017年中国对柬埔寨贸易统计　　单位：亿美元，%

| 年份 | 进出口 | | 出口 | | 进口 | | 差额 | |
|---|---|---|---|---|---|---|---|---|
| | 金额 | 同比增长 | 金额 | 同比增长 | 金额 | 同比增长 | 当年 | 上年同期 |
| 2010 | 14.41 | 52.6 | 13.48 | 48.5 | 0.94 | 153.6 | 12.54 | 8.7 |
| 2011 | 24.99 | 73.4 | 23.15 | 71.8 | 1.84 | 96.8 | 21.31 | 12.54 |
| 2012 | 29.23 | 16.97 | 27.08 | 17 | 2.15 | 16.8 | 24.93 | 21.31 |
| 2013 | 37.72 | 29.05 | 34.11 | 25.95 | 3.62 | 67.92 | 30.49 | 24.93 |
| 2014 | 37.57 | -0.40 | 32.75 | -3.99 | 4.83 | 33.54 | 27.92 | 30.49 |
| 2015 | 44.3 | 17.95 | 37.65 | 14.98 | 6.67 | 38.08 | 30.98 | 27.92 |
| 2016 | 47.6 | 7.4 | 39.3 | 4.4 | 8.3 | 24.5 | 31 | 31 |
| 2017 | 57.9 | 21.7 | 47.8 | 21.7 | 10.1 | 21.3 | 37.8 | 31.0 |

资料来源：中国商务部网站。

投资方面，中国已连续6年成为柬最大外资来源国。2012—2015年，新增投资分别为7.2、4.9、5.3、3.9亿美元。截至2017年年底，中国企业对柬直接投资存量54.5亿美元。2018年1—8月，对柬新增非金融类直接投资4亿美元，下降4.2%。① 中国企业在柬投资领域广泛，主要涉及电站、电网、农业、矿业、制衣、餐饮、房地产等领域。国有企业主要集中在水电、公路等大型基础设施方面，民营企业是主要力量，大约占我国对柬投资额的2/3，主要有制衣、餐饮、旅游等领域。

近年来，中国在柬承包工程项目持续增长，派柬劳动人数累计增加（具体数据参见表12-5）。2018年8月底，中国企业在柬累计签订工程承包合同额187.8亿美元，完成营业额119.7亿美元。2018年1—8月，新签工程承包合同额12.4亿美元，增长9%，完成营业额8.9亿美元，增长9.4%。这些承包工程主要是水电、公路、桥梁等基础设施，以及学校、医院等援建的民生项目，其中，中企承建的公路里程占柬国道总里程的35%以上。

表12-5　　　　　2011—2015年中国在柬埔寨经济合作情况　单位：万美元，人

| 年份 | 对外承包工程 | | 对外劳务合作 | |
| --- | --- | --- | --- | --- |
| | 新签合同额 | 完成营业额 | 当年派出人数 | 年末在外人数 |
| 2011 | 50467 | 82530 | 3473 | 6247 |
| 2012 | 295579 | 117150 | 5672 | 6650 |
| 2013 | 110865 | 143077 | 5810 | 7125 |
| 2014 | 141059 | 96533 | 4872 | 7108 |
| 2015 | 141819 | 121396 | 4546 | 7884 |

资料来源：中国商务部网站。

## 2. 对柬重点建设领域与项目

国有企业重点投资水电、公路等基础设施领域。电力短缺、电力

---

① 《中国柬埔寨经贸合作简况》，商务部网站，2018年11月21日，http://yzs.mofcom.gov.cn/article/t/201811/20181102808842.shtml。

基础设施落后是长期制约柬经济社会发展的重要因素。柬电力需要从泰国、老挝、越南等邻国进口。柬水电资源较为丰富,但是需要大规模水电基础设施投资。柬政府大力推动电力基础设施和电网建设,计划 2030 年全国电力普及率 70% 以上。目前,中企在柬已完成或在建的水电站项目共 6 个,均以 BOT(建设—经营—移交)方式投资建设,投资总额近 30 亿美元,所发电量占全柬发电总量的 64%(2014 年数据)(参见表 12-6)。

表 12-6　　　　　　　中国在柬埔寨水电站投资项目概况

| 水电站 | 基本情况 | 投资模式 | 项目进展 |
| --- | --- | --- | --- |
| 基里隆一级水电站 | 电站水库总库容 919 万立方米,装机容量 1.2 万千瓦,年均发电量 6419 万千瓦时,总投资 1942.86 万美元,全部由中国电力技术进出口公司投入 | BOT 水电站项目,特许经营期 30 年 | 2001 年 4 月开工,2002 年 5 月 29 日竣工投产发电 |
| 基里隆 3 号水电站 | 中国国网新源电力投资公司投资建设,总装机 18 兆瓦,年均发电量 7668 万千瓦时,总投资 4710 万美元 | BOT 水电站项目,特许经营期 30 年 | 2009 年 3 月开工建设,2012 年投产 |
| 甘再水电站 | 电站总库容 6.813 亿立方米,电站总装机容量为 19.32 万千瓦,年均发电量为 4.98 亿千瓦时。中国水利水电建设集团投资建设,总投资 3.4 亿美元 | BOT 水电站项目。包括 PH1 电站、PH2 电站和坝后 PH3 电站。特许经营期 40 年 | 2007 年 9 月开工建设,2011 年 12 月建成投产 |
| 斯登沃代水电站 | 中国大唐集团公司、云南国际经济技术合作公司和云南藤云西创投资实业有限公司投资建设。总装机 120 兆瓦,年均发电量 4.65 亿千瓦时 | BOT 水电站项目,特许经营期 30 年 | 2009 年 11 月开工建设,2012 年年底建成投产 |
| 额勒赛河下游水电站 | 中国华电集团投资建设,总装机 338 兆瓦,年均发电量 10.2 亿千瓦时 | BOT 水电站项目 | 2010 年 4 月开工建设,2014 年建成投产 |
| 达岱水电站 | 中国重型机械总公司投资建设,总装机 246 兆瓦,年均发电量 8.49 亿千瓦时 | BOT 水电站项目,特许经营期 37 年 | 2010 年 3 月开工,2015 年 1 月建成投产 |
| 桑河下游 2 号水电站 | 中国、越南、柬埔寨三国联合投资。中国华能集团和云南澜沧江国际能源有限公司参与了该项目。总装机 400 兆瓦,柬埔寨最大的水电工程,总投资近 7.82 亿美元 | 三国享有该水电站 45 年的运营权,中国持股 51%、柬王家集团占 39%、越南 EVN 公司占 11% | 2013 年 10 月开工建设,2018 年 10 月完工投产 |

续表

| 水电站 | 基本情况 | 投资模式 | 项目进展 |
|---|---|---|---|
| 柴阿润水电站 | 中国国电集团公司投资开发，总投资额约4亿美元 | BOT方式 | 2015年2月，项目暂停 |

资料来源：根据相关资料整理而得。

民营经济主要投资制衣业、房地产等领域。制衣业是我国投资柬的传统行业，中企对柬投资制衣业所占的比例较高，常年保持在50%以上，近年来有下降趋势。随着金边房地产市场火爆，核心区域房地产投资回报率达12%—20%，且政府对外资管制很少，中企在柬房地产投资日益升温。例如，金边市中心的黄金地段，正在兴建包括高档酒店、写字楼、购物中心和剧场等的"中国广场"。2017年中企参与建造的总造价约10亿美元的双塔摩天大楼被命名为"泰文隆贸易中心"，总高509米，将成为世界第二高楼。据柬国土规划和建设部《报告》显示，从2000年至2016年1月，有135家中资建筑和房地产企业向该部提出注册申请，数量居各国首位，累计投资金额达到9.46亿美元，仅次于韩国，位居第二。①

### （三）中柬"一带一路"合作的减贫效应

基础设施落后、公共卫生不达标、教育水平落后以及农业生产技术低下等是对柬埔寨贫困的直观印象。减贫一直是柬埔寨政府努力的目标和方向，也是柬埔寨实施各项政策的优先事项。2013年柬埔寨政府通过2014—2018年发展战略，确立了到2018年摆脱最不发达国家地位、进入低收入国家的目标，具体包括增长、减贫、稳定和人类发展4个支柱。根据这一战略，柬埔寨将保持7%以上的GDP增长率，进而实现可持续、包容和有弹性的经济增长和经济多元化。以其在千年发展目标落实期间取得的减贫成就为基础，柬埔寨制定了在2014—2018年年均1%以上的减贫目标，并将降低收入

---

① 《柬埔寨成"新兴市场"》，中国国际贸易促进会网站，2017年11月2日，http://gxmc.chinacoop.gov.cn/HTML/2017/11/02/385872.html。

性不平等、人力资源和可持续管理、环境与自然资源使用等列为优先关注。① "四角"发展战略是柬埔寨代表性的减贫计划,2004 年柬埔寨政府提出以优化行政管理为核心,加快农业发展、加强基础设施建设、吸引更多投资和开发人才资源的"四角战略"。该战略旨在通过有效管理和深入改革,促进柬经济增长,解决民众就业,保障社会平等与公正,强调通过吸引外资和发展主流贸易加强减贫。② "四角战略"将促进柬在如下领域的经济增长:(1)提高农业生产;(2)发展私人经济和增加就业;(3)恢复与重建基础设施;(4)培训人才与发展人力资源。③ "一带一路"与柬埔寨"四角战略"在减贫领域高度契合,2014 年所提出的东亚减贫合作倡议是中国首个政府对外减贫援助项目,柬埔寨成为第一批重点合作国家。当前"一带一路"对柬埔寨减贫影响主要体现在投资、贸易以及援助等方面。

1. 投资方面

贫困的发生与宏观经济水平有直接联系。传统的经济学和公共管理学认为,宏观经济增长对减贫具有积极的推动作用,即经济越发达,贫困率越低,这与当前世界主体经济格局基本上一致。④ 投资对减贫效果的影响主要体现在促进经济增长、提供收入、增加就业、提升职业技能等方面。中国投资对柬埔寨减贫影响主要体现在通过创造就业机会和提高工资增加农村贫困人口的收入和改善农村贫困人口的技能发展等方面。由于国内储蓄低,外国直接投资是柬埔寨经济发展的一个重要因素。中国是柬埔寨第一大投资来源国,柬埔寨经济与财

---

① 张春:《东盟落实联合国 2030 年可持续发展议程减贫目标分析》,《东南亚纵横》2018 年第 4 期。

② OUCH Chandarany, SAING Chanhang, PHANN Dalis: Assessing China's Impact on Poverty Reduction in the Greater Mekong Sub-region: The Case of Camnodia, CDRI Working Paper Series No. 52, Cambodia Development Resource Institute, June 2011.

③ 柬埔寨王国政府《四角战略》,中国驻柬埔寨大使馆经商参赞处,2004 年 12 月 13 日,http://cb.mofcom.gov.cn/aarticle/ddgk/zwminzu/200412/20041200318821.html。

④ 吴良:《"一带一路"倡议背景下东南亚贫困及减贫开发模式研究》,《科技促进发展》2017 年第 6 期。

政大臣昂蓬莫尼罗表示,"一带一路"将在中长期内助力柬埔寨经济社会发展,这主要体现在以下几个方面:发展互联互通降低交通成本、扩大贸易规模、加快贸易流程、扩大物流覆盖范围;促进跨国投资;改善旅游基础设施建设,促进旅游项目联合开发和旅游产业协调发展;促进金融机构合作,为柬埔寨基础设施投资提供更多资金来源;促进柬中双方在基础设施、农业、工业、文化、旅游、金融、环保、科技等多方面的经验技术交流。① 中国在柬埔寨的投资,石油、采矿和能源(包括水电站)等自然资源开发部门以及旅游和服装部门对中国投资吸引力最大,公共部门投资、基础设施建设与旅游对经济增长的拉动作用显著,这种投资对减贫有重大影响,尤其是"一带一路"重大基础设施项目提高了当地经济效率和民众就业率,显著减少了贫困,有利于柬埔寨经济长期稳定可持续发展。中国驻柬埔寨大使馆商务参赞李岸表示,中资发电企业目前是柬埔寨最大的电力提供商,中企投资铺设了柬最长的光缆,中国在柬修建的路、桥、水利设施和电网,为柬经济社会发展做出了重要贡献。② 旅游业是柬服务业主要部门,其中,中国游客 2017 年前 9 个月共有 84.1 万人次到柬观光,与 2016 年同期相比,增长 45%,在柬外国游客中排名第一。③ 柬工业发展高度依赖制衣和制鞋出口,制衣制鞋业是柬经济支柱产业,柬全国约有 1000 家制衣制鞋厂,为 100 万工人创造就业机会。纺织服装业也是柬埔寨开展产业合作的最大部门,中柬纺织服装领域的合作占据重要地位,中方在柬设立的纺织企业超过了 400 多家,促进了中国纺织领域的大量富余优质产能和装备向柬转移。④

2. 贸易方面

近年来,柬产业结构升级加快,农业占 GDP 比重逐渐下降,工

---

① 《柬"四角战略"对接"一带一路"》,新华网,2018 年 1 月 10 日,http://jjckb.xinhuanet.com/2018-01/10/c_136883760.htm。

② 同上。

③ 《前 9 个月柬接待外国客近 400 万人次》,《高棉日报》中文网,2017 年 11 月 8 日,http://cn.thekhmerdaily.com/article/19678,2017 年 11 月 12 日。

④ 邹春萌:《"一带一路"背景下中国与湄公河国家产能合作:制约因素与发展途径》,《云南大学学报》(社会科学版) 2016 年第 4 期。

业、服务业有所提升，附加值增加。2015年，农业、工业、服务业三大产业结构比例为8.25∶29.42∶42.33。农业部门增长缓慢，增长率持续低于政府计划的4%的目标，2015年增长率仅为0.2%，2016年略有上升，为0.5%。由于2016年大米价格下跌，马德望（Battambangang）地区农民发生暴动，在国家5号公路撒大米，发泄对大米价格大幅下跌的不满。贸易上，中国是柬埔寨第一大贸易伙伴，柬埔寨向中国出口的主要是劳动密集型产品以及对减贫有显著影响的劳动密集型农产品。"一带一路"倡议为柬埔寨发展农业、提高农业作为经济增长源泉提供了机会，并通过扩大新鲜水果、牲畜、鱼、虾等农产品出口提升减贫效应。

3. 官方发展援助与减贫

官方发展援助作为一种公共资源，通过援助公共服务为柬埔寨发展提供资金，通过吸引私营部门投资来改善基础设施和经济服务。官方发展援助似乎对其他发展筹资来源起着重要的补充作用，特别是在柬埔寨等低收入国家。此外，官方发展援助是发达国家向发展中国家转让资本和技术知识的主要工具。应当指出，评价官方发展援助在一般或具体部门的影响是一项复杂的任务，因为发展成果和贫困动态受到官方发展援助业务范围以外的许多因素的影响。重要的是，这些影响更加难以量化。

从1950年开始，中国就向柬埔寨提供发展援助。中国对柬埔寨的对外援助被认为是促进两国贸易和投资的重要渠道。[1] 过去十年中，官方发展援助和中国资本流入在促进柬埔寨发展方面发挥了重要作用，从2010年开始，中国在柬埔寨外来援助中的地位一家独大。2017年，在"一带一路"国际合作高峰论坛上，中国政府宣布向参与"一带一路"建设的发展中国家和国际组织提供600亿元建设民生项目，10亿美元定向资金用于沿线国家合作减贫，农业、工业和贸

---

[1] OUCH Chandarany, SAING Chanhang, PHANN Dalis: Assessing China's Impact on Poverty Reduction in the Greater Mekong Sub-region: The Case of Camnodia, CDRI Working Paper Series No. 52, Cambodia Development Resource Institute, June 2011.

易促进,支持沿线国家实施"幸福家园"、"爱心助困"和"康复助医"等减贫援助项目,同时提供20亿元粮食援助,改善贫困人口基本生活状况,构建中国与"一带一路"沿线国家的合作减贫机制。①柬埔寨方面,中国资金的显著增加,主要用于改善柬埔寨的交通基础设施。②官方发展援助对柬埔寨减贫的影响主要体现在援建交通基础设施等方面,因此,中国官方发展援助对减贫的影响可以通过中国资助交通基础设施项目的案例研究来评估。

柬埔寨自身经济发展较为落后,基础设施尤其是交通基础设施建设极为薄弱:铁路设施无法承载运输要求;可以承担大型运输任务的公路也仅在为数不多的大城市才具备,整个国家至今没有一条现代化的高速公路;港口建设薄弱,海运不发达,西哈努克港为其唯一海港;政府无法提供大型的工业用水电建类设施,大多数城郊和农村地区的三通一平尚未实现,很多地区无法通电。③以基础建设为核心、合作共荣为目标的"海上丝绸之路"倡议,可以较大地改善柬埔寨的硬件基础建设。柬埔寨国内65%的公路和所有电力与水利系统是由中国所援助,目前柬埔寨出台的国家战略十年发展规划的首要项目——"西哈努克经济特区"建设,更是"海上丝绸之路"倡议在柬埔寨的旗帜项目。④这些项目对柬埔寨当地人民生计和当地社区社会发展将产生积极影响,种植更多作物和更好地进入市场的机会可提高人们生活质量,更容易获得更多的教育和更好的医疗服务,可以到更远的地方去工作,了解外面的世界。同时,发展援助机构可以更容易地到达这些村庄,向这些地区提供社会服务,并帮助管理森林资源。总之,基础设施建设项目可为当地人民带来更多的生活选择。

柬埔寨致贫的主要原因是基础设施不完善、科技水平落后等,而

---

① 张原:《"一带一路"倡议下的中国对外合作减贫——机制、挑战及应对》,《当代经济管理》2019年第41卷。
② 陈世伦:《"21世纪海上丝绸之路"倡议下的中柬关系:对外援助关系下的风险分析》,《南洋问题研究》2016年第4期。
③ 杭东霞:《"一带一路"之柬埔寨投资》,《中国外汇》2016年12月1日。
④ 陈世伦:《"21世纪海上丝绸之路"倡议下的中柬关系:对外援助关系下的风险分析》,《南洋问题研究》2016年第4期。

中国的减贫项目促使双方在基础设施建设、农业发展等方面开展了减贫合作。中国通过与柬埔寨的合作，一定程度上推动了柬埔寨经济发展（基础设施得到极大改善）以及人们生活水平的改善（受教育程度得到提升，人力资源得到开发），推动柬埔寨减贫目标的实现。

## 五 "一带一路"减贫效应案例分析
## ——西哈努克港经济特区建设

西哈努克港经济特区（以下简称西港特区）于 2007 年由红豆集团等 4 家江苏无锡民营企业联合柬埔寨著名华资企业柬埔寨国际投资开发有限公司共同打造，总面积为 11.13 平方千米，愿景是成为"柬埔寨的深圳"。西港特区从不毛之地开始建设，经过十多年的努力，现在的西港特区规划整齐、道路宽阔、厂房林立，成为西哈努克省发展最好、就业人口最多的经济特区。[①] 西港特区是中柬两国政府认定的唯一中柬国家级经济特区，成为中国境外经济合作区示范点，是柬埔寨面积最大、发展最快最好的经济特区，洪森在 2016 年 6 月西港特区举行百家企业入园庆典活动时当场宣布西港特区是他的"亲儿子"。

西港特区不仅是"一带一路"建设推动合作共赢、构建命运共同体的例子，也是"一带一路"推动实现共同繁荣和减贫的良好案例。

首先，特区发展为柬创造了就业岗位和机会。西港特区以纺织服装、五金机械、轻工家电等为主导产业，截至 2017 年年底，已有来自中国、欧美、日本等国家和地区的 118 家企业入驻，为当地提供了 1.6 万个就业岗位，解决当地就业 2 万人次，仅属地波雷诺县（所在地区）就有 70% 的家庭在特区工作，改善了这些家庭的生活水平。西港特区对西哈努克省的经济贡献率已超过 50%，[②] 西哈努克省省长

---

[①] 第十届《中国—东盟博览会"柬埔寨国家投资推介会"讲稿》，广西南宁，2017 年 9 月 13 日。

[②] 张力澎：《西港特区——中柬合作共赢的样板》，一带一路网，2018 年 1 月 12 日，https://www.yidaiyilu.gov.cn/xwzx/hwxw/43814.htm。

润明曾多次称赞西港特区是西哈努克省人民的"饭碗"。同时，特区还带动了周边商业的发展，为周边居民脱贫致富创造了商机。有些村民通过在特区内租赁商铺、向区内员工出租宿舍等获得收益。据称全部建成后，将有300家企业入驻，形成8万—10万产业工人就业的生态化宜居新城。① 在提供岗位之外，西港特区还通过技能培训，"授人以渔"，帮助当地人民改善生计。西港特区与当地大专院校进行对接，向区内企业推荐适用的管理人才，并建立劳动力市场，定期在区内举办招聘会，将企业的招工需求与柬埔寨各地的就业需求进行对接。西港特区还与无锡商业职业技术学院共同开办培训中心，对区内员工及周边村庄学生进行专业技能培训和语言培训，迄今共计培训2.35万人次，还先后资助两批柬埔寨籍学员到中国学习。同时，特区要求区内企业严格执行柬埔寨政府规定的企业员工社会福利政策，切实保障本地员工权益。②

其次，西港特区是繁荣之路。习近平总书记在"一带一路"国际合作高峰论坛上提出，要把"一带一路"建成和平之路、繁荣之路、开放之路、创新之路、文明之路，西港特区做到的就是繁荣之路。十多年前，西港特区还是一片荒芜之地，无水、无电、无路，如今，西港特区从一片莽原荒滩崛地而起，形成首期5平方千米的园区规模，初步完成"五通一平"，成为柬埔寨当地生产、生活配套设施完善的国际化工业园区，而且西港特区还创造了多个令人惊叹的第一：中国首批通过商务部、财政部考核确认的境外经贸合作区之一；第一个签订双边政府协定确立法律地位的合作区；第一个建立双边副部级协调委员会促进机制的合作区；第一个联合中国高校为东道国培养留学人才的经贸合作区。同时，西港特区是柬埔寨政府目前批准的最大的经济特区，西哈努克省目前发展最好、就业人口最多

---

① 周海江：《打造"一带一路"合作共赢样板园区——以红豆集团在柬埔寨主导开发的经济特区为例》，《江南论坛》2017年第6期。

② 中国商务部国际贸易经济合作研究院、中国国务院国有资产监督管理委员会研究中心、联合国开发计划署驻华代表处：《2017年中国企业海外可持续发展报告：助力"一带一路"地区实现2030年可持续发展议程》。

的经济特区。① 未来，西港新区将在东南亚泰国湾边的西哈努克省打造"一城、两港、三中心"。"一城"就是西港特区建成后，将成为一个300家企业入驻、10万产业工人、20万人口的宜居城。"两港"是海港和空港，形成特区具有竞争力的产业结构。"三中心"是建设工业化新城，打造柬埔寨新经济中心、东南亚新物流中心、大湄公河次区域培训交流中心。②

最后，西港特区是民心之路。西港特区以融入当地、造福民众、奉献社会作为立足之本，并用心打造公益慈善、扶贫教育、医疗卫生等民心项目，成为深化中柬传统友谊、促进民心相通的样板。③ 西港特区也为江苏省加强与柬埔寨间的合作提供了平台，促进了双方在教育、医疗、卫生等领域的合作。在医疗卫生领域，2015年、2016年，江苏省政府先后派出援外医疗队到西哈努克省开展义诊活动。其间，医疗队与西哈努克省医院的医生们进行了学术交流，为当地村民提供医疗服务，前后共问诊2800人。另外，江苏省寄生虫病防治研究所与西哈努克省卫生局签署了卫生合作谅解备忘录，明确双方将在疟疾、血吸虫病等热带病防治方面开展学术交流、技术合作等。在教育合作领域，2015年，江苏省政府向西哈努克省政府捐赠了40台电脑；2016年，又为默德朗乡小学援助建设电化教室，用于改善当地办学条件、发展教育事业。另外，无锡市政府还在西哈努克港经济特区内开设"无锡图书馆"，为区内员工、周边村民提供图书阅览服务，促进两地文化的交流，向西哈努克省政府捐赠一批太阳能路灯，改善四号国道行车条件，完善当地道路设施。④

此外，西港公司也注重履行社会责任，热心公益慈善，造福当地

---

① 周海江：《打造"一带一路"合作共赢样板园区——以红豆集团在柬埔寨主导开发的经济特区为例》，《江南论坛》2017年第6期。

② 《西港特区："一带一路"合作共赢的样板》，国务院新闻办公室网站，2016年6月8日，http://www.scio.gov.cn/ztk/wh/slxy/31208/Document/1479664/1479664.htm。

③ 张力澎：《西港特区——中柬合作共赢的样板》，一带一路网，2018年1月12日，https://www.yidaiyilu.gov.cn/xwzx/hwxw/43814.htm。

④ 周海江：《打造"一带一路"合作共赢样板园区——以红豆集团在柬埔寨主导开发的经济特区为例》，《江南论坛》2017年第6期。

百姓。2008年捐资25.4万美元为当地修建学校，每年都向柬埔寨红十字会捐款，救助社会弱势群体，向受灾群众、贫困家庭捐赠大米、饮用水、蚊帐等，帮扶贫困学生，成立西港特区中柬友谊公益志愿者团队，扩大援助队伍。① 西哈努克省默德朗乡乡长说："西港特区成立之前，在5000人的默德朗乡贫困率是60%左右，近9年的时间过去，我们的贫困率减少为10%。以前，全乡人均年收入400美元，而今已经达到1000美元；以前，我们的社会治安状况并不好，而今，到了晚上，特区里灯火通明的教室中坐满了学习中文的大人和孩子……'西港特区'已经是我们的名片，她和我们是唇齿相依的关系……"②

西港特区作为"走出去"的代表和中柬合作样板工程，实现了经济效益和社会效益的双丰收，通过扩大就业，改变当地群众谋生渠道、提高生活水平降低了西港特区贫困率。2018年1月，李克强总理在参观澜沧江—湄公河合作成果展时表示，中方愿同柬方共同努力继续搞好二期建设，让这一中柬合作的样板项目真正成为"富民"工程、"民福"工程。③

## 六　结论与政策建议

减贫是联合国2030年可持续发展议程首要目标之一，也是"一带一路"沿线多数国家政府与社会重点关注的发展目标，中国以"一带一路"倡议为基础构建的新型"南南合作"减贫机制，立足投资、贸易和援助三位一体。结合中柬"一带一路"合作对减贫带来的实际成效，深入推进与"一带一路"沿线国家的减贫合作，本章认为还需要加强以下几方面的工作。

---

① 周海江：《打造"一带一路"合作共赢样板园区——以红豆集团在柬埔寨主导开发的经济特区为例》，《江南论坛》2017年第6期。
② 中国商务部国际贸易经济合作研究院、中国国务院国有资产监督管理委员会研究中心、联合国开发计划署驻华代表处：《2017年中国企业海外可持续发展报告：助力"一带一路"地区实现2030年可持续发展议程》。
③ 《李克强与湄公河五国领导人参观澜湄合作成果展》，新浪网，2018年1月11日，http://news.sina.com.cn/o/2018-01-11/doc-ifyqptqv7606348.shtml。

（一）合作理念与原则。"一带一路"倡导"开放、包容、互利和共赢"理念，秉持"共商、共建、共享"的合作精神。"一带一路"减贫合作要以"一带一路"精神为基本原则，以推动人类命运共同体的构建为目标指引，同时应体现三大特色，即中国特色、国际特色、区域及受援国国别特色。体现中国特色，需要将中国的减贫经验结合受援国实际情况、文化特色来实施援助和合作，重点考虑受援国现实，与受援国本国政策实行对接，选取减贫合作重点。区域和国际特色需要将"一带一路"减贫合作与区域减贫和国际减贫目标相结合，加强与区域和国际减贫的合作与对接，推动绿色环保减贫。

（二）合作领域与层次。首先，"一带一路"沿线国家致贫的主要原因之一是基础设施不完善，无论是援助、投资还是贸易，基础设施建设依然是中国推动"一带一路"减贫合作的重点。基础设施建设是关系到经济发展、居民生活质量和社会福利水平的关键性议题，其在经济增长和消除贫困等领域的作用越来越为各发展中国家及区域性合作所重视。一般而言，基础设施对于减贫的促进作用可以通过两种途径来实现：一是间接作用过程，即基础设施投资促进经济增长，再通过后者的涓滴效应间接提高贫困人口的可支配收入，改善贫困地区福利状况；二是直接促进贫困人口的减少，大型基建项目有助于增加贫困地区的非农就业机会、减少城乡间劳动力转移成本、提高农业劳动生产率，以直接实现减贫的目标。

其次，对外援助方面，注重质的成长，进行全方位多领域的覆盖，深入基层，着力推进"一带一路"沿线国家涉及民生问题项目的实施。"一带一路"减贫合作存在的问题之一是政策主要由政府推进，难以直接惠及贫困人口，而"一带一路"沿线国家的绝大多数贫困人生活在经济发展水平较低的农村地区，解决农村贫困问题是减贫合作的关键，对外援助作为"一带一路"减贫合作重要一环，可以通过援助扩大覆盖范围，深入基层。援助的范围可以包括农村公共交通设施、基础教育、医疗健康、污水处理、社区发展、公共管理等涉及公共大众生活的项目，且援助不只单纯停留在政府间的接触，而是通过基层项目和志愿者活动直接深入基层开展工作，而且很多像教育、医疗等项目可以实施滚动支持计划，并每年就实施的发展援助进行评价，以此改善有关管理体系和确保援助的有效性。通过深入基层，滚动支持以及及时评估等极大地提升民间形象。以援助公共交通为例，可以援助改善公交系统的设施，从系统到用车安排，而公共交通是普通大众外出最常选择的出行工具之一，而且每天在城市和城际穿梭，公共交通设施的运行本身就是在为国家做宣传的好工具之一。从成本的角度而言，投入少、产出多，且宣传和影响范围广泛。

最后，"一带一路"沿线国家致贫的主要原因除了基础设施不完善外，科技水平落后、教育质量不高等是另两大原因。加强人文交流、教育培训与人力资源开发合作，增加包容性就业，提高贫困人口的内生发展能力，是最有效也是最根本的减贫方式。读写能力是人类通向自由的第一步，也是个人和集体发展的先决条件之一。获得读写能力可以帮助人们摆脱贫困和社会不平等待遇，严重的文盲现象导致没有受过教育的人群被排除在社会之外，进而引发又一轮的社会不平等等社会现实问题。教育不仅担负着国家重要人才的培育与发展，也是个体通过其获得自由选择机会的一个重要途径。教育发展和人力资源开发是"一带一路"沿线国家经济社会发展的关键，加强与"一带一路"国家的人文交流和人才培训，特别是"走出去"开展实用技术培训，促进与这些国家的人文、教育、科技领域的交流合作，扩大派遣援外志愿者，为"一带一路"倡议实施创造有利的国际人文环境。

（三）推动策略与保障措施。加强顶层设计和政策规划，完善对外援助制度和机制建设，增强整体效应。对外援助是观察一个国家对外行为的一个重要窗口，长期以来，我们的管理部门将过多的精力投入了具体的项目实施过程之中，而对宏观规划投入的精力不够。中国对外援助的主管机构是商务部，协管机构是外交部、财政部、人行及各专业部委。在给予援助的过程中，赠款、无息或低息贷款均由不同部门负责，缺乏统一连贯性标准，各机构间也缺乏统一有效的沟通联络平台。分散的安排削弱了作为整体来协调对外援助的能力。为此，外交部、商务部、财政部以及地方政府等各对外部门要充分发挥好协调作用，努力推动多部门协同合作，统一对外援助政策，制定出台对外援助的中长期战略规划和政策指南，更要包括具体的国别援助政策和长期援助战略的指导意见，为"一带一路"减贫合作保驾护航。此外，还应推动民间组织深入减贫合作，加强志愿者和非政府组织活动，这些是深入基层的最好办法之一。

# 第十三章　中东欧国家报告：中国与发达国家的经济合作

自2013年中国提出"一带一路"倡议以来，"一带一路"已从理念和愿景转化为行动与现实。据商务部统计，截至2017年年底，中国对"一带一路"相关国家和地区累计投资1543.98亿美元，约占中国对外直接投资（OFDI）总量的8.53%，同比增长19.31%。① 对外投资已经成为中国推进"一带一路"建设的重要方式，成为中国企业深度参与国际分工协作、优化资源配置的重要途径，② 也为中国与"一带一路"相关国家包括与发达国家的经济合作带来了新的机遇。为了进一步探索、总结"一带一路"背景下中国与发达国家经济合作的新经验、新模式，2018年7月，中国社会科学院"一带一路"课题组对匈牙利、塞尔维亚和希腊等"16+1"重要成员或"中欧海陆快线"节点国家的主要研究机构、代表性中资企业和中国驻当地使领馆进行了系列调研，具体报告如下。

## 一　"一带一路"与中欧合作的深化与升级

中国和欧盟是世界上最重要的两大经济体，两者合计约占全球经济总量的1/3；中欧经贸关系也是世界上规模最大、最具活力的经贸

---

① 商务部、国家统计局、国家外汇管理局：《2016年中国对外直接投资统计公报》，中国统计出版社2017年版。
② 国家发改委：《对外投资已成为推进"一带一路"建设重要方式》，一带一路网，2018年1月22日，https://www.yidaiyilu.gov.cn/xwzx/bwdt/45229.htm。

关系之一。据中国海关统计，2017 年，中欧双边贸易额达 6454.82 亿美元，约占中国对外贸易总额的 15.86%，约占欧盟对外贸易总额的 15.29%（见图 13-1）。① 欧盟已经连续 14 年成为中国的第一大贸易伙伴，中国则是欧盟的第二大贸易伙伴。截至 2016 年年末，欧盟对华实际投资累计达 1103.57 亿美元，约占中国实际使用外资总额的 5.89%，是中国第四大实际投资来源地；② 截至 2017 年年底，中国对欧盟累计直接投资超过 860.15 亿美元，约占中国对外直接投资存量的 4.75%。③ 双向贸易和投资成为促进中欧各自经济发展和创新的主要动力。目前，中欧双方正在商签双边投资协定（中欧 BIT），④ 也在探讨签署自由贸易协定的可能性。⑤ 中欧 BIT 或自由贸易协定的签署将为中欧贸易和相互间投资的可持续增长提供制度性保障，而"一带一路"的提出，则为中欧经贸关系的深化与升级带来了新的历史机遇。

首先在基础设施互联互通领域，以中欧班列、匈塞铁路、希腊比雷埃夫斯港为代表的中欧"一带一路"基础设施互联互通项目建设取得巨大进展。据国家发改委报告，"截至 2017 年年底，中欧班列国内开行城市达 38 个；到达欧洲 13 个国家 36 个城市，较 2016 年新增 5 个国家 23 个城市；铺划中欧班列运行线路达 61 条。中欧班列全程运行时间从开行初期的 20 天以上逐步缩短到 12 至 14 天；整体运输费用较开行初期下降约 40%"。⑥ 作为"一带一路"和新亚欧大陆桥经

---

① 全球贸易信息系统（GTA）数据库，https://www.gtis.com/gta/。
② 商务部：《2017 年中国外资统计》，http://www.fdi.gov.cn/1800000121_10000317_8.html。
③ 商务部、国家统计局、国家外汇管理局：《2016 年中国对外直接投资统计公报》，中国统计出版社 2017 年版。
④ 中欧 BIT 谈判始于 2013 年 11 月，截至 2018 年 9 月，中欧 BIT 已经完成 18 轮谈判，并在第 20 次中欧领导人会晤期间交换了清单出价，标志着中欧 BIT 谈判进入了新的阶段。
⑤ 据欧洲政策研究中心（CEPS）报告，中欧 FTA 的签署将使欧盟的 GDP 增加 0.76%，使中国的 GDP 增加 1.87%。参见 Center for European Policy Studies（CEPS），*Tomorrow's Silk Road：Assessing an Eu-China Free Trade Agreement*，April 2016，https://www.ceps.eu/system/files/EUCHINA_FTA_Final.pdf。
⑥ 《2017 年中欧班列开行数量同比增长 116%》，新华网，2018 年 1 月 22 日，http://www.xinhuanet.com/2018-01/22/c_1122297180.htm。

济走廊建设的重要平台，中欧班列到 2020 年将实现年开行 5000 列左右，在集装箱铁路国际联运总量中占比将达 80%。①

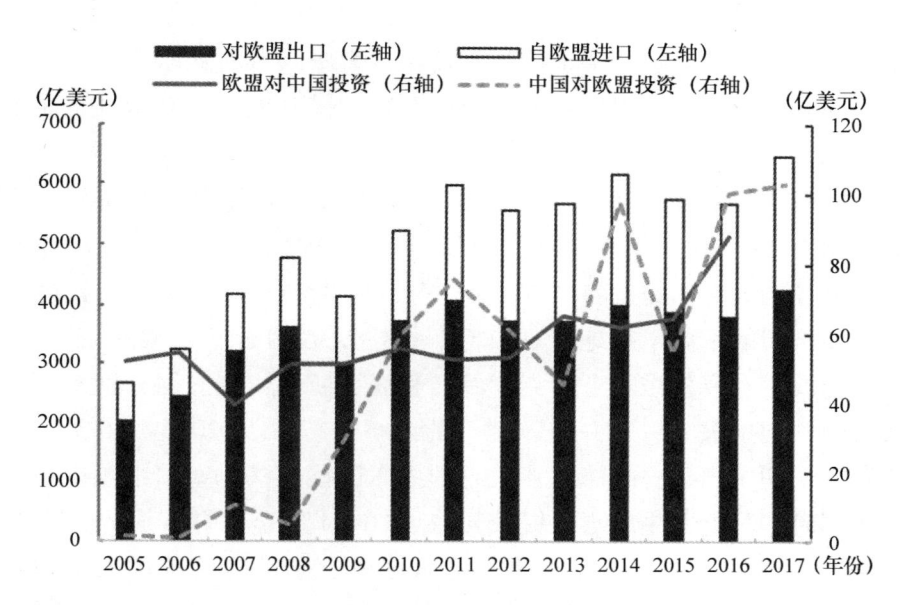

**图 13-1　中国与欧盟贸易和直接投资情况**

资料来源：根据中国商务部和全球海关统计数据库（GTA）相关数据制成。

而在产能合作领域，以中白工业园、匈牙利中欧商贸物流园、中匈宝思德经贸合作区、波兰跨境电商产业园为代表的产业合作项目成效显著。位于白俄罗斯首都明斯克郊区的中白工业园是中国最大的海外工业园，也是中国与白俄罗斯共建丝绸之路经济带的标志性工程。自 2015 年进入实质性开发以来，中白工业园已经建成总面积达 10 万平方米的中白商贸物流园，入驻企业达 25 家。匈牙利中欧商贸物流园是中国在欧洲地区建设的首个国家级经贸合作区和首个国家级商贸物流型境外经贸合作区。而 2016 年 6 月启动的波兰跨境电商产业园则是中国在欧洲最大的跨境电商产业园。除此之外，作为中国与中东

---

① 《"中欧班列建设发展规划（2016—2020 年）"发布》，国家铁路局网站，2016 年 10 月 19 日，http://www.nra.gov.cn/jgzf/yxjg/zfdt/201610/t20161027_28807.shtml。

欧国际产能合作的样板工程，塞尔维亚斯梅代雷沃钢铁厂2号高炉的重启和科斯托拉茨电站一期项目的完工已经成为中塞两国在"一带一路"框架下产业合作的典范。以境外工业园、产业园和经贸合作区为平台，新亚欧大陆桥框架下的产能合作将为中国与新亚欧大陆桥沿途国家深化经贸合作、促进东道国产业升级、提升经济发展水平奠定新的基础。

中东欧国家在中国与欧盟经贸合作中占据非常重要的位置。自2013年中国提出"一带一路"倡议以来，习近平主席在会见中东欧国家领导人时多次提出将"16+1"打造成为"一带一路"倡议融入欧洲经济圈的重要承接地。① 2015年11月，在习近平主席的见证下，中国与波兰、塞尔维亚、捷克、保加利亚、斯洛伐克五国分别签署了政府间共同推进"一带一路"建设的谅解备忘录。② 2016年6月，在对第一个同中国建立战略伙伴关系的中东欧国家——塞尔维亚进行国事访问时，习近平主席再次提及要将"16+1"合作打造成为"一带一路"倡议融入欧洲经济圈的重要承接地；在对波兰进行国事访问时，习近平主席为"一带一路"建设提出"齐心协力、突出重点、紧密协作、优化机制、智力先行"5点建议。2017年11月，中国同中东欧16国共同发表《中国—中东欧国家合作布达佩斯纲要》，强调愿以"16+1"合作为依托，继续共商、共建、共享"一带一路"，继续推动"一带一路"倡议与欧洲投资计划等重大倡议和各国国家发展规划相对接。③ 作为中欧全面战略伙伴关系的重要组成部分和有益补充，"16+1"合作与"一带一路"的有效对接正在使中欧关系向着更高水平、更宽领域、更深层次发展。据商务部统计，截至2017年年末，中国对中东欧16国累计直接投资18.51亿美元（见图13-2）。以中远希腊比雷埃夫斯港、万华匈牙利宝思德经贸合作区、河钢

---

① 钟声：《对接发展战略"一带一路"再提速》，《人民日报》2016年6月26日。
② 《习近平集体会见中东欧16国领导人》，新华网，2015年11月27日，http://www.xinhuanet.com/mrdx/2015-11/27/c_134860944.htm。
③ 《中国—中东欧国家合作布达佩斯纲要》，中华人民共和国外交部网站，2017年11月28日，http://www.fmprc.gov.cn/web/zyxw/t1514532.shtml。

塞尔维亚公司为代表的"一带一路"标志性项目,在为中国与中东欧国家合作带来新的动力的同时,为"一带一路"背景下中国与欧盟、中国与发达国家的经济合作提供了新样本、新模式和成功经验。

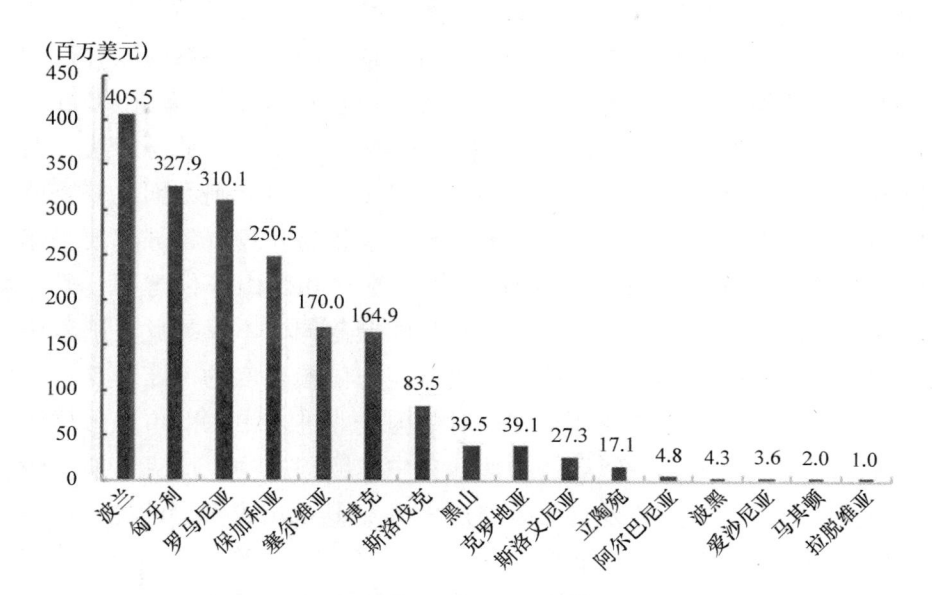

(百万美元)

| 国家 | 投资存量 |
|---|---|
| 波兰 | 405.5 |
| 匈牙利 | 327.9 |
| 罗马尼亚 | 310.1 |
| 保加利亚 | 250.5 |
| 塞尔维亚 | 170.0 |
| 捷克 | 164.9 |
| 斯洛伐克 | 83.5 |
| 黑山 | 39.5 |
| 克罗地亚 | 39.1 |
| 斯洛文尼亚 | 27.3 |
| 立陶宛 | 17.1 |
| 阿尔巴尼亚 | 4.8 |
| 波黑 | 4.3 |
| 爱沙尼亚 | 3.6 |
| 马其顿 | 2.0 |
| 拉脱维亚 | 1.0 |

图 13-2 中国对中东欧国家投资存量情况(2017 年)

资料来源:笔者根据商务部相关统计数据制成。

## 二 "一带一路"合作的成功经验

作为新时期中国全方位对外开放的重大举措,"一带一路"的提出对中国国家和社会的相互协调以及政治、经济、文化的相互整合提出了更高要求。从中国企业在中东欧国家和欧盟市场的成功经验来看,不论是"丝绸之路经济带"还是"21世纪海上丝绸之路","一带一路"从理念愿景转化为行动与现实离不开宏观层面的规划与协调,中观层面的经贸、产业、能源、技术等合作,以及微观层面各种社会行为体与企业行为体的协同配合。①

---

① 王金波:《构建"一带一路"区域新合作》,《中国社会科学报》2015 年 7 月 1 日。

### （一）进入时机

发达国家包括欧盟市场已经非常成熟，中国企业作为后来者无论是在"16+1"还是在"一带一路"框架下进入欧盟市场尤其是以商业存在的形式进入欧盟市场，除了中国与东道国经贸关系的互补性和需求的一致性外，进入的时机尤为重要。中东欧16国中有11个欧盟成员、4个候选国和1个潜在候选国。虽然经济发展水平与德法等西欧发达资本主义成员还存在一定差距，但在标准与规则方面尤其是欧盟的专属权能领域与德法两国并无二致，在贸易和投资领域都要采用欧盟标准（共同商业政策）。即便是塞尔维亚和黑山等候选国，其在环保、劳工等标准与规则方面也正在与欧盟趋同。不仅如此，随着中东欧国家对欧盟尤其是德法等西欧成员经济依赖程度的不断加深，德法等国在中东欧国家的商业存在也对中国企业进入中东欧市场形成了很大的压力或阻力。以银行业为例，在中东欧国家中，捷克、斯洛伐克和爱沙尼亚的银行业外资比率超过90%，其他国家银行的控股比例也接近80%，其中大部分外资来自德、法、荷兰等西欧国家。[①] 因此，中国企业要想进入欧盟市场，除了要面对欧盟严格的市场准入标准外，还要面对德法等国企业的激烈竞争，对中国企业的自身优势和战略规划能力都提出了更高要求。

以中远比雷埃夫斯港为例，该港是希腊第一大港口、地中海第二大港口，自2008年金融危机后中远集团获得该港2号、3号码头特许经营权后，该港吞吐量目前已突破400万标准箱，是2010年88万标准箱的4倍多，全球排名则从2008年的第93位上升至2017年的第36位。[②] 比雷埃夫斯港正在成为"一带一路"上的重要枢纽港和中国与希腊战略合作的典范。中远之所以能够收购比雷埃夫斯港，除了企业自身的资本技术优势、国际化视野和相关政策支持外，还离不开国际金融危

---

① 转引自金玲《中东欧国家对外经济合作中的欧盟因素分析》，《欧洲研究》2015年第2期。
② 《希腊比港首迎2万标准箱级集装箱船》，新华网，2018年2月27日，http://www.xinhuanet.com/photo/2018-02/27/c_129818357.htm。

机这个大背景。2009年10月发生的希腊债务危机让希腊经济陷入严重衰退局面。① 在国际货币基金组织和欧盟等国际出资人的压力下，希腊政府不得不开始了包括比雷埃夫斯港在内的500亿欧元规模的国有资产私有化进程。2016年6月30日，希腊议会最终批准了中远海运集团与希腊共和国发展基金（HFRADF）签署的比雷埃夫斯港股权转让协议和股东协议，同意将该国最大港口比雷埃夫斯港67%的股权出售给中远集团。② 据希腊经济和工业基金会报告，此次股权收购完成后，未来5年，中远比雷埃夫斯港将为希腊吸引5亿欧元投资；2025年前将为希腊创造至少3.1万个就业机会。③ 不仅如此，受物流聚集效应影响，包括华为、中兴、索尼在内的国际知名企业也开始利用中远集团所属公司经营的中东欧铁路货运服务向欧洲国家供应产品，中远收购比港的附加效应也对希腊经济的复苏和增长做出了巨大贡献。④

## （二）进入模式

发达国家市场存量交易远远大于增量交易，欧盟在部分行业如钢铁领域实施总量平衡，中国企业作为外来者要想在"一带一路"框架下进入欧盟包括中东欧市场，在区域或全球范围内实现资源的优化配置，除了市场进入的时机外，市场进入的模式选择也非常重要。目前，国际上可供企业选择的进入国际市场的模式归纳起来主要包括三大类：一是出口（一种传统、简单、风险最低的进入方式）；二是合同进入，又称非股权进入（主要包括许可证模式、特许经营模

---

① 2009年10月，希腊政府突然宣布其2009年政府财政赤字和公共债务占GDP的比重分别达12.7%和113%，远超欧盟《稳定与增长公约》规定的3%和60%上限。
② 根据协议，中远集团将首先支付2.805亿欧元获得该港51%的股权，其余16%的股权将在中远集团完成3.5亿欧元强制性投资的5年后以8800万欧元价格完成交易。参见《德媒：中远收购希腊港口案尘埃落定 希腊终予批准》，参考消息网，2016年7月1日，http://www.cankaoxiaoxi.com/finance/20160701/1214611.shtml。
③ 《中企首次海外获整个港口经营权 中远收购希腊港口》，环球网，2016年3月10日，http://finance.huanqiu.com/cjrd/2016-03/8682410.html。
④ 刘作奎：《收购希腊比港对"一带一路"建设的重要意义及风险预估》，《当代世界》2016年第4期。

式、合同制造模式、管理合同模式、工程承包模式和双向贸易等六种模式);三是直接投资,又称股权进入,包括合资进入和独资进入两种形式。上述各类模式各有优缺点,无所谓孰优孰劣,需要企业结合自身优势和目标市场特点来选择适合自己的国际市场模式。在影响一国企业进入模式选择的诸多因素中,目标国家的市场规模和竞争结构、目标国家的政治和经济环境、本国国内因素(本国市场的竞争结构、生产要素和环境因素)、企业产品因素、企业的核心竞争力、企业资源与投入因素都是企业在进入目标国市场之前需要统筹考虑的决定因素。

中东欧国家经济体量小,市场规模小,还要受欧盟统一市场和共同商业政策的影响,对中国企业的进入模式选择提出了更高要求。以河钢塞尔维亚斯梅代雷沃钢铁厂为例,该厂成立于1913年,曾被称为"塞尔维亚的骄傲"。由于国际市场竞争激烈以及管理不善等因素,该厂一度陷入困境,面临倒闭。2016年4月,中国河钢集团与塞尔维亚政府签约,以4600万欧元收购斯梅代雷沃钢铁厂,保留其5000名员工。当年12月,钢铁厂就实现盈利,扭转了连续7年亏损的局面。河钢在塞尔维亚的成功首先要得益于河钢在进入塞尔维亚之前的细致工作。塞尔维亚国内市场容量小,斯梅代雷沃钢铁厂两头在外(产品90%销往欧盟,原材料主要来自波兰和俄罗斯),在做出收购斯梅代雷沃钢铁厂的决策之前,河钢首先需要了解的是此前美国钢铁业联合会为何放弃经营的问题,在确定企业出现困难不是因为市场、产能和盈利能力问题,而是因为金融危机、经营和与当地规则融合失败等主要原因后,河钢最终做出了并购该企业进入塞尔维亚和欧盟市场的决定。自2016年收购斯钢以来,在快速适应塞尔维亚和欧盟的制度体系、法律体系、企业管理体系和思维模式、文化差异后,通过一系列的设备升级(已投入1亿美元)、技术改造、优化流程和加强职业化、国际化及合规经营后,当年12月就实现了扭亏为盈,在成功进入欧盟市场的同时避免了与欧盟的直接摩擦或转移过剩产能的指责。

## （三）尊重市场规律

发达国家尤其是欧盟的市场机制比较成熟，市场在资源配置中起着决定性的作用。中东欧国家经过 20 多年的转型，也已建立起了完善的市场经济体制。中资企业尤其是国有企业在进入欧盟或中东欧市场时，除了东道国的市场准入限制外，欧盟的竞争中立政策对中国（国有）企业在欧盟包括在中东欧国家的市场行为也提出了更高要求——要求中国企业在充分发挥自身竞争优势的同时，充分尊重市场规律。在具体项目建设过程中，既要兼顾市场盈利与社会责任目标，避免短期行为或竭泽而渔；又要贯彻市场化、国际化和专业化的原则，避免自身特色与各方目标的失衡与错位。[1]

以山东万华实业集团收购匈牙利宝思德公司（世界八大聚氨酯生产商之一）为例，宝思德公司成立于 1949 年，在被万华收购之前由欧洲最大的私募基金、英国璞米资本（Permira）管理，资产负债率高达 97%，又逢金融危机，企业处于破产边缘。为了确保公司 3300 人的就业问题，2011 年 1 月，匈牙利政府最终同意万华集团以 12.63 亿欧元收购宝思德 96% 的股权，成为中国企业迄今在中东欧地区最大的投资项目。2016 年，万华集团完成了对宝思德公司的 100% 控股，成为世界第一大 MDI（二苯基甲烷二异酸酯）制造商和世界第三大聚氨酯制造商。万华宝思德的成功，一是得益于万华自身的竞争优势。在收购宝思德之前，万华集团已经是亚太地区最大的 MDI 制造商，拥有世界最先进、质量最好的 MDI 生产线和相关技术，也是国内唯一一家拥有全部自主知识产权的中国 MDI 制造商。[2] 二是得益于万华集团的国际视野。MDI 产品技术含量高、垄断性强，目前只有中、美、德、日 4 个国家的 6 家公司能够生产。为了提升万华集团在 MDI 领域的战略制衡能力和区域平衡能力，早在 2002 年万华集团就开始了在欧洲这一全

---

[1] 王金波：《"一带一路"经济走廊与区域经济一体化：形成机理与功能演进》，社会科学文献出版社 2016 年版，第 76 页。

[2] 《烟台万华实业收购匈牙利 BC 公司案例》，中国网，2012 年 10 月 19 日，http://finance.china.com.cn/stock/ssgs/20121019/1080493.shtml。

球最大的MDI消费市场的制造基地布局，2008年的金融危机则为万华收购宝思德提供了极好的机遇。三是得益于万华团队的专业化和对核心业务的专注。自2011年收购宝思德以来，万华通过资本输出、技术改造和工艺优化、管理输出、文化整合等方式对宝思德公司进行了全面融合，年销售收入从2010年的7.6亿欧元增加至2016年的12.3亿欧元，净利润则从2011年的亏损1.32亿欧元到2017年的盈利4亿欧元，成功跻身中东欧百强企业，成为"一带一路"框架下中国与匈牙利产业合作的典范。匈牙利也于2015年成为欧洲第一个和中国签订"一带一路"谅解备忘录的国家，并于2016年同中国设立并启动"一带一路"工作小组机制。[①] 中国已经成为匈牙利在欧盟外最大的贸易伙伴，匈牙利则已成为中国在中东欧地区的最大出口和投资目的地。

### （四）企业家精神

企业是市场的重要主体，而企业家则是一个企业的统帅和灵魂。中远比雷埃夫斯港、河钢塞尔维亚公司、万华匈牙利宝思德在"一带一路"建设和企业"走出去"过程中的实践证明，"一带一路"的成功离不开敢闯敢为、追求卓越的企业家精神。中远、万华和河钢都是国有企业，国有企业领导人员不仅肩负着经营管理国有资产、实现保值增值的重要责任，在"一带一路"和企业"走出去"的过程中还要统筹兼顾项目与国家"一带一路"目标的匹配程度——既要考虑项目的技术可行性、与其营利性和环境可持续性，又要考虑项目所面临的风险、不确定性或社会成本；既要考虑"一带一路"骨架项目的战略收益，又要考虑项目的经济效应和示范性效应。这些看似矛盾对立却又辩证统一的目标，必然要求企业管理人员不仅要敢闯敢试，还要具备强烈的创新意识；不仅要敢为人先，还要善于推进企业产品、技术、商业模式、管理、制度、文化等各方面的创新。唯有如此，才能在激烈的市场竞争中掌握战略主动、赢得比较优势，才能确保"一带

---

① 匈牙利驻华大使馆：《匈牙利：欧洲第一个参与支持"一带一路"倡议的国家》，《中国对外贸易》2017年第5期。

一路"的活力和可持续性。以中远收购比雷埃夫斯港、万华收购宝思德为例，二者的共同背景都是金融危机，能在东道国陷入债务危机、经济停滞不前的情况下敢于做出收购决断，离不开敢闯敢为的企业家精神；能在短期内将企业扭亏为盈，变危为机，离不开高素质、专业化、国际化的企业家队伍。

### （五）合规管理

合规管理是近年来国际一流企业为适应全球市场监管而在企业内部组织开展的一项重要管理活动，涉及反腐败、反商业贿赂、反垄断、食品安全、生产安全、质量控制、环保等诸多领域。除了美国司法部的《公司合规机制评估》和国际标准化组织（ISO）的《合规管理体系指南》国际标准外，世界银行、经合组织等地区或国际组织均对成员国企业提出了各自的合规体系指引。世界银行、非洲开发银行、欧洲复兴银行以及美洲开发银行等区域性金融组织间甚至还签有"交叉制裁"（Cross-Debarments）协议。依据协议，"若某企业受到参约的国际组织之一制裁，做出制裁决定的国际组织有义务通知其他的参约组织，其他的参约组织将有权在各自管辖领域内执行该组织做出的违规制裁"。[①] 以世界银行的合规制裁措施为例，企业一旦受到制裁，不仅无法在一定年限内（因违规严重程度不同而不同）参与任何由世行发起的或受世银资助的商业项目，还将面临其他区域性金融组织在各自管辖领域内制裁的风险。

为了规范中国企业的海外行为，包括在"一带一路"相关国家的企业行为，2017年5月23日，中央全面深化改革领导小组第三十五次会议通过了《关于规范企业海外经营行为的若干意见》，提出加强企业海外经营行为合规制度建设。2017年12月29日，国家质量监督检验检疫总局、国家标准化管理委员会正式批准、发布了《合规管理体系指南》，为中国企业包括"一带一路"企业建立并运行合规管理

---

[①] 刘婷、张梦蕾：《做好准备，中国企业的合规时代已来临》，2017年3月15日，https://www.chinalawinsight.com/2。

体系，识别、分析、评价和管控应对合规风险提供了国家标准。从中远、万华和河钢的成功经验来看，"一带一路"的成功也离不开有效的合规管理和合规风险控制。

### （六）本土化、属地化管理

本土化战略是指跨国公司为迅速适应东道国的经济、文化、政治环境而采取的当地化战略。属地化管理是指企业为增强国际化经营能力、提升项目管理水平而采取的经营属地化、管理属地化、人员属地化和待遇属地化的现代管理模式。在对中远比雷埃夫斯港、万华宝思德、河钢塞尔维亚公司、山东高速塞尔维亚中国文化中心的调研过程中，上述企业均提到了本土化战略和属地化管理的重要性。以希腊比雷埃夫斯港为例，在中远收购以后，中方只派出了16名管理人员，其余3200多名员工均为希腊本地人员。通过属地化、国际化和专业化相结合的管理模式，中远在逐步构建起适合当地的管理体系的同时，逐步实现了从整合到融合的共同发展模式。类似的，万华实业在收购匈牙利宝思德化学公司后，在对原有外籍管理团队进行优化的同时，提拔了一大批年轻、有经验的匈牙利当地员工充实到管理层（公司先后获得了匈牙利最佳雇主奖和匈牙利社会责任奖两项大奖），为后续企业融入欧洲这一全球最大的MDI消费市场，成为全球最大MDI制造商奠定了坚实基础。河北钢铁在收购塞尔维亚斯梅代雷沃钢铁厂后，在确保原有5000多名塞尔维亚员工就业的同时，保留了80%的塞尔维亚管理人员（其中部门经理级别全是塞尔维亚当地员工），中方只派出了几名高级管理人员。通过属地化管理，河钢在充分发挥属地员工优势、确保原有欧盟市场销售渠道的同时，逐步获得了塞方员工的高度信任，为后续企业扭亏为盈、河钢进入欧盟市场创造了良好的外部环境。山东高速塞尔维亚中国文化中心为山东高速自有项目，但在项目建设过程中，从原材料、设备、人员到承建商都采用了当地化、属地化管理。上述企业的经验表明，作为跨国企业海外发展的一种必然趋势，"属地化"管理同样是中国企业融入"一带一路"相关国家的必由之路。

## （七）融资机制

资金融通是"一带一路"建设的重要支撑。为了推动中国与中东欧国家在"16+1"合作和"一带一路"框架下的金融合作，2016年11月5日，规模达100亿欧元的中国—中东欧基金正式成立。[①] 2017年7月26日，中国银行协助匈牙利在中国银行间债券市场成功发行了期限3年、价值10亿元人民币的"熊猫"债券，作为匈牙利首次进入中国银行间债券市场发行的人民币债券，该笔债券所募集资金将明确用于"一带一路"合作。[②] 2017年11月27日，由中国国家开发银行与中东欧金融机构共同发起的中国—中东欧银联体正式成立，国家开发银行将在五年内向银联体成员行提供总额度为20亿等值欧元的开发性金融合作贷款，"共同支持中国和中东欧国家企业参与的中东欧国家基础设施、电力、电信、园区、农业、中小企业、高新科技等领域项目投资建设"。[③] 除此以外，中国出口信用保险公司（以下简称"中国信保"）在基础设施互联互通、国际产能合作和经贸产业园等领域也加大了政策性信用保险对"一带一路"建设包括与中东欧国家合作的支持力度。2017年，中国信保面向"一带一路"累计承保1298亿美元（同比增长约15%），支付赔款超过4亿美元。[④] 其中，由山东高速承建、由中国信保承保的波黑铁路和公路项目正在成为"一带一路"和"16+1"框架下基础互联互通示范性项目。

## （八）标准与规则的融合

当前，标准与规则的制定正在成为新一轮国际贸易谈判的核心内

---

① 《我国首个非主权类海外投资基金——中国—中东欧基金成立》，央广网，2016年11月7日，http://economy.gmw.cn/2016-11/07/content_22860380.htm。

② 《中国银行协助匈牙利发行10亿元人民币熊猫债券》，商务部，2017年7月27日，http://www.mofcom.gov.cn/article/i/jyjl/m/201707/20170702616490.shtml。

③ 《中国—中东欧银联体为"16+1合作"提供融资支持》，中国政府网，2017年11月28日，http://www.gov.cn/xinwen/2017-11/28/content_5242777.htm。

④ 《中国信保2017年面向"一带一路"累计承保金额达1298亿美元》，一带一路网，2018年1月5日，https://www.yidaiyilu.gov.cn/xwzx/gnxw/42577.htm。

容。中国企业在"一带一路"相关国家同样会遇到标准与规则的问题。中东欧 16 国中有 11 个欧盟成员、4 个候选国和 1 个潜在候选国，在标准与规则方面与欧盟日渐趋同。中国企业作为外来者或后来者要想在"一带一路"框架下进入中东欧国家市场或通过中东欧国家进入欧盟市场，首先要面对的是欧盟在贸易、投资、产业等领域的市场准入条件和严格的环保、劳工标准。从中远比雷埃夫斯港、万华宝思德、河钢塞尔维亚公司和山东高速塞尔维亚中国文化中心的实践来看，上述企业在进入中东欧或欧盟市场时首先是接受东道国和欧盟的标准，然后才是中国标准、中国规则与欧盟标准与规则的对标和融合。在与当地标准融合而非颠覆的过程中，以"润物细无声"的方式，逐渐让企业员工、上下游关联公司适应接受中国模式、中国标准。

## 三 "一带一路"合作过程中存在的问题

"一带一路"是一项系统工程，涉及贸易、投资、金融、能源、产业、交通和基础设施等多个领域。鉴于"一带一路"建设的长期性、沿线国家的差异性和外部环境的复杂性，企业在"一带一路"建设过程中都会面临一定的风险或不确定性。从中国企业在中东欧国家的实践来看，除了市场因素外，外部环境的复杂性和不确定性对"一带一路"背景下中国与发达国家的经济合作也会产生很大影响。以中国与中东欧合作为例，中国企业在参与"一带一路"建设的过程中就经历过许多猜疑和杂音（如"债务陷阱""转移过剩产能"）。

### （一）欧盟的战略焦虑

随着"一带一路"建设的不断推进和中国与中东欧国家在"一带一路"或"16＋1"框架下合作的不断深化，欧盟尤其是德、法、意等传统发达成员国对中国企业在中东欧国家的市场行为开始表现出一定的战略疑虑。2017 年 2 月，德、法、意三国就曾联合向欧委会提出立场文件，要求欧盟授予成员国对来自非欧盟投资者的战略性投资和并购拥有更多否决权。① 2017 年 6 月，法国总统马克龙更是呼吁欧盟加强对中国企业在安全战略领域的并购行为的审查。马克龙的呼吁得到了德国总理默克尔的积极响应，2017 年 7 月通过的《德国对外经济条例》第九次修正案明显加强了对欧盟以外国家并购行为的限制。② 作为对德、法、意等国立场文件的回应，2017 年 9 月，欧盟委员会主席容克在咨文中明确提出，要在欧盟层面建立一个类似于美国外国投资委员会的投资审查机制，以加强对非欧盟国家国有企业对欧盟关键技术、敏感信息以及基础设施战略性资源的并购审查。容克的理由是，非欧盟国家尤其是国有企业对欧盟关键技术、敏感信息以及基础设施等战略性资源的并购会对欧盟的技术领先地位和欧盟的"安全和公共秩序"造成巨大威胁。

目前，欧盟对外国投资的审查其最终决定权仍然归各成员国所有，中东欧国家对来自中国的投资也持欢迎态度。不过，如果欧盟在德、法、意等成员国的推动下建立起统一的投资审查机制，中国企业在中东欧国家或欧盟的市场行为——投资、并购将会面临更加严格的审查、风险和不确定性。据中国商务部统计，截至 2017 年年末，中国对欧盟累计直接投资 860.15 亿美元，主要流向英国（23.62%）、荷兰（21.54%）、卢森堡（16.20%）、德国（14.14%）和瑞典（8.50%）等国家；主要分布在制造业（23.0%）、采矿业（22.0%）、金融业（20.1%）、批发和零售业（10.4%）、租赁和商务服务业（8.0%）等领域（见表 13-1）。③ 欧盟对来自中国的投资的疑虑主要源于三个方面：一是担心中国通过"一带一路"和"16+1"框架下合作向中东欧国家输出中国模式、中国标准和中国规则，削弱欧盟对中东欧成员国、候选国或潜在候选国的约束力；二是担心中国通过中东欧国家进入欧盟市场；三是担心中国与中东欧国家的合作由经济领域扩大至

---

① 黄萌萌：《中国投资令欧盟"无所适从"？》，《世界知识》2018 年第 2 期。
② 依据新的修正案，德国政府可以以"威胁公共秩序"为由阻止非欧盟成员对德国那些拥有关键技术以及与安全相关技术企业的并购行为（超过 25% 的股份）。
③ 商务部、国家统计局和国家外汇管理局：《2016 年度中国对外直接投资统计公报》，中国统计出版社 2017 年版。

政治领域,"分裂欧洲",德国甚至抛出"一个欧盟原则"。①

表13-1　2017年中国对欧盟投资存量分布(单位:亿美元)

| 区位分布 | | | 行业分布 | | |
| --- | --- | --- | --- | --- | --- |
| 国家 | 存量 | 比重(%) | 行业 | 存量 | 比重(%) |
| 英国 | 203.18 | 23.62 | 制造业 | 246.23 | 28.6 |
| 荷兰 | 185.29 | 21.54 | 金融业 | 171.34 | 19.9 |
| 卢森堡 | 139.36 | 16.20 | 采矿业 | 141.29 | 16.4 |
| 德国 | 121.63 | 14.14 | 租赁和商务服务业 | 99.16 | 11.5 |
| 瑞典 | 73.07 | 8.50 | 批发和零售业 | 44.92 | 5.2 |
| 法国 | 57.03 | 6.63 | 房地产业 | 31.61 | 3.7 |
| 意大利 | 19.04 | 2.21 | 科研和技术服务业 | 26.94 | 3.1 |
| 爱尔兰 | 8.83 | 1.03 | 电力/热力/燃气及水的生产和供应业 | 20.89 | 2.4 |
| 奥地利 | 8.51 | 0.99 | 信息传输/软件和信息技术服务业 | 20.31 | 2.4 |
| 西班牙 | 6.93 | 0.81 | 交通运输/仓储和邮政业 | 17.16 | 2.0 |
| 比利时 | 4.79 | 0.56 | 文体和娱乐业 | 12.43 | 1.4 |
| 波兰 | 4.06 | 0.47 | 农/林/牧/渔业 | 9.13 | 1.1 |
| 匈牙利 | 3.28 | 0.38 | 住宿和餐饮业 | 9.06 | 1.1 |
| 罗马尼亚 | 3.10 | 0.36 | 居民服务/修理和其他服务业 | 4.10 | 0.5 |
| 丹麦 | 2.29 | 0.27 | 建筑业 | 3.18 | 0.4 |
| 捷克 | 1.65 | 0.19 | 其他行业 | 2.42 | 0.3 |
| 其他 | 18.11 | 2.11 | — | — | — |
| 总计 | 860.15 | 100.00 | 总计 | 860.17 | 100.00 |

资料来源:根据商务部等《2017年度中国对外直接投资统计公报》相关数据制成。

### (二)债务陷阱问题

除了上述战略焦虑外,随着中国与中东欧国家在"一带一路"和"16+1"框架下合作的不断深化,围绕匈塞铁路等"一带一路"项目,欧盟内部尤其是西欧发达成员中也出现了"债务陷阱"的杂音。

---

① 黄萌萌:《中国投资令欧盟"无所适从"?》,《世界知识》2018年第2期。

作为中国铁路进入欧盟市场的第一个项目，匈塞铁路已于 2015 年 11 月 24 日正式启动。匈塞铁路长 350 千米，北起布达佩斯，南至贝尔格莱德，东经规划中的"中欧海陆快线"延伸至希腊比雷埃夫斯港。目前，由中国进出口银行提供融资的匈塞铁路塞尔维亚段已经正式开工，但匈牙利段因技术、标准、资金和线路走向等多方面原因还未动工。一个可能的原因是担心出现所谓的债务问题。匈牙利 GKI 经济研究所认为，如果按照目前的规划方案，匈牙利段不仅无法保证客运量（沿线没有任何大城市），也会加大匈牙利的债务压力。[①] 依据欧盟《稳定与增长公约》，匈牙利作为欧盟成员，其政府财政赤字和公共债务占国内生产总值的比例不能超过欧盟规定的 3% 和 60% 的上限。希腊就是因为 2009 年政府财政赤字和公共债务占国内生产总值的比重（分别达 12.7% 和 113%）远超欧盟上限而引发了债务危机。因此，与欧盟对匈塞铁路的战略疑虑相比，匈牙利政府更担心出现债务问题（尽管匈牙利政府对中国企业的投资持非常欢迎的态度，匈牙利也是中国在中东欧地区最大的投资目的地）。

不过，与欧盟部分成员国因战略焦虑而发出的债务陷阱杂音相比，匈牙利国内对匈塞铁路债务问题的担心属于正常反应，不应也不宜过度解读。事实上，与中国对中东欧 16 国的投资相比，欧盟在中东欧国家地区的投资要远远高于中国，中东欧国家对欧盟的经济依赖程度也要明显高于中国。不仅如此，由于中国企业对"一带一路"相关国家包括中东欧国家的投资多以（企业自有资金）并购为主，所谓的债务陷阱问题更是无稽之谈。据中国商务部统计，2017 年，中国企业对外投资并购达 431 起，涉及 56 个国家或地区，实际交易总额 1196.2 亿美元（见图 13-3）。其中，对"一带一路"沿线国家并购项目达 76 起，并购金额 162.8 亿美元，约占当年中国对外投资并购总额的 13.6%。[②] 有分析认为，欧盟之所以对中国与中东欧国家在"一带一路"或

---

[①] 中国社科院"一带一路"课题组对 GKI 经济研究所学者的访谈，时间为 2018 年 7 月 27 日。

[②] 商务部、国家统计局和国家外汇管理局：《2016 年中国对外直接投资统计公报》，中国统计出版社 2017 年版。

"16+1"合作框架下合作产生质疑甚至出现债务陷阱的杂音,根本原因在于欧盟担心中国与中东欧的合作会削弱其对成员国的影响。①

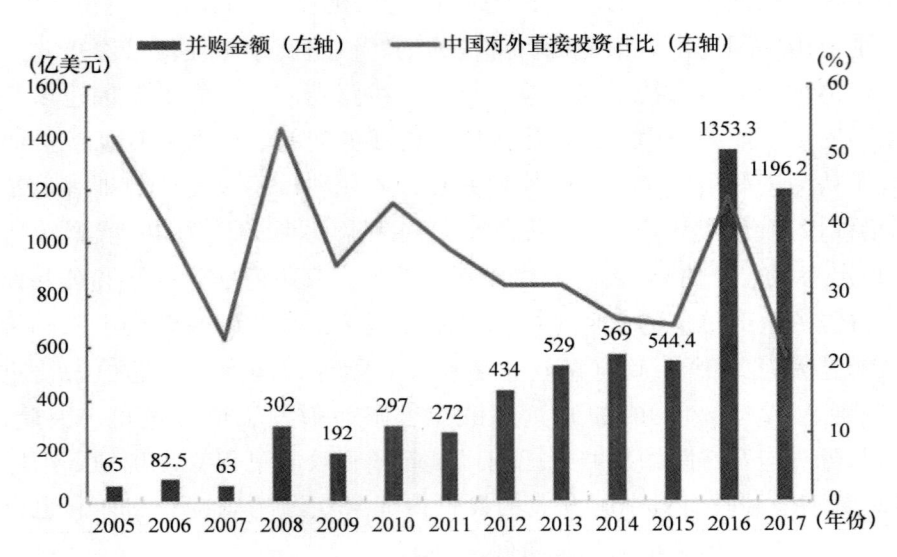

图 13-3　2005—2017 年中国对外直接投资并购情况

资料来源:笔者根据商务部等《中国对外直接投资统计公报》相关数据制成。

### (三)过剩产能问题

产能合作是"一带一路"的重点内容。"一带一路"框架下的产业与投资合作不仅会对中国与"一带一路"国家间贸易和生产要素的优化配置起到积极的促进作用,也会对中国与"一带一路"国家间价值链的延伸起到积极的促进作用。以万华宝思德、河钢塞尔维亚公司为代表的"一带一路"产能合作项目在为中东欧国家经济发展提供新的动力的同时,为中国与中东欧经贸合作深化奠定了新的基础,对欧盟内部不发达国家加快发展步伐、实现欧盟平衡发展也会形成积极的促进作用。②塞尔维亚国际政治与经济研究所的学者在访谈中表示,

---

① 金玲:《中东欧国家对外经济合作中的欧盟因素分析》,《欧洲研究》2015 年第 2 期。
② 商务部:《"16+1 合作"如何推进? 李克强在经贸论坛上这么说》,凤凰网,2018 年 7 月 8 日,https://finance.ifeng.com/a/20180708/16373870_0.shtml。

与中国的产能合作不仅解决了塞尔维亚部分企业的就业问题,对于塞尔维亚工业体系的重建、缩小与欧盟的经济差距也具有非常重要的现实意义。① 不过,由于德、法、意大利等国已在中东欧地区建立了完善的区域生产网络,中国企业作为后来者、外来者在与中东欧国家"一带一路"产能合作的过程中不可避免地受到了部分欧盟成员"转移过剩产能"的指责。

德国学者塞巴斯蒂安·哈尼施认为,德国之所以对中国与中东欧国家合作包括"一带一路"框架下的产能合作存在疑虑,其根本原因在于德国在中东欧地区的既有利益格局。② 德国首先担心中国在中东欧地区的投资活动包括产能合作会对欧盟标准以及欧盟的巴尔干国家入盟战略形成冲击;其次,来自中国的投资包括基础设施领域的投资会降低中东欧国家对欧盟资助项目的需求(这些项目都附有严格的执行条款),从而削弱欧盟(德国)对中东欧国家的影响;最后,德国认为正是中国与中东欧国家在"一带一路"和"16+1"框架下的合作导致欧盟成员国在一些重大问题上无法对中国形成一致性立场。③ 不过,德国的担心或许有些杞人忧天,以目前中东欧国家对欧盟的经济依赖程度(见表13-2),非欧盟国家要想通过产能合作改变中东欧国家对欧盟的依赖格局堪比登天。

表13-2　　2017年中东欧国家与欧盟和中国的贸易依赖情况比较　　单位:%

| 国家 | 对欧盟出口占比 | 自欧盟进口占比 | 对中国出口占比 | 自中国进口占比 |
| --- | --- | --- | --- | --- |
| 波兰 | 79.0 | 58.9 | 1.0 | 12.1 |
| 捷克 | 83.7 | 65.8 | 1.3 | 12.6 |
| 匈牙利 | 79.6 | 76.7 | 2.3 | 5.1 |
| 斯洛伐克 | 85.3 | 58.3 | 1.6 | 7.3 |

---

① 中国社科院"一带一路"课题组对塞尔维亚国际政治与经济研究所学者的访谈,时间为2018年7月30日。
② [德]塞巴斯蒂安·哈尼施:《德国与中国"一带一路"倡议:初期评估》,《欧洲研究》2018年第3期。
③ 同上。

续表

| 国家 | 对欧盟出口占比 | 自欧盟进口占比 | 对中国出口占比 | 自中国进口占比 |
| --- | --- | --- | --- | --- |
| 保加利亚 | 65.4 | 63.6 | 2.4 | 3.7 |
| 罗马尼亚 | 75.9 | 75.9 | 1.2 | 5.0 |
| 克罗地亚 | 64.8 | 78.0 | 0.8 | 3.2 |
| 斯洛文尼亚 | 76.7 | 70.5 | 1.1 | 6.3 |
| 拉脱维亚 | 71.0 | 77.7 | 1.2 | 3.1 |
| 立陶宛 | 58.1 | 70.2 | 0.7 | 2.9 |
| 爱沙尼亚 | 67.4 | 64.8 | 1.6 | 8.5 |
| 塞尔维亚 | 66.1 | 62.3 | 0.4 | 8.2 |
| 黑山 | 34.7 | 47.4 | 1.7 | 9.6 |
| 波黑 | 71.0 | 61.0 | 0.3 | 6.5 |
| 阿尔巴尼亚 | 78.5 | 55.9 | 3.1 | 7.2 |

资料来源：笔者根据 WTO 和 UN Comtrade 数据库相关数据计算制成。

### （四）基础设施互联互通跨国协调问题

基础设施互联互通是"一带一路"建设的优先领域。良好的基础设施尤其是公路、铁路、桥梁、港口、能源、电力和电信等生产性基础设施对于一国经济增长、全要素生产率的提高和人均水平的提升起着非常重要的作用。[1] 中国改革开放的实践和发达国家早期的经历均证明，基础设施投资的正溢出效应——如促进经济增长、提高生产效率和资源配置效率、改善公共卫生、增加优质就业、促进产业发展——对经济发展和人均福利水平的提升意义重大。[2] 据世界银行测算，对基础设施的投资每增加 10%，GDP 将增长一个百分点。而据东盟东亚经济研究中心（ERIA）报告，2021—2030 年，亚洲基础设施互联互通将使东盟各国 GDP 累计增加 42.08%，东亚各国（"10 + 6"）GDP 累计增加 5.87%；而供应链壁垒和非关税措施的削减将使

---

[1] 潘庆中、李稻葵、冯明：《"新开发银行"新在何处——金砖国家开发银行成立的背景、意义与挑战》，《国际经济评论》2015 年第 2 期。

[2] 林毅夫：《新结构经济学——重构发展经济学的框架》，《经济学（季刊）》2011 年第 1 期。

东盟各国 GDP 累计增加 31.19%，东亚各国 GDP 累计增加 7.76%。同样，作为中欧合作的重要组成部分和有益补充，中国与中东欧国家、中国与欧盟在基础设施互联互通领域的合作，既为中国与中东欧国家关系发展注入了新动能，也为深化中欧全面战略伙伴关系打造了新引擎。①

中东欧国家由于基础设施条件相对较差（见图 13-4），其对铁路、公路、桥梁、港口、能源、电力和电信等"硬联通"设施的需求较大；而德法等欧盟发达成员国由于基础设施条件较好，其在基础设施互联互通领域更加关注标准一致化、相互认证、海关通关程序、规制融合等"软联通"。其中，德国在加入亚投行之初就提出亚投行的基础设施项目首先必须符合社会与环境标准，招标过程必须透明。为了避免中欧互联互通出现规制之争，德国还大力支持建立中欧互联互

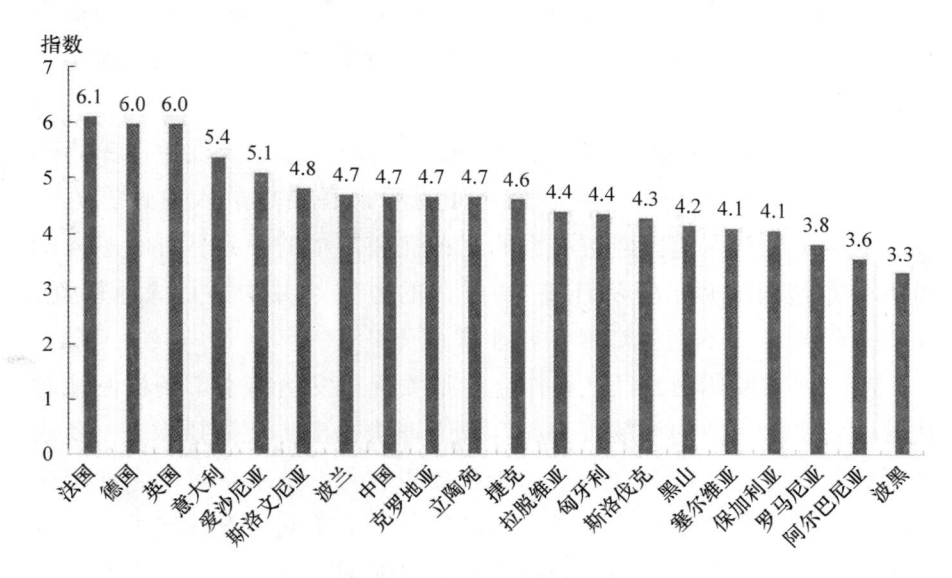

图 13-4　中国与中东欧主要国家基础设施竞争力指数

资料来源：笔者根据世界经济论坛 *The Global Competitiveness Report*，2017-2018 相关数据制图。

---

① 李克强：《在第八届中国—中东欧国家经贸论坛上的致辞》，中国政府网，2018 年 7 月 8 日，http://www.gov.cn/guowuyuan/2018-07/08/content_5304564.htm。

通平台,以促进中欧双方在基础设施建设、技术、设备和标准等方面的合作。① 目前,中欧双方正在以中欧互联互通平台为载体,加快推进基础设施互联互通和中欧海陆快线、新亚欧大陆桥建设。以中欧班列等现代化国际物流体系为依托,以陆海空通道和信息高速公路为骨架,新亚欧大陆桥这一复合型基础设施网络将会进一步提高欧亚大陆国家间以基础设施、通关便利化、国际运输、物流能力、跟踪与追踪、国内物流成本、运输时间为指标的跨边界供应链质量水平。

## 四 "一带一路"背景下中国与发达国家经济合作的发展方向

作为中欧合作的重要组成部分和有益补充,中国与中东欧国家在"一带一路"和"16+1"框架下合作,不仅有利于欧盟实现均衡发展和欧洲一体化进程,也为"一带一路"背景下中国与发达国家经济合作积累了经验明确了方向。

其一,与发达国家经济合作首先要尊重市场规律。发达国家市场存量交易大于增量交易,中国企业作为后来者要想进入发达国家市场,除了中国与东道国经贸关系的互补性和需求的一致性外,进入的时机(东道国的政治经济环境)、进入的方式(并购还是绿地投资)和进入的节奏(不能一窝蜂)都非常重要。

其二,与发达国家经济合作合规是关键。发达国家市场机制比较成熟,对中国企业的市场行为和合规管理均提出了更高要求——要求中国企业在充分发挥自身竞争优势和敢闯敢为、追求卓越的企业家精神的同时,加强合规管理和合规风险控制。由于欧美发达国家普遍以国家安全为由加强了对中国企业尤其是中国国有企业的投资审查力度和审查范围,这就要求中国企业更要规范自身行为,更要做好合规体系建设,至少不能授人以柄。

---

① [德] 塞巴斯蒂安·哈尼施:《德国与中国"一带一路"倡议:初期评估》,《欧洲研究》2018年第3期。

其三，与发达国家经济合作要妥善处理好标准与规则的兼容问题。发达国家对"一带一路"和中国企业海外行为的质疑看似是源于市场之争、（战略）利益之争，实则是标准与规则之争、制度与模式之争。这就要求中国企业在切实做好本地化、属地化管理的同时，在政府层面加强机制建设、政策协调（如中欧互联互通平台、中欧BIT协定）以缩短中国与发达国家在"一带一路"框架下共同利益的形成过程。融合而非颠覆，对接而非另起炉灶才是"一带一路"背景下中国与发达国家经济合作顺利前行的基本前提。

其四，第三方合作将为"一带一路"背景下中国与发达国家经济合作提供更广阔的空间。以德国为例，尽管其对中国在中东欧地区的"竞争性"投资活动存在很大疑虑，但中德双方在阿富汗、安哥拉等地的"一带一路"基础设施互联互通项目进展非常顺利。作为亚投行（AIIB）亚洲以外的最大股东，德国在亚投行框架下与中国的合作也对亚投行的标准与信用评级体系起到了积极而富有建设性的作用。中德双方在第三方市场的合作与双方在中东欧地区的潜在冲突形成了鲜明的对比。

# 第十四章　中白工业园报告：成就与展望

## 一　中白工业园建设概况

中白工业园（Great Stone，全称中国—白俄罗斯工业园）坐落于丝绸之路经济带贯通欧亚的重要枢纽——白俄罗斯明斯克州（斯莫列维奇区），距白俄罗斯共和国首都明斯克市25千米，该位置有良好的区位优势，临近明斯克国际机场、铁路、柏林至莫斯科的洲际公路，距离波罗的海海港克莱佩达约500千米。2017年5月26日，白俄罗斯第166号总统令规定，中白工业园的园区面积由之前的91.5平方千米增加到112.47平方千米，将明斯克机场纳入工业园园区内，以便进一步促进工业园发展。

### （一）建设历程

2010年10月，卢卡申科总统访华期间，白俄罗斯经济部与中工国际签署了《关于在白俄罗斯共和国境内建立中国—白俄罗斯工业园区的合作协议》。2011年9月18日，中国、白俄罗斯共同签署了《中华人民共和国与白俄罗斯共和国关于中白工业园区的协定》，这标志着中白工业园的正式开发，并将开始规划建设。2013年6月4日，中白工业园总体规划通过白俄罗斯政府审批（447号内阁令）。2015年5月10日，习近平主席在明斯克同白俄罗斯总统卢卡申科举行会谈。习近平希望双方以这次会晤为契机，推动两国高水平的政治关系转化为更多实实在在的务实合作成果，共同开创中白全面战略伙伴关系新时代。他建议推动两国发展战略对接，共建丝绸之路经济带。要把中白工业园建设作为合作重点，发挥政府间协调机制作用，谋划好园区未来发展，将园区项目打造成丝绸之路经济带上的明珠和双方互利合作的典范。园区内规划有生产和居住区、办公和商贸娱乐综合体、金融和科研中心。自2015年全面启动首发区3.5万平方千米配套工程建设以来，短短3年，这个中白两国政府倡导支持、迄今为止中国在海外投资建设的规模最大的产业园区，园区建设步入快车道。园区实行分阶段开发，2016年3月全面启动园区首发区3.5平方千米配套建设工程，到2017年年底实现8.5平方千米具备招商引资基本条件的配套建设，园区吸引力不断增加，具备了全面接待投资者的条件；园区的开发构架已经形成，起步区内已建成7条道路，总长度13千米；园区具备供电、供水、排水、天然气供应、通信网络、污水处理等全面的配套系统。

工业园投资覆盖电子信息产业、研发、制药、高端制造、生物科技等领域，由中国招商局集团投资1.41亿美元建设的中白商贸物流园一期工程，是园区必不可少的生产配套设施。中白商贸物流园现已投入使用，总面积达到10万平方米，包括商贸中心、产品展示交易中心和仓储中心，该商贸物流园配套了公共保税功能，可为园区企业提供先进的保税服务，是目前工业园内已完工的建设和投资规模最大的项目。集团还将继续投资建设物流园二期和三期工程，在园区内加紧进行保税商贸物流区建设，并计划与德国杜伊斯堡港集团合作，联合为工业园引进铁路专用线，将工业园与中欧班列联通，为园区入驻企业提供全供应链商贸物流服务。

另外，园区已建成的员工公寓、医院和科技研发中心以及新开通的连接明斯克市区的公共交通，可以为企业投产经营提供便利化服务，园区各类公共服务设施还将不断得到完善。招商局集团董事、集团驻中亚及波罗的海地区首席代表胡政介绍说，要充分发挥白俄罗斯在丝绸之路经济带上的区位优势，连接欧亚，衔接欧亚经济联盟、欧盟两大经济区。以中白工业园为基地，建立公路、航空、铁路和海运四位一体的综合物流体系，将助力打通从太平洋到波罗的海的物流大通道，开展跨境物流运输，使中白工业园成为区域货运集散中心之一。中白工业园建设规划如图 14-1 所示。

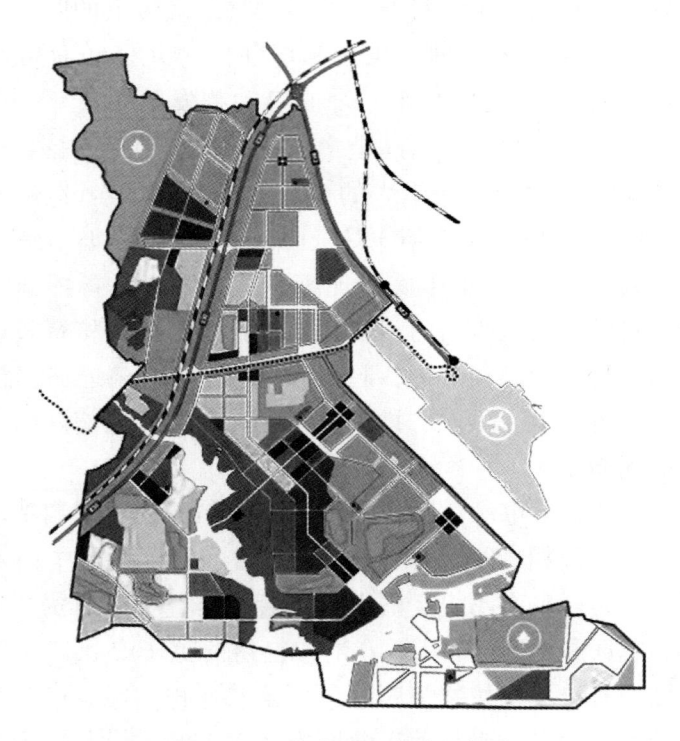

图 14-1　中白工业园建设规划

资料来源：中白工业园网站，http://www.industrialpark.by/cn/genplan。

### （二）园区管理模式

园区采用三级管理架构的管理模式，第一级是中白工业园协调工作组。白方是经济部部长、中方是商务部的副部长作为组长，主要负责统筹推进中白工业园事务。第二级是管理主体中白工业园管委会，由白俄罗斯中央和明斯克州政府相关部门组建，负责园区的行政审批、政策制定、招商引资等；白俄罗斯共和国政府于 2012 年 8 月 16 日建立了中白工业园"巨石"管委会，工业园管委会负责行政管理工作，并为入园者提供"一站式"的综合服务。管委会独立处理园区招商和入园者注册工作，以及其他手续（注册法人、注册入园企业、颁发施工许可证等)。

第三级是园区开发主体——中白工业园区开发股份有限公司,由中白双方股东共同出资组建,负责园区土地开发与经营、物业管理、招商引资等。中白工业园区开发股份有限公司于 2012 年 8 月 27 日成立,公司的注册资本为 8750 万美元,股东主要包括:中国机械工业集团、招商局集团、中工国际、哈尔滨投资集团、中白工业园"巨石"管委会、杜伊斯堡港口集团。其中中方股东股份比例为 68%,白方股东股份比例为 31.3%,德方股东股份比例为 0.7%。公司成立的主要目的为开发、建设、运营中白工业园"巨石"工业园,主要职能为基础设施建设、提供项目土地、园区发展,为入园企业的运营提供咨询服务。

### (三) 园区优惠政策

为在园区内营造良好的投资环境,白俄罗斯政府在园区内出台了一系列的特殊法律制度。2017 年 5 月 26 日,白俄罗斯共和国 2017 年 5 月 12 日第 166 号总统令正式生效,该总统令旨在完善"巨石"工业园专门法律制度,提高项目的投资吸引力,包括最大限度地创造舒适的行政环境、优化税收政策及其他优惠政策。白俄罗斯共和国为园区入驻者创造了良好的投资环境,并以国家立法、专项国际协定和义务来保障,为其提供前所未有的优惠和特惠条件,设立了独立的国家管理机构,以实现"一站式"的综合行政服务(参见表 14 - 1)。

表 14 - 1　　　　　　　　投资优惠政策

| 税种 | 白俄标准税率 | 园区居民企业税率 | 园区其他项目税率 |
| --- | --- | --- | --- |
| 销售在园区内自产产品(服务)获得的利润税 | 18% | (自利润产生的首个税务年起) 10 年免收,10 年后至 2062 年 6 月 5 日以前减半征收 | 自企业注册之日起前七年免收 |
| 不动产税 | 1% | 2062 年 6 月 5 日以前,免除 | 免收 |

续表

| 税种 | 白俄标准税率 | 园区居民企业税率 | 园区其他项目税率 |
|---|---|---|---|
| 土地税（每公顷税率） | 取决于地籍价 | 2062年6月5日以前，免除 | 园区：126美元/年；明斯克区：3150美元/年；明斯克：24000美元/年 |
| 进口环节的增值税 | 20% | 使用保税区保税的外国商品制作（取得）的商品，在进入国内市场时，免征海关部门征收的增值税 | 20% |
| 园区项目建设的进口设备和材料（进口关税和增值税） | 各种类商品税率不同（通常5%，有些10%）；增值税：20% | 免除（前提：满足白俄罗斯共和国的国际义务，海关监管期最长不超过5年） | 免除（使用注册资本采购产品） |
| 个人所得税 | 13% | 9%（2027年1月1日前） | 13% |
| 社保（企业缴纳部分） | 34% | 白俄籍员工：可以白俄社会平均工资为基数缴纳；外国籍员工：免缴 | 34% |
| 红利税 | 12% | 自分配红利首年开始的五年内免除 | 不高于12% |
| 环境补偿（实施投资项目对农林业生产、动植物的损害） | 根据地域而定 | 免除 | 根据地域而定 |
| 法定结汇义务 | 30% | 免除（也适用于园区项目建设的参加者） | 免除 |
| 园区范围内建设用产品及原材料质量证书 | 需要 | 免除 | 需要 |
| 劳动许可办理费用（招收外籍员工、外籍员工劳务许可、临时居留许可） | 自然人：70美元；法律实体：750美元 | 免缴 | 自然人：70美元；法律实体：750美元 |

注：园区居民企业：符合园区产业定位且投资总额不少于500万美元，或研发项目不少于50万美元，或三年内投资不少于50万美元。

## （四）园区引资状况

中白工业园的入园门槛要求投资金额不少于500万美元，或研发项目投资不少于 50 万美元；但另一方面，中白工业园瞄准属于未来的新兴产业，致力于建设生态、宜居、兴业、活力、创新的国际新城，中白工业园的入园企业必须符合严格的产业定位。截至 2018 年 10 月上旬，已有 38 家来自世界不同国家的企业进驻中白工业园，其中中国企业占了 21 家，超过了总数的一半，中国投资者带动了中白工业园整个园区的发展，无论在高新技术还是投资金额方面都是园区开发投资的"领头羊"①。除中国外，还吸引了来自俄罗斯、美国、德国、奥地利、立陶宛等国的企业入驻，园区国际化发展进程提速，产业吸引力明显增强。胡政预计，2018 年中白工业园内的入园企业数量将超过 40 家，有可能达到 45 家；2019 年能够达到 60 家，到 2020 年入园企业数量将达到 70 多家，合同投资额超过 20 亿美元，园区内将形成产业聚集效应，奠定工业园长远发展的产业基础。2018 年招商局集团、中电科 38 所、建谊集团、成都新筑、潍柴动力、华为、中兴通讯、一拖、超频三、中电科 28 所等十余家中国企业入园项目相继投产运营。根据规划，中白工业园未来将吸引超过 200 家高新技术企业入驻，园区内就业人口将超过 12 万人，最终形成结构布局合理、产业协调发展、科技含量高、社会经济效益明显的综合性开发区，同时促进产城融合，打造一座国际化生态产业新城。

## 二 中白工业园建设经验总结和借鉴

### （一）争取两国政府的大力支持是园区项目成功的重要保障

白俄罗斯希望和中国加强合作，利用中国的资金技术，包括高科技产业，来发展本国经济。在两国政府的推动下，中白工业园借助白俄罗斯欧洲地理中心的区位优势，依托"一带一路"沿线国家和欧亚经济联盟的广阔市场吸引中白两国及第三国企业到中白工业园投资。

---

① 《中白工业园：数年磨砺　明珠璀璨》，光明网，2018 年 8 月 24 日，http：//news. gmw. cn/2018 - 08/24/content_ 30738509. htm。

中白工业园能在短时间内就步入了快速发展的轨道，离不开中白两国最高领导人的密切关注和推动，也离不开两国政府的大力支持和相关优惠政策的跟进。中白两国建立了全面战略伙伴关系，为园区发展营造了安全稳定的外部政治环境。中白多个国家政府部门组建中白协调工作组并多次召开专题会议，解决园区发展过程中遇到的困难，全力推动园区发展，中国开发性金融机构（进出口银行、国家开发银行等）为园区发展提供了融资支持。2017 年 5 月，白方出台关于完善中白工业园特殊法律制度的第 166 号总统令，在第 166 号总统令的制定过程中，白方充分听取了中白两国专家学者和企业的意见。总统令的出台，为进一步优化工业园发展的体制机制、完善相关法律基础和政策保障提供了有力支撑。中白工业园逐渐发展成为优良的国际合作平台，也为中白两国的贸易合作搭建了新的桥梁。

### （二）注重优惠政策，充分挖掘园区发展潜力

中白工业园作为中国最大的境外经贸合作区之一，在坚持市场运作的前提下，争取更多更好的境外合作区政策和机制在中白工业园内先行先试，探索在"一带一路"双边或多边框架下，形成政府和企业联手的长效协调机制和风险应对机制，为入园企业实现集群式发展创造最优的营商环境。中白工业园定位是国际化园区，园区规划初期就明确了面向全球的招商思路，不仅是吸引中国企业入园，也要引入其他国家和地区的企业落地发展，特别是俄罗斯、中亚、欧盟投资者的进入，塑造园区国际形象。中白双方共同组建了专家组，结合中白工业园的特点，提出了较为系统的政策建议，推动白俄政府实现政策创新和改革，卢卡申科总统先后签发了三版园区项目总统令，以国家最高立法形式确立了中白工业园优惠政策，根据白方关于中白工业园发展方面的总统令，园区享有特殊的土地和税收优惠政策，土地可租赁 99 年或者购为私有，免缴土地税、不动产税，企业所得税自盈利之日起 10 年免缴。上述优惠政策，加上园区便利的交通条件、良好的区位优势吸引着中外企业不断加快入园步伐。

### (三) 不断提高服务质量、加强融资支持，推动入园企业早日正式投产

在加强园区服务方面，白方充分吸收借鉴了中国在园区开发方面积累的有益经验和做法。2018年9月10日，管委会开始在园区内为入园企业、工业园投资者及建设者等全面提供"一站式"服务，在手续办理等方面提供巨大便利。中白工业园内的海关清关站在2018年10月1日正式开通，站内白方海关人员开始为各类货物办理清关服务，海关清关站正式投入运营，优化了中白工业园的投资环境，提高了园区发展外向型经济的配套水平和国际竞争力。① 在做好招商引资的同时，推动入园企业动工投产也是中白工业园重点推动的工作之一。在目前的入园企业中，多家企业已经在工业园内动工自建厂房或租赁工业园开发公司投资建设的标准厂房，其中有7家企业已正式投产。② 在融资支持方面，中国进出口银行、国家开发银行均对入园的中国企业提供融资支持，白俄罗斯当地银行也可向入园企业提供项目融资。园区还专门设立了"中白产业投资基金"和"中白工业园区开发股份有限公司产业投资基金"两只基金，中白产业投资基金规模近6亿美元，在白俄罗斯及其他国家寻找高科技创新项目，为未来可以落户中白工业园的项目提供融资支持；中白工业园区开发股份有限公司产业投资基金规模2000万美元，用于投资拟入园项目或已入园企业提出的项目，特别是具有发展前景的高科技入园项目，促进和带动园区高科技产业的发展。

### (四) 努力克服两国差异，增进相互理解和融合

中白两国由于历史、体制、区域等因素形成的文化差异较为明显。由此导致双方在发展理念、工作效率、行为方式等诸多方面都存在差异。中白工业园在园区开发过程中，特别注重从双方共同点出

---

① 《中白工业园正式开通海关清关站》，新华网，2018年10月2日，http://www.xinhuanet.com//2018-10/02/c_1123515243.htm。

② 魏忠杰、李佳：《乘"一带一路"东风 中白工业园加速开发建设》，新华网，2018年9月21日，http://www.xinhuanet.com/world/2018-09/21/c_1123465654.htm。

发、努力化解文化差异、增进相互理解、提高办事效率。中白工业园在建设过程中，需要克服白俄设计、供货和施工标准造成的困难，中白工业园建设结合了中国和白俄企业的特点和优点，同白俄本地的企业在项目建设过程中开展了良好的互补合作，有效规避了两国标准产生的差异，保障了项目的质量符合白俄规范，同时保障了项目建设可以按照"中国速度"顺利完成。园区还积极与白俄罗斯国家标准化委员会等相关部门探讨减少两国标准差异的途径，在园区内设立技术标准转化、对接等业务的专业机构，力求解决园区生产和研发类企业因标准差异可能产生的产品认证等相关问题。在中白工业园区内从事工程承包的中国工程施工单位尽可能地使用当地劳务人员，或向当地施工企业分包工程以提高当地劳务人员用工比例；加大在当地采购建材、生产资料、设备租赁、生活物品，促进当地生产，间接支持当地就业。园区在管理上采取中白合资共建共管的模式，在很多问题上积极沟通交流，找到共同点。园区还定期安排白方员工赴北京与中方同事联合办公，参加中国国内招商推介活动，增加双方了解和交流，如专门利用援外资金安排白方政府和企业代表赴中国开展园区考察和业务培训。

**（五）建设绿色环保的生态型园区，实现可持续发展**

中白工业园遵循科学规划、合理布局、总量控制、集中治理、统一监管的原则，致力于打造绿色生态、节能环保的新型高科技产业园区，在开发建设过程中多措并举保护当地生态环境。工业园以规划环评统领园区建设，与项目环评协调联动。中白工业园聘请了通过欧盟认可的 EMAS 环保管理与审核系统公司，对中白工业园进行环保评测和认证，使其在环境保护上符合欧洲的统一环保标准。建立规划环评与项目环评捆绑机制，制定了中白工业园区环保及绿化保护措施制度，要求园区的基础设施建设及入园企业的建设均按照措施内容执行，最终使园区符合总体规划的绿化标准。工业园区的产业定位也与经济发展规划相协调，产业布局与土地利用规划相匹配，功能分区与环境保护目标一致。园区总体规划中保留了现有居民点和生态保护区，总体绿化率达到50%，各项环保设施齐全。未来中白工业园区还遵从循环经济的减量化、再利用、再循环的原则，尽量减少区域废物，将园区内工厂或企业产生的副产品用作另一个工厂的投入或原材料，通过循环利用、清洁生产等手段，切实降低园区的污染物排放。

## 三　建设中白工业园存在的问题与挑战

### （一）在建设中白工业园的目标上，中白双方存在一定差异

白方提出把工业园建成21世纪面向欧美市场的高附加值产品生产出口基地和科技园区，按白方设想，中白工业园只吸引国际高科技企业，非高科技企业不能入园，高科技门槛导致对白俄罗斯感兴趣的中国企业因不被认可为高科技企业（如食品加工、日用品生产等生产型企业）而没有机会进入中白工业园。还有一些细节性的技术问题也阻挡了一些中资企业的入驻，如在进入园区的"门槛"上，白方对企业的环保标准、安全标准、技术规程、人力资源使用等有严格要求，有些企业因环保或者安全标准等原因不具备准入条件而被拒之门外；有的企业因为生产流程的大部分在国内或者其他地方，在园区主要是后期成型和组装产品，这也不符合入园要求，因为白方要求至少有50%的生产过程是在园区完成的，而眼下一些企业要把全部生产流程都建在园区还是有困难，这也阻碍了企业进入。2017年5月26日生效的新版总统令规定放宽企业入驻标准，将工业园投资门槛由原先的500万美元降低到50万美元；新版总统令还规定扩大中白工业园招商引资的范围，在之前的高端制造、电子信息、生物医药、新材料、机械化工和仓储物流等六大产业基础上新增电信、电子商务、大数据存储与加工、社会文化等行业；新版总统令还规定提供更多优惠政策以及确保园区提供一站式服务。但白方在降低工业园投资门槛、扩大招商引资范围的同时并没有改变对工业园的高科技行业定位，亚罗申科说，"我们希望工业园生产'明天'和'后天'都有市场需求的产品。"因此这些法律条文的实施效果还

有待观察。

**（二）双方在入园企业的市场定位上存在一定分歧，开拓市场面临一定困难**

白方在中白贸易中处于逆差，希望扩大对华农产品出口，两国在农产品食品检验检疫以及标准化领域的合作不断推进，但中国进口农产品市场竞争激烈，中国消费者对白农产品尚不熟悉，且农产品贸易额对缩小贸易逆差作用有限。因此在园区产品的销售市场方面，白方希望入驻企业的产品首先能够出口到中国，其次销往欧美市场，而不是白俄罗斯国内市场和欧亚经济联盟市场，以避免与白俄罗斯企业和俄罗斯企业形成竞争。但白俄罗斯人口约900万，其生产的产品就地销售的很少，必须依靠其他市场，如俄罗斯、独联体、欧盟、东欧等。如果中小企业进入园区，与白方当地企业形成竞争，或者与欧亚经济联盟内其他国家的企业形成竞争，都将面临一定困难。但如果一些入园企业看不到进入白俄罗斯市场和欧亚经济联盟市场的可能性，将在很大程度上削弱它们入驻工业园的积极性。2017年11月24日在白俄罗斯首都明斯克举行的第十次中白工业园协调工作组会议，明确了要以欧亚经济联盟、欧盟为重点市场导向，打通园区产品出口渠道。① 然而中白工业园的产品要顺利进入两大市场存在不少的困难与风险。从拓展欧亚经济联盟市场来看，白俄罗斯是欧亚经济联盟的创始国，联盟对于非联盟国家实施统一关税和非关税壁垒，但实践中遭遇非关税壁垒的可能性很大，如白俄罗斯新产品进入俄罗斯市场之前，要申请准入许可。由于联盟内尚无统一的技术标准，俄罗斯常常以技术标准不达标为由拒绝发给白俄罗斯产品技术标准合格证书，使其无法进入俄罗斯市场。从拓展欧盟市场看，由于白俄罗斯是非欧盟国家，入园企业无法以中白工业园为跳板享受关税的减免；另外白俄罗斯与欧盟在法律制度、监管体系、技术标准、海关

---

① 《中国—白俄罗斯工业园协调工作组第十次会议在明斯克举行》，新华网，2017年11月26日，http://www.xinhuanet.com/fortune/2017-11/26/c_129749538.htm。

及边检标准等方面不统一，也为中白工业园产品进入欧盟市场增加了壁垒和难题。

### （三）园区内现有的龙头项目太少，缺乏牵动和引领能力

一定数量的优秀企业集群发展是培育园区内战略新兴产业、提升园区产业综合竞争力的关键因素之一，而龙头企业的入驻有利于带动园区企业做大做强。目前中白工业园入园企业数目虽有一定增加，但是这些量的积累还需要实现质的飞跃，由于依然缺乏大项目支撑和具有国际知名品牌等龙头企业带动，影响了中白工业园产业发展的集聚效应；在已经入园的36个项目中（截至2018年6月底），超过1000万美元的项目只有11个。而且入园企业中关联程度高的项目不多，各企业间发展相对单一和独立，产业链相关企业太少，使得入园企业难以依托龙头企业的引领和带动作用优化组合产业链条。园区企业没有形成产业链，产业集群的程度不高，最终会影响园区可持续发展能力。此外，一个更重要的挑战是入园企业动工较慢，项目落实的相对较少。主要原因包括市场开发问题，产品的设计转换、环保标准、安全标准、图纸的转换，等等。另外缺乏金融类配套企业，目前园区还没有引入一家金融类企业，使得中小企业缺乏资金，面临融资难题。但目前白俄罗斯金融业发展水平较低，金融产品单一，金融服务水平不高，如白俄罗斯银行还不能提供一些国际上通行的贸易金融服务，商业保险体系也不发达；中白金融合作起步较晚，暂无法满足中资企业在白项目的金融服务需求。

### （四）中白两国存在经济体制差异和观念差异，导致双方在经济合作中对接容易错位

当前白俄罗斯保留了很多苏联时期的计划经济管理制度，强调国家对经济的管理，企业的生产经营活动要服从国家计划，企业领导对政府负责，白俄罗斯企业与政府之间实行"旋转门"制度，个人仕途前景相对于企业发展前景对企业负责人自然有更大的吸引力。政府官员对企业的服务意识较弱，工作效率不高，经常出台新的政策和法律

法规，对企业和市场进行干预，企业根据政府下达的任务开展生产，以是否完成任务作为考核企业负责人的主要指标，因此利润最大化和互利共赢的长远前景不太可能打动白方企业负责人。白俄罗斯从上到下对改革开放较谨慎，民众总体上习惯较高水平的社会福利和慢节奏的生活，不愿意挑战或改变现有规则。白俄罗斯缺乏中国改革开放的力度、吸引外资的优惠政策、经济自我调节能力和庞大的内部市场。双方对园区的定位、规划、基础设施建设、招商引资、环保、地价、税收、海关、外事权等具体问题还存在不少认识上的差异，需要加强沟通，取得共识。此外行业标准差异、汇率波动、法律法规经常变化、外汇管制、融资困难、贸易壁垒、非关税措施、金融市场和保险市场不发达等因素也严重影响中资企业经营。在实践中，技术差异、标准不一致、审批手续烦琐、在规划设计和用工及采购商品方面的严格规定等经常导致工程建设成本增加、工期延长，甚至产生纠纷。在这种情况下，中白双方建立合资企业在观念、动力、程序、管理等问题上都需要逐渐磨合，这对入园企业而言，意味着要增加额外的成本。

**（五）一些媒体对白俄罗斯投资环境和风险评价不客观，对中白工业园建设也产生一定不利影响**

中白双方民众间的相互了解比较有限，民众交流在语言上也受到一定限制，在白俄罗斯人们大多讲俄语，英语不是很普及，白俄罗斯文化与亚洲文化也有一定差距。因此相互了解不够的白俄罗斯对中国存在两种不客观的看法，一种因为不了解中国的经济发展状况，不信任中国的能力，由于白俄罗斯政府为项目贷款提供主权担保，无法偿还的项目贷款自然转成国家债务，白国内一些人抱怨中方在发放贷款前未充分评估其风险，导致白国家债务增加；另一种因为过高估计中国的能力，从而对中国产生过高的期望值，认为两国关系友好，中国应该也有足够的能力持续援助白俄罗斯。要求中方长期持续的高水平投入，在项目合作方面主要体现为高科技领域，在融资方面主要体现为经济技术援助、投资和贷款，这对中方来说是不小的考验，一旦中方因客观原因无法做到持续投入，不但可能使以往的投入"打水漂"，还可能招致对方的不理解甚至不满。

## 四 稳妥推进中白工业园建设的几点思考和建议

### （一）中白双方要就招商问题加强沟通和相互妥协

在招商方面，中白双方需要加强沟通，特别是加强两国最高决策层之间的沟通，根据实际情况适当调整招商计划，分阶段逐步实现吸引高科技企业入驻园区的目标。中白双方考虑划出园区最好地块留待高科技企业入驻，在此之前，宜适当调整入驻条件，挑选有市场前景和有竞争力的企业先行进驻园区，以保证园区建设的资金正常周转和园区顺利运营，以保证园区聚敛人气，资金链健康流动和园区正常运转。

### （二）推动白俄罗斯改善投资环境，降低投资风险

逐步推动白俄罗斯继续改善投资环境，特别是推进两国在规则、标准方面的对接，为投资者提供更系统和更充分的法律保障。管委会需要真正把"一站式"服务做到位，履行承诺，保证入驻企业尽快办完入驻手续，并把服务理念贯彻到日常管理工作中。提高企业对白俄罗斯投资的吸引力和竞争力，使得中白工业园留住已经入驻的企业和吸引尚未入驻的企业。国内主管部门和中国驻白相关机构有必要加强对在白中资企业的培训、协调与沟通，使企业预先了解白商业文化、技术标准和法律法规，客观评估投资合作可能遇到的困难和风险并做出预案，严格遵守当地法律法规，加强内部管理，合理有序竞争。

### （三）解决园区建设以及在白投资企业所面临的与白俄罗斯技术标准的对接

中白两国使用的标准不同，两种标准不能很顺畅地对接。如果能够解决好标准对接问题，园区建设速度可能会更快一些。尽管中白工

业园区的管理模式要比白俄罗斯当地先进得多，但是白方由于受传统的思维模式影响，一时尚不能完全理解和接受。因此中国的企业管理者、科研人员有必要对白的一些企业展开调研，了解它们的运营方式。这对于中白企业间的交流、未来的合作会有积极作用，也会对中国企业适应当地情况有一定启发。

**（四）中白双方有必要制定分期目标和规划，共同承担融资义务**

中方要区分战略性项目和一般合作项目，围绕双边战略性合作项目为白俄罗斯提供力所能及的援助，同时应力争找到利益交会点，共同推进。鉴于中白工业园在融资和招商方面面临很多困难，在融资方面，中白工业园需要引入市场化模式，探索中白双边和多边金融合作的多种方式，研究吸引第三国和国际金融组织参与投资的可能性，以及吸引风险投资和私募基金参与的可能性。考虑到白俄罗斯经济困难，中方在关键时刻和关键领域有必要提供力所能及的援助，但要尽量形成利益互锁的局面，避免形成单向依赖心理，更要避免在经济合作中用政治意志替代经济规律。

**（五）推动白俄罗斯投资环境的改善需要中方持续、耐心地沟通和引导**

鉴于中白双方观念和体制的差异，一方面要使白方了解中方的情况，理解中方的做法；另一方面要推动白方朝着互利共赢的方向做出相应的调整，特别是推动双方法律法规和标准的对接。中白工业园建设对白俄罗斯来说是新事物，白方对园区建设的复杂性和困难程度未必能够预见到和考虑周全。白方看到工业园区在中国的成功并试图在白复制苏州工业园，但缺乏对中国国情的深入了解。苏州工业园用了约10年时间才进入发展阶段，中白工业园建设要做好长期攻坚的心理准备，避免走弯路。此外，特别需要使白方了解，驱动中资企业投资的并非长官意志，而是利润前景，市场原则是经济项目具有长期生命力的保障。

**（六）加强中白两国在教育、科学、文化等人文领域的合作**

中白两国除经贸往来外，还须加强文化沟通和交流，以提高相互认知和理解的水平，为两国关系长期、健康、稳定发展奠定坚实的社会基础。为白俄罗斯管理人员与中国企业交流搭建平台，组织白俄罗斯中白工业园区运营和管理研修班，让学员有更多机会与中国企业接触，利用这类平台为中国的一些中小企业创造了解和接触白俄罗斯的机会。在两国教育合作协议框架内进一步扩大两国高校合作的广度和深度，增加互派留学生名额，加强在人才培养方面的合作。在现有基础上继续搭建合作平台，推进双方科研机构合作，提高科研人员互访交流的数量和水平，鼓励和资助国内的白俄罗斯研究以及白俄罗斯国内的中国研究，为两国科学研究事业的发展提供助力。积极拓展民间文化交流，鼓励两国文化机构、文艺团体开展交流与合作，为实现两国"民心相通"创造有利条件。

# 第十五章 俄白乌报告：探索"一带一路"在欧亚地区的合作模式

## 一 调研情况概述

丝绸之路经济带涵盖欧亚大陆各国，中国是起点国家，俄罗斯和中亚是核心地带和枢纽。中国提出现代丝绸之路方案的最大战略目的是准备与欧亚大陆各国共同构建利益共同体和命运共同体。[①] 本研究采取实地调研访谈与文献梳理相结合的研究方法。按照中国社会科学院"稳妥推进'一带一路'建设的若干重大问题"项目组的统一部署，本调研项目小组先后出访欧亚地区主要国家，与这些国家跟踪研究"一带一路"的学术机构、智库与相关政府部门访谈交流，并赴中国企业在建项目进行调研，掌握一手信息。调研小组选取调研的企业类型包括大型能源企业集团（中石油驻外代表处）、参与基础设施建设的工程类企业（中国电建公司、中建材、中国港湾公司、中铁国际集团）、汽车制造企业（吉利公司）、粮食进口企业（中粮集团）、境外工业园区（中白工业园）以及驻外金融机构（建设银行驻外代表处）。

调研项目小组还拜访了欧亚地区主要国家的智库和研究机构，其中包括乌克兰科学院经济研究所、天然气研究所、世界历史研究所等，白俄罗斯科学院经济研究所、世界经济与政治研究所等，俄罗斯科学院世界经济与政治研究所和远东研究所等。在调研过程中，调研

---

[①] 邢广程：《理解中国现代丝绸之路战略——中国与世界深度互动的新型链接范式》，《世界经济与政治》2014年第12期。

项目小组与相关国家的研究机构举办了小型讨论会，与所在国关心"一带一路"建设的人士进行了深入交流。此外，本项目组还拜访了中国商务部相关处室和我国驻欧亚一些国家的使馆经商处，招商局和中国电建海投等企业的国内总部，和相关负责人进行深度访谈。

## 二 欧亚地区主要国家对"一带一路"倡议的基本认知

俄罗斯是中国在欧亚地区最重要的伙伴国。受乌克兰危机后俄罗斯与西方关系恶化的影响，俄罗斯国内最初对"一带一路"倡议的质疑与批评声音渐趋降低。随着俄罗斯将外交战略方向积极转向东方，中俄领导人在战略层面上积极深化两国合作，俄罗斯对"一带一路"表示理解并寻求以欧亚经济联盟形式与"丝绸之路经济带"进行谈判并对接。2015年5月8日，习近平主席在访俄期间与普京总统共同签署了《中华人民共和国与俄罗斯联邦关于丝绸之路经济带建设和欧亚经济联盟建设对接合作的联合声明》，标志着中俄关于"一带一盟"对接合作的共识正式形成，具有里程碑意义。该政治声明的签署表明中俄对彼此重大倡议和构想的相互理解与支持，这对于化解双方在"一带一盟"问题上的分歧与矛盾，引领两国在欧亚大陆协同发展、打造命运共同体，尤其是将"一带"建设推向纵深发展具有深远意义。

作为联通欧亚大陆的重要国家，乌克兰对"一带一路"倡议一直具有浓厚兴趣，希望在该倡议框架下与中国进行基础设施、投资、贸易和人文领域的全面合作。2013年12月，乌克兰总统亚努科维奇积极回应中国提出的"一带一路"倡议，成为第一个宣布支持中国"一带一路"倡议的欧洲国家。[①] 2014年，乌克兰经济发展与贸易部与中国商务部签署有关乌克兰参与"一带一路"的双边协定，制定中乌发展路线图并确定了后续计划和行动，其目的是在实施"一带一

---

① 张弘：《中国与乌克兰"一带一路"合作的风险与应对》，《和平与发展》2017年第4期。

路"倡议的过程中加强合作。这将为乌克兰参与"一带一路"地缘经济项目实施工作提供重要依据。白俄罗斯地处欧亚大陆的中心点，是欧亚大陆桥的重要通道以及连接欧亚经济联盟与欧盟两大市场的枢纽，也是中国开展"丝绸之路经济带"建设的重要节点之一。白俄罗斯支持并积极参与中国的"一带一路"倡议。①

中亚国家对"一带一路"倡议总体上态度积极。但从更深层次来看，由于各国发展程度和与华政治关系不同，这些国家的心态和认知较为复杂。它们既渴望搭乘中国经济增长的快车，又担心经济上对华依赖及由此产生对其国家安全上的威胁。哈萨克斯坦是中亚最发达的国家，也是中国在中亚地区最大的投资对象国。哈方对丝绸之路经济带的态度总体上是实用主义式的积极配合。2014 年 12 月，中哈签署了《中华人民共和国国家发展和改革委员会与哈萨克斯坦共和国国民经济部关于共同推进丝绸之路经济带建设的谅解备忘录》，双方提出发展和加强区域间互联互通，促进和深化丝绸之路经济带沿线有关交通、经贸、旅游、投资及其他合作领域的经济活动。2016 年 10 月，双方又签署了《中国和哈萨克斯坦关于"丝绸之路经济带"建设与"光明之路"新经济政策对接合作规划》，实现"丝绸之路经济带"建设与"光明之路"新经济政策之间的战略对接。② 乌兹别克斯坦地处中亚中心地带，是中亚地区人口最多的国家。乌国政府认为，丝绸之路经济带的建设符合该国发展经济和交通运输的规划，但它对大国在中亚的竞争态势深感忧虑，对中美俄采取多极平衡策略。塔吉克斯坦是中亚地区较为贫困的国家，该国国内交通需借助国外通道。因此，它对中国"一带一路"倡议中的互联互通规划响应积极，但对中国如何推进丝绸之路经济带建设存有戒心，希望由上海合作组织作为地区平台来推进。在对丝绸之路经济带的认知及对策上，吉尔吉斯斯坦与塔吉克斯坦较为相似，它们均既希望从中受益，又保持一定警

---

① ［白俄罗斯］基里尔·鲁德：《白俄罗斯与中国：命运与共、一路同行》，《俄罗斯研究》2018 年第 4 期。

② 张威等：《中哈重点产业合作：现状、策略及前景》，《国际经济合作》2017 年第 11 期。

惕,希望由上海合作组织来主导丝绸之路经济带的建设进程。①

蒙古国提出"草原之路"倡议的初衷是积极加入亚洲高速网络建设。蒙古国是内陆国,没有出海口,因此,参与中蒙俄经济走廊建设是使蒙古国得以实现发展的重要途径。2014年9月在上海合作组织杜尚别会议上,中国国家主席习近平、俄罗斯总统普京和蒙古国总统额勒贝格道尔吉举行首次中蒙俄元首会晤。习近平主席倡议把蒙古国"草原之路"、中国"丝绸之路经济带"和俄罗斯"跨欧亚大通道"进行对接,提出共同建设中蒙俄经济走廊的构想。这一倡议得到了俄、蒙两国元首的积极响应。2015年7月,在上海合作组织乌法峰会期间,三国元首正式签署了《关于建设中蒙俄经济走廊规划纲要的谅解备忘录》。2016年6月,上海合作组织塔什干峰会期间,中蒙俄三国正式签署了《中蒙俄经济走廊规划纲要》。同年9月,中国国家发展和改革委员会公布了作为"一带一路"首个多边纲要的《建设中蒙俄经济走廊规划纲要》。

## 三 中国在欧亚地区推进"一带一路"倡议的经验

欧亚地区具有地缘政治复杂性和特殊的市场属性。在独联体国家中,计划经济和苏联标准体系的痕迹依然十分明显,而倾向欧盟的欧亚国家则往往表现出半市场经济、半计划经济的特征。欧亚地区是既不同于东亚模式也不同于西方模式的独特存在。鉴于此,我们试图归纳总结在这一地区推进"一带一路"倡议的不同类型及其具体经验,总体而言,具体包含以下几种:以工业园区形式推动互联互通和产能合作,以工程类企业为主推进基础设施建设,以投融资一体化项目为载体推行中国先进标准,秉持合作原则探索企业本地化经营经验,加强农业、金融、能源、物流领域的深度合作,秉持正确义利观,加强全方位沟通。

---

① 袁胜育、汪伟民:《丝绸之路经济带与中国的中亚政策》,《世界经济与政治》2015年第5期。

## (一) 发展工业园区推动互联互通和产能合作

中国企业在"走出去"过程中往往面临外部环境风险较大、项目保障手段较少、企业自身应对能力较差等问题。克服上述问题的最好办法之一是"抱团出海"。与通常的贸易、经济技术和投资合作不同的是,工业园区具有国内企业和政策优惠同时相对集中等优势。国内企业相对集中有助于平衡国际收支和规避贸易壁垒,而"链条"合作将有效降低企业经营成本。此外,企业相对集中有助于使企业获得单个企业难以获得的政策优惠。在"一带一路"规划的经济走廊沿线建设若干工业园区将加大推动互联互通和产能合作。

中白工业园具有优越的地理位置,在建设伊始便被寄予厚望,将其定位为"一带一路"上的明珠和中白互利合作典范。在中白两国政府的强力推动下,中白工业园的初期建设取得了可喜成绩。截至2018年5月,已有来自中国、欧洲国家和美国的36家企业入驻园区。园区重点发展电子和通信、制药、精细化工、生物技术、机械制造、新材料、综合物流、电子商务领域、大数据的储存与处理、社会文化活动以及研发等领域。"精准招商"体现为对招商工作的"精准定位"和对目标企业的"精准选择"。[①]

## (二) 工程类企业推进基础设施建设

欧亚地区的基础设施普遍老化陈旧、供给不足,因此,在该地区推进基础设施建设具有广阔的市场前景。中国具有人才、技术和成本优势,与中国合作发展基础设施,欧亚国家可获得较高性价比。中国对外承包工程业务目前处于增速换档期,新特点和新趋势不断涌现。具体而言,一是在国际工程市场的份额持续逆势上升,"中国建造"正成为新的比较优势;二是对外承包工程业务快速发展,新动能逐渐显现;三是新签合同额和完成营业额处于明显的增速换档期,对外承

---

① 倪月菊:《中白工业园在"丝路经济带"中的市场地位及其局限性》,《中国市场》2018年第21期。

包工程业务更加注重高质量发展。当前及今后一段时期，中国企业参与全球工程承包市场将更加体现高质量发展特征。①

与东南亚地区相比，中国进入欧亚地区基础设施建设领域才刚刚起步。一方面是因为欧亚地区的招商引资政策环境正处于从封闭到开放的过渡期，另一方面是因为常年经济状况不佳难以撬动基建资金。比如，乌克兰作为欧盟和前独联体国家地缘政治的交叉点，面积仅次于俄罗斯，陆地交通要道的重要性不言而喻，同时毗邻黑海，有重要的出海口，这样一个占据陆海优势的国家却面临基础设施过于陈旧甚至无法满足国内粮食出口需求的窘境。虽然乌克兰学术界和官方都积极表态要参与"一带一路"建设，但乌境内陈旧老化的基础设施成为制约其深度参与的首要瓶颈。

### （三）以投融资一体化项目为载体推行中国标准

欧亚地区基础设施建设的落后导致其技术标准的落后，大部分工业技术标准甚至仍在沿袭苏联标准，普遍存在造价高、笨重有余、灵活性不足的问题。21世纪以来，中国装备制造业的技术水平和制造能力已发生深刻变化，高端机械制造业占比不断提升。从目前已经进入欧亚市场的案例可知，该地区对涵盖中国标准的投融资一体化项目的接受程度较高。首先，欧亚地区很多国家缺乏国内资金，难以支持基建更新；其次，长期以来的半封闭发展致使欧亚地区对现代工程技术的了解有限；再次，欧亚地区基建技术类人力资本匮乏现状进一步制约了其主动更新基建的能力。

投融资一体化项目的重大意义在于有利于推广中国技术标准。传统的工程承包项目在标准设定方面处于极其被动的地位，通常是根据东道国所要求的标准严格执行。中国在建设"一带一路"的过程中，承包工程赚取辛苦钱绝不是主要目标，更长远的意义在于通过设计—施工—运营链条推广中国标准，扩大中国标准的适用区域和适用范

---

① 林菁菁：《工程企业参与"一带一路"基础设施建设态势分析》，《发展研究》2018年第8期。

围。对于业已成熟的欧盟国家市场和北美市场，推广中国标准的难度不言而喻。但对于长期发展受阻、资金有限而百废待兴的欧亚地区而言，涵盖资金、技术和人才的中国投融资一体化基建项目无疑为这些国家搭上中国发展快车提供了便利。① 对中国而言，在境外投资能否适用中国标准对于争取规则话语权非常重要，也会带来极大的投资便利。

**（四）秉持合作原则探索企业本地化经营的具体经验**

欧亚地区市场属性的混合性和复杂性决定了顺利进入该市场绝非易事，各种有形无形的壁垒是企业需要克服的准入障碍，因此，需要秉持合作原则与当地利益相关方共同探索本地化经营的经验。中国企业在与欧亚伙伴相互合作过程中，通过边干、边学、边总结来提炼欧亚地区的市场经验。比如，中国港湾公司成功竞标乌克兰南方港疏浚项目，在欧洲四大疏浚公司占据全球90%疏浚项目市场份额的背景下，中企首次成功竞标乌克兰疏浚项目并提前完工就显得格外醒目。据悉，中国港湾公司在乌克兰南方港疏浚项目中采取与本地竞争对手合作投标的方式，成功地将竞争对手转化为合作伙伴，在利益共享的基础上快速熟悉本地的法律法规，为企业节省了大量时间成本和金钱成本，同时获取了与当地企业合作的宝贵做法。

中国港湾公司之所以能够打破欧洲四大疏浚公司的长期垄断并成功进入乌克兰市场，其中一个重要的细节在于该企业连续数次邀请乌方主要负责人到中国相关企业参观，使其开阔眼界、转变思路，最终真诚接纳中国设计方案和施工方案。中国港湾探索出海外生产经营两手抓模式，利用新媒体（facebook等）及时披露项目进展和反击媒体抹黑，结合当地文化赞助足球赛践行"民心相通"，实施例会制及时反映问题和解决问题，等等。中国电建公司则定期学习海外企业的失败案例，从中寻找原因，对进入某一区域某一行业的风险进行全面剖析，有效规避风险保障项目成功。这些本地化经营经验的积累对于长

---

① 吴泽林：《解析中国的全球互联互通能力》，《世界经济与政治》2017年第11期。

期、持续、快速、有效推进"一带一路"建设在欧亚大地上开花结果具有战略性意义。

### （五）加强金融合作

欧亚地区经济发展水平滞后导致金融服务业水平低下，无法满足"一带一路"建设的金融服务需求，因此，需要加强金融合作为建设丝绸之路经济带提速。金融服务在快速发展的世界经济中扮演着越来越重要的角色，未来服务业竞争焦点也将逐渐转向以金融服务等为代表的新兴服务业。金融服务企业竞争力的提高是企业"走出去"的根本，在金融和科技产生交互影响的背景下，金融企业自身往往会进行战略调整，改革商业模式，打造金融生态系统，致力于提供更精准及更具竞争力的产品和服务。[①]

欧亚地区推行的银行业改革为中国金融企业合法合规进入该市场提供了机遇。比如，针对乌克兰银行业准入门槛低、银行体系混乱的历史状况，新政府根据《巴塞尔协议Ⅱ》进行银行压力测试并要求补充资本金，将2014年的250多家银行整顿为目前的80多家银行，为中国投资者通过公开拍卖收购银行进入乌克兰金融体系提供了机遇。2017年12月天津渤海商品交易所股份有限公司宣布完成对乌克兰复兴开发银行的并购和增资，该银行已成为乌克兰境内首家中资银行。该项目成为第一个中国资本成功参与乌克兰国有资产私有化案例，也是本地区共建"一带一路"倡议框架下第一个中国企业通过收购进入欧亚地区银行业的案例。

"一带一路"建设需要欧亚地区提供高于现行水平的金融服务。比如，在白俄罗斯的中资企业因当地银行无法开具信用证而伤脑筋，但中资银行尚未在该国设立分支机构，中白经济合作项目仍未获得便利的金融服务。中白工业园基础设施建设融资压力较大，除了依靠中白双方不断加大投入，还需积极开展国际融资。目前，白俄罗斯最大

---

① 李杨、程斌琪：《"一带一路"倡议下的金融科技合作体系构建与金融外交升级》，《清华大学学报》（哲学社会科学版）2018年第5期。

的商业银行——白俄罗斯银行储蓄银行（简称"白俄罗斯银行"）在中国设有办事处，人民币已被白俄罗斯列为国际储备货币，并且中白双方签署了货币互换协议和《证券期货监管合作谅解备忘录》。2017年8月，银联国际与白俄罗斯银行签署全面合作协议，双方约定于2018年该行所有自动取款机和商户将受理银联卡，并在本地发卡、银联创新产品推广等领域合作展开。2017年9月，中国出口信用保险公司与白俄罗斯银行签署框架合作协议，拟为中白两国间大型项目和贸易提供综合性融资解决方案。因此，中白金融合作的水平仍有很大提升空间。

### （六）深化能源合作

欧亚地区不但拥有俄罗斯、土库曼斯坦、哈萨克斯坦等具有丰富能源资源储备的油气生产国和出口国，而且包括中国等重要能源消费国和进口国。俄罗斯是资源丰富的国家，拥有石油、天然气、煤炭、木材等自然资源，不仅是全球重要的能源供给市场，也是具有巨大战略价值的过境运输国家。就中俄能源合作而言，历时20年的中俄天然气谈判于2014年最终达成《中俄东线供气购销合同》[①]，2016年俄罗斯超越沙特成为中国最大的石油供应国。中俄天然气谈判取得实质性突破，无疑将对未来亚洲乃至整个欧亚地区的能源格局产生重要影响。

中国与欧亚地区深化能源合作有利于发挥双方的互补优势。比如，蒙古国具有优越的成矿条件和丰富的矿产资源、与中国接壤等有利因素，是中国企业投资海外资源开发的重要目的地之一。中国作为蒙古国第一大贸易伙伴、仅次于荷兰的第二大投资国，同该国建立了广泛的合作关系，体现了两国在经济方面的优势互补，为强化两国关系提供了必要条件。中国经济发展强劲，拥有庞大稳定的能源市场，

---

① 根据《中俄东线供气购销合同》，俄方从2018年起向中国供气，最终达到每年380亿立方米，合同期为30年。东线天然气管道的供气资源地是俄罗斯东西伯利亚伊尔库茨克州的科维克金气田和萨哈共和国的恰扬金气田。

在能源开发的资金、技术、设备和管理经验方面拥有优势。蒙古国蕴藏丰富的煤炭、石油等能源资源，但资源开采和加工大多处于初级阶段，产业结构层次较低，深加工部门尚比较薄弱，两国能源合作具有很强的互补性。落实相关合作项目对蒙古国而言，可以增加能源产品的价值量，完善本国石化产业链，促进经济发展和社会效益，就中国来讲，可以增加能源供给量，也是能源进口多元化的一个重要举措。

中国与欧亚地区的能源深度合作不仅体现在传统化石能源领域，在可再生能源领域也存在巨大潜力。"丝绸之路经济带"沿途国家的水电资源、铀资源、风能和太阳能资源都十分丰富。特别是在中亚、蒙古国等欠发达地区，有些地方非常需要分布式能源，适合发展光伏和风电。① 比如，乌克兰新能源领域的合作大门才刚刚向中国敞开，中乌两国在核电、热电、水电和太阳能发电领域有广阔的合作空间。根据乌克兰的规划，到 2020 年，该国可再生能源在全部能源消耗中的占比要达到 11%，发电装机规划为 2020 年光伏 2800 兆瓦（是 2015 年的 2.5 倍），海上风电 3000 兆瓦（是 2015 年的 3 倍），生物质 530 兆瓦，小水电 150 兆瓦，地热 50 兆瓦。② 因此，光伏发电和海上风电将是未来中乌能源合作的重头戏，为中国风力发电、光伏发电的装备制造业和电站建设投资者提供了新市场。中国电建公司在"一带一路"沿线 42 个国家执行 1499 个项目合作，在电力建设领域多年保持全球第一，但进入乌克兰也迟至 2017 年，所签订的第一个合同是公路建设项目，并非本身所擅长的发电项目，中乌新能源合作还大有潜力可挖。

### （七）打通物流通道并实现信息化管理

中蒙俄大陆桥运输通道是亚欧大陆桥的主要通道，是中国国内开行最早、运量最大、运距最短的亚欧大陆桥运输线路。截至 2017 年年底，中欧班列通过中蒙二连浩特口岸、扎蒙乌德口岸过境运输的中

---

① 盛玉明：《海外电力能源建设的新机遇》，《施工企业管理》2015 年第 6 期。
② 李世民等：《"一带一路"国家的风电发展现状》，《风能》2016 年第 12 期。

国城市班列有成都到欧洲的"蓉欧班列"、长沙到欧洲的"湘欧班列"、郑州到欧洲的"郑欧班列"等20条，营口、天津、青岛、成都、武汉等城市都积极参与其中。中蒙俄通道经过20年的运行后，中国的环渤海地区已经形成了较为完备的海陆和航空运输体系，中日韩三国之间已开通多种海陆联运、集装箱定期运输航路以及航空运输线。尤其是环渤海港口合作的迅速发展，为东北亚地区物流合作提供了便利的交通运输条件。①

2014年10月，中国发改委与俄罗斯运输部、中国铁路总公司与俄国家铁路公司四方签署高铁合作备忘录，推进构建北京至莫斯科的欧亚高速运输走廊，优先实施莫斯科至喀山高铁项目，莫斯科到喀山路段一旦建成，可将运行时间从11个小时缩短到3个半小时。② 因此，打通中蒙俄经济走廊，就可以真正地将中国国内市场与整个亚欧大陆融合。③

白俄罗斯把交通合作作为参与"一带一路"建设的重要方面，希望增强其在欧亚交通体系中的枢纽作用。在"一带一路"倡议的带动下，中国继续与白俄罗斯合作推进白俄罗斯国内铁路现代化，包括中白工业园与周边交通体系的有效衔接和便利化，推动中白两国首都之间往返航线均实现直航，推动明斯克与北京以外的城市实现直航，发展中欧班列，促进欧亚大陆的陆运和海运联通。④

信息化物流管理意味着需要实现丝绸之路经济带境内段与境外段的统一调度、协调运行、内外联动，旨在提高供应链效率并优化产业链条，保障政策补贴落实到实体经济和生产型企业。随着"丝绸之路经济带"建设的深入推进，会有越来越多的中欧班列奔驰在欧亚大陆上，但欧亚地区整体基础设施存量不足，增量有限，且需要在宽窄轨

---

① 林备战：《"一带一路"倡议下东北亚地区国际运输通道建设》，《东北亚经济研究》2018年第4期。
② 《中俄将签署系列重大合作文件 能源高铁基建项目先行》，新华网，2015年5月7日，http://www.xinhuanet.com/world/2015-05/07/c_127775105.htm。
③ 黄凤志：《对中蒙俄经济走廊建设的战略分析》，《学术前沿》2016年第7期。
④ 赵会荣：《对中国与白俄罗斯关系的分析与思考》，《国外理论动态》2017年第11期。

间切换，这一现状无疑会降低物流效率并容易造成拥堵。因此，应在打通物流通道的基础上，重视对物流通道的信息化管理，掌握和协调境外铁路的物流信息。如果能够在全运输通道上建立分流节点，并统一实施对生产型企业的直接补贴，将大大提升物流通道的效率和活力。同时针对目前中欧班列回程货源不足的情况，针对进口型企业（如棉花进口企业）进行精准补贴，可进一步降低中欧班列的运输成本。应该从国家政策层面整合针对中欧班列的地方补贴与国家补贴，力求各种补贴形成合力，发挥降低物流成本和提升企业积极性的协同效果。

### （八）农业合作

欧亚地区肥沃的土地造就了优质的农产品，沿线国家希望在"一带一路"框架下加深与中国在农业方面的合作与交流，客观上有力推动了中国的农业外交。① 中俄双方在农产品进出口结构上形成了较好的互补关系，合作空间极为广阔。俄罗斯从中国进口的农产品以蔬菜、水果、水产品、饮品为主，而对中国出口的农产品则以水产品、油籽、坚果、植物油为主，从海路运输的冷冻鱼占俄罗斯对华食品出口的70%。随着两国农业贸易发展迅速，贸易结构正在不断优化，中国以更加开放的心态迎接俄罗斯的各类农产品。俄中出口食品贸易公司与中欧农业发展有限公司已就长期农产品供应关系签署合同，将在"俄中新粮食陆路走廊"框架内落实俄罗斯农产品向中国出口。由于俄罗斯农业种植区域主要集中于东欧平原，"一带一盟"将为中国化肥、种子、农药、农膜、各类农业耕作和运输机具以及农田水利设施、电力设备等生产资料、农用装备出口欧亚经济联盟创造更佳路径。②

乌克兰位于世界三大黑土带之一，占全世界"黑土地"总面积的

---

① 陈翔：《浅析"一带一路"建设背景下的中国农业外交》，《现代国际关系》2015年第10期。

② 郭鸿鹏等：《"一带一盟"视阈下中俄农业合作发展研究》，《东北亚论坛》2018年第5期。

40%，发展农业具有得天独厚的优势。该国历史上素有"欧洲粮仓"之称，目前也是世界第三大粮食出口国。乌克兰本地年产粮食接近三分之二用于出口。在目前欧盟对农业高度保护、俄罗斯切断俄乌经济联系的背景下，乌克兰农产品出口只能南下向东寻找出路，中国和东亚市场的重要性凸显。据了解，乌克兰农产品出口中国市场主要受配额限制，因此，可考虑适当逐步增加乌克兰对中国的农产品出口配额，在中美贸易摩擦胶着、贸易战可能长期存在的全球背景下，扩大自乌克兰的农产品进口有助于保障国家粮食安全。2016年5月，中粮集团全资子公司"中粮农业"在乌克兰投资7500万美元建设的尼古拉耶夫码头正式投产，这是中国在乌克兰物流开发方面的最大投资，为周边国家粮食物流体系打造出重要的支点。

### （九）秉持正确义利观

"走出去"的中国企业要实现利润最大化的同时服务于国家长期战略，就必须秉持正确的义利观，即追求利益的同时积极承担企业社会责任。义利观是一种具有中国特色的经济外交理念，不同于西方大国经济外交中的"胡萝卜加大棒"理念。[①] 在欧亚地区推行新型义利观，需要充分注意到当地的发展阶段以及曾经的社会主义发展历史，"义"和"利"的含义与其他地区有所不同。我们也发现，注重生态环保、重视绿色发展，是一切"走出去"项目的出发点和落脚点，同样是该地区特别关注的，例如白俄罗斯就非常重视绿色发展。中国国内的生态文明建设取得了长足进步，也积累了丰富经验，将这些绿色经验嵌入"丝绸之路经济带"建设中，将为欧亚地区的长期可持续发展注入力量。

在环保标准的选取上，我们看到，凡是采取了"就高原则"的企业，都收获了良好的口碑这一无形资产，为长期扎根发展奠定了基础。比如，中国电建海投在老挝的南欧江项目上所采取的标准参照世界银行、国际金融公司的环境和社会准则，在巴基斯坦的卡西姆燃煤

---

① 李向阳：《"一带一路"建设中的义利观》，《世界经济与政治》2017年第9期。

电站实现零排放，高于世行标准，不仅确保了公司的可持续盈利，也维护了国家形象，实现了义利双赢。积极履行社会责任也意味着企业要关注所在国家和地区的文化特殊性、社会民生、公共需求等，在力所能及的范围内塑造企业与当地社会的友谊关系。比如，中国港湾公司在乌克兰推进疏浚项目之际，通过赞助因资金不足而停摆的当地足球赛，为践行"民心相通"事业添砖加瓦，同时与当地孔子学院共同举办文化活动回馈当地社会。

### （十）加强全方位的沟通

在欧亚地区实现"五通"需要全方位的沟通，即学界、官方、企业和民间的沟通都要力求彻底全面。中国目前俄语人才短缺，对欧亚区的文化缺乏普遍了解，对欧亚人民感到生疏。首先，宏观层面"政策沟通"的着力点在俄罗斯。欧亚地区属于俄罗斯的传统势力范围，在体制机制乃至政策动态上都依然受俄罗斯影响。"一带一路""五通"目标中最首要的是"政策沟通"，与俄罗斯的政策沟通顺畅与否直接关系到丝绸之路经济带在欧亚地区的前景。以中白工业园为例，投资者进入园区的动力在于产品能够进入欧亚市场，但目前仍然存在认证和标准方面的无形壁垒，关键的掣肘方是俄罗斯。因此，无论是"一带一路"与欧亚经济联盟的对接，还是与蒙古国"草原之路"的对接，都不能忽视俄罗斯的影响力。白俄罗斯和亚美尼亚对"一带一路"的态度和政策都非常接近俄罗斯。其次，从微观层面而言，企业对欧亚地区营商环境、政策法规、制度规章、标准流程、市场属性的了解都还停留在较浅的层面。比如，整个欧亚区仍然有政治上的继承性、商业文化的独特性、部分遗留下来的经济联合体，以及上一代社会精英仍然使用俄语作为跨国交际的主要语言等。顺利进入欧亚地区的中国企业，在全方位沟通方面已经积累了不少经验，比如建立每周例会制度与项目参与各方碰面及时反映问题并讨论解决方案，利用新媒体及时披露项目进展反击西方媒体抹黑。与欧亚地区全方位的沟通，短期内需要便利签证、通关手续等，长期内需要确立培养俄语人才和欧亚专家的战略机制。

## 四 在欧亚地区推进"一带一路"倡议面临的问题

### (一) 欧亚地区特殊性与"一带一路"倡议的深入推进

欧亚地区是一个既不同于中国，也不同于西方的体系。这个体系的特殊性包括国际经贸规则、货币、市场经济观念、安全保障、经济与安全的关系等。欧亚地区的市场较为封闭，体制机制仍具有很强的计划经济色彩。原苏联国家普遍受苏联模式的影响，体制机制僵化，技术标准过时，由此导致对新技术、新机制的接受程度较为缓慢，因此，必须注重积累和应用中资企业在欧亚地区探索的成功经验。如何让对方了解中国标准的先进性、中国技术的高效性和低成本，需要与对方建立明确而直接的沟通方式。

以沿线国家宽轨与准轨的铁路轨距之争为例，"一带"交通方案均采用国际标准轨距1435毫米，而"一盟"国家则执行的是苏联时期的标准1520毫米，由此导致对接的困难。铁路运输人为增加换轨、换装环节，大大降低了该国际运输通道的竞争力和效率。而俄罗斯对于中亚地区规划的新铁路项目基本态度是支持宽轨铁路、反对准轨项目。中吉乌铁路讨论多年而一直搁置与此不无关系。[1] 我国与白俄罗斯之间的合作也面临这一问题。根据该国总统令，中白工业园区内项目建设和装备可适用中国标准，但海关监管及工程竣工验收等权力仍归当地政府和园区管委会。中白之间相关标准不统一，各项标准又浩繁复杂，在竣工验收等环节存在难以衔接、协调甚至发生争议的风险。

### (二) "一带一路"倡议与欧亚经济联盟的对接及相关问题

中国提出的"一带一路"倡议和俄罗斯提出的欧亚经济联盟在理论基础上存在很大差异，决定了二者的对接存在深层矛盾，因而只能

---

[1] 焦一强:《由认知分歧到合作共识:中俄"一带一盟"对接合作研究》,《当代亚太》2018年第4期。

限定在经济领域范围之内。欧亚经济联盟以欧亚主义为理论基础，本质上是扩张的地缘政治经济学，主张建立以俄罗斯人为主宰的欧亚大帝国。① 中国的"一带一路"倡议以古丝绸之路贸易商路的合作、交流、互利为核心精神，力求实现沿线地区的整体繁荣，本质是中国传统文化中所追求的和平与发展。俄罗斯所看重的欧亚大陆主导权问题随着双方经济活动的深入会逐渐浮现出来。俄罗斯既有借助欧亚经济联盟的壁垒作用暂时限制中国经济扩张的想法，又寄希望于对接两大倡议来应对外部调整维护欧亚地区平衡。因此，在这种矛盾心态的左右下，我们看到了高层积极呼吁"一带一盟"的合作对接，但实际工作进展较慢的现状。在实践中，欧亚经济联盟用较高关税封闭自身，借助内部合作阻挡中国商品和服务，同时制定了完备的市场和技术标准（不同于中国标准）。中俄双方对于如何对接才能真正双赢还需要进一步认知和探讨，而最有效化解战略顾虑的途径还是在于通过合作先把"蛋糕"做大。

中国既是欧亚经济联盟最大贸易伙伴，也是该联盟贸易制裁措施的最大受害者。反倾销关税措施已成为中国商品进入欧亚市场的主要障碍之一。欧亚经济联盟成员国的反垄断和贸易救济制度，既有成员国的自主规则，也要遵守欧亚经济联盟的统一规则。为保护本国市场和民族企业，联盟成员往往求助于联盟机制，而一旦该机制启动，则影响范围将扩散到整个联盟区域，可对中国企业造成更大损失。② 为维护市场秩序和保护成员国企业利益，欧亚经济联盟对中国部分商品实施了贸易保护调查和反倾销措施。截至 2017 年 1 月 1 日已经受理 9 项，均是反倾销案，涉及带聚合物涂层的金属制品、滚式轴承、柠檬酸、不锈钢餐厨具、冷轧无缝不锈钢管、铸铁搪瓷浴具、油气井用无缝钢管等产品，涉案商品在联盟市场上的年销售总额超过 20 亿美元，约占中国对欧亚经济联盟成员国年出口规模的 1/20。其中影响较大的

---

① 杨雷：《中俄共同推进欧亚地区合作的基础与路径》，《新疆师范大学学报》2018 年第 5 期。

② 张宁：《欧亚经济联盟贸易救济措施对"一带一路"的影响》，《北京工业大学学报》（社会科学版）2016 年第 5 期。

典型案例是关于油气井钻探和开采用无缝钢管的反倾销案。①

由于白俄罗斯本身市场的"局限性",中白工业园区的产品出口必将利用自身的位置优势,将欧盟和欧亚经济联盟作为重要的目标市场。从拓展欧亚经济联盟市场看,白俄罗斯是欧亚经济联盟的创始国,联盟对于非联盟国家实施统一关税和非关税壁垒,联盟以外国家在联盟成员国建立合资企业所生产的商品进入联盟市场原则上免税。因此,一般认为在中白工业园生产的产品可以免关税直接进入欧亚经济联盟大市场。但在实践中,遭遇非关税壁垒的可能性很大。比如,白俄罗斯新产品进入俄罗斯市场之前,要申请准入许可。由于联盟内尚无统一的技术标准,俄罗斯常常以技术标准不达标为由拒绝发给白俄罗斯产品技术标准合格证书,使其无法进入俄罗斯市场。②

困扰"一带一盟"合作的最大现实问题是制订两大项目如何实施对接的详细方案,以及协商解决其所面临的诸如技术标准、运输绩效等一系列具体问题。由于缺乏明确细化的对接实施方案,将会导致外界对"对接"产生仅是口号的错觉,必须讨论具体的基础设施项目、相互投资保护机制,协调信息技术、电子商务、医疗、教育、旅游等单独领域的合作标准并使其接近一致。③

### (三) 中蒙俄经济走廊建设问题

无论俄罗斯还是蒙古国都存在"中国威胁论"倡导者,担心中蒙俄经济走廊的建立将会使俄罗斯或蒙古国沦落为中国的经济附庸,并极力主张予以防范。俄罗斯采取"合作与防范"并存的对华政策,既促进远东地区参与区域经济合作,又担心该地区在与中国的经济融合中会减少对其国内的经济依赖。蒙古国对华合作的迟疑不决阻碍了中

---

① 张宁:《"一带一路"建设中中国企业在欧亚经济联盟面临的贸易制裁问题》,《欧亚经济》2017年第4期。

② 倪月菊:《中白工业园在丝路经济带中的市场地位及其局限性》,《中国市场》2018年第7期。

③ 焦一强:《由认知分歧到合作共识:中俄"一带一盟"对接合作研究》,《当代亚太》2018年第4期。

蒙俄经济走廊的建设。尽管中蒙双边领导人多次强调扩大两国基础设施建设、矿产资源领域合作开发和金融领域三位一体的合作，然而双方在大项目上一直难有突破。蒙古国既想搭乘中国经济发展的便车，又担心对华经济依存度过高威胁蒙古国经济安全。为了减轻对中国经济的依赖，蒙古国在外交政策上奉行"第三邻国"政策，同时在国际经济合作方面积极引入西方国家参与国内开发，为中国增加竞争对手。

蒙俄两国国内均存在经济结构畸形、国内行政效率低下、政策稳定性差等方面的问题，孵化中蒙俄经济合作的软环境的动力仍显不足。俄蒙两国基础设施不发达，两国交接的口岸设施落后，制约了经济走廊建设的快速发展。蒙古国与俄罗斯西伯利亚及其远东地区人口稀少，劳动力不足，由此，中国企业被迫从国内输入劳动力，其结果是增加了企业成本。此外，中方企业更多的专业技术人员与管理人员的需求与俄蒙两国人口现状及教育培养存在严重差距。目前，中国与俄罗斯、蒙古国之间的贸易需求以能源为主，商品贸易单一，三方总体贸易规模不大，又缺少贸易口岸的通关渠道的支持。中蒙经贸合作还面临着关税、许可证管理、法律不健全等诸多瓶颈制约。由中国与俄蒙现有不对称贸易关系引发的后者的不满情绪，可能会波及中蒙俄经济走廊的建设进程。①

### （四）相关规划衔接不到位、利益矛盾协调难度大

建设规划是落实项目建设和资金安排的基本依托。虽然"一带一路"沿线的欧亚国家积极响应倡议并纷纷从自身角度提出了建设规划，但在建设规划方面仍然存在衔接不到位的问题。部分国家围绕"一带一路"总体设计规划不够。尽管欧亚一些国家具有很高的积极性，但政治不稳定、缺乏设计实施力量等因素导致这些国家提出相关规划主动对接"一带一路"建设的实际行动不多。自"一带一路"

---

① 于洪洋、[蒙] 欧德卡、巴殿君：《试论"中蒙俄经济走廊"的基础与障碍》，《东北亚论坛》2015年第1期。

倡议提出以来，中国与俄罗斯、哈萨克斯坦、白俄罗斯、蒙古国等通过政府间政策对接建立了合作机制体系。俄罗斯倡导与白俄罗斯、哈萨克斯坦、塔吉克斯坦、吉尔吉斯斯坦、亚美尼亚建立欧亚经济联盟，"一带一路"与哈萨克斯坦的"光明之路"对接，中白产业园计划、丝绸之路经济带、蒙古国"草原之路"和俄罗斯"跨欧亚大通道"对接下的中蒙俄经济走廊等。这些规划设想与"一带一路"倡议存在某种程度上的契合，但在战略意图、利益导向、关注重点等方面大相径庭，这不可避免地会对"一带一路"建设带来消极影响。在公路、铁路、油气管道建设等方面，这些规划的设计思路、线路走向等各不相同。比如，在中亚地区，塔吉克斯坦、哈萨克斯坦、吉尔吉斯斯坦等国关于公路、铁路规划走向和建设轻重缓急等意见不统一，这导致中吉乌铁路等相关项目进展缓慢。

**（五）融资服务尚不适应海外长期投融资需求，海外投资服务和保护机制不够完善**

海外港口、园区等基础设施投资具有重要的战略意义，但这类项目往往投资规模巨大，回收周期长，对于企业而言资金压力较大。目前，虽然设立了"亚投行"和"丝路基金"等机构，但对长期投资如何予以支持尚无具体的细则性措施。政府对境外投资企业的融资支持力度还不够，尚未建立起完善的融资渠道以及便利化服务体系等。在这种情况下，多数"走出去"的企业，尤其是民营企业仍依靠普通银行贷款或自筹资金进行投资。这不但影响企业在海外进行长期项目的投资，而且影响像中白工业园这类园区在国内招商引资的开展。

另外，我国海外投资服务、保护机制仍有待完善。我国政府对海外投资的管控仅有商务部、发改委、国资委等部门制定的项目审批制度，针对投资后的服务、保护等功能薄弱，基本上完全依赖企业在海外单独打拼。我国与"一带一路"沿线的一些欧亚国家还尚未签订投资保护协定，境外投资企业缺乏政策指引和国家间约定的投资保护措施，除了要独自承担商业性风险外，也存在着相当大的安全隐忧。①

## 五 未来方向及中国的应对

第一，改变以西方规则为评判标准的思维模式，真正实现企业的本地化经营，同时要处理好中国跨国企业在欧洲地区与其他区域的关系。"一带一路"倡议在不同地区需要具有独特的地区性安排。目前来看，该倡议难以发展成像美国二战后建立的全球框架，更可能的一个发展形态是建立多个地区框架。因此，需要根据地区经验以及相关国别经验制定规则，而不能向西方那样事先建立一个规则体系，而后讨论合作收益等。对于企业而言，尤其需要注意到所谓的国际规则，主要是指西方主导下生成的一些规范和标准，通常盛行于发达国家，但是并不适用全球所有地区和国家。中国企业在推进全球化进程中，在不同地区所面临的西方企业的竞争压力并不相同，要根据所在地区和国家的需求，根据市场性质和竞争程度及时调整战略。

第二，根据中国企业在当地的投资收益、中国的国家利益评估"一带一路"倡议，而不仅是依据中国与某个特定国家的双边关系或者某个大项目的进展情况进行评估。"一带一路"是新时代中国进一步改革开放的大战略，是顶层设计、事关全局，而不仅是针对某一国的战略安排。就欧亚地区而言，需要在通盘考虑中俄关系、中欧关系的框架下探讨中乌务实合作。中乌在历史上并没有历史积怨，乌克兰自愿弃核后，中国是为其提供安全保障的国家之一。但由于乌克兰地处地缘政治的交叉点和边缘带，容易触动周边大国的敏感神经。但是，反过来说，越是这样的国家，也越具有提升"一带一路"倡议综合效应的契机，运筹得当可以发挥更加综合性的效果，增强中国进行大国博弈的战略能力。因此我们建议中乌高层交往可以保持平淡现状，但在经济合作框架下部门间和地区间的务实合作应该积极快速推

---

① 秦悦、唐珺：《"一带一路"建设面临的风险、挑战与对策建议》，《发展研究》2017年第9期。

进,因为这是一个在发展道路巨变中蕴藏众多机遇的市场,也是丝绸之路经济带的重要节点国家之一,对共建"一带一路"倡议的意义重大。例如,以中乌自贸协议为契机,加快中乌贸易与投资保护协定的签署,为更多的乌克兰产品进入中国市场创造机会,也为中国企业投资乌克兰创造条件。

第三,统筹欧亚物流通道发展格局并打造利益共同体。目前的中欧(中亚)班列尚未建立数据无障碍传递的信息系统,多式联运经营人仍按区段分别运作,多种运输方式之间、境内外之间的信息传递还仅限于随车单据和电子邮件,多式联运经营人对全程物流的掌控能力还很弱。构建一个多种运输方式、多个国家与地区信息共享的国际物流电子交互平台,是促进中欧(中亚)班列快速发展的重要基础。统一单证格式与运输标准,实现无缝衔接,明确国际多式联运全程责任划分、推行公铁水"一票到底"运输单证,统一运输品类的界定标准,释放中欧班列发展空间。目前国内有 40 个城市在开行中欧班列,货源竞争呈同质化、空转化。按照多式联运规模性、集约性理念,通过顶层设计规划,设定同一区域内重要中转枢纽,推动港口、城市联盟,共同打造我国中欧班列的主通道,使我国的中欧班列形成稳定、成列、高效的运营,与境外铁路以及承运人谈判时话语权较高,有利于在境外推行"以量换价",降低全程物流成本。①

---

① 林备战:《"一带一路"倡议下东北亚地区国际运输通道建设》,《东北亚经济研究》2018 年第 4 期。

# 第十六章　地中海东岸国家报告：地缘环境复杂地区如何推进"一带一路"

对于"一带一路"倡议而言，如何应对动荡地带的地缘政治风险，是一个关系到倡议成败的问题。一则，这些地方往往是"一带一路"倡议绕不开的战略节点地域，对于倡议目标的实现具有至关重要的影响，如南亚、中亚和中东。如果"一带一路"倡议绕开这些地缘政治复杂地区，既不利于形成连续的全球性基础设施连接，也不利于中国的在全球范围内展开的产能合作。二则，第二次世界大战后逐步形成的全球经济秩序，西方国家占有极大的制度性优势，特别是在冷战结束后，这种优势进一步增强，大部分成熟市场已经被西方资本所控制，留给中国等新兴经济体的潜在市场开拓空间非常有限，即使是动荡地区，也不能轻易放弃。三则，恰恰是那些一度不被西方资本所重视的地方，是中国推进"一带一路"倡议能够发挥比较优势的区域，这些地方除少数国家以外，普遍基础设施建设水平低下，工业化进程进展缓慢，中国企业在资金、技术等方面竞争力较强，获得回报的可能性较大。四则，"一带一路"倡议体现中国的国际治理思路，同时也检验着中国作为全球经济政治重要力量的国际信誉和国际形象，中国推进"一带一路"倡议，不可能拒绝回应相关地区国家的诉求。不仅如此，还需要看到，中国即使不曾推动"一带一路"倡议，也不能在化解全球各个地缘政治难题的过程中缺位，这是由中国的世界大国地位决定的。而推动"一带一路"倡议，更是展现中国负责任大国形象的战略性措施。

综上，在地缘政治复杂地区推动"一带一路"倡议，不是应该不应该的问题，而是如何推行的问题。中国社会科学院亚太与全球战略研究院为此专门派出专家组，前往地中海东岸地区三国即埃及、土耳其和以色列，以上述三国所在区域为样本进行相关调研。调研对象主要是中国驻相关国家外交代表机构、中国商会和有代表性的中资企业、当地国家政府相关部门和商业组织，以及相关研究机构。工作组还到部分参与"一带一路"倡议的中国企业实地参访，获取第一手资料。在相应调研活动的基础上，形成了本报告。

需要说明的是，选择埃土以三国，不意味着工作组认为对这三个国家以及地中海地区东岸的研究能够回答地缘政治与"一带一路"倡议关联的所有问题。工作组不认为、本调研报告也并非主张中国在地中海东岸地区推进"一带一路"倡议应该仅以埃及、以色列和土耳其为合作伙伴或者合作重点。实际上，这三个国家所处位置只是中东地缘政治舞台的一个区域而已，它们之间的矛盾当前不是中东地缘政治矛盾的主要因素。工作组的选择主要是因为这三个国家所涉及的地缘环境问题具有典型性，能够帮助人们更好地理解地缘环境对于"一带一路"倡议的影响。

此外，还需要注意到，本报告关注的主要问题是地缘环境如何对"一带一路"倡议在特定地区的实施产生影响，并探讨中国作为"一带一路"倡议的主要推动者应该如何迎接在特定地区产生的地缘挑战。报告虽然以地中海东岸地区为研究对象，但更加注重对一般性问题的讨论，试图得出具有广泛意义的结论，希望至少对中国与整个中东范围内就"一带一路"倡议所进行的互动提供建议。

最后，工作组向所有在调研过程中向工作组提供支持的机构和个人表示由衷的感谢，感谢他们的大力帮助和坦率分享。但报告提出的所有观点，如有错漏，均由工作组负责。

本章共分如下四个部分：一地中海东岸地区地缘形势的变化；二"一带一路"倡议在地中海东岸地区的进展；三地中海东岸地区影响"一带一路"倡议的地缘因素；四在地缘复杂地区推进"一带一路"倡议需要实现经济利益与战略目标的有机协同。

第十六章　地中海东岸国家报告：地缘环境复杂地区如何推进"一带一路"　391

## 一　地中海东岸地区地缘形势的变化

近年来跌宕起伏的国际安全形势变化深刻反映出了自二战以来形成的当前国际体系正在经历历史性变革。国际安全面临的不确定性因素日渐增多，国际秩序的脆弱性增加，国际规范的有效性下降，但国际体系依然维持了基本稳定，大规模动荡并未出现。但与此同时，在世界的很多地方，中等规模政治危机以及安全挑战已经成为常态。欧洲持续的政治困局、南亚此起彼伏的小规模冲突、南海区域内力量维护局势稳定的意愿和区域外大国制造动荡的企图对抗不断加强。

在各种各样的次区域地缘矛盾当中，中东特别是地中海东岸地区的问题尤为严重，传统的巴以矛盾非但没有化解反而日渐激化；持续多年的叙利亚内战虽然进入尾声，但依然看不到和平解决的曙光；埃及自塞西将军上台以来聚焦于国内经济，然而苦于安全形势严峻，难以独善其身；土耳其、以色列、沙特阿拉伯和伊朗等地区强国在地区舞台一展身手的意愿越发强烈，幕后博弈转化为直接过招，双边矛盾上升为地区对抗的态势越来越明显。某种程度上，可以认为当前国际安全呈现出了大乱没有、中乱不断的局面，而包括地中海东岸地区在内的中东地缘矛盾则是各种"中乱"中成因和表现最复杂、解决难度最大的一个。

### （一）地区强国崛起对全球大国的挑战

认识当前的中东乱局，首先需要解决的一个基本问题是判断出中东乱局的成因到底是全球大国博弈的结果还是全球大国协调失败的产物。如果是全球大国博弈的结果，那么相关国家在制定涉及中东地区事务的政策时，就应该以全球大国的中东战略为主要思考要素，但如果认为中东乱局有可能与全球大国对世界事务的治理能力下降、协调失败有关，那么就必须高度看重地区级国家的自主性政策选择，更强调地区强国崛起的冲击以及地缘形势演变的发展趋向。

需要看到，在当前国际体系下，有能力改变全球基本格局的大国之间依然保持着有效的战略协调，中东和其他一些地区的变乱还不足以影响全球秩序，甚至造成全球失序，以至于天下大乱。尽管美俄、中美之间依然存在诸多结构性冲突，然而，这些矛盾要么能通过双方的沟通得到管控，要么双方已经形成默契，决定暂时搁置以免造成无法挽回的后果。然而，必须看到，这种大国之间的协调只是保证了人类没有再次陷入两次世界大战前夕那样的全球性危局。和两次世界大战爆发前夕的国际形势不同，当前国际社会安全与稳定所面临的威胁主要不来自世界大国之间的利益矛盾与战略对撞，而是往往源自地区强国地缘政治雄心的冲突。这种矛盾考验的不是世界大国协调彼此间战略意图和利益的意愿，而是协调的效力。令人遗憾的是，近年来世界许多地区性矛盾日渐凸显，表明通过大国协调确保国际稳定的效果正在日趋衰弱。中东北非难民危机、叙利亚内战、巴以冲突等地区安全难题与其说揭示了世界大国之间的"代理人竞争"，还不如说体现出以大国协调为基本支柱的当前国际秩序在确保国际和平方面越来越有心无力。换句话说，世界大国们还能保持自己的理性，确保大家不至于一拍两散，却已经没有能力遏制住地区级强国一展身手的野心，甚至在某些问题上，不得不被地区强国牵着鼻子走进自己原本打算退出的旋涡当中。这一点在中东表现得尤其明显。

  地区强国的崛起和战略自主性的增强，为认识和解释国际秩序的发展演变增添了新的课题。冷战时期，人们习惯于用美苏争霸和代理人竞争逻辑解释国际安全格局中一些地区性挑战的成因和走势，冷战结束后的一段时间里，人们主要用美国的战略意图及其实施解释回答同样的问题。冷战中和冷战后的绝大多数情况，这两种解释范式都是能够自圆其说的。但现在，用大国意志的对冲与协调来解释诸如"伊斯兰国"的崛起与军事衰败、也门内战的走势、叙利亚内战的反反复复，往往难以得到令人信服的结论。

  人们一度非常重视对国际秩序嬗变与重构过程中权力转移、权力交接的研究，关注新兴全球性大国和守成大国之间是否可能以及如何和平实现权力转移与交接。以往的国际关系史也告诉我们，这是国际体系重构过程中最重要的问题，是决定战争与和平的问题。这些重大问题的研究是非常有必要的，但现实也提醒我们，新兴全球性大国与守成大国之间的关系可能并不是战略研究的唯一或者前提性问题。国际体系重构、国际秩序调整在新兴全球性大国和守成大国之间以任何形式实现权力转移与交接的过程中，人类还将面临失序带来的长度不定的混乱期。原有的守成大国无力再掌控全球局势，支撑国际秩序的国际规则逐渐受到冷落甚至遭遇挑战，而新兴全球性大国无论是能力上还是意愿上都无法为全球秩序提供有效的公共产品，更不用说建立新的国际秩序了。这种情况下，地区强国的行动自由获得了极大提升，导致的结果就是地区热点问题层出不穷，冲突此起彼伏。

对于守成大国来说，应对这类挑战相对于制衡新兴全球性大国而言，居于次要地位，一定程度上，守成大国还可以利用这些地区强国的野心及能力给新兴全球性大国制造困难。而对于新兴全球性大国而言，地区强国彼此间的冲突对自己崛起过程造成的影响同样是积极消极因素并存的。新兴全球性大国既可能一面应对守成大国的压力，一面不得不避免自己日益扩展的利益遭到地区矛盾的冲击，甚至可能面对其他地区强国的制衡行为——这种行为并不必然受到守成大国的挑唆；作为问题的另一方面，新兴全球性大国也可能从地区冲突对守成大国地位的动摇当中获益。对于不确定的影响因素，显然新兴全球性大国不可能也不可以试图通过单纯的"新兴全球性大国—守成大国"关系视角进行一刀切式的处理，这种应对不论是以守成大国反对的新兴全球性大国都支持为原则，还是为了避免卷入和守成大国的冲突而置身事外或者对守成大国随声附和，都是不可取的。新兴全球性大国所需要的是超越守成大国视角，精确判断各种中等强国的地区冲突给自己崛起过程造成的具体影响，以便做出有针对性的应对。

**（二）叙利亚内战：地中海东岸地缘形势演变的分水岭**

2010年以来的中东剧变，主要体现为地中海南岸和东岸部分地区的战争、政权更迭和非传统安全威胁突出，并不像一些人分析的那样是美国在中东推行再版"颜色革命"的结果。实际上恰恰相反，"阿拉伯之春"来势之凶猛、后果之严重，是美国始料未及的，严重动摇了美国在中东的霸权结构和霸主信誉。当然，不容否认，突尼斯小贩自焚事件演变为整个中东陷入动乱，脸书、推特等美国互联网公司起到了至关重要的作用，美国国务院资助的民主基金会和美国其他一些所谓的"非政府组织"也扮演了关键的推手角色，但是，突尼斯事件之后的一连串戏剧性的变化并不符合美国的利益，也很难被认为是美国政府和美国决策者策划出来的。奥巴马政府在埃及出现骚乱后派出特使前往开罗，毫无方向感的斡旋表明了这一点。

从突尼斯到埃及再到巴林和也门，中东地区一连串的借助现代互联网技术发起的群众抗议活动，倒霉的都是美国的盟友，本·阿里、穆巴拉克、萨利赫，这些纵横中东数十年的政治强人纷纷黯然下野，有人锒铛入狱、有人仓皇出逃。一时间，美国的联盟体系风雨飘摇。之所以出现这种结果，很大程度上可以归结为两个原因。一是"中东人民苦美国及其代理人久矣"，美国半个多世纪以来对以色列的偏袒和2003年的伊拉克战争，使得中东各国绝大多数人民认为美国是动乱之源，美国的中东战略需要为中东地区多年来的暴力、冲突、流血和死亡负责。而那些和美国结盟的强人政治家就是美国的代理人。这种普遍心态形成了反美反强人政治的地下暗火。而另一方面，得意扬扬的美国却对这种情绪反应非常迟钝，甚至视而不见。奥巴马上台以来，一改小布什的中东政策，跑到埃及开罗向大学生们承认美国中东战略的错误。奥巴马以为此举将为其本人和美国赢得人心，然而适得其反，唯一的结果是阿拉伯各国的各派反政府反强人力量看到了美国的虚弱和犹豫，于是抓住机会利用美国建立的互联网公共平台发起了反美国盟友的"阿拉伯之春"。

直到这时美国才如梦初醒，迅速调整政策，支持中东海湾诸王国采取地区干预政策，恢复局势，并将矛盾先后引向利比亚和叙利亚。利比亚的卡扎菲孤立无援很快被推翻，但此后的北非难民危机让欧洲很快尝到了地区失衡的结果。而引爆叙利亚内战，美国不仅没有扭转中东局势演变对美国霸权逐渐不利的趋势，还将"伊斯兰国"释放出笼，酿成了非常严重的地区安全后果。

2012年叙利亚内战爆发，原本被美国看好的叙利亚所谓民主派武装不堪一击，装备精良、训练有素、长期和以色列对峙的叙利亚政府军进展迅速。美国及其中东关键盟友沙特随即决定支持极端分子进入叙利亚，取代那些说的多做的少的所谓民主派。在海湾诸王国以及土耳其或明或暗的支持下，以巴格达迪等为首的极端组织武装凭借来自西方的精良装备和残忍的作战手段，给叙利亚政府军造成了极大压力，叙利亚政府军陷入苦战。

2014年，巴沙尔政权已经风雨飘摇，俄罗斯总统普京面对危局，果断干预叙利亚内战，打乱了美国本来就缺乏战略目标、存在逻辑矛盾的中东政策的节奏，让奥巴马政府措手不及，一度丧失了对中东事务的主导权，不得不看着普京在中东地缘政治舞台上大放光彩，俄罗斯国际地位显著回升。另外，"伊斯兰国"造成的严重威胁已经外溢到了美国的利益范围伊拉克，美国陷入内线作战窘境，不敢公然反对与俄罗斯开展反恐合作。这是美俄迄今在中东也没有翻脸的关键原因。而特朗普上台后，虽然美国在中东并不打算恢复全面控制的绝对霸权政策，仍然着眼于实施寄望于盟友的离岸策略，但美国国内政治压力使得特朗普即使再不情愿也无法兑现其在大选中改善与俄罗斯关系的主张，甚至不得不采取一些对俄强硬姿态以避免国内政治麻烦。在这种情况下，美俄非常艰难形成的、成果非常有限的反恐合作未来难以持续，而俄罗斯已经强势返回中东，不可能再坐视美国为所欲为，美俄中东博弈进入了"深水区"，在客观上，为中东诸地区强国的乘势而起创造了条件。

**（三）诸地区强国的地缘诉求及其相互碰撞**

一方面，俄美关系在特朗普执政后"高开低走"并逐渐进入"斗争轨道"，另一方面，土耳其、伊朗以及沙特等诸中东强国在叙利益纠缠难解，伴随着"伊斯兰国"军事上的失败，这些国家的地缘政治矛盾已经上升。这些中东强国，基于各自的利益和价值观，推出了不同甚至尖锐对立的地缘战略。

土耳其一贯以中东强国自居，然而埃尔多安在叙利亚问题上的冒险政策非但没有使土耳其重新成为中东制衡者，反而先引发了其与俄罗斯的矛盾，后又造成美土关系出现严重倒退，国内的安全形势也明显恶化。尽管如此，埃尔多安的冒险主义路线并不会轻易调整，一则是他和正发党的思维方式使然，二则是埃尔多安与居兰运动决裂后，必须在宗教与政治的关系、土耳其的外交路径等一系列重大问题上做出抉择，从中东舞台上暂时撤退不可能成为埃尔多安的选项。埃尔多安的地中海东岸政策，主要受两方面因素影响，一是与从前的盟友、现在的死敌居兰运动进行权力斗争的需要，二是打击库尔德武装、消除库尔德独立可能性的需要。这两个需要在很多情况下，是交织在一起的。打击库尔德武装，本身就包含在清算居兰运动后巩固对军队的全面掌控以及在民众当中树立威信的需要。但是应该看到，这种以外部行动满足国内政治需求的行动策略，使得土耳其在实现对外目标时投入资源的意愿受到了一定限制，毕竟埃尔多安也担心在库尔德问题上的冒险政策，如果土军战绩不佳，非但不能帮助其树立威望，反而有可能使自己陷入政治困境。这种忧虑使得土耳其近年来虽然在言辞上依然非常具有攻击性，但行动上谨慎了不少，与叙利亚有所缓解。

至于以色列，虽然其反对所有以伊斯兰教为旗帜的政治暴力，但核心诉求仍是确保自身及其周边缓冲地带的安全。以色列并不支持"伊斯兰国"，不过也不特别担心"伊斯兰国"的安全威胁。特拉维夫谈不上多么认可沙特阿拉伯的意识形态，只是觉得沙特人比起伊朗人来，更容易打交道也更容易通过美国之手控制罢了。以色列的主要焦虑始终来自伊朗，以色列在心理上认为伊朗是最主要的敌人，在政策上则表现把伊朗当作唯一的敌人。不过，犹太人特殊的民族身份，极大限制了以色列在叙利亚发挥作用的空间，其最主要的关切是防止伊朗向巴勒斯坦地区特别是加沙地带渗透。为此，以色列甚至不惜直接攻击在叙利亚的伊朗目标，试图逼迫伊朗离开叙利亚，或者诱使伊朗对以色列发动反击，从而将美国拖下水，让美国去对付伊朗。在以色列看来，美国仅仅退出伊朗核协议是远远不够的，美国还应该在削弱伊朗的道路上做得更多走得更远。

埃及的情况有所不同，赛西掌权后，将主要精力集中在国内，一方面聚焦经济发展，希望尽快将埃及带出穆巴拉克后期政治动荡导致的经济低迷状态；另一方面则下大力气强化反恐，重点打击萨拉菲势力，同时在反恐的名义下强力压制穆兄会，避免宗教力量抬头。埃及当前内敛的外交政策使得曾经的阿拉伯世界领头羊在中东地缘政治舞台上低调了很多。但即便如此，埃及也无法完全摆脱中东地缘局势变动的干扰。埃及不断遭遇恐怖袭击，同时，基于压制穆兄会的需要，埃及也明显疏远了和支持穆兄会的卡塔尔的关系，由此导致埃土关系紧张。

沙特阿拉伯地理上不是地中海东岸国家，对这一地区的影响却是任何国家都不能低估的。沙特对"基地"和"伊斯兰国"态度暧昧，虽然新王储给沙特政治带来了一些新气象，但指望利雅得宫廷立刻放弃利用宗教甚至是宗教极端主义干预中东事务的可能性是不存在的。沙特仍然会选择性地扶持一部分叙利亚反巴沙尔力量，从而激化和伊朗的矛盾。而大力支持叙利亚政府逆境求生的伊朗，自然也不会将击败"伊斯兰国"的胜利成果拱手送给沙特。这些中东强国各怀主张，你争我夺，斗了个不可开交，却因为实力有限，谁也无法镇住对方甚至搞定对手，没有结果的乱战唯一的结果便是让"伊斯兰国"在绝境中找到喘息的机会，蛰伏以待时机。

此外，中东反恐大战后，在各条战线上均表现活跃的库尔德武装再次提出独立建国的主张，也为中东局势恢复平静增添了难度。同时，叙利亚政府逐渐走出内外困境，军事上优势明显，不断收复失地，度过了危险期；外交上重返阿盟，标志着被阿拉伯世界集体孤立的时代已经过去。未来叙利亚将主要面临更加艰巨的重建任务，其内外政策走势将持续影响到地中海东岸的地缘格局，并将为地区强国和全球大国不断提供博弈的空间。

综上，地中海东岸各国之间关系错综复杂，战略目标既相互冲突也存在一定的融合和协调空间，地缘态势无法用简单的二分法谁反对谁、谁支持谁来概括，任何全球性大国的区域多边战略都必须考虑这一地区的地缘复杂性，即使是双边合作规划也要考虑其周边后果。中国引领的"一带一路"倡议在本地区涉及多个国家，有关对象对参与"一带一路"倡议问题的诉求与期望既有其一致性，也存在着矛盾和冲突。

## 二 "一带一路"倡议在地中海东岸地区的进展

"一带一路"倡议提出以来,在地中海东岸地区得到了所有国家的积极响应。2017年在北京召开的"一带一路"国际合作高峰论坛,土耳其总统埃尔多安出席论坛,是参会的29个国家领导人之一。埃及贸工部部长、投资与国际合作部部长、交通部部长、住房部部长、电力部部长和埃及商会联合会主席共同到北京出席相关活动,以色列方面则由地区合作部部长率团参加。

### (一)中土"一带一路"合作与土方的诉求

土耳其是中国在地中海东岸地区的主要经贸合作伙伴之一。据商务部统计,2013—2017年,中土贸易总额超1080亿美元。2018年1—11月,双边贸易额199.5亿美元,同比增长1%。目前,中国已成为土全球第二大贸易伙伴和第一大进口来源地。产品结构的优化和贸易形式的创新为双边贸易注入了新的活力。工程承包是中土经贸合作的重点之一,据中国统计,2013—2017年,中国在土新签工程承包合同额超过73亿美元;2018年1—11月,中国企业在土新签工程承包合同额约11亿美元,同比增长83%。近年来,中国在土投资也明显上升,2013—2017年,中国对土金融类投资近6.5亿美元;2018年1—11月,中国对土全行业直接投资3.2亿美元。

中土原本就比较紧密的经贸联系为土耳其参与"一带一路"奠定了经济和产业方面的基础。中土"一带一路"倡议合作起步较早,成果相对丰厚。早在2015年10月,土耳其安塔利亚20国集团峰会期间,中土两国政府就签署了将"一带一路"倡议和土耳其提出的"中间走廊"倡议相衔接的谅解备忘录。土耳其外长恰武什奥卢曾对记者表示,为使"中间走廊"成为"一带一路"的重要组成部分,土耳其实施了诸多重要项目。其中连接阿塞拜疆、格鲁吉亚、土耳其的"巴库—第比利斯—卡尔斯"跨国铁路已投入运营。

2017年,埃尔多安亲自出席北京"一带一路"国际合作高峰论坛。论坛举办期间，中国政府与土耳其政府签署了《关于加强标准合作，助推"一带一路"建设联合倡议》、《检验检疫合作协议》以及《中土关于互设文化中心的协定》。

土耳其参与"一带一路"倡议主要基于如下考量，一是提振本国经济，巩固正发党执政基础。埃尔多安自领导下的正义与发展党2002年上台以来，在发展经济上的卓越表现是该党在国内一直享有高支持率的重要原因。不过，土耳其经济快速发展的主要原因是外部资金的注入，债务负担严重，而埃尔多安的对策则是不断地通过吸引外资来推迟风险，用高增长应对高负债问题。中国是土耳其经济除欧洲以外的另一个主要输血来源。二是改善地缘环境，提升土耳其地区地位。近年来土耳其在中东地区外交上屡屡碰壁、区域合作规划无法展开，迫使土耳其更加侧重与区域外大国发展关系。土耳其精心打造了"中间走廊"计划，就是希望充分发挥其连接南欧与中亚、东欧与西亚的地缘优势，实现"中间走廊"与"一带一路"的对接，是强化土耳其"中间走廊"实施效果的重要步骤。

不过，需要看到，土耳其对自身在"一带一路"倡议中的地位认知是富有土耳其外交传统的。土耳其一贯强调丝绸之路在古代东西方经济交流和文化交往中的地位，但在土耳其看来，古代丝绸之路土耳其是西端，和处在东端的中国具有同样的重要性。当前，中国提出"一带一路"，而土耳其提出"中间走廊"，同样是旨在复活古代丝绸之路两端的活力，土耳其和中国是决定当代丝绸之路的核心因素。这一认知显然和中国以及大多数"一带一路"倡议的参与方存在比较明显的差异。

### （二）中以"一带一路"合作与以方的诉求

以色列在地中海东岸地区地位独特，既是为数不多的西方成员，也是本地区经济和科技发展水平最发达的国家，但同时深陷地缘困局，处境非常孤单，四面受敌，被称为"沙漠中的仙人掌"。以色列的独特处境使得特拉维夫在对待"一带一路"倡议方面，既有一定的理想主义色彩，也有非常现实的利益考量。

近年来，中以关系发展迅速，两国一直决定将双边关系定义为"创新合作伙伴关系"。应中华人民共和国国务院总理李克强邀请，以色列国总理内塔尼亚胡于 2017 年 3 月 19 日至 22 日对中国进行正式访问，双方联合发表《中华人民共和国和以色列国关于建立创新全面伙伴关系的联合声明》，宣布建立创新合作关系。

在中以两国看来，创新合作伙伴关系既勾勒了双边关系的基本状态，也概括了中以合作的核心要点。以色列驻华大使何泽伟在 2018 年"一带一路"发展论坛上表示，以色列作为"一带一路"倡议的创新合作伙伴。希望"一带一路"倡议能成为中以两国在中国和以色列，并在"一带一路"沿线拓展合作的良机。以色列地区合作部负责官员透露，近年来，以色列建立初创企业的风险资本将近40% 来自中国，显示出了中以创新合作的丰厚潜力。

除涉及农业、清洁能源、大数据、自动化等领域的创新合作以外，中以也在基础设施领域开展了务实合作，代表项目就是阿什托德港口工程。不过耐人寻味的是，以色列方面并不愿意公开承认阿什托德工程是"一带一路"项目，也不愿意官方表态确认以色列是"一带一路"倡议的参与伙伴。以色列方面曾有专家学者表示，以色列愿意参加所有"一带一路"倡议的项目，不管这个项目在哪里，但公开表态支持作为一种理念的"一带一路"，以色列要冒激怒美国的风险，因此比较谨慎。

以色列的这种态度并非难以理解，毕竟尽管以色列近年来明显加强了和中国的联系，很多以色列学者在访谈中也表示，随着美国全球霸权的衰落，以色列迫切需要感受到来自中国的支持。中国经济上和政治上更多进入中东地区国际舞台，是中国的国际责任，也是中东地区维持和平与稳定的未来保证。但即便如此，以色列也很清楚，目前以色列的国家安全乃至生存，主要还是由美以关系来保证的。美国仍然是以色列的最优先外交考量因素，因为和中国走近而冒险美国，并不是以色列愿意付出的代价。

此外，还需要注意到，以色列对"一带一路"倡议的热情并不仅仅局限在中以双边合作领域。以色列还寄希望于放大"一带一路"倡议的区域合作效应，以达到巩固以色列国家安全、扩展以色列经济影响力的意图。以方认为埃及是中东地缘舞台上重要的平衡力量，但埃及国内存在强烈的反以民意，以色列企业和资本进入困难，故希望借助中国企业进入埃及市场，进行联手开发。

### （三）中埃"一带一路"合作与埃方的诉求

埃及是中东、北非的重要国家，原本也是阿拉伯世界的核心国家之一。不过，经过穆巴拉克倒台过程的混乱以及穆尔西短暂执政的波折，埃及经济实力和地区影响力严重受损，赛西上台以后，根据埃及面临的内外环境，确定了经济发展优先的施政方略。埃及小心翼翼地试图避免卷入复杂的国际和地区博弈，聚焦于国内问题。

中国尊重埃及在中东北非地区的战略地位，一贯致力于发展和埃及的务实合作。埃及国内政局近年动荡不安，但中埃关系发展良好，经济成果丰硕。据中国海关统计，2018年1—12月，中国与埃及双边货物进出口额为138.68亿美元，比上年同期（下同）增长27.63%。其中，中国对埃及出口120.34亿美元，增长26.2%。中国自埃及进口18.34亿美元，增长37.84%。中国与埃及的贸易顺差102亿美元，增长24.32%。

伴随着中埃经贸联系的日渐紧密，双边在"一带一路"倡议框架内的合作也不断深入。中国车企奇瑞、华晨、比亚迪和吉利先后在埃及设立组装生产线，吉利更是提出了立足埃及，辐射环地中海，补给南美市场，进一步完善全球布局的构想。除汽车领域外，综合性产业园区建设也是中埃"一带一路"建设的重要内容。位于红海之滨、苏伊士运河之畔的中埃·泰达苏伊士经贸合作区（简称苏伊士经贸合作区）是中国与埃及两国在特区开发、产能合作、吸引外资等领域的重点合作项目。还有一部分中国企业进驻了埃及政府主办的萨达特工业园。

2017年"一带一路"高峰论坛，埃及政府派出了数位部长领衔的庞大代表团。论坛期间，中国农业部与埃及农业和土地改良部签署农业合作三年行动计划（2018—2020年），中国国家开发银行与埃及相关金融机构签署了基础设施融资合作协议。与埃及农业和土地改良部签署农业合作三年行动计划（2018—2020年）。中国进出口银行与埃及有关企业签署了项目贷款协议，相关协议部分已经开始落实。

埃及对待"一带一路"倡议的态度比较务实，较少掺杂政治考量。埃及认为，"一带一路"倡议和埃及发展计划相契合。在埃及看来，"一带一路"倡议的实施基于海陆联运的建设发展，包括建设桥梁、道路、港口、延长交通运输线路，而埃及正致力于全面重建基础设施、建设新港口、新道路。因此，"一带一路"倡议和埃及发展计划不谋而合、互相助益。

## 三　地中海东岸地区影响"一带一路"倡议的地缘因素

"一带一路"不是在真空中进行的，项目不可避免要受到所在区域地缘形势的影响。如何避免"一带一路"倡议的推进受制于当地的地缘矛盾，并争取利用所在地区的地缘环境促进"一带一路"项目顺利展开，是在地缘政治复杂地区推动"一带一路"倡议时必须回答的问题，具体在东地中海沿岸地区，需要思考的因素主要包括以下几方面。

### （一）有关国家诉求与中国目标的彼此碰撞

虽然土耳其、以色列和埃及等国家对"一带一路"倡议都表露出了程度不同的参与热情，整个中东地区已经有16个国家表态支持"一带一路"，在各个地缘次区域中属于整体比较支持"一带一路"倡议的，但是，应该注意到，这些国家对"一带一路"倡议的解读方式，以及基于自身利益和外交传统得出的结论并不相同，和中国相比，甚至存在比较明显的相互矛盾之处。整体上的积极态度并不能保证有关国家形成次区域的小多边合作机制，增强"一带一路"倡议的区域正面溢出效果。对这些彼此冲撞的诉求，如果不能做到有效的沟通和管控，甚至有可能使得"一带一路"倡议在不同国家的实施互相掣肘。

以色列希望借助中国进入埃及，并不仅仅着眼于开发埃及市场所带来的经济回报，更重要的是，以色列希望通过对埃及的经济渗透在埃及扶植其亲以色列的力量，至少促使一部分埃及实业界人士对以色列持相对友好的态度。而以色列又担心埃及国内阴晴不定的政治和安全形势有可能导致以色列的投资陷入危险。在埃及以中国和以色列合作的形势开展经营活动，实质上是一种经略潜在市场的再保险行动。中国不应因为以色列存有的政治理念而回避与以方在埃及或者任何潜在市场开展合作，毕竟以色列在水资源开发与利用、现代农业、节能环保等各个领域拥有的技术优势非常明显，中国企业与之合作开发中东市场，有助于发挥彼此的比较优势，强化市场竞争能力。不仅如此，如果埃及和以色列经济联系不断增强，双方形成彼此依赖的紧密联系，的确能够改善当前错综复杂的东地中海地缘态势。这原本也是"一带一路"倡议所希望看到的。

尽管存在上述潜在的收益，然而中国也必须注意到，以色列对埃及的诉求和中国对埃及的诉求是存在潜在的冲突点的，首先中国更加务实，对埃及市场的参与更强调经济效益，主要将政治和安全因素看成是经营成本，而不是可能产生的收益。以色列的动机则要复杂得多，有避险的考虑，但也有影响埃及国内政局和民意的打算。两者之间并不必然存在矛盾，不过，不可否认，也存在着经营过程中有关项目被贴标签甚至卷入当地地缘矛盾的风险，这是中国必须加以注意的。

此外，土耳其主张"中间走廊"和"一带一路"倡议对接，希望的是发挥"一带一路"西端中心角色的作用，和中国形成东西两端的双头机制。这种公开的表述固然有土耳其在参与"一带一路"倡议过程中自高位置的心理，也符合埃尔多安政府一贯的外交风格，但是，土耳其略嫌自负的自我认知和外交传统，也使这个国家在和其他伙伴接触时比较容易在起步阶段达成共识，却难以保持长久。土方希望中方以"一带一路"对接"中间走廊"，实际上是希望中国以土耳其为"一带一路"终点的首要合作伙伴，放弃其他方向上的互联互通计划，这显然不可能的。土方对中国同时推动的其他区域性合作规划不感兴趣，不愿意作为区域多边构想的一方参与进来，便说明了土方和中国的认知差距。

### （二）中东地缘局势走向不确定的可能干扰

近年来，"阿拉伯之冬"效应不断放大：叙利亚、伊拉克、利比亚及也门等国战乱频仍，难民潮扩散；埃及、突尼斯虽完成政治过渡，但因于经济虚弱、国内矛盾难解，突尼斯更成为向境外输出极端分子最多的国家；沙特、伊朗地缘争夺正酣，助燃多地教派冲突；而近年逐渐边缘化的巴以冲突，在美国特朗普政府上台后也有激化趋势。这些乱局的持续存在，反映出中东地缘结构整体失衡的现实。正如报告之前提到的，中东地区强国的战略自主性不断增强，全球大国的协调和控制能力逐渐下降，使得中东局势包括东地中海地区地缘态势更加脆弱。东地中海沿岸国家特别是埃及和土耳其，高度重视经济建设，但这并不意味着他们能够真的将主要精力集中于国内发展，对外采取相对谨慎的策略。某种意义上，至少在东地中海地区，寻求有关国家内外战略的最大公约数是非常困难的，发展经济是大多数国家的一致愿望，然而中国在与土耳其、埃及和以色列合作时，却很难用经济因素说服后者在彼此的战略目标出现对撞时相互克制。

这些国家深陷中东地缘政治旋涡，各种区域内外的意外事件随时都会发生，整体地缘环境非常脆弱。沙特阿拉伯和卡塔尔的冲突，会影响到埃及和土耳其的关系，以色列和伊朗的对抗会波及叙利亚与埃及改善关系，类似现象在其他地区相对少见，在中东人们却习以为常。随着叙利亚内战逐渐进入尾声，美俄两国中东博弈趋缓，中东地缘舞台呈现了又一轮的群雄争斗模式，对这些地缘政治雄心日渐增长的地区强国来说，很难想象他们会为了推动经济发展特别是为了参与"一带一路"倡议而主动采取对外战略上的缓和行动。

当前，中东地区的主要矛盾是安全和政治领域的，涉及教派对立、民族矛盾以及意识形态冲突，这些问题的解决，经济手段只能发挥一定的作用，而无法产生决定性的影响力。在地缘结构重塑的当今，地区强国不会真正把发展经济作为主要的对外行动出发点，争夺霸权、提升地缘政治地位、改善地区影响力、增大安全缓冲空间，这些才是地区强国行动的主要考量。和经济诉求不同，上述考虑因素主要是零和的，既缺乏协调可能性，也极容易导致中东地缘格局在彼此对撞的合力中面临更大不确定性的挑战，出现更大的风险，进而影响到"一带一路"倡议的顺利推进。

### （三）"基地"组织及"伊斯兰国"恐怖势力的威胁

尽管叙利亚内战行将结束，然而这并不意味着滋生极端思想的土壤已经得到清理，恐怖主义所依托的各种极端意识形态依旧被许多地方的人们当作具有道义合法性的价值观和解决问题的方法，军事行动只能消灭一部分直接从事暴恐活动的人员，却无法解决上述问题，更不能劝说人们放弃极端思想，甚至在一定情况下，一些恐怖分子的死亡有可能在特定人群当中造成"沙希德崇拜"情结，激发出更多的暴恐活动，威胁到"一带一路"的安全。

"伊斯兰国"以地中海东岸地区为活动重点，向北威胁土耳其和库尔德聚集区的安全，向南影响到埃及的稳定，对以色列也形成了潜在的威胁。土耳其近年来，暴恐袭击事件频发，固然与埃尔多安政府与居兰运动的决裂有关，但也是安卡拉多年来试图在涉恐问题上火中取栗、玩弄两面手法的结果。土耳其先纵容"伊斯兰国"的活动，并在土叙地区扶植反叙利亚和反库尔德武装，目的在于利用后者实现地缘政治野心。但随着时间的推移，玩弄两面说法利用恐怖分子的手段也很快显示出其反噬后果。叙利亚战争爆发数年后，土耳其在国内外压力下不得不加大对涉恐势力的压力，结果连续在安卡拉、伊斯坦布尔等地遭遇恶性恐怖袭击，严重恶化了土耳其的社会安全形势，也影响了土耳其作为中东少数投资热土的形象。当前，土耳其又在涉新疆问题上大放厥词，泛突厥主义残渣泛起的结果不但为中土关系以及土耳其参与"一带一路"倡议投下了阴影，也会使得土耳其未来反恐问题上面对更大的内外压力，影响土耳其的国际形象。

埃及是萨拉菲派极端组织以及"伊斯兰国"恐怖势力活动的重灾区之一，涉恐问题严重，特别是埃及政府大力打造的苏伊士运河区，埃及反恐力量和恐怖分子之间的斗争从来就没有停止。"伊斯兰国"在叙利亚处境越来越困难，对埃及以及经由埃及前往北非转移"开拓战场"的兴趣也越来越浓厚，未来"一带一路"倡议在埃及项目所承受的地缘安全输入压力将会呈上升态势。

## 四　在地缘复杂地区推进"一带一路"倡议需要实现经济利益和战略目标的有机协同

在中国共产党第十九次全国代表大会上，习近平总书记提出了新时代中国特色大国外交的基本理论。习近平说：要以新时代中国特色社会主义思想指导中国外交实践，"明确中国特色大国外交要推动构建新型国际关系，推动构建人类命运共同体"。

十五年前，中国曾经为外交划分了三个主要，即"大国是关键、周边是首要，发展中国家是基础"，从此，如何处理与美俄等世界大国的关系、与印度巴基斯坦等周边国家的关系以及与广大发展中国家的关系成为中国外交的基本命题。这一分类方式迄今没有改变，在中共十九大上，中国提出"积极发展全球伙伴关系，扩大同各国的利益交汇点，推进大国协调和合作，构建总体稳定、均衡发展的大国关系框架，按照亲诚惠容理念和与邻为善、以邻为伴周边外交方针深化同周边国家关系，秉持正确义利观和真实亲诚理念加强同发展中国家团结合作"。这种表述上的调整既表明中国准备采取新的外交思路处理对外关系的基本问题，也意味着中国的"世界观"，即对当前国际关系基本格局的认识以及基于这种认识所制定的对外战略并没有出现根本性的调整。

新时代的中国外交不是革命性的。中国不打算改变当前国际秩序，但显然中国也不打算继续以国际体系的努力融入者的身份参与国际事务。在中国看来，维持国际体系的基本稳定以及根据国际格局和主要国家力量对比关系的变化对现有国际秩序及规规范进行调整，是并行不悖的。中国不愿意成为特朗普总统所宣称的"修正主义者"，中国对彻底颠覆国际秩序没有兴趣，也不认为那符合中国的国家利

## 第十六章 地中海东岸国家报告：地缘环境复杂地区如何推进"一带一路"

益。但是，中国也不愿意仅仅把自己的崛起严格限制在经济领域。实际上，早在党的十九大召开之前，中国的外交实践中就已经把获取和扩大国际事务话语权作为重要的任务来看待了。

新时代有中国特色的大国外交，这一概念当中，大国并不指美国和俄罗斯这些世界大国，而是指中国自身，是中国对自身前所未有的接近世界舞台中央的期待和自我评价。对于中国来说，如何在周边乃至远周边地区更加主动地使用自己的外交资源参与地区事务，是展示自己大国地位、贯彻中国特色大国外交的重要途径。所谓中国特色，在一定程度上，意味着中国不愿意在国际社会重复以往强国崛起重构地区秩序进而引发激烈地缘冲突的先例。中国更希望主要通过经济手段而不是传统的政治和军事手段影响其他国家的行为。毕竟，中国仍然将自己定位为发展中国家，并继续坚持外交为经济建设服务的理念。

与此同时，需要注意到，中国的经济增长越来越依赖与周边乃至于远周边地区的经济合作。中国作为全世界最大的工业制成品输出国，保持经济增长无法仅仅依赖国内市场，而随着美国贸易保护主义的抬头和加剧，中国也无法再将增长寄托在与美国这个最大贸易伙伴的经济关系上。因此，中国才将与周边国家深化经济联系提升到前所未有的高度，其标志就是党的十八大以后开始推行的"一带一路"。

中东地区特别是地中海东岸地区是中国远周边的重要区域，也是"一带"和"一路"相逢交会的关键区域。中国越来越重视与土耳其、埃及和以色列等中东地区强国的联系，也越来越愿意在这一地区投入外交和经济资源。但是，以中国对中东事务的认识水平和理解能力，以及运用非经济手段追求外交目标的技术战术水平，中国在相当长的一段时间里，无法和美国、俄罗斯在中东地区的影响力相提并论，更不能让这一地区越来越强势、主动性和自主性不断提升的地区强国，如以色列、土耳其以及近期非常活跃的沙特阿拉伯、伊朗接受哪怕是认同中国提出的、基于"一带一路"的地缘政治和经济主张。相应地，解决中东地区各种错综复杂的地缘政治矛盾和安全困局，也并不是、还不是中国在中东首要的利益关切。这就导致中国的外交行为必然是谨慎的，仍然将主要以双边方式参与中东事务，避免在针锋相对的各方当中选边站队。说到底，扩大经济存在并努力保证不断扩大的经济利益不受到地缘政治和安全矛盾的影响，在未来相当长的时间里，还将是中国在这一地区的基本外交任务。

当然，这并不意味着中国在上述地区仅仅具有经济上的追求，也不意味着中国只能以经济手段介入中东事务。"一带一路"倡议在中东特别是地中海东岸地区的实施，受制于当地非常复杂的地缘形势，固然必须以经济目标为主要诉求，却不可简单地得出中国在中东除了经济利益别无其他诉求的结论，也不可认为中国在中东应该只进行经济活动，而在政治和安全问题上不表露任何态度。作为一个致力于推广人类命运共同体理念的新兴大国，中国必将逐步强化在一些问题上原则立场的表述与坚持，虽然中国不应该希望在中东地区发挥所谓大国的领导作用——不管这种领导作用是机制性还是知识性的，甚至仅仅是道义上的，但中国依然应该重视经济手段和非经济手段的综合运用，注意把握经济诉求和外交利益的平衡，在坚持外交原则和扩展区域合作中保持战略定力，要确保经济和战略在目标和手段上的协同，既要避免过度重视经济利益而采取可能损害外交立场的机会主义行动，也要防止为了避免引起当地力量以及国际势力的忧虑而刻意减缓非经济手段的使用和非经济目标的表达。

# 后　　记

在党的十九大之后，中国社会科学院设立了一批重大理论研究课题。本书就是这批课题之一——"稳妥推进'一带一路'建设"的研究成果，具体由中国社会科学院亚太与全球战略研究院的研究人员完成。其目标是从理论和实践两方面对过去六年多"一带一路"的进展进行评估，从而为"一带一路"第二阶段的稳妥推进奠定基础。因此，本项研究成果由两部分组成：一是理论分析篇，从十个方面对"一带一路"开展学理化研究；二是调研报告篇，选择"一带一路"建设第一阶段的六个重点国家和地区开展调研，从中总结出有推广价值的合作模式。

与现有的研究相比，本项研究力图突出以下几个特征。第一，运用多学科方法研究"一带一路"，其中包括国际经济学、国际政治经济学、国际关系等学科方法。我们认为，"一带一路"既不是纯粹的经济合作机制（或倡议），也不是纯粹的外交平台，而是一个兼有多重属性的国际合作机制（或倡议）。第二，对"一带一路"开展解剖式的研究，而非只是把以往的研究戴上"一带一路"的帽子。在理论分析篇中，我们试图解构"一带一路"的属性、定位、目标、边界和功能，力图避免把"一带一路"看成一个"黑箱"或"百宝箱"（只关心它的外在影响和意义）。第三，力求按照"一带一路"理论体系的建构标准（理论自洽、实践可操作、国内外认知统一）开展研究。尽管成果本身还远未达到理论体系的要求，但这是我们努力的方向。第四，调研（及调研报告）的优先目标是以解剖麻雀的方式，从中提炼出未来可供推广的经验模式，当然也包括存在的问题与面临的挑战。

　　作为一项初步的研究，课题成果还存在诸多缺憾：一是理论分析篇的十章之间尚未形成一个相对完整的理论体系，尽管它们是从不同角度对"一带一路"进行解剖式研究的。二是在理论分析篇的各章中存在学术观点的分歧，原因是不同的作者对某些问题还没有形成共识。三是调研报告篇所涵盖的国家和项目有很大的局限性，这是因为一些调研是在课题立项之前完成的，另一些是在课题立项之后进行的，调研报告的思路自然会存在差异。

　　本书各章的具体分工如下：序言：李向阳；第一章：高程；第二章：李向阳；第三章：李向阳；第四章：王玉主；第五章：钟飞腾；第六章：谢来辉；第七章：沈铭辉；第八章：朴光姬；第九章：姜雪冰（天津财经大学金融学院、亚太与全球战略研究院博士后）；第十章：叶海林；第十一章：叶海林；第十二章：王玉主、杨卓娟；第十三章：王金波；第十四章：张中元；第十五章：富景筠、周亚敏；第十六章：叶海林。此外，李天国副研究员参加了相关的调研和课题讨论，乔敏健同学（博士研究生）参与了书稿的编辑工作。

　　需要说明的是，在由中国社会科学院科研局组织的课题结项评审会中，来自管理组的领导（赵芮同志、柯文俊同志、管明军同志、田甜同志）和专家组的学者（雷达教授、王志民教授、李永辉教授、袁正清研究员、李计广教授），对课题成果提出了非常有价值的修改建议。此外，课题中的一些成果此前已在相关的学术期刊上发表，在此对他们的支持表示感谢。

2019 年 9 月 1 日